Adobe Photoshop + IA

La edición del futuro

Manual Imprescindible

Adobe Photoshop + IA

La edición del futuro

José María Delgado Cabrera

Manual Imprescindible

Realización de cubierta: Celia Antón

Diseño de maqueta: Laura Apolonio

Maquetación: José María Delgado

Revisión: Claudia Valdés-Miranda Cros

Responsable editorial: Eugenio Tuya

Edición española:

© EDICIONES ANAYA MULTIMEDIA (GRUPO ANAYA, S.A.), 2025
Valentín Beato, 21
28037 Madrid.
www.anayamultimedia.es

PAPEL DE FIBRA
CERTIFICADA

Depósito legal: M-6669-2025
ISBN: 978-84-415-5177-0
Printed in Spain

A mi familia y amigos, sin excepciones.

José María Delgado Cabrera

José María Delgado Cabrera ha escrito durante los últimos veinte años más de medio centenar de libros sobre diferentes materias como Photoshop, Illustrator, Microsoft Office o Windows. También ha coordinado y desarrollado materiales formativos para el Centro Nacional de Formación del Profesorado, organismo dependiente del Ministerio de Educación y Ciencia. En los últimos años ha participado en proyectos de e-learning diseñando diferentes aplicaciones para Internet y dispositivos móviles.

Actualmente combina su actividad principal como administrador de sistemas con el desarrollo de software para dispositivos móviles y la gestión de empresas familiares. Todo esto sin abandonar sus grandes pasiones: el diseño gráfico, la fotografía y, por supuesto, sus tres diablillos.

En un mundo conectado como el nuestro es difícil pasar desapercibido. Sería fácil hacer una búsqueda por Internet y encontrar los datos de nuestro autor, si bien él preferiría que lo hicieras mediante un mensaje de correo electrónico a la dirección josemdelgado.ba@gmail.com. No dudes en enviarle cualquier opinión o comentario.

Muchas gracias por elegir este libro y sinceramente esperamos que cumpla todas tus expectativas..

gracias

Mi más sincero agradecimiento a ti, lector, por dedicar tu tiempo a explorar estas páginas. La pasión por el conocimiento nos impulsa a seguir creciendo como personas.

Este libro es el resultado de mucho esfuerzo, y mi objetivo al escribirlo ha sido crear un recurso práctico y completo que te ayude a alcanzar tus metas. Espero que la información presentada te sea útil en tu camino de aprendizaje y desarrollo profesional.

índice de contenidos

2. Espacio de trabajo   43

3. Nueva imagen, conceptos básicos · 62

4. Técnicas de selección · 86

8. Capas y transparencias 163

9. Máscaras de capa   177

10.Inteligencia artificial generativa   189

11.Herramientas de edición 210

12.Pinceles 232

13.Estilos, capas de ajuste y transformaciones 245

14.Textos 269

15.Tratamiento del color   289

Cómo usar
este libro

No pierdas el tiempo...

Si estás empezando con Photoshop, créeme, necesitas un buen manual. Olvídate de navegar entre miles de tutoriales sueltos en Internet. Un manual te da una base sólida, te guía paso a paso y te explica todo con claridad. Es como tener un profe personal que te ayuda en cada paso y siempre puedes volver a él cuando lo necesites. Los tutoriales están bien para cosas puntuales o problemas concretos, pero para aprender de verdad, no hay nada como un buen libro.

Nuestra intención con este libro es ayudarte a dominar la mejor herramienta para retoque fotográfico y diseño del mercado. Hemos creado un contenido extenso para que conozcas a fondo las funciones y herramientas de Photoshop y veas todo lo que puedes conseguir. Si nunca has usado Photoshop o conoces solo sus aplicaciones más básicas, ¡este es tu libro! Para que te decidas, te contamos un poco de lo que vas a encontrar en él:

- Dominar las herramientas más importantes de Photoshop.
- Entender y usar las capas, un elemento clave.
- Aprovechar al máximo las increíbles funciones de la IA de Adobe, como el Relleno generativo o la Ampliación generativa. Crea imágenes increíbles a partir de una simple descripción texto, expande tus fotos y cambia o elimina elementos fácilmente.
- Mejorar tus fotos y solucionar problemas comunes como un profesional.
- Usar filtros y transformaciones para mejorar cualquier imagen.
- Dominar el color, algo esencial en una herramienta de dibujo.
- Explorar las posibilidades de los gráficos vectoriales en Photoshop.
- Y mucho más, ¡échale un vistazo al índice para ver todo lo que te espera!

Resumiendo, se trata de un manual pensado para todas aquellas personas, sin conocimientos previos sobre la aplicación, pero que están deseando empezar a trabajar con Photoshop.

Qué necesitas saber para aprovechar a fondo este libro

Siguiendo la filosofía de la colección, el manual que tienes entre tus manos está pensado para personas que nunca han trabajado con Photoshop o, si lo han hecho, no conocen las posibilidades reales de la aplicación. Solo necesitas disponer de unos conocimientos básicos sobre el manejo de Windows y sus elementos más comnes, como las carpetas, los archivos, etcétera.

En cuanto a las características del equipo, el propio Photoshop determina esta pauta, pues resulta una aplicación exigente en lo relativo a memoria y capacidad gráfica. Si compruebas que tu equipo no se desenvuelve con soltura a la hora de aplicar filtros o transformaciones, quizás necesites ampliar la cantidad de memoria o adquirir una tarjeta gráfica más potente.

Introducción

Sobre el protagonista

Photoshop es sinónimo de tratamiento profesional de imágenes, diseño de calidad y creatividad sin límites. Ya seas fotógrafo, diseñador gráfico, ilustrador o simplemente un entusiasta del retoque digital, seguro habrás oído hablar de Photoshop. Y por supuesto, nadie que lo haya utilizado o haya visto utilizarlo puede quedar al margen del alcance de sus posibilidades.

Desde el retoque fotográfico avanzado y la creación de composiciones complejas, hasta el diseño de gráficos para web y medios impresos, Photoshop ofrece un abanico de herramientas sin igual. Además, se adapta a todos los niveles, desde principiantes hasta profesionales, consolidándose como la herramienta esencial para cualquier proyecto actual relacionado con la imagen digital.

A continuación, enumeramos algunas de las novedades más importantes incluidas en Photoshop:

- Ha integrado potentes herramientas de IA generativa, como el Relleno generativo o la Ampliación generativa, impulsadas por su propia tecnología denominada Adobe Firefly. Estas funciones permiten añadir, eliminar o ampliar contenido en las imágenes con gran facilidad, describiendo lo que se desea con un simple texto.

- Ahora, las herramientas de selección de objetos también recurren a la inteligencia artificial para mejorar sus funcionalidades, lo que facilita la selección precisa de elementos en las imágenes.

- La herramienta Quitar permite eliminar elementos no deseados de las imágenes de forma más eficiente.

- Los Neural Filters utilizan inteligencia artificial para simplificar tareas complejas de edición de imágenes y permiten a los usuarios aplicar, con solo unos clics, efectos avanzados como cambiar expresiones faciales, suavizar la piel, colorear fotos en blanco y negro o, incluso, transferir estilos artísticos.

- Adobe actualiza Photoshop continuamente, añadiendo mejoras en el rendimiento, la estabilidad y la compatibilidad con nuevos formatos de archivo y dispositivos.

Actualmente, Photoshop es el líder indiscutible dentro del segmento de aplicaciones destinadas a la creación y el tratamiento digital de imágenes, incluidas todas las nuevas posibilidades de diseño asociadas a la inteligencia artificial generativa que trataremos en este manual. Si eres un apasionado de la fotografía o el diseño, este manual puede ser un importante impulso para mejorar la calidad de tus proyectos.

Creative Cloud

En el vertiginoso mundo de las nuevas tecnologías es necesario estar muy atentos para adaptarse a los nuevos cambios cuanto antes. Actualmente, tener acceso a todos nuestros contenidos, independientemente del dispositivo o lugar donde nos encontremos, constituye —sin lugar a duda— el nuevo modelo de trabajo al que resulta imposible resistirse.

Es muy probable que conozcas servicios como Dropbox, OneDrive o Google Drive para guardar, compartir y disponer de nuestros archivos más importantes de forma inmediata y en cualquier lugar. Adobe ha querido subirse al carro de esta nueva tendencia añadiendo el término «Cloud». Pero… ¿cómo afecta todo esto a los usuarios de una aplicación como Photoshop?:

- La primera de las ventajas sería el almacenamiento online, lógicamente adaptado a las necesidades de una aplicación como Photoshop, donde los archivos suelen tener un tamaño importante. La integración del almacenamiento en la nube con la aplicación permite trabajar siempre con la última versión de nuestros archivos y salvaguardar nuestros proyectos de forma casi transparente para nosotros.
- Otro aspecto fundamental es la sincronización de las configuraciones. Independientemente del lugar donde nos encontremos o el equipo que utilicemos, siempre tendremos nuestros ajustes favoritos actualizados. Evidentemente, esta característica proporciona una mejora muy importante de la productividad.
- El trabajo colaborativo entre profesionales participantes en un mismo proyecto está muy presente en el modelo Creative Cloud de Adobe, tanto en Photoshop como en el resto de las aplicaciones de la suite.

Al margen de estas ventajas, el nuevo sistema de licencia también añade valor a la suite. Ya no es necesario hacer un desembolso importante para comprar una licencia y pagar por las actualizaciones sucesivas. Con el modelo de suscripción de Adobe, pagaremos una determinada cantidad al mes para utilizar la aplicación y ahí estarían incluidas todas las nuevas funcionalidades que Adobe añada a sus aplicaciones. Esto significa que siempre trabajaremos con la última versión del programa.

Según Adobe, no es necesario disponer de una conexión permanente a Internet para abonarse al nuevo sistema de suscripción, porque las comprobaciones se realizarán de forma periódica en función de la opción elegida. Pero es evidente que resulta imprescindible para aprovechar todas las ventajas enumeradas antes de su servicio en la nube.

Adobe ID

Para trabajar con las propuestas de Adobe necesitas tener una cuenta activa en la base de datos de la compañía. El proceso no tiene coste alguno y es imprescindible para probar aplicaciones o suscribirse a los servicios disponibles.

Instalación de Photoshop

Tras el pleno abandono de los tradicionales soportes físicos utilizados hasta ahora, todas las aplicaciones de Adobe Creative Cloud se distribuyen únicamente a través de Internet.

Para instalar Photoshop es necesario acudir a la página web de la compañía y acceder a la cuenta mediante un ID de Adobe. Allí encontraremos las aplicaciones disponibles para su instalación, en función del modelo de suscripción contratado.

Nuestra recomendación es que descargues en primer lugar la aplicación denominada Creative Cloud Desktop. Con ella podrás gestionar cómodamente todas las aplicaciones de la suite, tus contenidos personales, el acceso a Adobe Stock y a información actualizada sobre el ecosistema Adobe.

Una vez instalada la aplicación Creative Cloud, el proceso de instalación de Photoshop o de cualquier otro programa de la suite en tan sencillo como hacer clic en la opción Aplicaciones, elegir la categoría adecuada en la parte superior y seleccionar el programa que deseas instalar.

Transcurridos unos minutos, las aplicaciones seleccionadas estarán instaladas en el sistema y podrás comenzar a disfrutar de ellas.

La aplicación Creative Cloud Desktop permanece siempre activa en el sistema y puedes acceder a ella en cualquier momento desde el icono asociado en el área de notificaciones de la barra de tareas, tanto en sistema Windows como MacOS.

Un mundo de posibilidades

Pecando de poco originales, podríamos decir que los límites a la hora de trabajar con Photoshop los pone nuestra imaginación. Para ser valorados como artistas ya no necesitamos ser genios dibujando óleos o acuarelas. En los tiempos que corren, las nuevas tecnologías permiten desarrollar toda nuestra capacidad creativa a través de medios electrónicos y herramientas como Photoshop.

Piensa en Photoshop como si fuera tu paleta y tus pinceles, es decir, las herramientas que te permitirán plasmar cualquier idea sobre tu lienzo digital.

Sería difícil ajustar el uso de Photoshop dentro de un marco profesional concreto, pues su amplio espectro de posibilidades lo sitúan como herramienta indispensable en multitud de disciplinas:

- Proyectos multimedia.
- Diseño de cartelería y material corporativo.
- Internet, tanto en diseños estáticos como dinámicos...
- Diseño de trípticos, portadas de revistas, etc.
- Retoque fotográfico.
- Gráficos para dispositivos móviles.

Con Photoshop podrás, desde restaurar los viejos retratos de tus abuelos, hasta arreglar esa dichosa fotografía en la que hemos salido con los ojos cerrados.

En general, Photoshop es el perfecto aliado en cualquier trabajo donde sea necesario aplicar elementos de diseño o desarrollar líneas creativas.

1

Imagen digital

Introducción

Entiendo que estés deseando empezar a retocar imágenes, generar elementos en tus proyectos y, en definitiva, divertirte con todo lo que ofrece Photoshop. Ten paciencia y confía en nosotros, porque antes de empezar a trabajar es necesario conocer las propiedades y características más importantes de las imágenes digitales. Si obviamos todo esto tus conocimientos estarán huérfanos de conceptos imprescindibles en un mundo tan complejo.

NOTA:

Muchos de los conocimientos planteados en este capítulo no solo te serán de gran utilidad para trabajar con Photoshop; también te servirán para hacerlo con cualquier otra herramienta de diseño o tratamiento digital de imágenes.

Mapas de bits versus gráficos vectoriales

A la hora de representar el contenido de una imagen, existen básicamente dos métodos que a su vez permiten dividirlas en dos grandes grupos: mapas de bits y gráficos vectoriales.

En las imágenes denominadas mapas de bits, el contenido se describe mediante pequeños puntos rectangulares denominados píxeles. Las fotografías de nuestras cámaras digitales y móviles están en este formato. En la figura 1.1 hemos ampliado al máximo una imagen para que se puedan apreciar mejor los pequeños cuadrados (píxeles) que forman un mapa de bits.

Pero antes de continuar, detengámonos en la definición de píxel, término muy utilizado a lo largo de todo el libro. Un píxel es la unidad mínima a partir de la cual se forma cualquier imagen en mapa de bits. Para la representación de un píxel se puede utilizar 1 bit de información, 2 bits, 4 bits, etc. El número de bits determinará la cantidad de colores que puede representar dicho píxel; a más bits, más colores y, por lo tanto, mejor calidad de imagen, pero también mayor tamaño. Esta relación calidad/tamaño es muy importante.

El segundo grupo de imágenes, los gráficos vectoriales, siguen un método de representación totalmente distinto. Cada uno de los elementos que componen la imagen se tratan como objetos y sus propiedades se definen mediante fórmulas matemáticas. Existen aplicaciones específicas para trabajar con este tipo de gráficos, por ejemplo, Adobe Illustrator, muy empleada en el diseño industrial o las artes gráficas. En cualquier caso y como veremos a lo largo del libro, Photoshop también dispone de herramientas destinadas al trabajo con gráficos vectoriales. Por ejemplo, utiliza sus ventajas en el tratamiento del texto con el propósito de mejorar su legibilidad, independientemente del tamaño de la imagen.

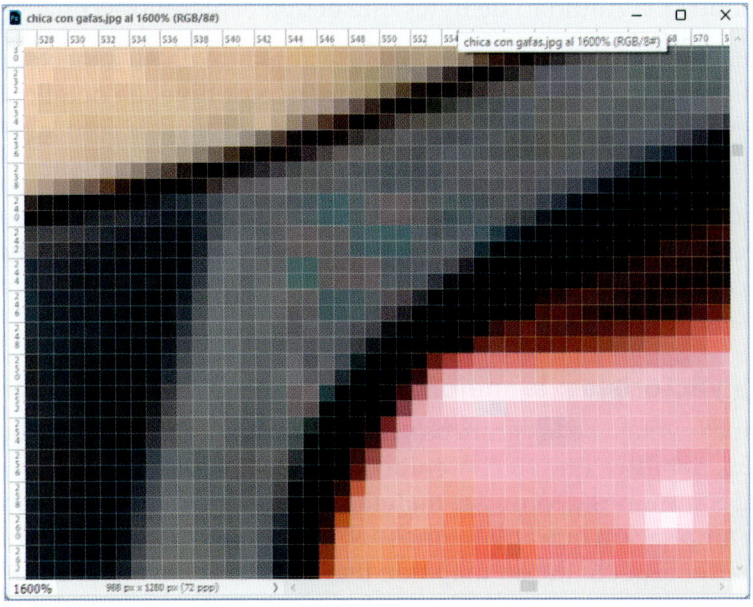

Figura 1.1. Imagen ampliada para apreciar mejor el aspecto de los píxeles que la forman.

Lo mejor y lo peor de cada formato

Una vez descritos brevemente cada uno de los modelos de representación de imágenes, llega la hora de tomar una decisión: ¿mapas de bits u objetos? La cuestión no es tan simple. Por tanto, lo más conveniente sería analizar cada caso y utilizar el método más apropiado en cada uno de ellos.

Para ayudarte, expondremos lo mejor y lo peor, tanto de los mapas de bits como de los gráficos vectoriales.

Mapas de bits: lo mejor

Lo mejor de los mapas de bits es, sin duda alguna, las facilidades e innumerables posibilidades que ofrecen las aplicaciones diseñadas para el tratamiento de este tipo de imágenes. Con ellas podemos pintar, borrar, retocar, transformar, aplicar filtros, etcétera, con tan solo elegir la herramienta adecuada y algunos clics de ratón.

Mapas de bits: lo peor

Los problemas principales de los mapas de bits se centran en la resolución y su tamaño. El primer término hace referencia al número de píxeles por pulgada que contiene la imagen (ampliaremos esta información un poco más adelante) y el segundo, a la cantidad de bytes que ocupa el archivo.

La resolución de una imagen resulta determinante en su aspecto, porque a más resolución, más píxeles y, por lo tanto, mayor nivel de detalle. El verdadero problema llega cuando ampliamos la imagen; en este caso la pérdida de calidad va en proporción directa al grado de ampliación.

Una solución parcial a este problema es utilizar resoluciones altas (más de 300 ppp). Decimos parcial porque al aumentar la resolución, también se incrementa el tamaño de la imagen hasta niveles en los que resultará complicado trabajar con ella si no disponemos de un equipo suficientemente potente.

Gráficos vectoriales: lo mejor

La principal ventaja de los gráficos vectoriales es su total independencia de la resolución, debido a que su contenido (figuras, líneas, texto, etc.) se describe mediante ecuaciones y fórmulas matemáticas. Por este motivo, no importa el grado de ampliación que apliquemos sobre el gráfico. En la figura 1.2 puedes comprobar el aspecto de un mapa de bits y un gráfico vectorial ampliados, eso sí, en exceso, para entender mejor lo que estamos explicando.

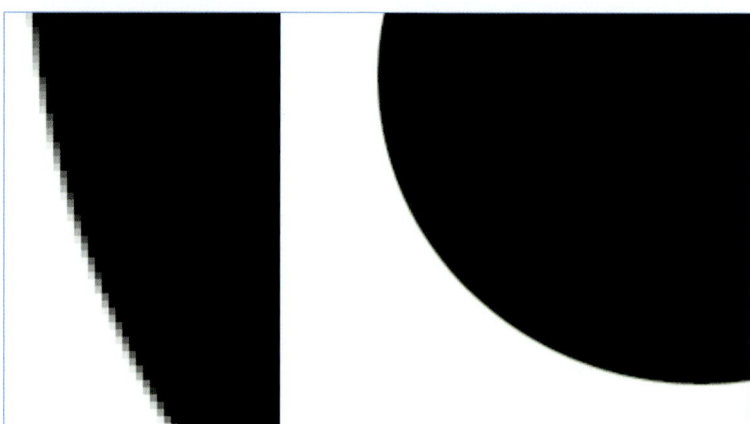

Figura 1.2. Mapa de bits y gráfico vectorial ampliados.

Otra de las ventajas de los gráficos vectoriales es su tamaño. En la mayoría de los casos resultan notablemente inferiores a sus equivalentes en mapa de bits.

NOTA:

Actualmente, los gráficos vectoriales son fundamentales en el desarrollo de proyectos para Internet y dispositivos móviles a partir de tecnologías como HTML5 o el formato SVG. Los gráficos vectoriales permiten crear atractivas animaciones con un tamaño de archivo muy ajustado.

Gráficos vectoriales: lo peor

Como principal desventaja frente a los mapas de bits, los gráficos vectoriales presentan la complejidad que conlleva su creación y tratamiento, sobre todo a la hora de diseñar formas irregulares, donde se plantean muchos más problemas que en los programas de pintura.

Modos de color

Un modo de color determina la combinación de tonalidades aplicadas sobre una imagen para su representación o impresión. Solo con esta frase, puede que no te hagas una idea real del significado del término. Veamos un ejemplo: seguramente, en tu infancia has jugado alguna vez a mezclar colores y te sorprendías cuando al combinar el rojo y el verde, aparecía milagrosamente el amarillo. Este sencillo juego refleja con toda claridad el principio que siguen la mayoría de los modos de color, es decir, la utilización de varios colores básicos para componer el resto de las tonalidades.

A continuación, describiremos las características de los modos de color más comunes. En la figura 1.3 puedes ver el cuadro de diálogo donde podrás seleccionar colores en cualquiera de los modos que describimos a continuación.

RGB (Red, green, blue)

RGB es, sin duda, uno de los modos de color más conocidos por todos. Es el que utilizan los monitores de ordenador y los receptores de televisión que todos conocemos. El modo RGB está basado en tres colores primarios: rojo, verde y azul y con ellos se forma el resto de las tonalidades necesarias para representar cualquier imagen, concretamente, hasta 16 millones de combinaciones.

Siguiendo con las características del modo RGB diremos que se considera un método de adición, porque los colores se consiguen a partir de la conjunción de haces de luz roja, verde o azul sobre un fondo negro. La ausencia de luz genera, lógicamente, el color negro y con los valores máximos simultáneos de los tres obtiene el blanco.

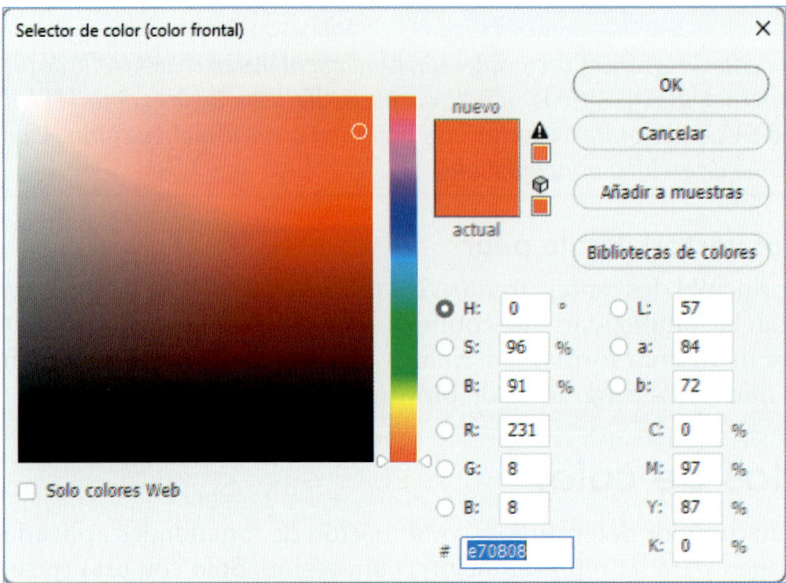

Figura 1.3. Selector de color de Photoshop.

CMYK (CMAN)

Aunque menos conocido en el ámbito doméstico, el modo CMYK (o CMAN en sus siglas en español) es, sin duda, el de mayor aceptación en sectores profesionales como la imprenta.

La composición se hace a partir de cuatro colores básicos: cian, magenta, amarillo y negro. Y, al contrario del modelo anterior, este se considera un método de sustracción porque los colores se obtienen a partir de la acumulación de tinta cian, magenta y amarilla sobre un fondo blanco. En este caso, la ausencia total de color produce el blanco, mientras que la saturación de los tres genera el color negro.

Tampoco es necesario irse a una imprenta para buscar un ejemplo donde se utilice el modelo CMYK, basta con echar una mirada a cualquier impresora de inyección de tinta del mercado, para ver que disponen de un cartucho cian, uno magenta y uno amarillo, más otro, normalmente independiente de los anteriores, donde se almacena la tinta negra.

Escala de grises

No estamos seguros de si se debiera considerar la escala de grises como un modo de color. En cualquier caso, las imágenes representadas con esta combinación se usan para fines muy dispares, desde ilustraciones para periódicos hasta elegantes diseños en blanco y negro. Las imágenes que se encuentran en el modo escala de grises utilizan las 256 tonalidades posibles entre el blanco y el negro.

TRUCO:

Photoshop incluye una forma eficiente y completa de transformar cualquier imagen en color a tonos de grises, se trata del comando Imagen>Ajustes>Blanco y negro. En la figura 1.4 puedes ver el aspecto de este cuadro de diálogo, también disponible desde el panel Ajustes.

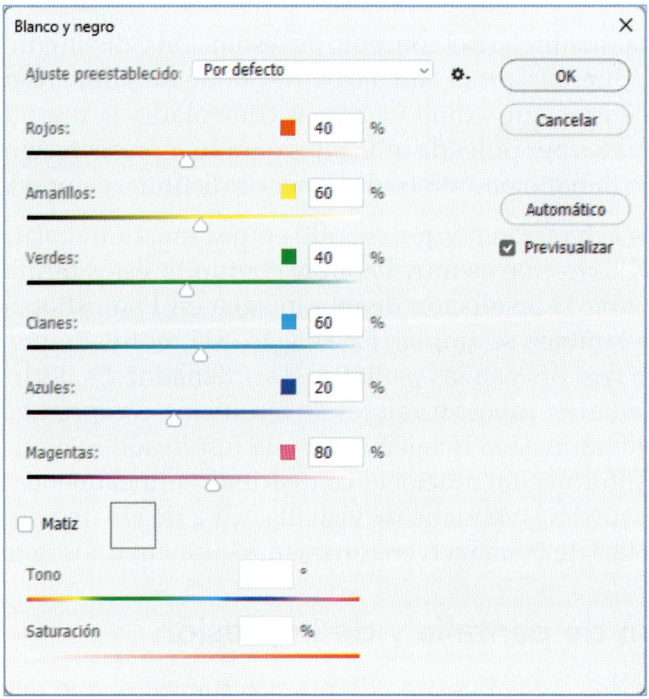

Figura 1.4. Cuadro de diálogo Blanco y negro.

Resolución

El concepto resolución hace referencia al número de píxeles por pulgada que componen la imagen. Queremos hacer hincapié en que se trata de una medida totalmente lineal, es decir, no estamos hablando de una pulgada cuadrada. Por lo tanto, se trata del número de píxeles que tiene la imagen a lo largo de una línea recta de una pulgada (2,54 cm) de longitud.

NOTA:

Si bien es cierto que Photoshop admite la posibilidad de medir la resolución de una imagen usando valores de píxeles por centímetros, aconsejamos utilizar los puntos por pulgada, porque es el estándar general dentro del mundo del diseño gráfico.

Es lógico pensar que mientras más píxeles haya por pulgada, más posibilidades habrá de definir los detalles de una imagen y mejor será su calidad. Esto es cierto, aunque también tiene un inconveniente, su elevado tamaño.

Diferencias entre tamaño y resolución

Para dejar totalmente claro el concepto de resolución y distinguirlo del tamaño de la imagen, diremos que el tamaño corresponde a las dimensiones físicas de la imagen mientras que, como ya hemos comentado, la resolución indica el número de píxeles por pulgada utilizados para su representación. Por lo tanto, con un mismo tamaño podremos disponer de distintos valores de resolución.

Hacemos esta aclaración porque cuando empezamos a trabajar con una aplicación como Photoshop es muy habitual confundir estos términos, debido a que, al aumentar la resolución de una imagen en Photoshop, el tamaño de visualización también se amplía. Este efecto está motivado por la limitación de resolución que ofrecen las pantallas de ordenador. Es decir, lo normal es que nuestro monitor muestre valores de resolución comprendidos entre 72 y 92 ppp; por lo tanto, si la imagen tiene una resolución mayor, la manera de mostrar esa información adicional es distribuirla linealmente, con el consiguiente aumento en su tamaño de visualización; de ahí que nos parezca que las proporciones de la imagen crecen cuando aumentamos la resolución.

Resolución de pantalla y de impresión

En muchos casos será el destino de nuestro trabajo el que determine la resolución requerida. Como sabemos, la resolución habitual de pantalla suele estar comprendida entre 72 y 92 puntos por pulgada (ppp). Por lo tanto, para todos aquellos diseños que tengan como destino final este medio (Internet, Multimedia, etc.), sería absurdo usar resoluciones mayores. No olvidemos que el incremento de la resolución aumentará notablemente el tamaño del archivo.

ADVERTENCIA:

En ocasiones, los gráficos utilizados en el desarrollo de proyectos para dispositivos móviles o Internet también serán necesarios para crear algún folleto de presentación, tríptico publicitario, etcétera, relacionado con el producto. En este tipo de situaciones, nuestra recomendación es crear el original con una resolución alta y después reducirla para obtener las versiones de pantalla. Los resultados pueden ser terribles si realizamos el proceso contrario.

Cuando nuestro trabajo tenga como destino la impresión, ya sea en imprenta o en cualquier otro dispositivo, recomendamos utilizar resoluciones altas para conseguir buena calidad, a partir de 300 ppp.

NOTA:

Una resolución habitual de imprenta, a la hora de realizar trabajos a todo color, puede estar por encima de los 2400 ppp. Imagina el nivel de detalle que se obtiene con estos valores.

La pantalla sí engaña

La calibración del monitor es un aspecto importante que no deberíamos descuidar, sobre todo si utilizamos aplicaciones como Photoshop. Algunos monitores incluyen software de calibración, pero si de verdad queremos que la pantalla de nuestro ordenador reproduzca fielmente los colores y no tengamos ninguna sorpresa a la hora de imprimir, debes recurrir a un dispositivo denominado colorímetro, que incluye un sensor óptico y un programa de configuración. Con él no tendrás ningún problema, si bien es cierto que se trata de una solución algo exagerada para usuarios domésticos. Una opción más económica sería imprimir una copia del trabajo y comprobar si los colores son los adecuados.

Formatos más comunes

Existe una gran diversidad y variedad de formatos, aunque en la práctica los que se utilizan en realidad se podrían contar con los dedos de una mano.

Photoshop permite trabajar con una amplia gama de formatos, como puedes comprobar al ejecutar los comandos Archivo>Guardar o Archivo>Guardar como y desplegar la lista Tipo que muestra la figura 1.5.

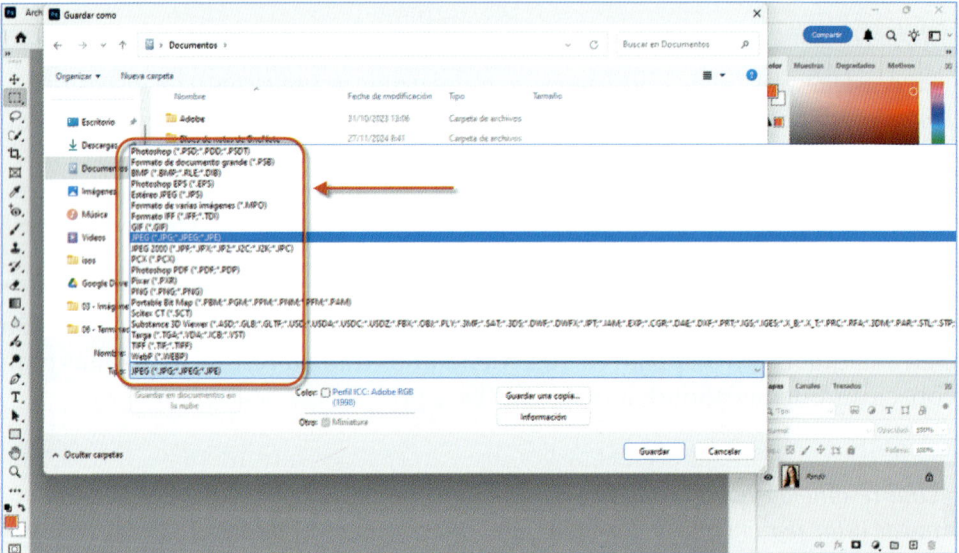

Figura 1.5. Algunos de los formatos disponibles en Photoshop.

Formatos de mapas de bits

Dentro del ámbito de las imágenes en formato mapa de bits, la descripción de los más utilizados sería la siguiente:

- **TIFF:** Muy utilizado, tanto para entornos Mac como Windows. Este formato utiliza un algoritmo de compresión denominado LZW sin pérdidas de calidad, aunque admite otras posibilidades.
- **JPEG:** Quizás el formato más importante de la actualidad, sobre todo por su utilización en cámaras digitales, dispositivos móviles e Internet.
- **PNG:** Incluye una importante característica, las transparencias. Puedes crear gráficos con zonas transparentes, algo muy útil en diseños como los de logotipos.

Formatos vectoriales

Ya sabemos que la información de este tipo de imágenes no se almacena como puntos independientes, sino a partir de fórmulas matemáticas. Las variaciones más comunes de este formato son las siguientes:

- **EPS:** Este es uno de los formatos que más se usa para almacenar gráficos vectoriales. Programas como Illustrator permiten exportar a este formato o directamente trabajar con él.

- **CDR:** Este formato es propio de CorelDRAW y aunque está definido para trabajar con esta aplicación, también se utiliza normalmente en otros programas de diseño vectorial. Es frecuente encontrar colecciones de Clipart en este formato.

- **SVG:** Se trata de un formato vectorial bidimensional que utiliza el conocido estándar XML, utilizado principalmente en el diseño web y en imágenes estáticas o animadas para dispositivos móviles. Se trata de un estándar abierto y soportado, sin limitaciones, por todos los navegadores actuales.

NOTA:

Los gráficos en formato SVG soportan estilos CSS y por lo tanto la posibilidad de modificar sus características en función de la hoja de estilos activa. También admiten acciones del tipo rollovers (pasar el ratón encima) o hacer clic.

Formatos más indicados para Internet y dispositivos móviles

Dadas las especiales características de la Red y los dispositivos móviles, existen varios formatos que se adaptan mejor a tus necesidades y, por este motivo, se han establecido como estándares para este medio. Estos formatos son JPEG, PNG y SVG.

NOTA:

Como hemos comentado, si bien es cierto que el formato JPEG tiene su origen en la Red, actualmente es el que han adoptado la gran mayoría de fabricantes de cámaras digitales y dispositivos móviles. Entre las características que han provocado este hecho se encuentra, sin duda, la capacidad que tiene el formato JPEG para representar imágenes de gran calidad con un tamaño muy ajustado.

RAW, el negativo digital

Aunque el negativo digital o RAW lleva algún tiempo entre nosotros, se trata de un formato poco conocido y utilizado sobre todo por los profesionales de la fotografía digital. Teniendo en cuenta el tamaño de los archivos que permite manejar, lo encontrarás disponible habitualmente en cámaras y móviles de gama alta.

Sobre las imágenes almacenadas en formato RAW podemos decir que se encuentran en bruto, es decir, tal como fueron captadas por el CCD de la cámara digital, sin procesamiento alguno ni compresión. Este es el motivo por el que se conoce a este formato como negativo digital. La ventaja es evidente, podemos corregir cualquier aspecto de la imagen o aplicarle cientos de efectos o situaciones distintas de luz, color, etcétera.

> **NOTA:**
>
> *CCD es el dispositivo electrónico empleado por las cámaras digitales para captar la imagen cuando se abre el obturador.*

Los ingenieros de Photoshop son conscientes de la importancia de este formato para los apasionados de la fotografía y en cada nueva actualización añaden más funcionalidades para trabajar con él. Concretamente, Camera Raw es la herramienta que complementa a Photoshop en lo referente al tratamiento de este tipo de archivos.

Resumen

Este primer capítulo del libro describe los principios básicos que definen las características de las imágenes digitales: formatos, resolución, modos de color, etcétera.

De todos los conceptos que planteamos, es importante que tengamos clara la idea de resolución como información que determina la calidad final de la imagen y de píxel como información mínima que define una imagen en mapa de bits.

También es relevante conocer los formatos más utilizados, sus características y propósitos para, de este modo, utilizarlos en nuestros proyectos de diseño.

2

Espacio de trabajo

Componentes básicos

A primera vista, Photoshop muestra elementos que resultan familiares de otras aplicaciones y otros que no lo son tanto, como los paneles. Sobre todo, debes prestar especial atención dos elementos: el primero sería el área superior de la interfaz, donde se encuentra una barra sensible al contexto, es decir, según la tarea o herramienta seleccionada en cada momento, la barra mostrará diferentes opciones. A este elemento lo llamaremos a partir de ahora barra de opciones. El segundo, e igualmente importante, es la barra de tareas contextual donde siempre encontrarás comandos relacionados con la acción estés realizando.

Al abrir Photoshop aparece, entre otros elementos, una lista con los archivos recientes. Haz en clic en alguno de ellos o utiliza el botón Archivo nuevo, elige alguno de los formatos disponibles y haz clic en Crear. Trataremos todos los destalles de la ventana Nuevo documento un poco más adelante.

Cuando accedemos por primera vez al entorno de trabajo de Photoshop es importante no desanimarse por el aspecto intimidador del programa. Es cierto que aparecen multitud de opciones, paneles, botones, pero no debemos asustarnos. A lo largo de los distintos capítulos de este manual, abordaremos las características más importantes del programa para que no tengas ningún problema a la hora de aprovechar todas sus posibilidades.

Ventanas de documento

Siempre que abras una imagen en Photoshop o inicies un nuevo diseño, aparece una ventana y su correspondiente barra de título, en la que se observa el nombre del archivo y un porcentaje que coincide con la escala de visualización de la imagen. También aparece, junto al valor de zoom, el nombre de la capa seleccionada en ese momento, el modo de color y un pequeño botón para cerrar la ventana de documento.

Barra de opciones

Como hemos comentado, la barra de opciones es un elemento fundamental. En ella tendrás todas las propiedades de la herramienta seleccionada en cada momento (ver figura 2.1). En el capítulo dedicado a las herramientas mostraremos con más detalles sus posibilidades. Por ahora, es suficiente con conocer su ubicación y su aspecto.

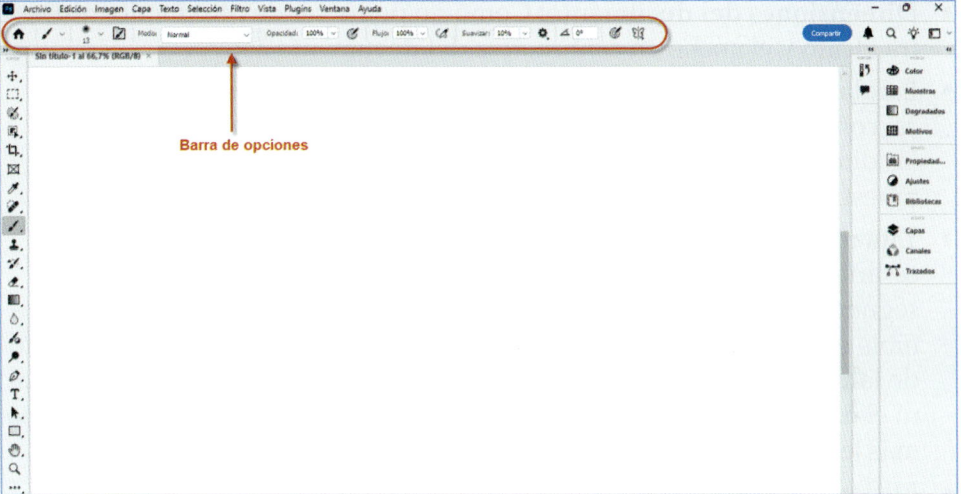

Figura 2.1. Barra de opciones.

Barra de menús

Agrupa todos los comandos disponibles en la aplicación. Estos comandos se encuentran divididos en categorías representadas por cada una de las entradas visibles en la barra. Como veremos a continuación, existe la posibilidad de configurar el aspecto de los distintos menús y comandos para que se adapten mejor al trabajo que deseamos realizar en cada momento. Es lo que Photoshop denomina espacios de trabajo.

Barra de estado

Ofrece datos de interés, como la escala de visualización del documento activo o el tamaño de este. Selecciona el pequeño icono que muestra la figura 2.2 y podrás personalizar la información que muestra la barra de estado. A continuación, enumeramos las más utilizadas:

- **Tamaños de archivo:** Es la opción por defecto y simplemente muestra el tamaño del documento visible en cada momento.

- **Dimensiones del documento:** Como no podía ser de otro modo, muestra el alto y el ancho en centímetros del documento activo.

- **Escala de medida:** Resulta útil a la hora de medir y obtener cálculos, así como determinar una correspondencia entre el número de píxeles y las diferentes unidades de escala. El valor actual de escala sería el que muestra esta opción.

- **Tamaños virtuales:** El primer valor indica la cantidad de memoria necesaria para gestionar todas las imágenes abiertas y el portapapeles. El segundo de los parámetros muestra la cantidad de memoria total disponible en el sistema para Photoshop. En el momento en el que la cantidad de la izquierda sea mayor que la situada a la derecha, Photoshop utilizará el disco duro como espacio de memoria virtual y el sistema irá mucho más lento.

- **Eficiencia:** Mientras esta variable se encuentre al cien por cien no debemos preocuparnos, pues significa que Photoshop tiene memoria RAM suficiente para trabajar con la imagen actual. Pero si el valor desciende, la cantidad de memoria no es suficiente y, por lo tanto, Photoshop utilizará la memoria virtual para trabajar. En este caso, la eficacia del sistema disminuye y todas las operaciones se ralentizarán drásticamente.

La memoria virtual consiste en utilizar parte del disco duro como una extensión de la memoria principal del sistema. Teniendo en cuenta que la velocidad de transferencia de un disco es mucho menor que la de la memoria, el uso de esta alternativa reduce el rendimiento de Photoshop y de cualquier otro programa que la utilice. En la actualidad, con los modernos discos SSD este problema no es tan importante, pero siempre debemos tenerlo en cuenta.

- **Herramienta actual:** Muestra el nombre de la herramienta seleccionada en cada momento.

- **Exposición de 32 bits:** Permite adaptar la previsualización de imágenes HDR de 32 bits para que el monitor no las muestre oscuras o descoloridas.

- **Recuento de capas:** Muestra el número total de capas creadas en el documento seleccionado.

Puedes utilizar la casilla que muestra el valor de visualización para modificar este parámetro: solo es necesario escribir en ella el porcentaje que desees.

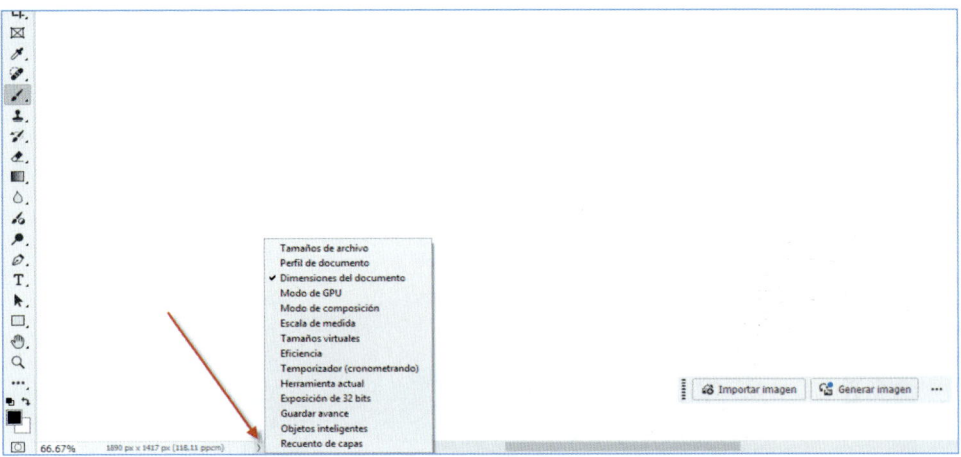

Figura 2.2. Personalizar la información de la barra de estado.

Comportamiento de las ventanas de documento

Haremos un pequeño paréntesis antes de continuar para comentar el comportamiento de las ventanas de imágenes con las que estamos trabajando, denominadas ventanas de documento en Photoshop.

Por defecto, cuando creamos o abrimos una nueva imagen en Photoshop, la ventana de documento queda fijada a la parte superior en modo maximizada, tal como muestra la figura 2.3. Cada nuevo archivo o imagen que abramos quedará también de esta forma, con una estructura de pestañas similar a la utilizada por muchos navegadores. Este sistema es realmente cómodo y permite mantener ordenado nuestro espacio de trabajo.

Para mostrar cualquier ventana en un marco independiente, haz clic en su título y arrástrala hasta que se encuentre ligeramente separada del área superior. Repite esta operación, pero acercando el título de la ventana a la barra de opciones hasta que se desvanezca ligeramente, en ese momento suelta para que vuelva a quedar fijada y maximizada.

Figura 2.3. Ventana de documento en su configuración por defecto.

Barra Herramientas

Todas las herramientas disponibles en Photoshop y elementos tan importantes como el selector de color o el relleno generativo mediante inteligencia artificial se encuentran en la barra Herramientas. Como podrás imaginar, este elemento es fundamental dentro del desarrollo de cualquier proyecto. El comando Herramientas situado en la parte inferior del menú Ventana permite ocultar o mostrar esta barra.

La barra Herramientas incluye por defecto una vista previa o pequeño tutorial del comportamiento de algunas de las herramientas más importantes. Simplemente sitúa el cursor justo encima del icono asociado a la herramienta y al instante aparecerá una vistosa animación, que muestra su comportamiento.

IA generativa desde la barra Herramientas

El icono que hemos resaltado en la figura 2.4 es la primera puerta que nos abre Photoshop a la generación de imágenes por inteligencia artificial. Imagina la importancia que adquiere esta tecnología en las nuevas versiones de Photoshop que Adobe sitúa un acceso directo en la barra Herramientas, uno de sus elementos más relevantes de su espacio de trabajo. Trataremos en profundidad esta característica en los próximos capítulos, pero no pierdas de vista este botón ni la barra de tareas contextual.

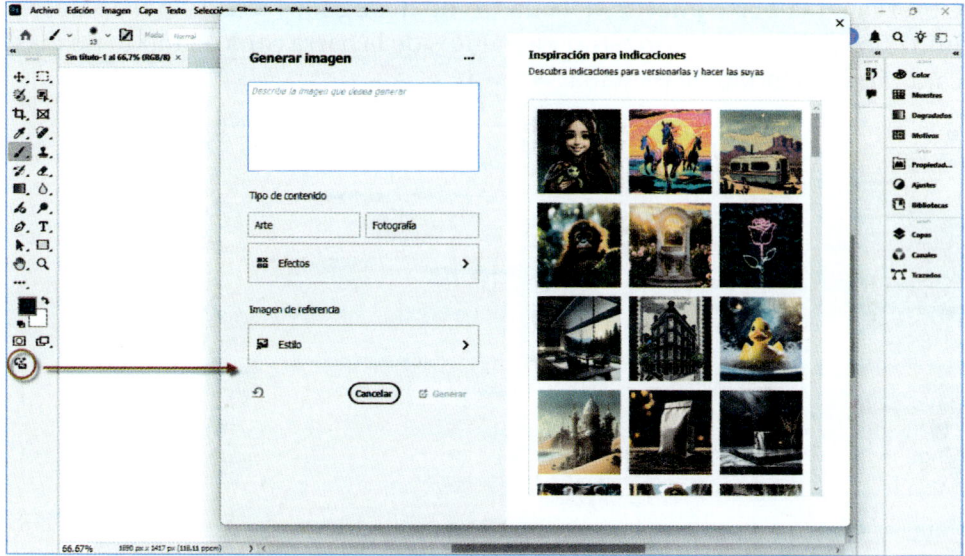

Figura 2.4. Icono para generar imagen desde la barra Herramientas y cuadro de diálogo para escribir el prompt.

En el mundo de la inteligencia artificial, un prompt es la instrucción que le damos para que realice una determinada tarea. Puede ser tan simple como hacer una pregunta o tan compleja como generar una imagen con diferentes elementos y detalles.

Configuración de la barra Herramientas

Haz clic con el botón derecho del ratón en los tres puntos horizontales situados justo encima del selector de color de la barra Herramientas y selecciona el único comando disponible. Comprueba en la figura 2.5 tanto la situación del botón como el cuadro de diálogo que aparece a continuación.

En el margen izquierdo estarán todas las herramientas disponibles en determinado momento en el panel, agrupadas según la configuración por defecto del programa. Haz clic en cualquiera de ellas y arrástralas para incluirlas en cualquier otro grupo. Si necesitas más espacio en la barra, puedes mover las que utilices con menos frecuencia al recuadro de la derecha, denominado

Herramientas adicionales. Con estos sencillos pasos podrás personalizar la barra Herramienta según tus gustos y necesidades.

Observa en la parte inferior del cuadro de diálogo los iconos que aparecen, utilízalos para ocultar o mostrar elementos de la barra como el modo de máscara rápida o modo de pantalla.

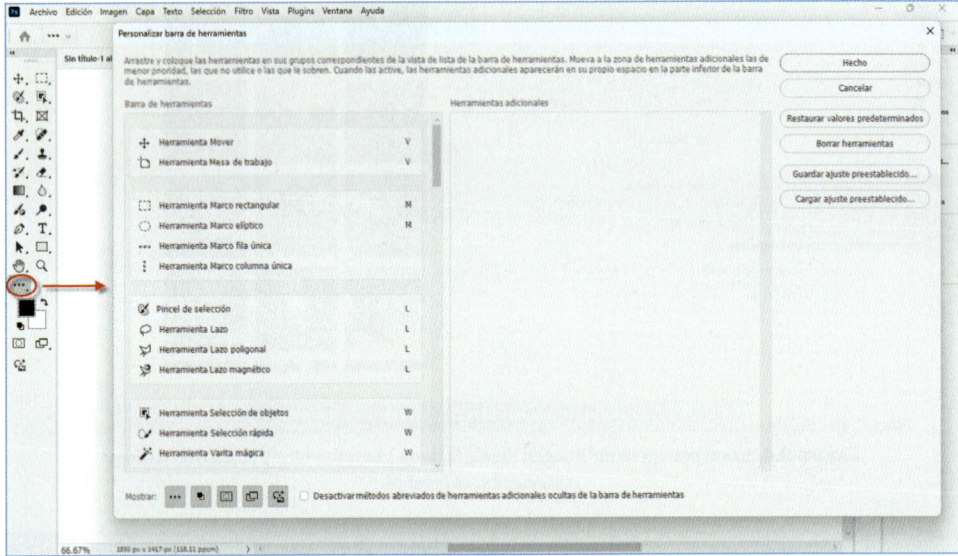

Figura 2.5. Cuadro de diálogo Personalizar barra de herramientas.

TRUCO:

El pequeño icono situado en la parte superior izquierda permite mostrar los elementos que componen la barra Herramientas, en una sola columna o en dos.

NOTA:

Es probable que en muchas de las figuras que acompañan este manual el aspecto de la barra Herramientas no coincida exactamente con el que estés utilizando. En nuestro caso hemos utilizado las posibilidades de configuración descritas en este apartado para reducir sus dimensiones y adaptarla al tamaño de pantalla disponible.

Barras de tareas contextual

La barra de tareas contextual actúa como un atajo inteligente donde siempre encontraremos comandos y acciones relacionadas con la herramienta o el objeto seleccionado en determinado momento, para facilitar tareas como la edición de texto, generación inteligente y todo tipo de ajustes.

Selecciona cualquier herramienta y al instante accederás a funciones específicas sin necesidad de navegar por múltiples menús. Como puedes comprobar en la figura 2.6 se trata de un elemento flotante que puedes desplazar con tan solo hacer clic en la línea punteada situada en el extremo izquierdo de la barra y arrastrar.

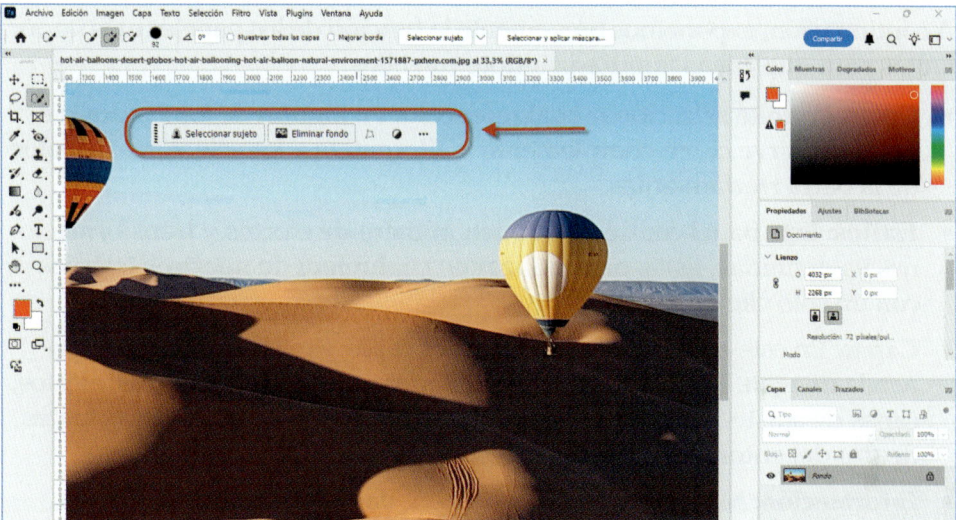

Figura 2.6. Barra de tareas contextual.

La barra de tareas contextual está visible por defecto. Si no es así, selecciona el comando del mismo nombre situado al final del menú Ventana. Ocúltala con el mismo comando o seleccionado los tres puntos horizontales en la propia barra donde encontrarás estas opciones adicionales:

- **Restablecer la posición de la barra:** Si la barra se ha movido, puedes devolverla a su lugar original.
- **Fijar la posición de la barra:** Anclar la barra en una ubicación específica para que permanezca fija mientras trabajas.

TRUCO:

Es recomendable revisar las opciones que aparecen en la barra de tareas contextual después de realizar cualquier acción en Photoshop o seleccionar alguna herramienta, seguro que encontrarás sugerencias útiles para los pasos siguientes.

Paneles

Los paneles son el eje principal sobre el que se sustenta la interfaz de Photoshop. Estos elementos condicionan el modo de trabajo y constituyen el común denominador para la mayoría de los productos desarrollados por la firma Adobe. En el menú Ventana se encuentran enumerados todos los paneles disponibles, haz clic en cualquiera de ellos para que aparezcan en la ventana principal.

A continuación, exponemos brevemente la función de los paneles más importantes para que vayas familiarizándote con ellos:

- **Color:** Permite seleccionar cualquier color en alguno de los modos disponibles, sirve como complemento y alternativa a los selectores de color de la barra Herramientas.

- **Estilos:** Este panel contiene un buen número de efectos y transformaciones ya definidas, listas para utilizar en cualquiera de nuestros trabajos con un solo clic de ratón.

- **Capas:** En este panel aparecen todas las capas y máscaras que componen la imagen. En él, podrás seleccionar capas, añadir máscaras, efectos, capas de ajuste... sin lugar a duda, uno de los paneles más importantes dentro del entorno de Photoshop.

- **Información:** Muestra información sobre datos básicos de la imagen, como valores de los componentes RGB, situación exacta del puntero, valor hexadecimal del color actual, etcétera.

- **Navegador:** Actúa como un eficaz sistema de zoom, en el que solo necesitas mover el control deslizante para ampliar o reducir la imagen actual. También puedes mover el cuadrado rojo que representa la zona visible de la imagen para mostrar cualquier área del documento.

- **Historia:** Considera este panel como un registro donde se almacenan todas las acciones que llevas a cabo con la aplicación, para permitirte deshacer de modo independiente o secuencialmente cada una de ellas. Es tal la importancia de este elemento que hemos querido dedicarle un capítulo completo con el fin de mostrar a fondo todas sus posibilidades.

- **Herramientas preestablecidas:** Como veremos en el capítulo dedicado a las herramientas, Photoshop permite configurar cualquiera de las herramientas disponibles y guardar estos ajustes. Pues bien, la misión de este panel será almacenar todas esas herramientas preconfiguradas.

- **Carácter y Párrafo:** Estos dos paneles ofrecen posibilidades ampliadas para el tratamiento de textos y resultan imprescindibles cuando incluimos este tipo de elemento en nuestros diseños.

- **Ajustes de Pincel y Pinceles:** Permiten elegir el tipo de pincel más adecuado en cada caso, añadirle efectos, crear pinceles personalizados, etcétera. También es posible almacenar diferentes configuraciones y modelos de pinceles.

Paneles Ajustes, Propiedades y Biblioteca

Los paneles Ajustes, Propiedades y Biblioteca son tan importantes que hemos querido dedicarles una mención especial.

Principalmente pensado para tareas de diseño y retoque fotográfico, el panel Ajustes agrupa multitud de características relacionadas con este tipo de trabajos como: Exposición, Blanco y negro, Brillo/Contraste, Niveles, etcétera. En la figura 2.7 puedes comprobar su aspecto.

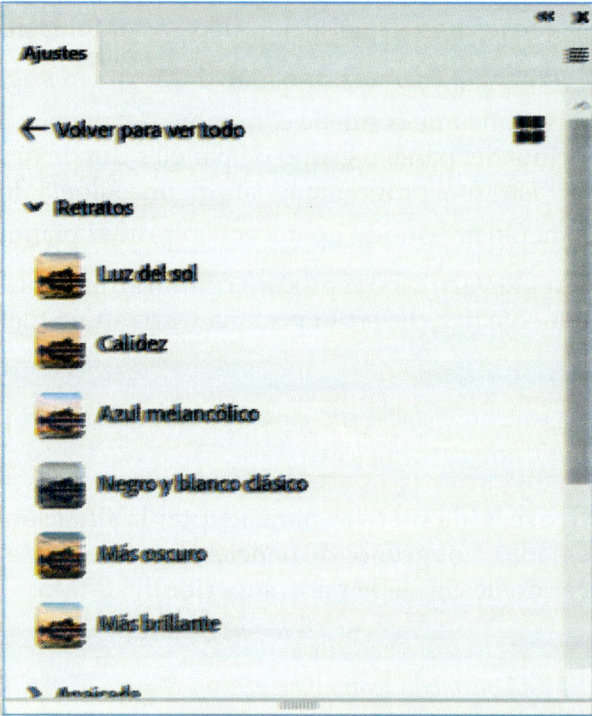

Figura 2.7. Panel Ajustes.

El panel Ajustes no es solo un acceso directo a comandos importantes; su principal virtud se centra en que todas las transformaciones realizadas desde este panel son *no destructivas*. Aunque ampliaremos este concepto en los próximos capítulos, adelantamos que se trata de la posibilidad de eliminar cualquier cambio fácilmente o incluso ocultarlo temporalmente.

Por otra parte, el panel Propiedades es la extensión natural del panel Ajustes y permite establecer los parámetros de configuración asociados a cada comando.

Por último, el panel Bibliotecas es la opción perfecta para acceder a nuestro repositorio de imágenes, tanto propias como de Adobe Stock.

Organización básica de los paneles

Siempre que necesites ampliar o mejorar la organización del espacio de trabajo, existe la posibilidad de agrupar paneles, de modo que solo quede completamente visible el panel seleccionado y del resto únicamente aparezca una pestaña con su nombre. Este es uno de los modos disponibles para mejorar la organización del espacio de trabajo, pero existen más. Para agrupar uno o varios paneles, sigue los pasos que se describen a continuación:

- Usa el menú Ventana para mostrar el panel que quieres agrupar.
- Haz clic en la pestaña que contiene el nombre del panel y arrástrala hasta que esté encima del panel o grupo de paneles donde deseas agruparlo. Mientras arrastras, el programa mostrará una silueta del panel.
- Suelta y el elemento arrastrado aparecerá en primer plano.

Si lo que necesitas es llevar a cabo el proceso contrario, es decir, separar o aislar un panel, simplemente haz clic en su pestaña y arrástralo fuera.

TRUCO:

Para contraer un panel haz doble clic en la pestaña que lo identifica. Repite la operación para mostrarlo por completo.

Photoshop incluye más alternativas para adaptar la situación de los paneles a nuestras necesidades. Los grupos de paneles se pueden expandir y contraer con tan solo hacer doble clic en la parte superior del grupo.

NOTA:

Cuando un panel está en modo icono, haz clic en él para expandirlo y acceder a todos sus elementos.

Otra posibilidad es crear nuestros propios grupos de paneles personalizados. Para ello es necesario hacer clic en el nombre del panel y arrastrarlo encima del grupo donde deseas incluirlo. En ese momento, una línea de color azul indica que ya puedes soltar el panel. Para eliminar un panel del grupo, arrástralo fuera de él y haz clic en el botón Cerrar situado en la esquina superior derecha. De esta forma, es posible crear grupos de paneles completamente personalizados y adaptados a nuestras necesidades.

En el menú que aparece después de hacer clic con el botón derecho del ratón en la parte superior de cualquier panel, se encuentra el comando Contraer automáticamente paneles de iconos. Si decides utilizarlo, los paneles se ocultarán con tan solo hacer clic en cualquier lugar vacío del espacio de trabajo. Ten en cuenta esta opción, porque resulta muy cómoda y evita que después de cierto tiempo el entorno del programa se encuentre saturado de paneles y ventanas.

Para terminar, comentaremos que todos los paneles disponen de un pequeño menú asociado con las funciones más importantes del panel. Accede a este menú con el icono de la figura 2.8.

Espacios de trabajo

Como acabamos de ver en el apartado anterior, Photoshop ofrece un alto grado de flexibilidad a la hora de configurar su entorno. Incluso permite crear una configuración específica según el uso que hagamos del programa. Por ejemplo, para proyectos de retoque fotográfico podemos necesitar con mayor frecuencia paneles como Color o las Herramientas preestablecidas; en cambio, si se trata de trabajos de diseño lo mejor será tener a mano los paneles Capa, Estilos o Trazados. Para hacernos la vida un poco más fácil, Adobe pone a nuestra disposición los Espacios de trabajo, mediante los cuales podrás tener tantas configuraciones de la interfaz como necesites.

Figura 2.8. Icono que permite acceder al menú asociado a un panel.

En el extremo derecho de la barra de opciones se encuentra una lista desplegable con los espacios de trabajo por defecto, pero si lo necesitas puedes crear y añadir a esta lista tus propios espacios de trabajo.

Para guardar la configuración actual del entorno, incluyendo paneles activos, su posición, las opciones de los cuadros de diálogo, etcétera y, por lo tanto, crear un nuevo espacio de trabajo completamente personalizado, haz lo siguiente:

- Selecciona el comando Nuevo espacio de trabajo situado en el menú Ventana>Espacio de trabajo.

- En el cuadro de diálogo que aparece, escribe un nombre para el espacio de trabajo y haz clic en el botón Guardar.

Después de estos sencillos pasos, haz clic en el icono Seleccionar un espacio de trabajo situado a la derecha de la barra de opciones. Entre la lista aparecerá el nombre del espacio de trabajo creado junto con el resto de los espacios disponibles (figura 2.9). También encontrarás este nuevo espacio dentro del menú Ventana>Espacio de trabajo.

Para eliminar uno o todos los espacios de trabajo definidos, utiliza el comando Eliminar espacio de trabajo. Después, en el cuadro de diálogo que muestra el programa, elige el elemento que deseas eliminar o recurre a la opción Todos los espacios de trabajo a medida.

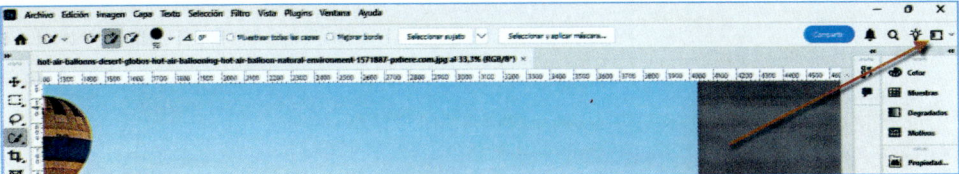

Figura 2.9. Nuevo espacio de trabajo en la barra de opciones.

Mano

La herramienta Mano permite desplazar el área visible de la imagen y, aunque puedes seleccionarla en la barra de herramientas cada vez que la necesites, la forma más sencilla de utilizarla es mantener pulsada la barra espaciadora mientras haces clic con el botón izquierdo del ratón y arrastras el cursor.

Rotar vista

La herramienta Rotar vista permite modificar la orientación del lienzo para realizar determinadas operaciones con la imagen, tal como muestra la figura 2.10. Esta transformación es simplemente visual y no provoca ningún cambio sobre la imagen.

Rotar vista comparte posición con la herramienta Mano y, si deseas recuperar el aspecto original de la imagen, debes seleccionar el botón Restaurar vista en la barra de opciones, donde también es posible establecer un ángulo exacto de rotación.

Figura 2.10. Aspecto del lienzo cuando utilizamos la herramienta Rotar vista.

Atajos de teclado

Para obtener un rendimiento óptimo en Photoshop, no podemos depender exclusivamente del ratón para seleccionar herramientas y comandos. Existe una solución mucho más eficiente: los atajos de teclado, conocidos en Photoshop como métodos abreviados de teclado.

Cada herramienta tiene asignada una letra del teclado, que aparece justo a la derecha de su nombre. Nuestra recomendación es que las vayas memorizando progresivamente, ya que te permitirán trabajar de forma más rápida y cómoda. Además, prácticamente todos los comandos y menús de la aplicación cuentan con combinaciones de teclas específicas, lo que facilita aún más la ejecución de tareas repetitivas o complejas.

Invertir tiempo en aprender estos atajos puede parecer un desafío al principio, pero pronto notarás cómo tu productividad aumenta. ¡No subestimes el poder de los atajos de teclado!

Personalizar los atajos de teclado

Los atajos de teclado son tan importantes en Photoshop que incluso permiten personalizarlos y definir combinaciones propias de teclas en el cuadro de diálogo que aparece en la figura 2.11. Para acceder a él, selecciona el comando Métodos abreviados de teclado del menú Edición. Incluso es posible guardar la configuración personalizada de atajos de teclado en un archivo para utilizarla cuando y donde necesites. Veamos cómo hacerlo.

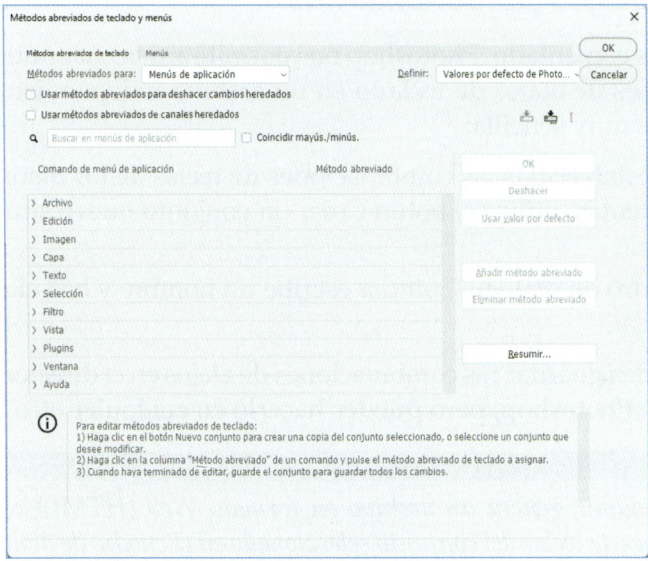

Figura 2.11. Cuadro de diálogo Métodos abreviados de teclado y menús.

En la lista desplegable Definir del cuadro de diálogo Métodos abreviados de teclado y menús están las configuraciones estándar del programa y aquellas creadas por nosotros mismos. En la lista, Métodos abreviados para, elegiremos sobre cuál de los elementos básicos de la aplicación —menús, paneles o herramientas— deseamos trabajar. Por ejemplo, si eliges Herramientas, en la parte inferior podrás ver todas las herramientas disponibles en el programa, junto a su atajo de teclado actual. Para modificar cualesquiera de ellos solo es necesario seleccionarlo y teclear la nueva combinación.

En el caso de las herramientas, el programa solo permite utilizar teclas desde la A a la Z como atajos de teclado. Para los menús de la aplicación y de los paneles dispones de las teclas de función, más combinaciones de la tecla Ctrl con alguna letra o signo.

Si eliges una combinación que ya esté siendo utilizada por otra herramienta, Photoshop mostrará un mensaje para advertirnos de que si persistimos en nuestras intenciones se eliminará el atajo de teclado original de la herramienta.

Usar valor por defecto restablecerá el atajo predeterminado de Photoshop para el menú o herramienta seleccionado en ese momento.

Guardar atajos personalizados

Como hemos comentado, Photoshop nos permite almacenar nuestras propias combinaciones de atajos de teclado en un archivo independiente. La forma de hacerlo es muy sencilla:

- Una vez establecidas las combinaciones de teclas de los distintos menús y herramientas, utiliza el botón Crear un conjunto nuevo situado bajo la lista Definir.
- En el cuadro de diálogo Guardar escribe un nombre y haz clic en el botón Guardar.

No es mala idea guardar tus combinaciones de atajos en el directorio específico que propone Photoshop, pero puedes hacerlo en cualquier otro lugar.

El botón Resumir genera un archivo en formato Web (HTML) con todas las combinaciones de teclas del conjunto seleccionado en el cuadro de diálogo Métodos abreviados de teclado y menús.

Personalizar los menús

Photoshop también permite configurar los comandos y menús de la aplicación. Selecciona Edición>Menús para abrir de nuevo el cuadro de diálogo Métodos abreviados de teclado y menús que ya conocemos del apartado anterior, pero en esta ocasión, selecciona la pestaña Menús. Desde aquí tendrás acceso a todos los comandos y menús de la aplicación.

Resumen

Antes de entrar de lleno en las posibilidades de Photoshop, es imprescindible conocer las funcionalidades básicas del entorno de trabajo. Como dirían los estrategas militares, en este capítulo hemos hecho un reconocimiento del terreno previo a la batalla. No olvides la barra de tareas contextual, un acceso rápido a las funciones más relevantes sin necesidad de navegar por múltiples menús.

Ya conocemos el sentido de los paneles, cómo agruparlos o trabajar con ellos por separado, y cómo crear nuestros espacios de trabajo con la configuración necesaria para cada ocasión.

Por último, puede parecer que los atajos de teclado no sean un aspecto relevante de la aplicación, pero estamos seguros de que a medida que avances en el conocimiento y la práctica con Photoshop serán algo imprescindible.

3

Nueva imagen, conceptos básicos

Introducción

El paso preliminar para crear toda obra maestra que se precie es preparar el lienzo. En nuestro caso, para elegir el adecuado debemos tener en cuenta aspectos como las dimensiones de la imagen, el modo de color, la resolución, etcétera. Veamos los pasos necesarios para crear un nuevo proyecto:

1. Abre la aplicación y al instante, en la ventana principal, aparecen varias opciones. Una de ellas se denomina Archivo nuevo, selecciónala y tendrás acceso a la ventana que puedes ver en la figura 3.1. Otra forma de llegar hasta aquí es utilizar el comando del mismo nombre situado en el menú Archivo.

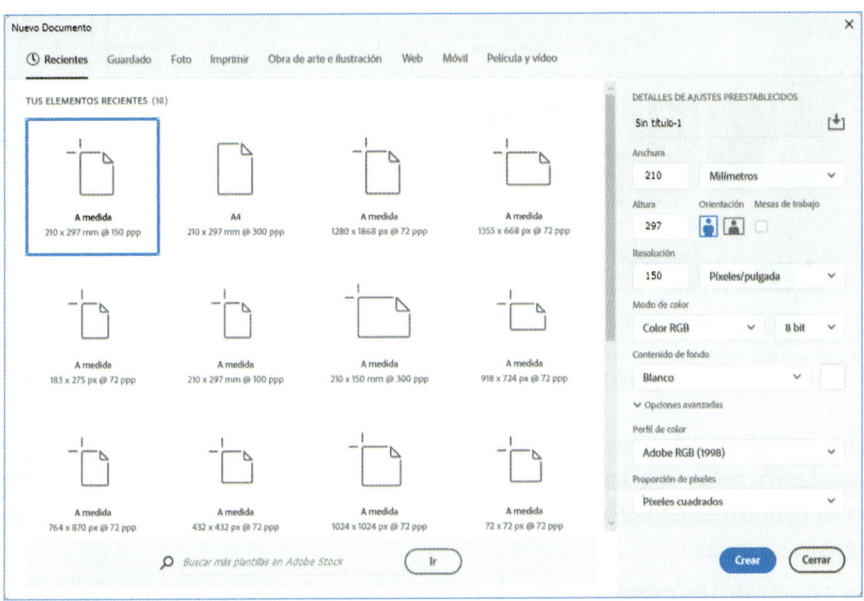

Figura 3.1. Ventana con todas las opciones disponibles para crear un nuevo proyecto.

2. Ya desde el primer momento Photoshop lo pone fácil, observa la parte superior de la ventana. En ella encontrarás la opción Recientes, donde puedes elegir entre el formato por defecto del programa, alguno utilizado anteriormente o el tamaño de la última imagen copiada en el portapapeles del sistema. Esto último es realmente interesante, imagina que quieres modificar una captura de pantalla, pues bien, Photoshop ofrecerá un lienzo con las dimensiones de la captura. De este modo, basta con seleccionarlo y ejecutar el comando Ctrl-V para pegarla en el lienzo.

3. Guardado será el espacio destinado a almacenar nuestros propios tamaños personalizados. Para crear alguno, selecciona alguna categoría y haz clic en el icono indicado en la figura 3.2. Utiliza los valores que necesites, escribe un nombre para identificar el modelo y finalmente selecciona Guardar.

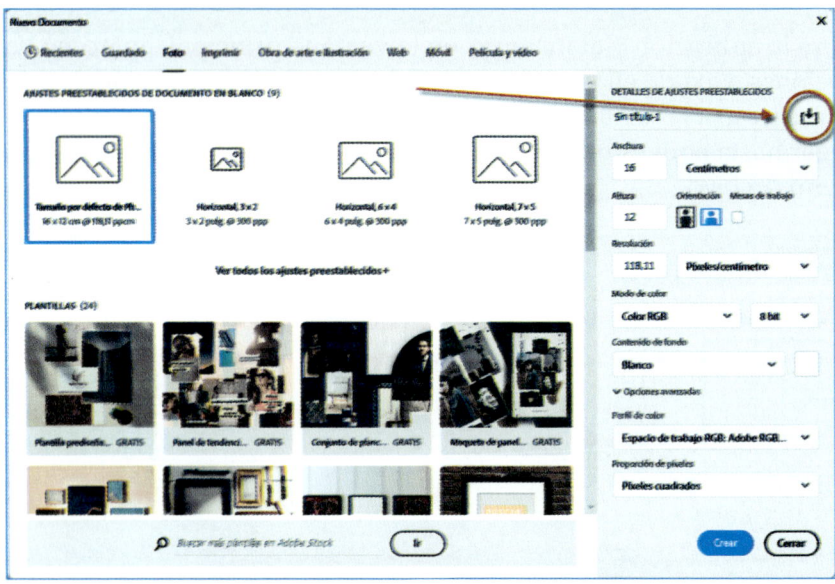

Figura 3.2. Crear nuestro propio ajuste personalizado.

4. A la derecha de las dos opciones anteriores, encontrarás varias categorías clasificadas según el tipo de proyecto: Foto, Imprimir, Obra de arte... Cada una de ellas incluye diferentes ajustes preestablecidos y plantillas listas para usar.

5. Por supuesto, es posible recurrir a los valores Anchura, Altura, Orientación y Resolución según necesites en cada caso. Puedes aprovechar las listas situadas a la derecha de los valores para seleccionar la unidad de medida.

6. En la lista Modo de color, elige el modelo de color que quieras usar. Y a la derecha, la profundidad en bits, valor que determinará el número máximo de colores que podrá representar la imagen. Por ejemplo, con 8 bits serían 256 colores y con 16 bits, nada más y nada menos que 65 536.

7. La lista Contenido de fondo permite definir el tono predominante en el fondo de la imagen.

8. Cuando hayas terminado con los ajustes, haz clic en el botón Crear.

En Photoshop existe una gran ventaja con respecto a los métodos de dibujo tradicionales, porque si durante la ejecución de cualquier trabajo necesitas modificar las propiedades del lienzo, puedes hacerlo fácilmente.

Adobe Stock es un repositorio con un enorme banco de imágenes y plantillas. Estas imágenes son de pago, aunque Adobe dispone de planes de suscripción bastante ventajosos. Desde la opción de búsqueda, situada en la parte inferior de la ventana Nuevo Documento, puedes acceder directamente a Adobe Stock si necesitas encontrar ideas para tus proyectos.

Antes de utilizar cualquier imagen procedente de Internet, debes asegurarte de que se encuentra libre de derechos de autor para evitar infringir las leyes de propiedad intelectual. Una vez aclarado esto, si deseas usar una imagen desde tu propio navegador, haz clic en ella con el botón derecho del ratón y selecciona el comando Copiar imagen. A continuación, entre las opciones disponibles del cuadro de diálogo Nuevo Documento, encontrarás un elemento denominado Portapapeles, con las dimensiones exactas de la imagen que acabas de copiar, tal como puedes observar en la figura 3.3. Selecciónalo, y una vez abierto el nuevo documento, pulsa Ctrl-C para añadirle la imagen copiada.

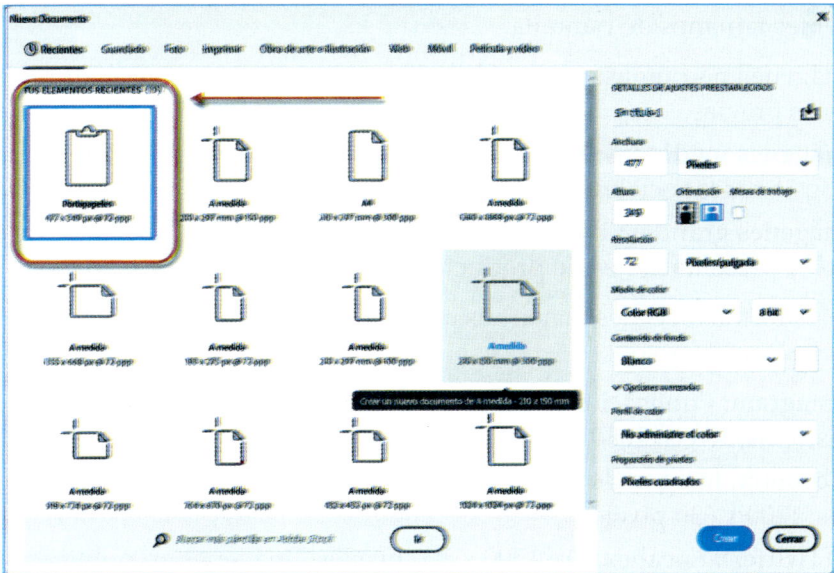

Figura 3.3. Elemento asociado a la última imagen copiada al portapapeles del sistema.

Sobre la resolución de la imagen

A la hora de crear una nueva imagen es importante tener claros ciertos aspectos, como la resolución o el modo de color. Quizás las dimensiones o el color de fondo no sean tan fundamentales, pues se pueden cambiar con facilidad si es necesario. Pero con la resolución no ocurre lo mismo; el motivo es que este parámetro define, entre otros aspectos, el nivel de detalle de la imagen o su tamaño final.

Entre las resoluciones más comunes para imágenes diseñadas para ser vistas en dispositivos electrónicos como monitores, teléfonos móviles y tabletas, estaría:

- **Full HD (1080p):** 1920 x 1080 pixels. Muy utilizada para vídeos, gráficos y diseño web.
- **2K (QHD):** 2560 x 1440 píxeles. Popular en monitores de gama alta.
- **4K (Ultra HD):** 3840 x 2160 píxeles. Ideal para pantallas grandes y contenido de alta calidad.
- **8K (UHD-2):** 7680 x 4320 píxeles. Usada en contenido de ultra alta definición, aunque aún es poco común.

Las siguientes resoluciones suelen optimizarse para la web con el propósito de conseguir tiempos de carga rápidos y puedan adaptarse con facilidad a diferentes tamaños de pantalla.

- **Imágenes pequeñas:** 640 x 360 o 800 x 600 píxeles, para miniaturas o vistas previas.
- **Imágenes medianas:** 1280 x 720 o 1024 x 768 píxeles, adecuadas para blogs o redes sociales.
- **Imágenes grandes:** 1920 x 1080 píxeles o más, para encabezados de sitios web y presentaciones de productos.

Las plataformas sociales tienen sus propios tamaños recomendados. Algunos ejemplos comunes son:

- **Instagram:** Publicaciones cuadradas: 1080 x 1080 píxeles. Historias/Reels: 1080 x 1920 píxeles.
- **Facebook:** Imagen de portada: 820 x 312 píxeles. Publicaciones compartidas: 1200 x 630 píxeles.
- **X (Twitter):** Encabezado: 1500 x 500 píxeles. Imágenes en publicaciones: 1200 x 675 píxeles.

Por último, cuando el destino de nuestro diseño sea obtener una copia impresa, ya sea en papel, vinilo o cualquier otro soporte, la calidad de impresión dependerá de los puntos por pulgada, siendo 300 el estándar para impresiones de alta calidad.

- **Tamaño carta (21.59 x 27.94 cm):** 2550 x 3300 píxeles (a 300 ppp).
- **A4 (21 x 29.7 cm):** 2480 x 3508 píxeles (a 300 ppp).
- **Carteles grandes (60.96 x 91.44 cm):** 7200 x 10800 píxeles (a 300 ppp).

NOTA:

La notación ppp equivale a puntos por pulgada, medida habitual que define la resolución de una imagen. En inglés sería DPI o Dots Per Inch.

Abrir un archivo existente

Photoshop permite trabajar con la mayoría de los formatos gráficos disponibles en la actualidad. En la pantalla inicial, puedes utilizar el botón Abrir o la lista de archivos recientes. El comando Abrir, situado en el menú Archivo, cumple el mismo propósito.

TRUCO:

Si necesitas abrir más de un archivo al mismo tiempo, puedes mantenar pulsada la tecla Ctrl para seleccionar archivos alternos o la tecla Mayús para hacerlo con archivos consecutivos.

El atajo de teclado Ctrl-O permite acceder al cuadro de diálogo Abrir, sin necesidad de recurrir al menú Archivo. También puedes hacer doble clic en cualquier espacio vacío de la ventana de la aplicación.

Por último, arrastra cualquier imagen a la zona central de la ventana de aplicación para abrirla directamente.

Nueva imagen con inteligencia artificial

La inteligencia artificial (IA) de Photoshop se presenta como una herramienta poderosa para superar el problema de la «página en blanco», esa sensación de bloqueo creativo que surge al iniciar un proyecto sin ideas claras. Aunque las plantillas y el material disponible en Adobe Stock han sido y siguen siendo una solución eficaz para empezar cualquier trabajo, los tiempos están cambiando.

La irrupción de la IA está transformando la forma de trabajar en numerosos ámbitos, y el diseño no podía ser menos.

Existen varias formas de que la IA estimule nuestra creatividad y nos ayude cuando iniciamos un nuevo proyecto:

- Funciones como el relleno generativo basadas en Adobe Firefly, permiten crear elementos visuales a partir de simples descripciones textuales (prompt). Escribe algo como «una playa tranquila con pequeñas embarcaciones de recreo y gente paseando» y deja que la IA genere una imagen que sirva como inspiración inicial para la publicidad de una agencia de viajes.

- Puedes usar una foto, y con las herramientas basadas en IA, convertirla en un diseño en acuarela, cómic o un collage moderno, explorando nuevas posibilidades estéticas sin esfuerzo.

- La IA también puede sugerir composiciones o plantillas basadas en el tipo de proyecto que estés creando (por ejemplo, un póster, una portada o un logotipo). Estas plantillas pueden actuar como estructuras de partida para continuar el proyecto.

- Si necesitas inspiración para fondos o texturas, la IA puede generar con rapidez elementos como patrones geométricos, cielos o entornos surrealistas que complementen tu diseño.

- Mientras trabajas, la IA puede sugerir ideas adicionales, como ajustes en la composición, efectos, añadir, sustituir o eliminar elementos...

NOTA:

Firefly es la base de la inteligencia artificial generativa de Adobe, una innovadora familia de herramientas y servicios diseñada para aplicaciones como Photoshop o Illustrator. Firefly también está disponible en línea a través de su página oficial.

Una vez definidas las dimensiones, resolución y modo de color del nuevo documento, como hemos comentado al principio de este mismo capítulo, tendremos listo nuestro flamante documento en blanco. Y como no podía ser de otro modo, la barra de tareas contextual tiene la solución a este desolador panorama:

1. Haz clic en el botón Generar imagen y al instante aparecerá la ventana que puedes ver en la figura 3.4. Este mismo comando también se encuentra entre las opciones del menú Edición y en la parte inferior de la barra Herramientas.

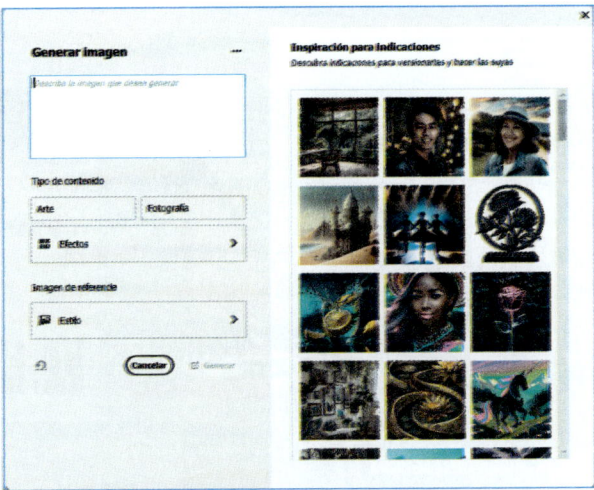

Figura 3.4. Cuadro de diálogo asociado al comando Generar imagen.

2. En el primer cuadro de texto, escribe lo que, en el ámbito de la inteligencia artificial, se denomina «prompt». Se trata de una descripción en texto, lo más detallada posible, del resultado que deseamos obtener. Como ejemplo, para conseguir el resultado de la figura 3.5 escribimos el siguiente prompt «Calle de los años 60 de una típica ciudad americana con algún vehículo de la época».

3. Si elegimos Arte en el apartado Tipo de contenido, la imagen generada tendrá un estilo artístico, como una pintura, ilustración o dibujo. En cambio, con Fotografía el resultado tendrá un estilo realista, similar a una captura de cámara.

4. Por ahora, deja el resto de las opciones por defecto y haz clic en Generar.

Transcurridos unos pocos segundos, Photoshop genera tres variantes para que podamos elegir la más adecuada. Nos dejamos muchas opciones sin describir, pero necesitamos conocer más sobre Photoshop para poder entenderlas. En los próximos capítulos trataremos estas características en más profundidad.

NOTA

El resultado obtenido por el comando Generar imagen es directamente proporcional a la claridad y precisión del prompt. Cuanto mejor sea tu descripción, más cerca estarás de obtener la imagen que tienes en mente. Cada palabra que incluyas es una instrucción que moldea la imagen final, desde el estilo artístico hasta los detalles más mínimos.

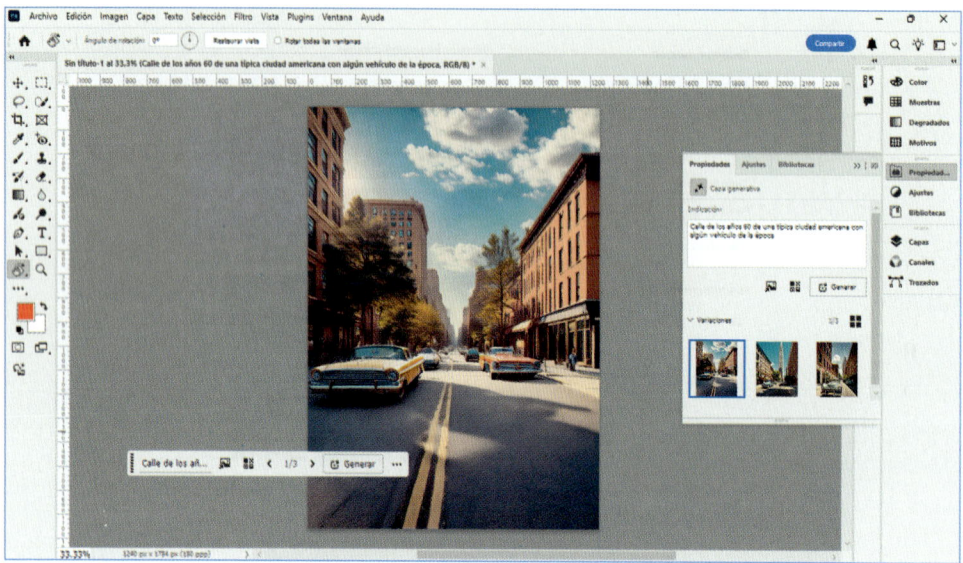

Figura 3.5. Resultado de nuestro prompt.

Modificar aspectos básicos de la imagen

Después de crear una nueva imagen, de abrir una existente o generarla por inteligencia artificial, es posible que necesites cambiar el tamaño, el modo de color, etcétera. En los siguientes apartados detallamos los pasos necesarios para llevar a cabo cada una de estas operaciones.

Tamaño

Puedes modificar el tamaño de una imagen tantas veces como sea necesario. Elige el comando Tamaño de imagen en el menú Imagen.

Photoshop utiliza diferentes algoritmos para que la deformación sea mínima, sobre todo a la hora de ampliar la imagen. A este proceso se le conoce con el nombre de «interpolación» o «remuestreo». En realidad, lo que hace Photoshop es tomar información sobre los píxeles que se encuentran más próximos y completar la información de manera inteligente teniendo en cuenta estos datos.

A continuación, se describen los métodos de interpolación, sus ventajas y sus inconvenientes:

- **Automático:** Será el método por defecto y en general el que deberías utilizar en la mayoría de los casos. Se trata del procedimiento de remuestreo más avanzado, en el que Photoshop analiza automática-metne la imagen y utiliza el mejor algoritmo para cada situación, según sus características particulares.

- **Conservar detalles:** Úsalo si necesitas llevar a cabo un proceso de ampliación y quieres reducir el impacto negativo del proceso sobre la nitidez y el enfoque de la imagen. Este método, en sus dos variantes, tiene asociado un regulador de ruido con el que podrás establecer de forma precisa el porcentaje de suavizado que deseas aplicar en el proceso de ampliación.

- **Bicúbica más suavizada (ampliación):** Los criterios son los mismos que para el método bicúbica, pero en este caso, se otorga prioridad al sua-vizado de formas y transiciones entre las distintas zonas de la imagen ampliada. Debes utilizarlo principalmente cuando amplíes imágenes.

- **Bicúbica más enfocada (reducción):** Está especialmente indicado si necesitas reducir el tamaño de alguna imagen. Mejorará el enfoque y, en consecuencia, el resultado final.

- **Bicúbica (degradados suaves):** Es el método de interpolación más lento. Su ventaja principal es la calidad del resultado. Para conseguirlo, este método aplica diferentes grados de contraste, para reducir de este modo el efecto de difuminado y mejorar la nitidez de la imagen.

- **Por aproximación (bordes definidos):** Se trata del método más rápido, pero sus resultados no son demasiado buenos. Photoshop se limita a copiar los píxeles más próximos para rellenar los huecos generados.

- **Bilineal:** En este caso, la interpolación genera diferentes tonos interme-dios para evitar cambios bruscos en áreas generadas por la transforma-ción de la imagen. El resultado es un efecto de suavizado que mejora notablemente la transición entre los píxeles.

Photoshop utiliza los métodos de remuestreo o interpolación no solo cuando modifica el tamaño de una imagen, sino que también los aplica a la hora de rotar, sesgar o realizar cualquier otro tipo de transformación. En la sección Generales del comando Edición>Preferencias puedes seleccionar el método de interpolación por defecto, como se aprecia en la figura 3.6.

Después de conocer los diferentes métodos de interpolación, veamos los pasos necesarios para cambiar el tamaño de una imagen:

1. Selecciona el comando Tamaño de imagen en el menú Imagen para mostrar el cuadro de diálogo que aparece en la figura 3.7. Observa la

vista previa que se muestra a la izquierda, donde podrás comprobar el resultado de los cambios. Modifica el valor de zoom de esta vista para visualizarla correctamente.

2. En Dimensiones encontrarás las proporciones actuales de la imagen. Además, si fuera necesario, puedes utilizar el pequeño botón situado a la izquierda para cambiar la unidad de medida por defecto.

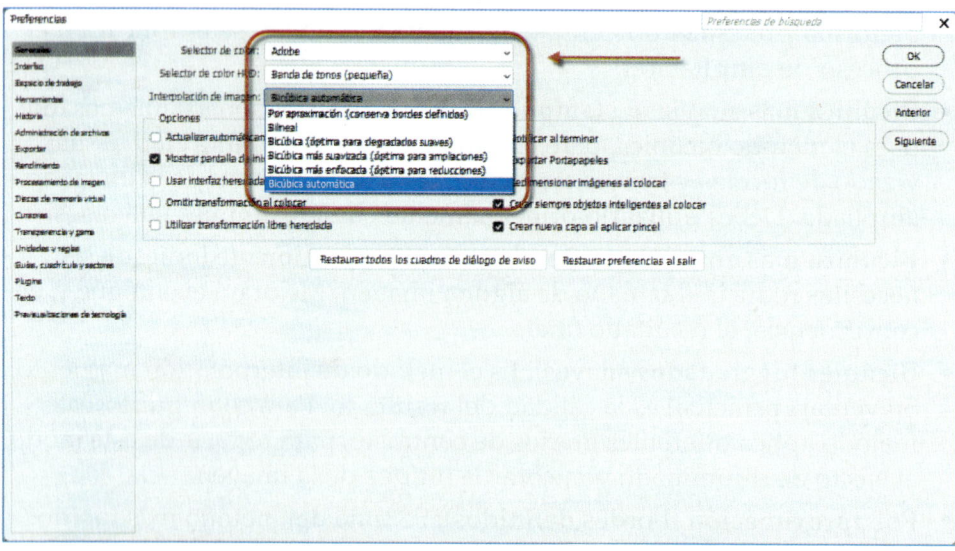

Figura 3.6. Interpolación por defecto en las preferencias del programa.

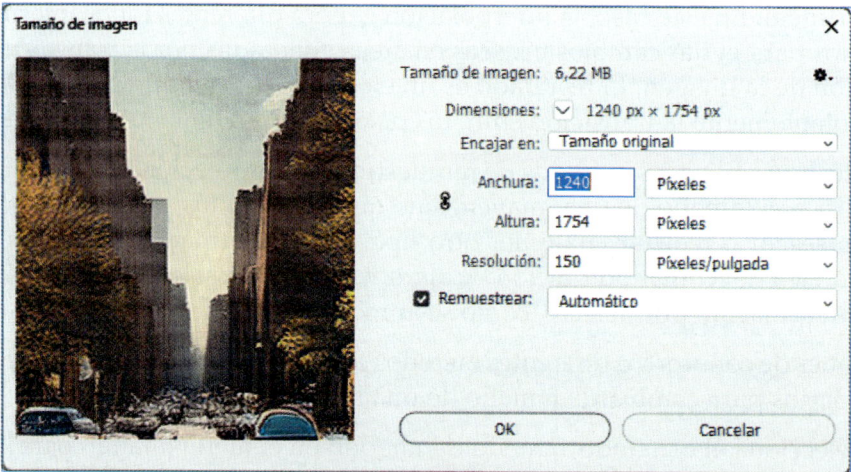

Figura 3.7. Cuadro de diálogo Tamaño de imagen.

3. Utiliza los cuadros de texto Anchura y Altura para modificar las medidas originales de la imagen. Si el botón Restringir proporción se encuentra activado, el cambio se hará de forma proporcional. Esto último es muy importante si no quieres deformar la imagen después de ampliarla. En la figura 3.8 puedes comprobar la situación del botón.

4. La lista desplegable Encajar en incluye formatos estándar como A4, A6 o resoluciones típicas de pantalla. También permite guardar nuestros propios ajustes para emplearlos en cualquier otro momento.

5. Si quieres que todos los efectos aplicados a la imagen se adapten al nuevo tamaño, activa la única opción disponible en el pequeño icono situado en la esquina superior derecha del cuadro de diálogo, denominada Cambiar escala de estilos.

6. Elige el método de interpolación en la lista Remuestrear o desactiva esta característica si no deseas utilizarla. Esta última opción es probablemente la menos recomendable.

7. Finalmente, haz clic en el botón OK, para que Photoshop aplique los cambios a la imagen.

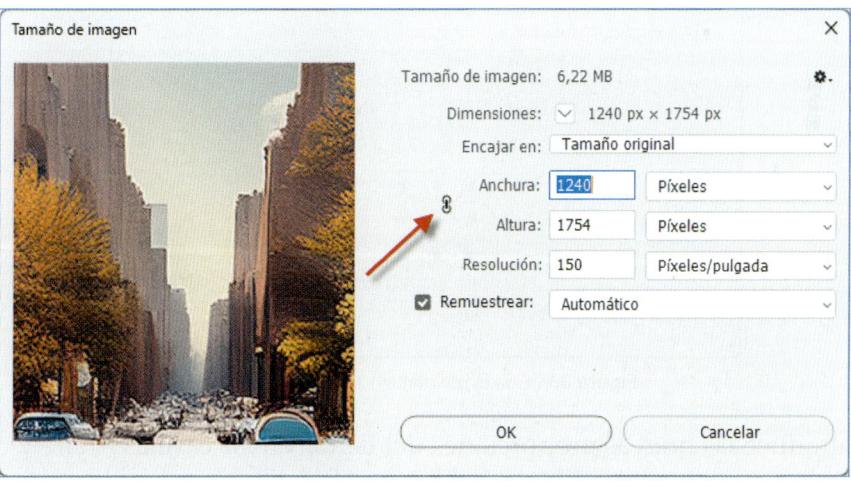

Figura 3.8. Icono Restringir proporción.

Como hemos comentado, en la parte superior del cuadro de diálogo Tamaño de imagen, aparecen las dimensiones en píxeles de la imagen. Y lo que es todavía más interesante: cuando modificamos las proporciones del gráfico, podemos ver justo encima y al instante, el valor correspondiente al nuevo tamaño y, entre paréntesis, el tamaño original.

Si necesitas recuperar los datos iniciales de la imagen, en el cuadro de diálogo Tamaño de imagen, mantén pulsada la tecla Alt y comprueba cómo el botón Cancelar se transforma en Restaurar. Haz clic en él y los valores de partida volverán a cada una de las opciones.

Tamaño del lienzo

Ya sabemos cómo modificar el tamaño de la imagen, pero en otros casos lo que necesitaremos será ampliar el espacio disponible, las dimensiones originales o, como lo denomina Photoshop, el lienzo:

1. Selecciona el comando Imagen>Tamaño de lienzo para mostrar el cuadro de diálogo de la figura 3.9.

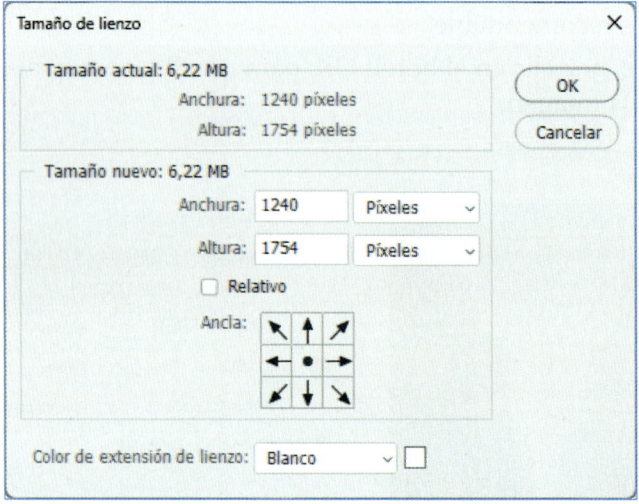

Figura 3.9. Cuadro de diálogo Tamaño de lienzo.

2. Introduce las nuevas proporciones del lienzo en las casillas Altura y Anchura o activa la casilla de verificación Relativo para ampliar o reducir un valor determinado, tomando como referencia las medidas actuales de la imagen. En este último caso, si lo que necesitas es reducir el tamaño del lienzo debes utilizar valores negativos.

3. La opción Ancla sirve para determinar el lugar que tomará la imagen actual después de ampliar el lienzo. La posición elegida se representa por un pequeño círculo.

4. Finalmente, dispones de la lista desplegable Color de extensión de lienzo, donde elegir el tono que tomará la zona ampliada.

5. Haz clic en OK y al instante el espacio útil de la imagen se habrá ampliado según los valores elegidos.

En Photoshop, la inteligencia artificial también resulta de gran ayuda cuando ampliamos el lienzo de una imagen para rellenar los nuevos espacios de forma creativa y coherente. La herramienta Relleno generativo analiza el contenido existente y genera elementos que se integran perfectamente con la imagen original. Esto facilita tareas como extender fondos, completar paisajes o añadir detalles manteniendo el estilo y la estética de la composición, ahorrándonos mucho tiempo y esfuerzo.

El uso de esta herramienta es realmente sencillo. Solo necesitas seleccionar, con la herramienta Marco rectangular (que abordaremos en el próximo capítulo) las áreas ampliadas y una pequeña parte de la imagen original. A continuación, en la barra de tareas contextual, selecciona la opción Relleno generativo y deja el cuadro de texto del prompt vacío.

La figura 3.10 muestra un ejemplo en el que, después de ampliar el lienzo original, hemos rellenado con inteligencia artificial las zonas ampliadas, concretamente el espacio situado a la izquierda.

Modo de color

Los modos de color determinan el método utilizado para representar el espectro cromático de una imagen. Conocer el modo de color de un gráfico es sencillo: basta con seleccionar el comando Modo del menú Imagen. Al instante, aparecerá un nuevo submenú, con todos los modos de color disponibles y una pequeña marca a la izquierda de la opción que corresponde a la imagen actual (ver figura 3.11).

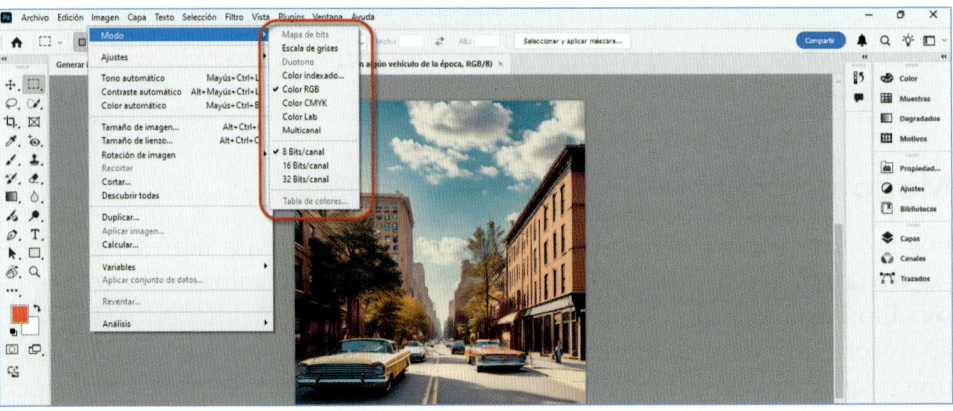

Figura 3.10. Ejemplo de ampliación generativa.

Figura 3.11. Menú Modo.

Para cambiar el modo de color de cualquier imagen, basta con seleccionarlo dentro del menú Modo. En la mayoría de las ocasiones este proceso será suficiente, excepto cuando desees utilizar el modo Color indexado. Para este caso concreto, deberás seleccionar la paleta de color y algún que otro parámetro.

A continuación, enumeramos algunas situaciones en las que podemos beneficiarnos del cambio de modo de color:

- **De RGB a CMYK:** Si una imagen está en el modo RGB (adecuado para pantallas) y se necesita imprimir, es fundamental convertirla a CMYK, ya que las impresoras profesionales utilizan este modelo de color para reproducir los tonos correctamente.

- **De RGB a Escala de grises:** Si el diseño se imprimirá en blanco y negro, convertir la imagen a escala de grises optimiza los valores de luz y sombra. También, en proyectos donde no se necesitan colores (por ejemplo, documentos en blanco y negro), reducir el modo de color puede disminuir el peso del archivo.

- **De CMYK a RGB:** Si la imagen fue diseñada para impresión, pero se quiere usar en pantalla (como en una página web), debe cambiarse a RGB, que es el modo de color estándar para monitores, smartphones y otros dispositivos digitales.

- **De RGB a Color indexado:** Ideal para gráficos con pocos colores, como iconos o logotipos destinados a aplicaciones web, donde se requiere optimizar el tamaño del archivo.

Cambiar el modo de color es una tarea crucial que depende del propósito final de la imagen. Es importante tener en cuenta que esta conversión puede alterar los colores originales, por lo que es recomendable trabajar con copias del archivo y realizar ajustes posteriores para garantizar la fidelidad de los colores.

NOTA:

Algunas herramientas y filtros en Photoshop solo funcionan en ciertos modos de color, como RGB o Escala de grises. Cambiar el modo puede ser necesario para aprovechar estas funciones.

TRUCO:

Si la imagen está en modo CMYK y necesitas convertirla a un esquema de color indexado, no podrás hacerlo directamente. Debes transformar primero la imagen a modo RGB y posteriormente, a color indexado.

Rotar

Photoshop permite girar una imagen un valor determinado en grados a la derecha o a la izquierda:

1. Selecciona el comando Rotación de imagen del menú Imagen. Al instante aparecerá un nuevo submenú con diversas opciones.

2. Elige el valor de rotación y transcurridos unos segundos, la imagen adoptará una nueva orientación.

Dentro del menú Rotación de imagen existen varias opciones además de los valores predefinidos de rotación (90º, 180º, etcétera):

- **Arbitraria:** Al seleccionar esta opción aparece un cuadro de diálogo donde podrás introducir el valor exacto de la rotación y su sentido.

- **Voltear lienzo horizontal:** Con esta opción giramos la imagen completa tomando como referencia su eje vertical, es decir, lo que se encontraba en la derecha pasa a estar en la izquierda de la imagen y viceversa.

- **Voltear lienzo vertical:** En este caso, el volteo de la imagen toma como referencia el eje horizontal. Ahora todo lo que estaba en la parte superior pasaría a estar en la parte inferior y viceversa.

Existen otros métodos para enderezar una imagen, como, por ejemplo, la herramienta Recortar, que trataremos en los próximos capítulos. Con ella podrás usar la función ampliación generativa para rellenar las zonas vacías generadas al modificar la orientación. Esta herramienta también utiliza tecnologías de inteligencia artificial para adaptar y completar el contenido, garantizando que las áreas recortadas se integren con el resto de la imagen.

Relleno generativo no destructivo

Detengámonos un momento este concepto. Un comportamiento no destructivo de cualquier herramienta o función de Photoshop implica que los cambios no alteran la imagen original. En vez de modificar los píxeles de la imagen directamente, estas herramientas crean capas independientes que podremos editar o eliminar en cualquier momento.

Por ejemplo, al usar el comando Relleno generativo Photoshop utiliza algoritmos para completar o modificar áreas de la imagen basándose en el contexto, pero estos cambios se aplican en capas nuevas, no directamente sobre la imagen original.

Esto ofrece una gran flexibilidad porque permite experimentar sin temor a perder el trabajo original. Puedes ver los resultados, hacer ajustes adicionales o deshacer todo el proceso si es necesario.

Zoom

El zoom consiste en ampliar o reducir la vista completa de una imagen para mostrar con más detalle determinadas zonas. Photoshop proporciona una gran variedad de métodos para llevar a cabo esta tarea. El más sencillo es utilizar la combinación de teclas Ctrl-+ (signo más) para ampliar, y Ctrl-- (signo menos) para reducir. Personalmente, creemos que esta es la forma más cómoda de hacer zoom sobre la imagen actual, aunque mostraremos el resto de los métodos para que decidas el que te resulta más conveniente en cada caso.

ADVERTENCIA:

Cuando haces zoom sobre una imagen, no aumenta el tamaño de la ventana de documento que la contiene, a no ser que utilices la herramienta Zoom y actives la casilla Ajustar pantalla, dentro de la barra de opciones.

Herramienta Zoom

La herramienta Zoom se encuentra en la parte inferior de la barra de herramientas (su atajo de teclado es la letra Z). Al seleccionarla, el cursor se transforma en una pequeña lupa con un signo más en su interior.

La forma de utilizarla es sencilla: basta con hacer clic en la imagen para ampliarla. También puedes hacer clic y mantener pulsado el botón del ratón para aumentar el zoom de forma automática.

Del mismo modo, pulsa la tecla Alt y observa cómo el signo del interior de la lupa se convierte en un menos. A partir de aquí, la herramienta se encuentra lista para reducir la vista de la imagen.

Pero, si aún quieres sacarle más partido a esta herramienta, haz clic y arrastra de izquierda a derecha para controlar el porcentaje exacto de zoom. Para que esta característica funcione debe estar seleccionada la casilla de verificación Zoom con arrastre de la barra de opciones. Al desactivarla, el comportamiento de la herramienta Zoom será distinto, permitirá describir el área que deseamos ampliar mediante un recuadro. Comprueba estos modos de funcionamiento para familiarizarte con ellos.

Pero aún no hemos terminado con las posibilidades para ampliar o reducir el valor de zoom sobre una imagen; todavía quedan algunas sorpresas. Para comprobarlo, selecciona la herramienta Zoom y haz clic con el botón derecho. Aparecerá un submenú con varias opciones, donde destacamos Encajar en pantalla. Utilízala para ajustar el valor del zoom y aprovechar todo el espacio disponible en el área de trabajo. También aumenta el tamaño de la ventana que contiene la imagen y tiene en cuenta el espacio ocupado por los paneles activos.

Guardar la imagen

Photoshop incorpora un sistema de guardado automático que evita perder nuestro trabajo ante algún descuido o problema. Por defecto, esta característica guarda nuestro trabajo cada diez minutos, aunque si lo deseas, puedes configurarlo según tus necesidades desde el comando Edición>Preferencias> Administración de archivos. Si utilizas un sistema MacOS, el menú Preferencias está asociado a la entrada de menú denominada Photoshop CC. Observa, en la figura 3.12, la opción a la que hacemos referencia.

También entre los ajustes relacionadas con el guardado de archivos se encuentra marcada por defecto la opción Guardar en segundo plano. Recomendamos no desactivar esta casilla de verificación ya que permite seguir trabajando mientras se realiza el proceso de guardado. Con archivos pequeños esto no es demasiado relevante, pero con proyectos de mayor tamaño ayuda a mejorar nuestra productividad.

Al margen de todo esto, si deseas guardar tu trabajo en cualquier momento: Selecciona el comando Guardar del menú Archivo, para mostrar el cuadro de diálogo donde debes decidir si quieres utilizar tu ordenador o recurrir al espacio de almacenamiento remoto en Creative Cloud para guardar el trabajo.

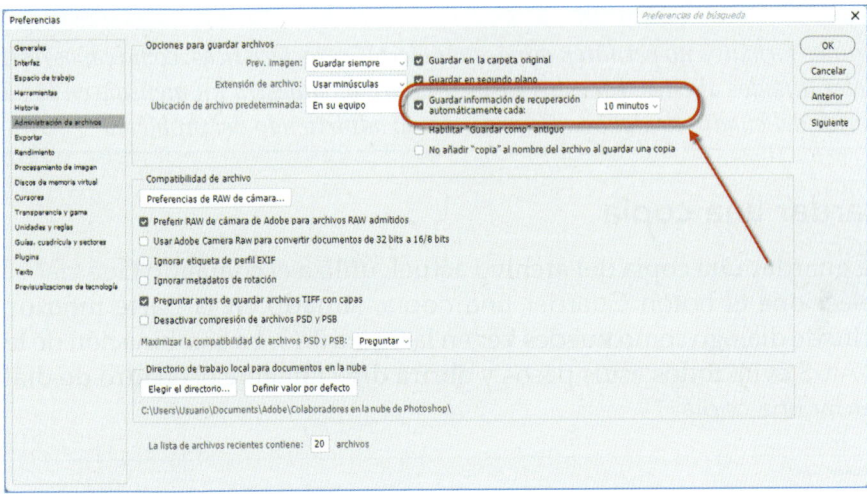

Figura 3.12. Configurar guardado automático.

Las ventajas de utilizar la nube son muy importantes y debemos tenerlas siempre en cuenta:

- Los archivos se guardan automáticamente. No debemos preocuparnos de utilizar el comando Guardar.
- Proporciona un historial de versiones con el que puedes recuperar el estado de trabajo en cualquier momento.
- Posibilidad de colaborar con otras personas en la edición de proyectos, independientemente del lugar donde se encuentren y del dispositivo que utilicen.

Una vez proporcionado un nombre para el documento y un lugar en donde almacenarlo, utiliza la combinación de teclas Ctrl-S para guardarlo.

Guardar como

El comando Guardar como permite almacenar la imagen actual con otro nombre, en otra ubicación e incluso con otro formato distinto. Cuando uses este comando, la imagen original queda intacta, pero se sustituye en la ventana de documento por la que acabamos de guardar. Al igual que ocurría con el comando Guardar, deberás utilizar el formato propio de Photoshop (.PSD) si deseas almacenar toda la información adicional de la imagen como capas, máscaras, trazados, etcétera.

Guardar una copia

Para guardar una copia del archivo actual, utiliza el comando Guardar como y selecciona el botón Guardar una copia, situado en la parte inferior del cuadro de diálogo como puedes ver en la figura 3.13. La combinación de teclas Ctrl-Alt-S evita todos estos pasos y abrirá directamente el cuadro de diálogo Guardar una copia.

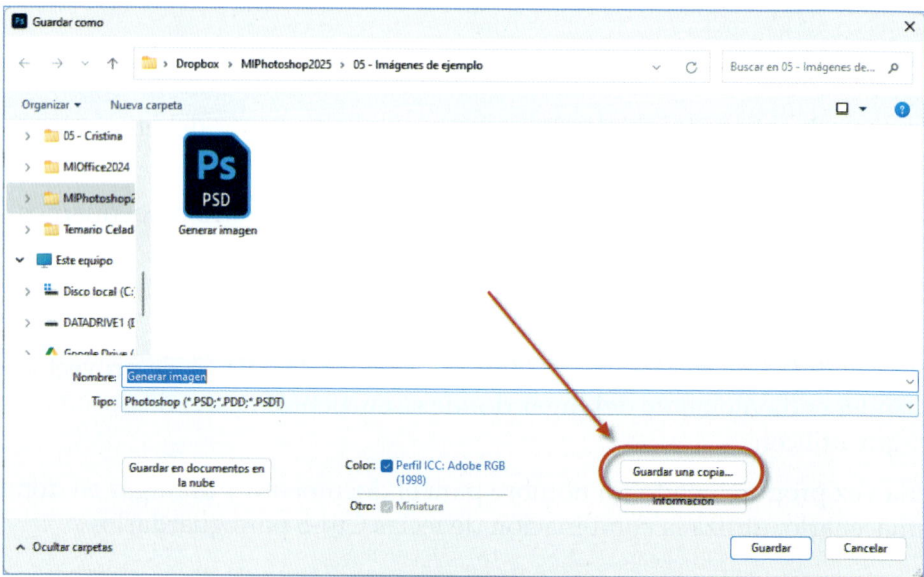

Figura 3.13. Guardar una copia.

El objetivo de este comando no es otro que generar una nueva imagen tomando como referencia solamente las capas activas o visibles. La gran ventaja de este comando es la posibilidad de ir guardando distintas variaciones de la imagen original sin necesidad de realizar ninguna modificación en esta y manteniendo siempre abierto el archivo original.

Duplicar

El comando Duplicar incluido en el menú Imagen permite crear una copia en memoria de la imagen actual. Al seleccionarlo, Photoshop muestra un cuadro de diálogo para escribir el nombre del archivo y elegir entre copiar el estado actual de las capas o solo el de aquellas que se encuentren combinadas.

ADVERTENCIA:

Después de duplicar, no olvides utilizar el comando Guardar si quieres almacenar la imagen definitivamente.

Para encontrar un sentido al comando Duplicar, imagina que necesitas hacer pruebas sobre la imagen actual. En este caso, solamente es necesario duplicarla para hacer todos los cambios necesarios y cuando hayas terminado, cerrar la copia para continuar trabajando con la imagen original o guardarla si lo consideras oportuno.

Elegir el color de fondo y el color de primer plano en la barra Herramientas

En la parte inferior de la barra Herramientas se encuentra el Selector de color (ver figura 3.14). Utiliza este elemento para conocer y al mismo tiempo elegir, tanto el color de fondo como el de primer plano que usaremos con muchas de las herramientas y transformaciones. Es importante tenerlo siempre presente.

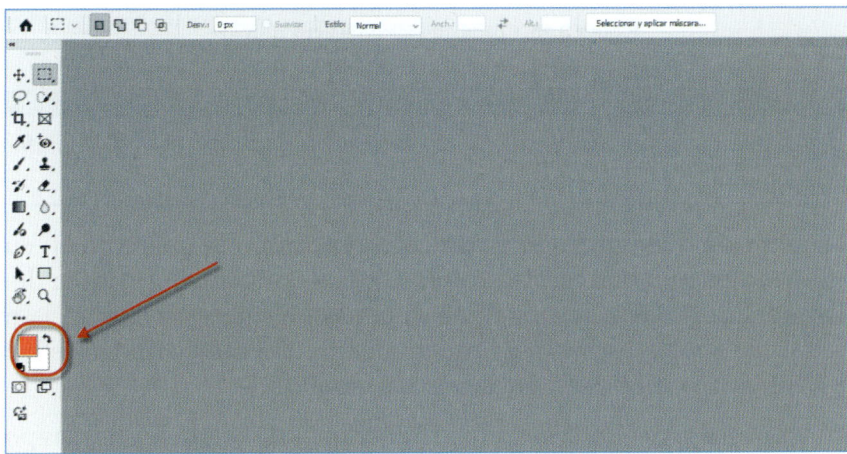

Figura 3.14. Situación del selector de color de la barra de herramientas.

Existen herramientas como el Cuentagotas (del que hablaremos un poco más adelante), que permiten tomar colores de la imagen actual y asignarlos directamente al Selector de color.

La forma más sencilla de modificar, tanto el color de fondo como el de primer plano, es hacer clic en él. Al instante aparece el cuadro de diálogo que muestra la figura 3.15, en cuya parte izquierda podrás elegir un color de forma visual y en la derecha tendrías la posibilidad de hacerlo de manera mucho más precisa, introduciendo la proporción exacta de cada color en cualquiera de los cuatro modos (RGB, CMYK, LAB y HSB). Incluso existe la posibilidad de utilizar el valor hexadecimal del color para que el selector muestre su aspecto, opción muy útil cuando creamos gráficos para Internet o dispositivos móviles.

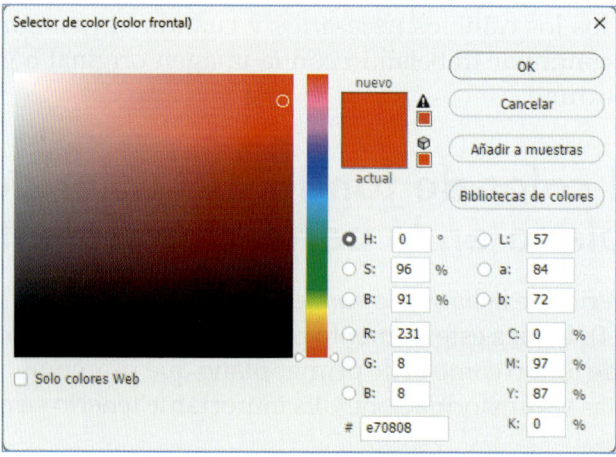

Figura 3.15. Cuadro de diálogo Selector de color.

En el cuadro de diálogo Selector de color, encontrarás un pequeño cuadro dividido en dos mitades con los rótulos nuevo y actual. El primero de ellos hace referencia al color que estamos tratando de seleccionar y, en la mitad inferior, está el color presente en ese momento en el selector. De este modo puedes conocer la diferencia entre las dos tonalidades.

El botón Bibliotecas de colores incluye colecciones de colores definidas por terceras empresas y que se utilizan mucho en el ámbito de la imprenta profesional.

Deshacer y rehacer

Las posibilidades de Photoshop a la hora de recuperar el estado de un diseño ante cualquier situación o cambio son realmente increíbles. El panel Historia es uno de los actores principales a la hora de completar este tipo de tareas. Observa su aspecto en la figura 3.16. Más adelante dedicaremos un capítulo completo a las opciones de historia y a sus posibilidades.

Por supuesto, para deshacer la última acción puedes recurrir al conocido comando Ctrl-Z.

Figura 3.16. Panel Historia.

Resumen

En este capítulo hemos descrito acciones y comandos habituales como: abrir archivos, guardarlos, modificar el formato de salida, etcétera. Sin olvidarnos del sistema de guardado automático en segundo plano y de las posibilidades de almacenamiento en la nube de Creative Cloud.

Otro de los aspectos abordados son los métodos más comunes para modificar tanto el tamaño de la imagen como el tamaño del lienzo. Además, hemos dado nuestros primeros pasos con herramientas avanzadas como el Relleno generativo y la Ampliación generativa, que permiten crear y expandir imágenes utilizando la inteligencia artificial. Por último, hemos visto las posibilidades de la herramienta Zoom y la forma de realizar transformaciones sencillas como rotar o voltear.

4

Técnicas de selección

Introducción

Las herramientas de selección y perfeccionamiento de bordes han sido optimizadas para ofrecer una detección aún más precisa al realizar selecciones. Photoshop ahora es capaz de identificar elementos específicos como el cielo, sujetos, áreas concretas del paisaje, plantas y edificios con mayor eficacia. Simplemente pasaremos el cursor sobre el objeto deseado y con un simple clic podremos seleccionarlo de forma rápida y sencilla. En este capítulo trataremos desde las más sencillas hasta las últimas novedades basadas en inteligencia artificial, imprescindibles como paso previo para eliminar o sustituir elementos de una imagen.

En otras aplicaciones, las selecciones son un mero complemento, bastante útil en la mayoría de los casos, pero sin una importancia determinante en el uso del programa. En Photoshop no es así: las selecciones son una pieza fundamental dentro de sus posibilidades y en el trabajo diario.

Para comprender mejor la importancia de las selecciones, diremos que existen al menos diez herramientas para describir y modificar selecciones. Por si esto fuera poco, dispones del menú Selección que puedes ver en la figura 4.1, donde encontrarás interesantes comandos como Invertir, Modificar, Extender, etcétera.

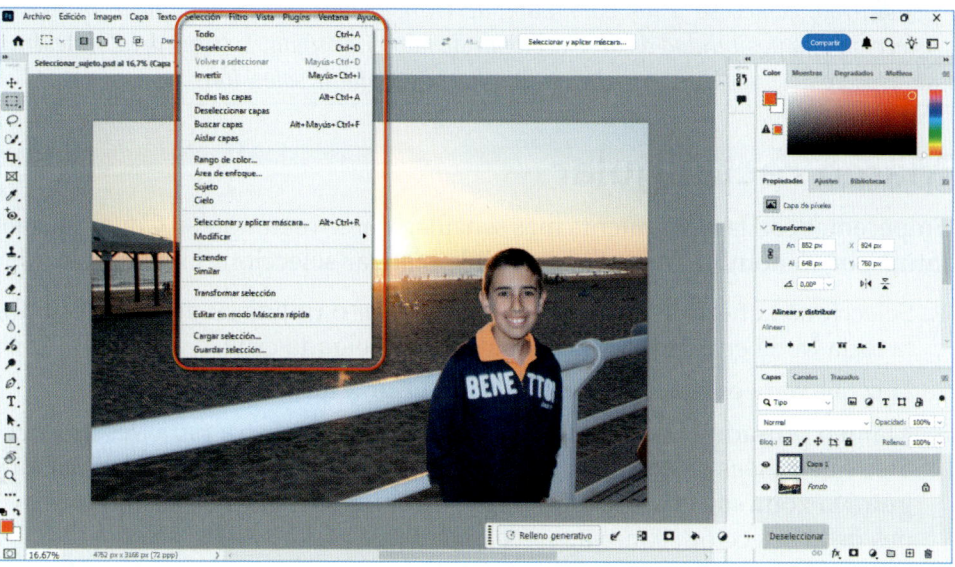

Figura 4.1. Menú Selección.

Las técnicas de selección en Photoshop han experimentado una notable evolución gracias a la implementación de algoritmos avanzados de inteligencia artificial. Podríamos decir que estas herramientas son una de las funciones que mejor la aprovechan y un ejemplo sería la selección automática de objetos.

Sin embargo, consideramos un error pasar por alto las bases de las técnicas de selección tradicionales, entre otros motivos, porque los resultados obtenidos mediante inteligencia artificial no siempre son los esperados. Por ello, en este capítulo abordaremos primero las herramientas clásicas de selección, para luego explorar las nuevas incorporaciones que ofrece Photoshop, mientras destacamos cómo se complementan ambas metodologías. Si conoces todas las posibilidades será más sencillo elegir la opción más adecuada en cada caso.

Marco rectangular

Empecemos con la herramienta más sencilla: Marco rectangular. Como puedes intuir por su nombre, con ella es posible realizar selecciones rectangulares:

1. Selecciona la herramienta Marco rectangular o utiliza su atajo de teclado, la tecla M. El cursor se transforma en una delgada cruz.

2. Haz clic para establecer la esquina superior izquierda del marco.

3. Mantén pulsado el botón izquierdo del ratón y arrastra para describir el área que deseas seleccionar. Un rectángulo punteado parpadeante distinguirá la zona seleccionada y una pequeña viñeta indicará las dimensiones de la selección, como aparece en la figura 4.3.

4. Suelta el botón del ratón y el proceso de selección quedará completado.

Figura 4.2. Barra de herramientas contextual con las opciones
de selección por defeccto.

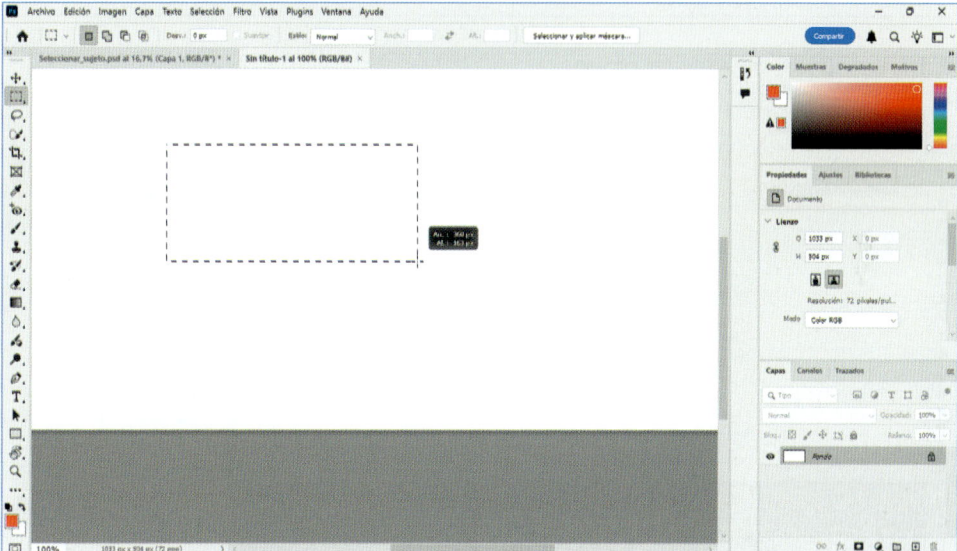

Figura 4.3. Área seleccionada con la herramienta Marco rectangular.

Para conseguir un cuadrado perfecto, mantén pulsada la tecla Mayús al mismo tiempo que arrastras el cursor.

Para deshacer una selección, podemos hacer clic fuera de ella, utilizar la combinación de teclas Ctrl-D o el comando Deseleccionar incluido tanto en el menú Selección como en la barra de herramientas contextual.

El proceso que acabamos de describir es la manera más sencilla de seleccionar un área dentro de una imagen, pero no hemos hecho más que empezar. Como ya hemos comentado, la opción Marco rectangular, al ser una herramienta múltiple, contiene a su vez varias opciones (ver figura 4.4). Las herramientas múltiples muestran una pequeña marca en la esquina inferior derecha y, para acceder al resto de posibilidades, debes mantener pulsado el ratón unos segundos sobre ella.

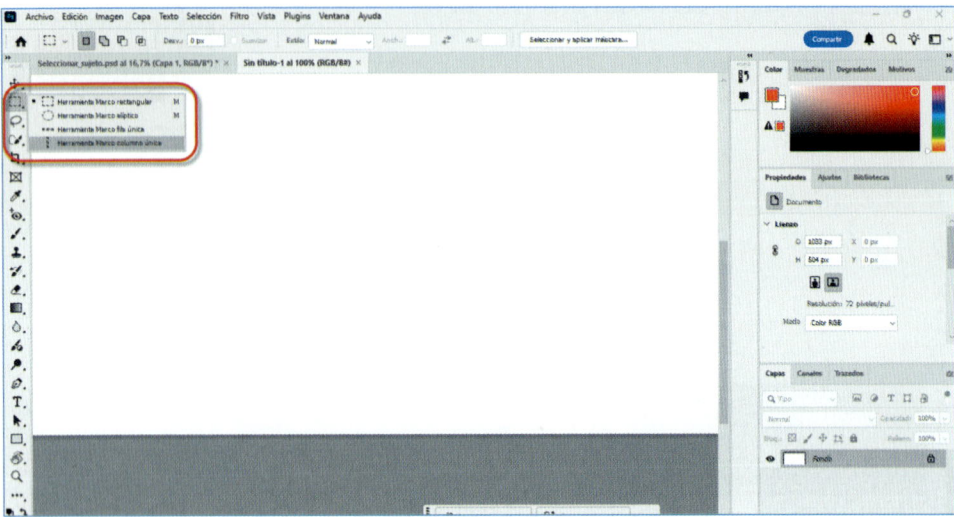

Figura 4.4. Componentes de la herramienta Marco rectangular.

Marco elíptico

El Marco elíptico funciona del mismo modo que el Marco rectangular, salvo que, en este caso, la selección describe un área circular o elíptica. Cuando la utilices, mantén pulsada la tecla Mayús si quieres que el área de selección descrita sea un círculo perfecto.

Opciones de Marco

Estamos seguros de que a estas alturas no necesitamos decirte donde debes configurar las opciones de las herramientas Marco rectangular y Marco elíptico. Efectivamente, nos referimos a la barra de opciones.

A continuación, describiremos el significado de los cuatro botones que hemos resaltado en la figura 4.5:

- **Selección nueva:** Es la opción por defecto y no ejecuta ninguna operación especial, simplemente describe una nueva selección.

- **Añadir a selección:** El área seleccionada se suma a la ya existente, sea o no adyacente. Si te resulta más sencillo, puedes conseguir el mismo efecto manteniendo pulsada la tecla Mayús mientras describes la nueva selección, independientemente de la opción activa.

- **Restar de la selección:** Al activar esta tercera opción, cualquier nueva selección que describamos se restará a la ya existente. El atajo de teclado equivalente sería mantener pulsada la tecla Alt. Como hemos comentado en el punto anterior, este atajo funciona sea cual sea la opción activa.

- **Formar intersección con selección:** Si recuerdas algo de la teoría de conjuntos, identificarás el término «intersección» con los elementos comunes a dos o más conjuntos. Extrapolando este concepto al tema que nos ocupa, la intersección corresponderá a la zona común entre dos o más selecciones.

Figura 4.5. Modos de selección.

La descripción del resto de opciones que definen el comportamiento de la herramienta Marco sería la siguiente:

- **Desvanecer (Desv):** El valor asociado a esta opción permite suavizar los bordes de la selección, de modo que sus esquinas y aristas queden más o menos redondeadas en función de la cantidad de píxeles que establezcas como parámetro. Una forma rápida de introducir un valor para esta opción es situar el cursor sobre ella, hacer clic y, sin soltar, arrastrar hacia la izquierda o la derecha.

- **Suavizar la transición de bordes:** Consigue disminuir el efecto brusco de recorte en los bordes de la zona seleccionada. Habitualmente, conseguirás mejores resultados activando este parámetro. Observa la figura 4.6, en ella hemos descrito el área de selección y después hemos utilizado la tecla Supr. Por último, hemos elegido Color de fondo en el cuadro de diálogo Rellenar. La herramienta Marco rectangular no dispone de este comando entre sus posibilidades de ajuste.

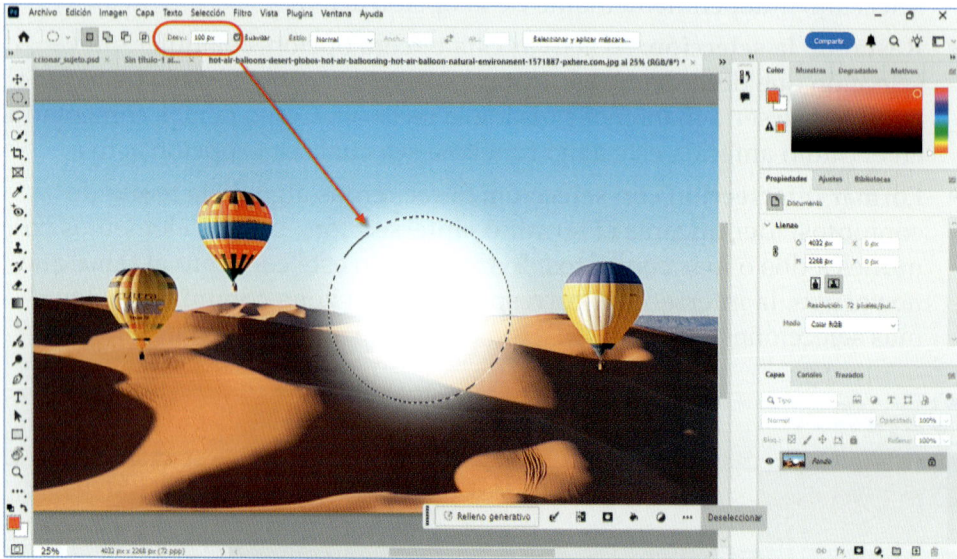

Figura 4.6. Resultado conseguido con las opciones Desvanecer y Suavizado.

- **Estilo:** En esta lista desplegable encontrarás tres opciones; la primera de ellas, Normal, no realiza ningún cambio y el significado de los dos restantes sería el siguiente:

  - **Proporción fija:** Delimita el tamaño de aquellas selecciones que realicemos con la herramienta Marco, tanto rectangular como elíptico. Por ejemplo, si quieres que el ancho del marco sea tres veces mayor que el alto, debes introducir el valor 3 en la casilla Anchura y 1 en la casilla Altura.

- **Tamaño fijo:** En este caso, el tamaño del marco no queda definido al arrastrar el cursor, sino que viene determinado por los valores de las casillas Altura y Anchura. Al activar esta opción, debes tener en cuenta la resolución de la imagen.

Lazo poligonal

Una vez descrito el procedimiento para crear selecciones rectangulares y circulares, toca el turno de las formas irregularWes. Para estos casos disponemos de las herramientas Lazo, Lazo poligonal y Lazo magnético.

La función de la herramienta Lazo es bien sencilla: delimita el área de una selección a mano alzada. De esta manera conseguimos que la selección tenga la forma que nosotros (y en muchas ocasiones nuestro pulso) queramos darle. La forma de utilizar esta herramienta también es fácil: haz clic y arrastra mientras mantienes pulsado el botón izquierdo del ratón para describir la zona que deseas seleccionar. Para completar el área de selección, no olvides cerrarla uniendo sus dos extremos; si no lo haces, el programa completará la selección describiendo una línea recta entre el punto de origen y el punto en el que has soltado el botón izquierdo del ratón.

La herramienta Lazo poligonal permite describir un área de selección mediante líneas rectas o segmentos. En la figura 4.7 puedes ver un ejemplo y, a continuación, detallamos su funcionamiento:

1. Haz clic con el botón derecho del ratón en la herramienta Lazo, para mostrar las tres herramientas asociadas.

2. Selecciona la herramienta Lazo poligonal y comprueba cómo el cursor cambia de aspecto.

3. Haz clic y mueve el cursor para definir la longitud y la dirección del primer segmento. Una fina línea representa el segmento descrito.

4. Cuando el segmento tenga las proporciones adecuadas, haz clic para pasar al siguiente.

5. Repite los pasos 3 y 4 tantas veces como segmentos necesites para componer la selección.

6. Para cerrar la selección, haz doble clic o acerca el cursor al punto de inicio hasta que aparezca un pequeño círculo y vuelve a clicar. El área de selección quedará definida por todos los segmentos descritos.

NOTA:

Al igual que ocurría con la herramienta anterior, puedes utilizar la tecla Supr para retroceder y eliminar los segmentos que necesites borrar.

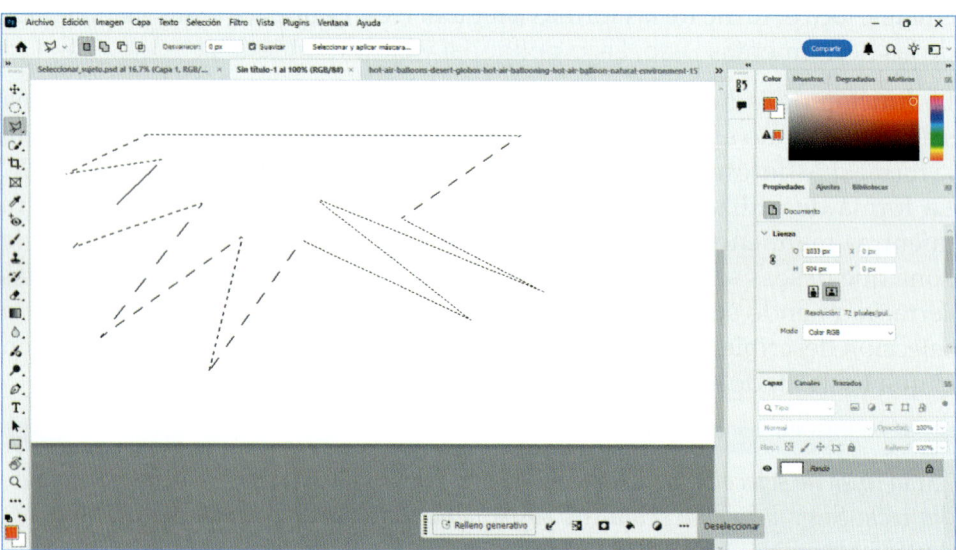

Figura 4.7. Selección realizada con la herramienta Lazo poligonal.

Lazo magnético

Si has practicado con las herramientas al mismo tiempo que describíamos sus propiedades, habrás comprobado lo difícil que resulta seleccionar el contorno de un objeto con el Lazo o el Lazo poligonal. Pues para ayudarnos a todos los que no andamos demasiado bien de pulso, tenemos la herramienta Lazo magnético.

La herramienta Lazo magnético permite definir una selección siguiendo el contorno de cualquier elemento de nuestra imagen. Solamente existe una pequeña exigencia, el color de fondo y el color del objeto deben tener el suficiente grado de contraste para que la herramienta no los confunda a la hora de describir sus límites. Para usarla, sigue estos pasos:

1. Haz clic con el botón derecho del ratón en la herramienta Lazo.
2. Selecciona la herramienta Lazo magnético y asegúrate de que el cursor se transforma en un lazo con un pequeño imán.
3. Haz clic y desplaza el cursor siguiendo el contorno del objeto. La línea de selección se adaptará automáticamente a la forma del objeto.
4. Cuando llegues al punto de inicio, haz clic para cerrar el área. La zona seleccionada queda definida.

A medida que describes la selección, se crean una serie de puntos de fijación que determinan el contorno de la selección del objeto. Basta con volver hacia atrás con el cursor para eliminar parte de la línea de selección. También puedes pulsar la tecla Supr para ir eliminando uno a uno estos puntos de fijación.

Entre las opciones del Lazo magnético se encuentran Desvanecer y Suavizar, de las que ya hemos hablado antes. Pero, además, disponemos de los siguientes valores configurables:

- **Anchura:** Define la distancia en píxeles a partir de la cual la herramienta detectará los bordes del objeto. No conviene que esta distancia sea demasiado amplia, pues perderíamos mucho control sobre la selección.
- **Contraste:** La cantidad establecida en este parámetro servirá para determinar los valores de diferencia de color (contraste), que la herramienta debe tener en cuenta a la hora de reconocer los bordes del objeto que estamos intentando seleccionar. Utiliza valores bajos de contraste para imágenes con bordes poco definidos y porcentajes altos para contornos bien diferenciados.
- **Lineatura:** Esta extraña palabreja sirve para definir la distancia a la que se irán añadiendo puntos de fijación. A valores más altos, más puntos de sujeción se agregarán a los bordes de la línea de selección.

TRUCO:

Para trazar bordes poco definidos, utiliza valores de contraste bajos y una anchura de lazo no mucho mayor que 10.

Varita mágica

La Varita mágica es otra herramienta imprescindible para realizar selecciones. Su ventaja con respecto a las demás es la posibilidad de seleccionar áreas similares de forma automática, es decir, no será necesario describir la zona que se va a seleccionar, será la propia herramienta la que haga el trabajo por nosotros.

La forma de trabajar con la Varita mágica es bastante sencilla: basta con seleccionarla y hacer clic sobre la tonalidad que se desea usar como base o muestra para la selección. A partir de ese momento, la herramienta se encarga de reconocer todos los píxeles adyacentes o no adyacentes para comprobar si su color se ajusta al del primer píxel seleccionado; si es así, los añade a la selección.

La barra Opciones de herramientas muestra las siguientes posibilidades cuando utilizamos la Varita mágica:

- **Tamaño de muestra:** Determina la proporción de imagen en píxeles que utilizará la herramienta para establecer el área de selección.

- **Tolerancia:** Define la capacidad de la herramienta para seleccionar los píxeles adyacentes según su color. Mientras menor sea este valor, mayor exactitud debe tener el color del píxel para que forme parte de la selección.

- **Suavizar la transición de bordes:** Al activarla conseguimos un efecto menos brusco en los colores próximos al borde de la selección cuando cortamos o movemos.

- **Muestreo solo de píxeles contiguos:** Activa esta casilla cuando quieras incluir en la selección solo píxeles adyacentes; si no lo haces así, añadirás a la selección todos aquellos píxeles de la imagen que coincidan con el color tomado como patrón.

- **Colores de muestra de imagen compuesta:** Si se encuentra activa, la selección afectará a todas las capas que componen la imagen. Aunque todavía no sabemos nada sobre las capas, no te preocupes, trataremos ampliamente este tema en los próximos capítulos.

NOTA:

La opción más importante de la herramienta Varita mágica es el valor de tolerancia porque permite definir el alcance de nuestra selección. Prueba distintos valores si la selección no se ajusta a lo que necesitas.

Selección rápida

Si necesitas llevar a cabo una selección irregular, una herramienta interesante es, sin lugar a duda, Selección rápida; con ella podrás realizar selecciones complejas de forma cómoda y sencilla. En realidad, es como si estuvieras pintando sobre la imagen, pero obteniendo como resultado una selección. Emplea un algoritmo basado en el color y la textura de los píxeles, lo que la hace ideal para seleccionar áreas complejas de una imagen, como cabello, ropa o fondos irregulares. Veamos cómo funciona:

1. Haz clic en el icono de Selección Rápida en la barra de herramientas o utiliza su atajo de teclado, la combinación Mayús-W en este caso.

2. Ajusta el tamaño y la dureza del pincel en la barra de opciones para adaptarlo a los detalles de tu imagen. Esta es sin duda la parte más importante si queremos que la herramienta haga su trabajo adecuadamente. Observa en la figura 4.8.

Figura 4.8. Elegir pincel.

3. Una vez elegido el tipo de pincel, haz clic y arrastra sobre el área que deseas seleccionar. La herramienta reconocerá los bordes y adaptará automáticamente la selección.

4. Si necesitas añadir nuevas zonas a la selección, haz clic con el pincel y arrastra. Para eliminar partes innecesarias, mantén presionada la tecla Alt mientras pintas.

5. Activa la opción Muestrear todas las capas cuando necesites usar la composición completa de la imagen para determinar el borde de selección, es decir, todas las capas y no solo la capa que se encuentre activa en ese momento. Por el momento no te preocupes demasiado por esto, trataremos ampliamente las capas en este manual.

6. Por último, Mejorar borde se encarga de hacer parte del trabajo por nosotros, pues muchos de los ajustes que trataremos en el apartado Seleccionar y aplicar máscara los realiza de forma automática, suavizando los bordes y mejorando la precisión del marco. En cualquier caso, no se trata de algo mágico y habrá ocasiones en las que sus resultados no sean los esperados. Prueba con esta opción activada o desactivada para comprobar cuál de las dos opciones se ajusta mejor a tus necesidades.

NOTA:

La herramienta Selección Rápida es un aliado imprescindible. Ya sea para realizar ajustes puntuales, recortes complejos o composiciones creativas, esta herramienta es una de las más versátiles y potentes para usuarios de todos los niveles. Experimenta con sus capacidades y combínala con otras herramientas como el Lazo o la Varita Mágica para perfeccionar tus selecciones. Sin olvidar, las opciones Seleccionar sujeto y Seleccionar y aplicar máscara que trataremos a continuación.

Pincel de selección

Tanto la herramienta Pincel de selección como la herramienta Selección rápida permiten crear selecciones imitando la acción de pintar sobre la imagen, pero presentan diferencias clave en su funcionamiento y aplicaciones. La Selección rápida usa algoritmos para detectar bordes y expandir la selección de manera automática, mientras que el Pincel de selección ofrece un control más manual y preciso. El Pincel de selección es recomendable a la hora de realizar selecciones con detalles delicados o áreas complejas, donde la automatización de la Selección rápida podría no ser tan efectiva.

Definitivamente, el Pincel de selección ha revolucionado la forma en que muchos usuarios realizan selecciones. A pesar de compartir espacio con las diferentes variantes del Lazo de toda la vida, ofrece una funcionalidad única y realmente potente. Esta herramienta ofrece un control más preciso en comparación con otras herramientas de selección cuando se trata de áreas y elementos con bordes complicados.

1. En la barra de herramientas, haz clic y mantén pulsado el icono del Lazo para mostrar el resto de las herramientas del grupo y selecciona el Pincel de selección.

2. Utiliza la opción que aparece resaltada en la figura 4.9, representada por el icono de un círculo, para ajustar el tamaño y la dureza del pincel según el grado precisión que necesites.

3. Pinta las áreas que deseas seleccionar. A medida que pasas el pincel sobre la imagen, se irá creando una selección en las zonas pintadas. No es una selección como las vistas hasta ahora, donde el área o elemento seleccionado queda rodeado por una línea de puntos discontinua, en este caso la zona seleccionada será la que hemos pintado.

4. Si necesitas añadir o restar áreas de la selección, utiliza los botones con estos mismos nombres disponibles en la barra de opciones.

5. A partir de aquí, podemos colorear, ajustar o aplicar cualquier cambio. Una buena idea puede ser usar el botón Relleno generativo de la barra de tareas contextual y no escribir nada el prompt. Photoshop se encarga de transformar el área seleccionada de forma coherente a partir del resto de información de la imagen. Útil para eliminar algún elemento o sustituirlo por otro. En este último caso, sí es necesario que escribas en el prompt su descripción. Pero trataremos todo esto con más detalle en los próximos capítulos.

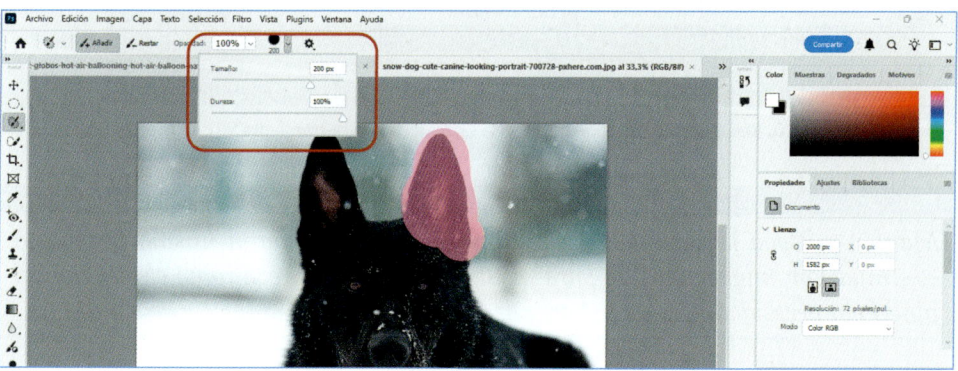

Figura 4.9. Configurar el tamaño y la dureza del pincel.

Utiliza el Pincel de selección en objetos con bordes difíciles: cabello, hojas, etc. O cuando necesites realizar una selección rápidamente, pero sin perder precisión. Usar el zoom para acercar la imagen también te ayudará. Experimenta con diferentes ajustes de pincel para encontrar la configuración ideal.

El valor de opacidad en la herramienta Pincel de selección controla la transparencia de la selección que estás creando. Esto sirve para que la acción que realicemos con la zona seleccionada tenga en cuenta el contenido más superficial o interactúe a un mayor nivel del detalle. Una aplicación muy común donde bajar el valor de opacidad mejora notablemente el resultado es cuando necesitamos quitar el reflejo de un cristal. La figura 4.10 muestra un ejemplo donde hemos utilizado una opacidad del 75 % para después, con el relleno generativo, eliminar el molesto brillo.

Figura 4.10. Resultado conseguido bajando la opacidad de la herramienta Pincel de selección.

Mantén pulsada la tecla Alt y el botón derecho del ratón al mismo tiempo. A continuación, mueve el ratón para modificar tanto la dureza como el tamaño del pincel sin necesidad de usar la barra de opciones.

Seleccionar objeto, empieza la fiesta de la inteligencia artificial

La herramienta Seleccionar objeto utiliza de forma intensiva la inteligencia artificial y se encuentra en el mismo grupo que la Varita mágica y la Selección rápida. El atajo de teclado para acceder a cualquiera de estas herramientas es la tecla W o Mayús-W.

Photoshop analiza automáticamente la imagen para identificar elementos u objetos que considere seleccionables, como personas, fondos, cielo, entre otros. Una vez realizado este análisis, puedes mover el cursor sobre las distintas áreas de la imagen, y el programa resaltará los elementos detectados por la IA.

La figura 4.11 muestra el aspecto de un objeto identificado por la herramienta Seleccionar objeto cuando colocamos el cursor sobre él, además de la ubicación exacta de los tres iconos de configuración asociados a esta herramienta en la barra de opciones y que tendrían el siguiente significado:

- El primero de ellos ejecuta de nuevo el reconocimiento de la imagen en busca de elementos que se puedan seleccionar.
- El segundo de los iconos hace visible todos los objetos encontrados. Pulsa la tecla N para utilizar esta característica sin necesidad de recurrir a ningún comando o menú.
- Por último, tienes diferentes ajustes para determinar de forma más precisa el contorno de los objetos, el color de la máscara, controlar el comportamiento de la herramienta cuando los objetos se solapen, etcétera.

Figura 4.11. Elemento detectado automáticamente y las diferenetes opciones de configuración.

Para crear un marco de selección a partir de cualquiera de los elementos detectados basta con situar el cursor encima y hacer clic. La inteligencia artificial de Adobe utiliza avanzadas técnicas de detección de bordes y patrones para identificar diferencias entre objetos y fondos. Como detalle, diremos que las herramientas de selección inteligentes se basan en modelos de aprendizaje profundo (Deep Learning) entrenados con miles de imágenes, lo que permite lograr una precisión muy alta.

Sin embargo, ¿es infalible? Por supuesto que no. Estas herramientas pueden presentar dificultades al trabajar con objetos de bordes complejos, patrones muy detallados o cuando los colores del fondo son similares a los del sujeto. En estos casos, es esencial complementar las selecciones con las herramientas tradicionales, que permiten mayor control manual para perfeccionar el resultado.

Seleccionar objetos en modo manual

Antes de continuar, compartimos un truco útil para aquellas situaciones en las que buscador automático de la herramienta Seleccionar objeto no proporcione el resultado esperado.

1. En la opción Modo, elige Rectángulo o Lazo según el tipo de objeto que necesites seleccionar.

2. Rodea con la propia herramienta Seleccionar objeto la zona donde se encuentra el elemento.

3. Después de unos pocos segundos, Photoshop creará directamente un marco de selección sobre el sujeto predominante del área descrita.

Al restringir el área de selección, es más probable que el algoritmo de detección mejore su eficacia.

Seleccionar sujeto

Muy relacionada con lo visto en los apartados anteriores, Seleccionar sujeto es otra característica poderosa con la que podrás seleccionar rápidamente los elementos destacados de una imagen utilizando inteligencia artificial para identificar y mejorar la precisión de la selección. El botón Seleccionar objeto se encuentra disponible en la barra de opciones cuando utilizas las herramientas: Selección de objeto, Selección rápida y Varita mágica. Y también en el menú Selección, simplemente como Objeto.

Con un solo clic, Photoshop reconocerá automáticamente el objeto o la persona que se considera el sujeto principal, separándolo del fondo y otros elementos. Observa el ejemplo de la figura 4.12. donde lo único que hemos necesitado para seleccionar la persona de la imagen es este botón. El resultado es sorprendente con figuras bien definidas, como retratos o fotos de animales, ya que permite realizar selecciones rápidas y precisas sin necesidad de usar herramientas de selección manual. Seleccionar sujeto también se ajusta a los bordes, como el cabello o detalles complejos, mejorando la calidad de la selección.

Figura 4.12. Selección realizada automáticamente con la función Seleccionar objeto.

Justo a la derecha del botón Seleccionar objeto encontrarás un pequeño icono, haz clic en él para mostrar dos opciones importantes:

- **Modo Dispositivo:** El procesamiento de la selección se realiza directamente en el dispositivo local, sin necesidad de una conexión a Internet. Esto puede ser más rápido y conveniente para usuarios con conexiones lentas o inestables. Sin embargo, al estar limitado por el hardware del dispositivo, el proceso puede no ser tan preciso como en el modo Nube, especialmente en imágenes con detalles finos o fondos complejos.

- **Modo Nube:** Este modo utiliza los recursos de procesamiento en la nube de Adobe para realizar la selección. Al activar esta opción, Photoshop envía la imagen a los servidores de Adobe, donde se procesan los datos mediante algoritmos avanzados de inteligencia artificial. Esto puede resultar en una selección más precisa y detallada, sobre todo en imágenes complejas o con sujetos difíciles de identificar. Sin embargo, requiere una conexión a Internet y depende de la velocidad de la red y del tráfico en los servidores.

El mayor problema de Seleccionar objeto es la necesidad de un contraste suficiente entre el contorno del objeto o la persona y el resto de la imagen para que Photoshop pueda delimitar correctamente el área de selección. En casos donde necesites perfeccionar la selección, puedes perfeccionarla con la herramienta Seleccionar y aplicar máscara, que describirnos en este mismo capítulo.

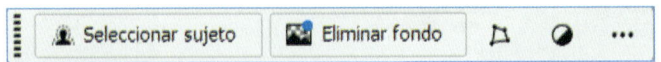

Figura 4.13. Seleccionar sujeto en la barra de herramientas contextual.

Seleccionar cielo

La opción Seleccionar cielo es una herramienta encuentra dentro del menú Selección. Su propósito es identificar y seleccionar automáticamente el cielo en una imagen, facilitando ediciones precisas en paisajes, fotografías arquitectónicas y otros tipos de composiciones donde el cielo es un elemento importante. Incluso en escenarios complejos, como cuando hay árboles, edificios o montañas en primer plano la tecnología implícita en esta herramienta genera selecciones rápidamente.

Su uso es sencillo, abre el menú Selección y haz clic en Cielo. Photoshop analizará la imagen y seleccionará automáticamente el cielo, así de sencillo. A partir de aquí, utiliza la selección para aplicar directamente ajustes, como cambios en el color, el contraste o agregar efectos como un degradado o reemplazar el cielo por completo. En la figura 4.14 puedes ver un ejemplo.

Figura 4.14. Seleccionar cielo.

Seleccionar y aplicar máscara

Photoshop incluye como complemento para todas las herramientas de selección la función Seleccionar y aplicar máscara. Para entender y aprovechar todas sus posibilidades, describimos a continuación sus características más importantes. En la figura 4.15 puedes ver el aspecto de la ventana de la aplicación después de hacer clic en esta opción.

1. Con la selección activa, haz clic en el botón Seleccionar y aplicar máscara incluido en la barra de opciones de prácticamente todas las herramientas de selección. También puedes acceder a esta característica desde el menú Seleccionar>Seleccionar y aplicar máscara.

2. En Vista, cambia el modo de visualización para ver más claramente los bordes. Por ejemplo, usa Superponer o Blanco y negro según el contraste de tu imagen.

3. Ajusta el Radio para analizar mejor los detalles.

4. En la barra lateral del espacio de trabajo se encuentra el Pincel de perfeccionamiento bordes, úsalo para mejorar áreas complejas como cabello, pelo de animales o zonas semitransparentes. Pinta sobre los bordes problemáticos para que Photoshop detecte con mayor precisión las áreas a incluir o excluir de la selección.

5. Utiliza los deslizadores en el panel derecho como Suavizar para redondear bordes irregulares, Contraste para aumentar la nitidez de los bordes seleccionados o el Desplazamiento de borde para mover la selección hacia adentro o hacia afuera y de este modo corregir posibles halos.

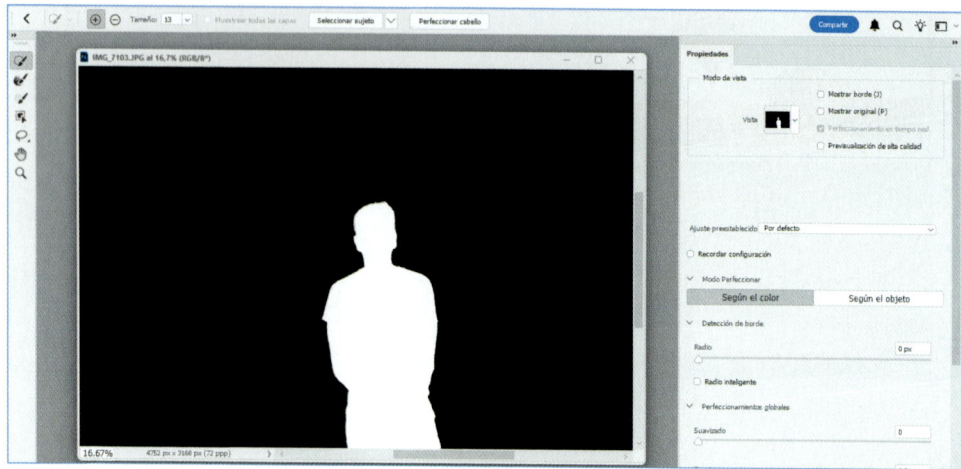

Figura 4.15. Seleccionar y aplicar máscara.

Estos pasos describen de forma rápida como empezar a usar la herramienta Seleccionar y aplicar máscara. En los próximos apartados trataremos con más detalle las opciones más importantes.

Vista

La opción Vista muestra una miniatura de la selección, con el fondo blanco, con el fondo de color rojo, incluyendo las capas inferiores, etcétera. Una forma rápida de cambiar entre sus diferentes posibilidades es la tecla F. Púlsala repetidamente para recorrer todas las vistas y elegir la más adecuada. Con la tecla X recuperarás temporalmente el aspecto original de la imagen.

A la derecha de la lista desplegable Vista también encontrarás varias casillas de verificación:

- **Mostrar borde:** Esta característica funciona en combinación con la opción Radio situada en la sección Detección de borde y permite comprobar de forma precisa el área sobre la que Photoshop está aplicando el algoritmo de detección de bordes.

- **Mostrar original:** Simplemente elimina temporalmente efectos de la opción anterior y muestra la imagen con su aspecto original.

- **Previsualización de alta calidad:** Mejora la vista previa que aparece a la izquierda del espacio del trabajo.

> **TRUCO:**
>
> *Además de la letra F para recorrer todas las vistas secuencialmente, cada una de ellas tiene asociada su propia letra como atajo de teclado. De este modo, puedes acceder a cualquier vista sin necesidad de abrir la lista y seleccionarla.*

Perfeccionar cabello

Veamos un ejemplo práctico de esta interesante característica, pensada para perfeccionar la selección del cabello de personas o del pelaje de animales. Observa la figura 4.16 donde tenemos el retrato de un chico que necesitamos seleccionar para sustituir el fondo, su pelo es ideal para nuestro ejemplo.

- Después de seleccionar alguna herramienta de selección, hacemos clic en el botón Seleccionar y aplicar máscara.

- Sin más, utilizamos la función Seleccionar sujeto y elegimos la vista Blanco y negro para distinguir mejor el contorno. El resultado después de este paso ya es bastante bueno, pero se puede mejorar.

- Por último, aplicamos la función Perfeccionar cabello. En la figura 4.17 se aprecia claramente la diferencia antes y después de utilizarla.

Aunque la función automatiza gran parte del proceso, puedes ajustar pequeños detalles con las herramientas de pincel y la detección de bordes que describimos a continuación. Además, activa la opción Descontaminar colores en el panel de salida para corregir cualquier efecto de resplandor o borde de color no deseado, lo que ayudará a que la selección se integre de manera más natural con el nuevo fondo.

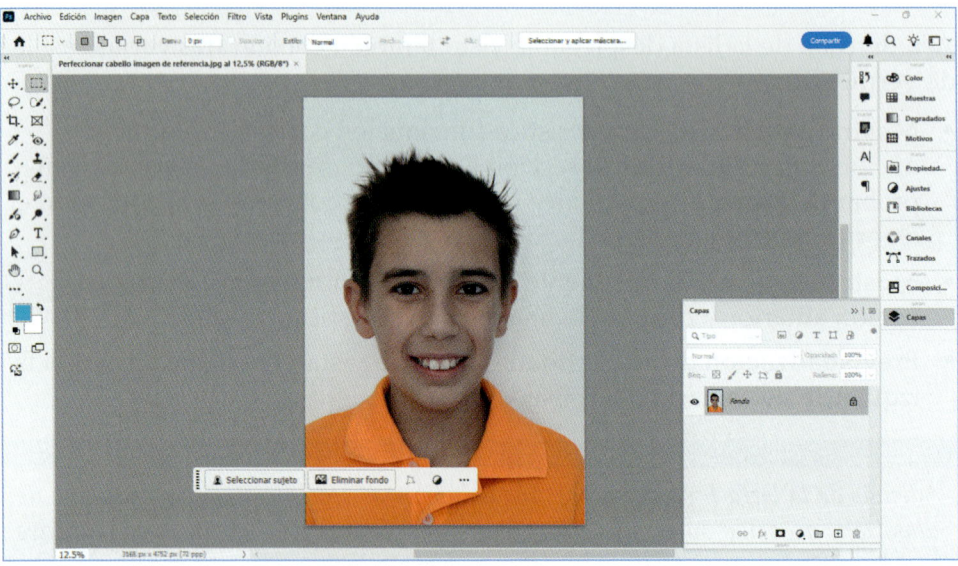

Figura 4.16. Imagen de ejemplo.

Figura 4.17. Diferencia antes y después de aplicar la función Perfeccionar cabello.

Detección de borde

Algunas selecciones son realmente difíciles de definir con exactitud debido a su complejidad. Funciones como Perfeccionar cabello nos ayudan en este tipo de situaciones, pero a veces no son suficientes. Para solucionarlo debes combinar la herramienta Selección rápida (la primera en la barra de herramientas de la ventana Seleccionar y aplicar máscara) y las opciones de la sección Detección de borde.

Tomemos como ejemplo la imagen que muestra la figura 4.18, donde el objetivo es cambiar la tonalidad de las hojas:

1. Una vez abierta la ventana de trabajo del comando Seleccionar y aplicar máscara presta atención a las herramientas que aparecen en el margen izquierdo. En primer lugar, elige la herramienta Selección rápida. Basta con pasar el cursor por las zonas que quieres incluir en la selección como si estuvieras pintando sobre la imagen. Elegir el tamaño de pincel correcto es fundamental.

Figura 4.18. Imagen de ejemplo utilizada para la detección de bordes.

2. A continuación, en la lista desplegable Vista selecciona Blanco y Negro (K). De esta forma tendrás mucho más control visual sobre lo que está haciendo la herramienta.

3. Es posible que la sección Detección de bordes no muestre sus opciones, si es así, haz clic en el pequeño icono situado a la izquierda del nombre. Activa la casilla de verificación Radio inteligente para que Photoshop nos ayude un poco en nuestro trabajo. También es necesario establecer un valor de Radio para indicar a la herramienta la amplitud del área que deseamos tratar. Mueve el regulador hasta encontrar el más adecuado.

4. El siguiente paso sería dibujar con la el Pincel para perfeccionar bordes sobre la silueta de la imagen. En nuestro ejemplo, sería necesario para que las hojas y el contorno del árbol queden perfectamente definidos. De nuevo, en la parte superior de la ventana configura el grosor del pincel para ajustar mucho mejor su comportamiento.

5. Para zonas menos delicadas y partes de relleno que necesites incluir en la selección utiliza la herramienta Pincel.

6. En la barra de estado, arriba a la izquierda, se encuentran dos iconos representados por un signo más y un signo menos. En función de la opción seleccionada en cada caso, el comportamiento de las herramientas será distinto. Añadiendo nuevas zonas a la selección (signo más) o restándolas (signo menos). Utiliza esta característica para borrar y dibujar de nuevo aquellas zonas que necesites.

7. Si no estás contento con el resultado en general, haz clic en el botón Borrar selección y comienza de nuevo.

Para completar el proceso, haz clic en el botón OK y la selección quedará reflejada sobre la imagen como puedes comprobar en la figura 4.19.

NOTA:

A mayor radio, más exacto será y mayor precisión tendrá el borde de selección. Habitualmente se recomienda utilizar valores bajos para motivos con poco detalle y radios más altos para ajustar la selección cuando se trata de elementos más delicados y con mucho desenfoque.

En determinadas ocasiones será más sencillo seleccionar la zona opuesta a la que realmente necesites. En este caso, después de establecer la selección utiliza el botón Invertir.

Perfeccionamientos globales

Las opciones y parámetros disponibles en esta sección permiten establecer manualmente los parámetros de selección de bordes con las opciones siguientes:

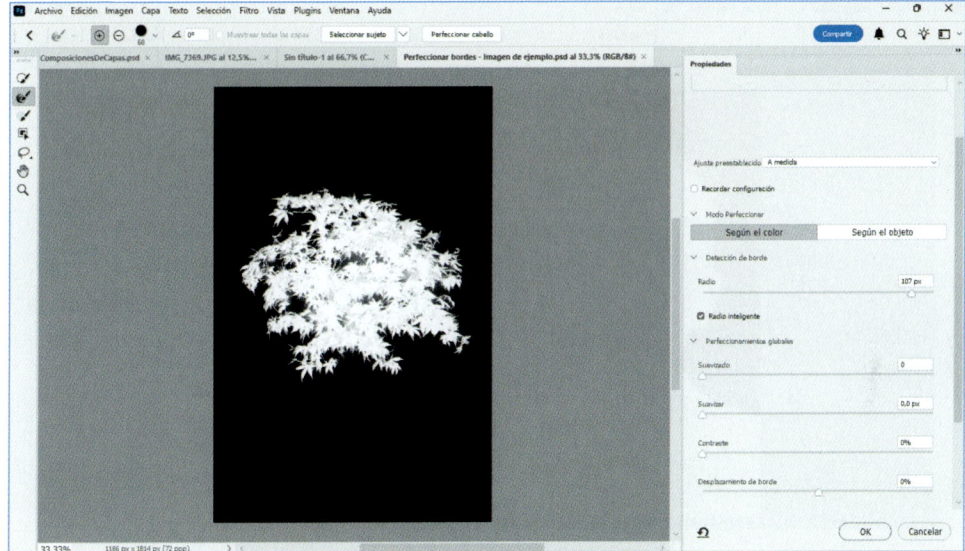

Figura 4.19. Resultado de perfeccionar bordes.

- **Suavizado:** Como su propio nombre indica, su propósito es atenuar los límites de la selección.

- **Suavizar:** Los valores establecidos en esta opción generan un efecto de desenfoque alrededor de la selección, y se forma una zona de transición determinada por el número de píxeles que introduzcamos en la casilla. Estos efectos tan solo son visibles cuando movemos, cortamos o copiamos la selección. Para comprenderlo mejor, observa, en la figura 4.20, los resultados de utilizar un valor de 10 píxeles sobre la imagen de ejemplo.

- **Contraste:** Si aumentas mucho el valor de radio, puedes provocar que se cree cierto efecto borroso en los bordes de selección. Variando la proporción de contraste podrás solucionar este problema.

- **Desplazamiento de borde:** Sirve para aumentar o disminuir los límites de la selección. Con esto es posible eliminar los colores que no nos interese incluir.

IMPORTANTE:

La opción Suavizar mantiene una relación directa entre el valor en píxeles indicado y el tamaño de la imagen. Por este motivo, en función de las proporciones de la imagen será necesario introducir una cantidad mayor o menor para conseguir el efecto deseado.

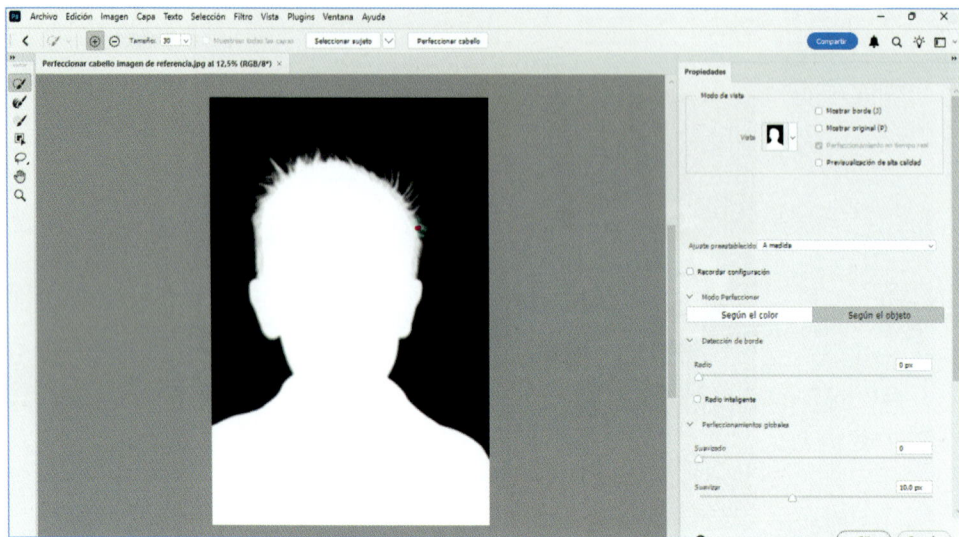

Figura 4.20. Efecto de la opción Suavizar.

Ajustes de salida

Esta última sección permite eliminar esos píxeles que rodean la selección, denominado comúnmente halo y que no queremos que aparezcan en el resultado final. Selecciona la opción Descontaminar colores y en el desplegable Enviar a elige el destino de la selección: una máscara, una nueva capa, un nuevo documento, etcétera.

TRUCO:

Utiliza las herramientas Zoom y Mano de la herramienta Seleccionar y perfeccionar máscara para ampliar la imagen o mover el área visible mientras.

Si deseas mantener la configuración actual de los ajustes de la herramienta Seleccionar y aplicar máscara para utilizarla en cualquier otro momento, activa la casilla de verificación Recordar configuración.

Eliminar y rellenar selección

Aunque puede parecer pronto para profundizar en la eliminación y sustitución de elementos u objetos de una imagen, ahora que dominas las selecciones es el momento ideal para explorar esta poderosa herramienta y darle una aplicación práctica a todo lo aprendido.

1. Abre la imagen en Photoshop y utiliza alguna de las herramientas de selección mencionadas en los apartados anteriores para delimitar el área, elemento u objeto que deseas eliminar o sustituir.

2. La herramienta Selección de objetos puede ser un buen punto de partida, aunque también puedes emplear herramientas más sencillas, como el marco rectangular o el lazo, para rodear rápidamente el elemento. En la figura 4.21, por ejemplo, simplemente hemos utilizado el lazo para seleccionar la persona de la imagen, sin demasiadas complicaciones.

3. Si fuera necesario, puedes mejorar la selección usando la función Seleccionar y aplicar máscara.

4. Haz clic con el botón derecho del ratón sobre la selección y elige el comando Eliminar y rellenar selección. En cuestión de segundos, el elemento seleccionado desaparecerá gracias al procesamiento automático de Photoshop.

Como irás descubriendo a lo largo del libro, existen varias formas de realizar este tipo de correcciones. Sin embargo, con el avance de la inteligencia artificial, estas tareas se han vuelto mucho más rápidas y sencillas.

Figura 4.21. Imagen antes y después de seleccionar un elemento y utilizar el comando Eliminar y rellenar selección.

Si el comando Eliminar y rellenar selección no estuviera disponible, comprueba si la capa activa tiene contenido en la zona seleccionada. Por ahora, no te preocupes demasiado por el manejo de las capas, pero es importante que tengas esto en cuenta para evitar inconvenientes.

Configuración del procesamiento de selecciones en las preferencias del programa

Photoshop permite realizar ajustes en las preferencias del programa para optimizar la precisión y el rendimiento de las herramientas de selección. Estos ajustes son especialmente útiles para usuarios de Windows con tarjetas gráficas Nvidia.

1. En el menú Edición, selecciona la opción Preferencias. Luego, haz clic en Procesamiento de imagen (ver figura 4.22)

2. La opción Seleccione el sujeto y quite fondo define el comportamiento de herramientas como Selección de objetos, Seleccionar cielo y Sustitución de cielo. Ya comentamos que la opción Dispositivo es más rápida, mientras que Nube ofrece mejores resultados, pero necesita más tiempo. Recuerda que las herramientas que incluyen la opción Seleccionar sujeto permiten elegir este comportamiento antes de usarla.

3. El resto de las opciones, son más generales y afectan a todas las herramientas de selección, pudiendo elegir entre:

   - **Más rápido:** prioriza la velocidad en las operaciones de selección. Esta sería la configuración predeterminada.
   - **Más estable:** elige esta opción si experimentas inestabilidad o bloqueos al usar herramientas de selección más complejas.

Estas preferencias permiten encontrar el equilibrio ideal entre rendimiento y estabilidad, adaptando las herramientas de selección a las capacidades de tu sistema y a los requisitos de tu trabajo.

Transformar la selección

En Photoshop, las selecciones no solo delimitan áreas, sino que también pueden adaptarse y modificarse para ajustarse a cualquier necesidad creativa. Los comandos de transformación permiten escalar, rotar, distorsionar y manipular selecciones de manera intuitiva, ofreciendo un control total sobre cada detalle del diseño. A continuación, exploramos estas opciones esenciales.

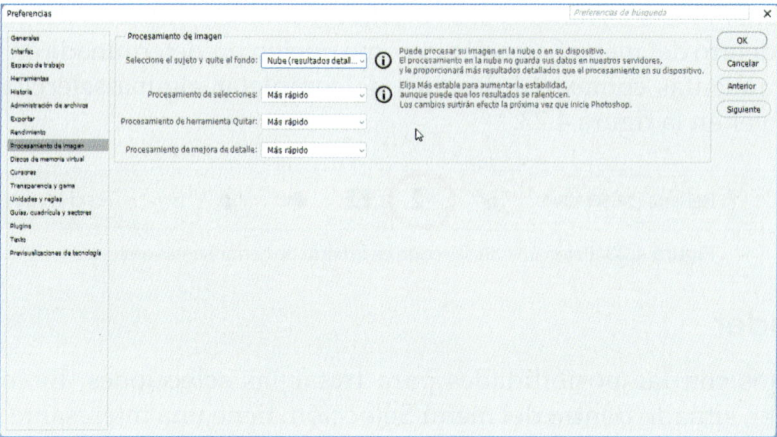

Figura 4.22. Preferencias de procesamiento de imagen.

Desplazar la selección

Una vez definida el área de selección, su situación no tiene por qué ser definitiva. Coloca el cursor dentro de la zona seleccionada, pulsa el botón izquierdo del ratón y mantenlo pulsado al mismo tiempo que arrastras la selección; así de fácil.

Seleccionar todo

Para seleccionar todo el contenido de una capa, puedes utilizar varios métodos. El más sencillo es ejecutar la combinación de teclas Ctrl-A. Recuerda que para deshacer la selección está disponible el atajo Ctrl-D.

Otra forma de seleccionar todo es utilizar el comando Todo del menú Selección, aunque es evidente que resultará algo más lenta.

Invertir la selección

En muchas ocasiones, resultará más sencillo seleccionar justo lo contrario de aquello que realmente queremos. También es especialmente útil al trabajar con herramientas basadas en inteligencia artificial, como Seleccionar sujeto o Seleccionar cielo, donde el enfoque está en el objeto principal, pero luego decides editar lo que queda alrededor.

La forma más fácil de hacerlo es utilizar la combinación de teclas Mayús-Ctrl-I o hacer clic con el botón derecho sobre la selección y elegir el comando

Seleccionar inverso. Aunque, si lo prefieres, también dispones del comando Invertir dentro del menú Selección, y como opción predeterminada en la barra de herramientas contextual después de completar alguna selección como puedes ver en la figura 4.23.

Figura 4.23. Botón invertir selección en la barra de herramientas contextual.

Extender

Seguimos con las posibilidades para tratar las selecciones. El comando Extender, situado dentro del menú Selección, tiene una interesante misión: amplía la selección comparando el color de los píxeles adyacentes a los que ya se encuentran seleccionados y si se encuentra dentro del rango de tolerancia definido en las opciones de las herramientas Varita mágica, lo incluye en la selección.

Similar

El comando Similar cumple prácticamente la misma función que Extender, pero lleva el resultado un poco más lejos. Si Extender incluía en la selección todos los píxeles adyacentes que estuvieran dentro de un rango de tolerancia establecido, Similar realiza esta operación, pero no solo para los adyacentes, sino para todos los que formen parte de la capa activa en ese momento.

Modificar la selección

Además de los dos comandos que acabamos de ver, existen más posibilidades para modificar el área seleccionada. Comprueba en la figura 4.24, las opciones asociadas al comando Modificar del menú Selección:

- **Borde:** El área seleccionada queda reducida a una franja, cuyo ancho será el que hayamos indicado en el cuadro de diálogo que aparece después de ejecutar el comando.

- **Redondear:** Atenúa las esquinas de las selecciones rectangulares o poligonales, redondeándolas. El valor que debes introducir en el cuadro de diálogo es el radio correspondiente a la curvatura de la esquina.

- **Expandir:** Amplía el área de selección tantos píxeles como indiquemos en el cuadro de diálogo que aparece después de ejecutar el comando.

- **Contraer:** Igual que la opción anterior, pero en esta ocasión reduce el área seleccionada.

- **Desvanecer:** Esta opción genera un efecto de desenfoque alrededor de la selección, formándose una zona de transición. El ancho de esta área queda definido por el número de píxeles que introduzcamos en la casilla Radio de desvanecimiento. Los efectos del calado tan solo son visibles cuando muevas, cortes o copies la selección.

> **TRUCO:**
>
> *Para rellenar automáticamente una selección con el color de fondo, utiliza la combinación de teclas Ctrl-Retroceso.*

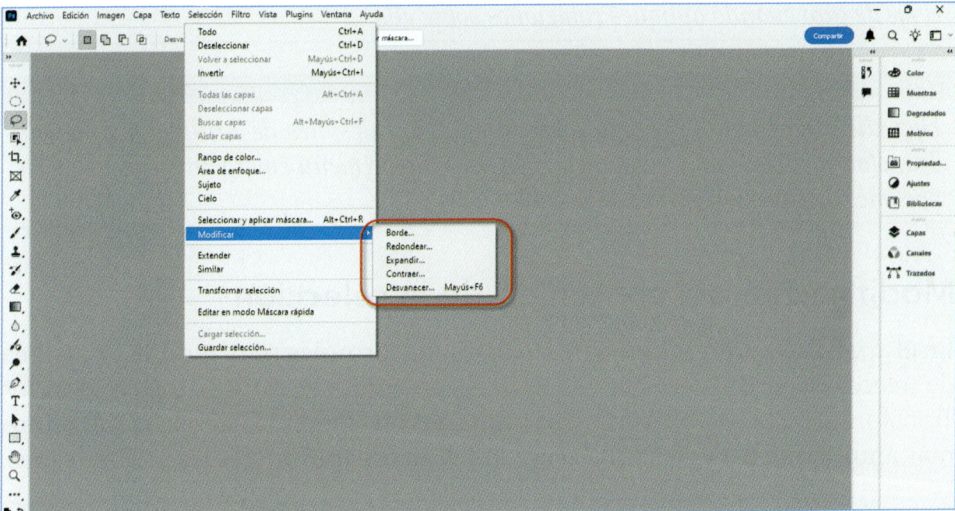

Figura 4.24. Opciones asociadas al comando Modificar.

Modificaciones múltiples

Si tienes intención de rotar, escalar, sesgar..., en definitiva, de deformar el área seleccionada, el comando apropiado para llevar a cabo estas tareas se llama Transformar selección y se encuentra en el menú Selección.

> **TRUCO:**
>
> *También puedes seleccionar el comando Transformar selección después de hacer clic con el botón derecho sobre una selección y mientras se encuentren activas las herramientas Marco o Lazo.*

Utiliza los selectores para modificar el tamaño de la selección. Si deseas que este cambio sea proporcional, mantén pulsada la tecla Alt. Del mismo modo, observa cómo, al colocar el cursor entre dos manejadores, este se transforma en una doble flecha curvada. En ese momento, puedes hacer clic y arrastrar para girar la selección.

Otra posibilidad es deformar la selección tirando de cualquiera de sus esquinas. Para hacerlo, pulsa la tecla Ctrl y arrastra el manejador que más te interese.

NOTA:

La marca situada en el centro de la selección hace las funciones de eje de giro. Puedes arrastrar esta marca a cualquier parte, dentro o fuera de la selección y así modificar el eje de giro cuando apliques rotaciones sobre ella.

TRUCO:

Haz clic con el botón derecho sobre la selección después de utilizar el comando Transformar selección y tendrás acceso a un nuevo menú emergente, con todas las opciones de transformación disponibles.

Modificación del contenido de la selección

En el apartado anterior hemos visto distintas fórmulas para modificar un área de selección, pero si necesitas cambiar el contenido, dispones de los comandos Transformación libre y Transformar situados en el menú Edición. Hablaremos más ampliamente de sus funcionalidades en el capítulo dedicado a las capas.

NOTA:

En la barra de tareas contextual encontrarás la opción Modificar selección, que proporciona acceso rápido a una variedad de comandos de transformación, como los descritos en los apartados anteriores, facilitando así el ajuste y personalización de selecciones.

Deformar selecciones

Photoshop incluye un interesante comando para modificar tanto selecciones como su contenido. Describe una selección usando cualquiera de las herramientas comentadas al principio del capítulo y después elige el comando Edición>Transformar>Deformar. El aspecto de la selección será similar al que muestra la figura 4.25. En ella puedes observar la malla que aparece y los distintos puntos de control de color gris oscuro situados alrededor de la misma. Si haces clic en cualquiera de estos puntos y arrastras, podrás comprobar que la malla se transforma y modifica el contenido.

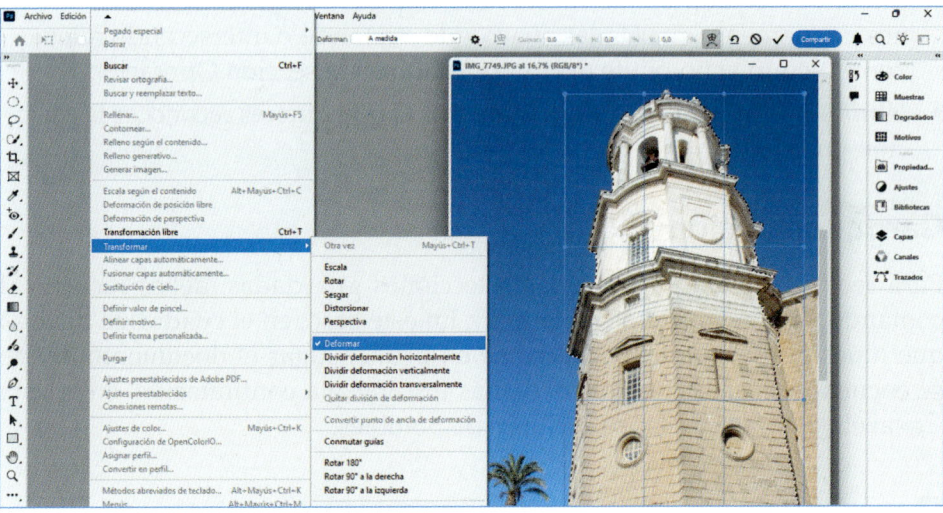

Figura 4.25. Selección en modo deformación.

> **NOTA:**
>
> *Con la tecla Esc podrás deshacer la deformación y recuperar el aspecto original de la capa.*

Guardar y recuperar selecciones

Es posible que en algunas ocasiones dediquemos mucho tiempo hasta lograr seleccionar aquella zona de la imagen que realmente nos interesa. Del mismo modo, puede ocurrir que necesitemos utilizar una selección más de una vez. Dentro del menú Selección existen dos comandos útiles en este tipo de situaciones: Cargar selección y Guardar selección.

Una vez definida la selección, elige el comando Selección>Guardar selección. En el cuadro de diálogo asociado, tendrás las siguientes opciones:

- **Documento:** Aquí debes elegir entre guardar la selección en alguno de los documentos abiertos o en un archivo nuevo. Si piensas utilizar la selección guardada únicamente en la imagen actual, la puedes asociar al mismo archivo, pero si crees que la necesitarás en más de un documento quizás te interese crear un archivo solo para las selecciones.

- **Canal:** Esta lista mostrará la opción Nuevo por defecto si es la primera selección que guardamos; en caso de tener almacenada más de una, podrás elegir cualquiera de ellas. Photoshop permite modificar las selecciones previamente guardadas añadiendo, restando o intersecando nuevas zonas, según el botón de opción señalado en la sección Operación.

- **Nombre:** Introduce aquí el nombre por el que quieres reconocer la selección guardada.

Cargar selección

Para recuperar cualquiera de las selecciones guardadas, debes recurrir al comando Selección>Cargar selección. En este caso, en el cuadro de diálogo que muestra el programa, selecciona en primer lugar el documento donde se encuentra la selección que necesitas rescatar y a continuación, en la lista Canal elige alguna de las selecciones disponibles.

Resumen

Nos encontramos ante otro capítulo fundamental. Las herramientas y comandos de selección son, sin duda, las funciones que más utilizaremos en Photoshop.

Hemos tratado las cinco herramientas básicas de selección: el Marco, el Lazo, la Varita mágica, la Selección rápida, la Selección de objetos, así como muchos de los comandos incluidos en el menú Selección y, por supuesto, todas las posibilidades de la barra de opciones de cada herramienta. En fin, un tema lleno de conceptos útiles e interesantes.

No olvides las potentes herramientas Selección rápida y Selección de objetos, ni las posibilidades del cuadro de diálogo Seleccionar y aplicar máscara.

Como último consejo, queremos recomendarte que aprendas los atajos de teclado descritos para ahorrar tiempo en tu trabajo.

5

Recorte inteligente

Recortar

La herramienta Recortar ha estado presente en Photoshop desde sus primeras versiones. Ahora, con la ayuda de la inteligencia artificial, incorpora novedades que la hacen mucho más potente.

Como su propio nombre indica, la herramienta Recortar ofrece la posibilidad de eliminar parte de una imagen seleccionando el área que deseamos conservar. La forma más sencilla de utilizar la herramienta Recortar es la siguiente:

1. Haz clic en la herramienta Recortar. Por defecto, se activará el área de recorte ocupando toda la imagen.

2. Arrastra los selectores que aparecen en los extremos del marco de recorte para determinar la parte de la imagen que deseas conservar. En cualquier momento puedes pulsar la tecla Esc y comenzar de nuevo.

3. Para finalizar, sitúa el ratón dentro del marco de recorte y haz doble clic, pulsa Intro o utiliza el botón Hecho en la barra de tareas contextual. Estas tres acciones finalizan la tarea de recorte y eliminan el espacio situado fuera del área seleccionada.

Otra forma de establecer el área de selección sería hacer clic y, sin soltar el botón izquierdo del ratón, arrastrar para definir la parte de la imagen que deseas mantener. Las líneas de color que aparecen al definir la zona de recorte son guías de composición que corresponden a los ejes de simetría vertical y horizontal de la imagen. Observa la figura 5.1.

TRUCO:

Si necesitas girar el área de recorte, coloca el cursor fuera de los selectores hasta que se transforme en una línea curva. En ese momento, haz clic y arrastra para rotar. También, puedes modificar la posición del marco de recorte con tan solo situar el cursor encima y arrastrar.

Opciones de la herramienta Recortar

La primera de las opciones de configuración de la herramienta determina las proporciones del área de recorte. Como puedes comprobar en la figura 5.2, incluye varias posibilidades:

- **Proporción:** Es la opción por defecto y simplemente no aplica ninguna limitación. El área de recorte se establece mediante la propia herramienta, sin más.

Figura 5.1. Herramienta Recortar en acción, observa las guías de composición.

- **An.x Al. x Resolución:** La figura 5.3 muestra el aspecto que toma la barra tras seleccionar esta opción y en la que puedes indicar tanto las medidas exactas del recorte como la resolución.

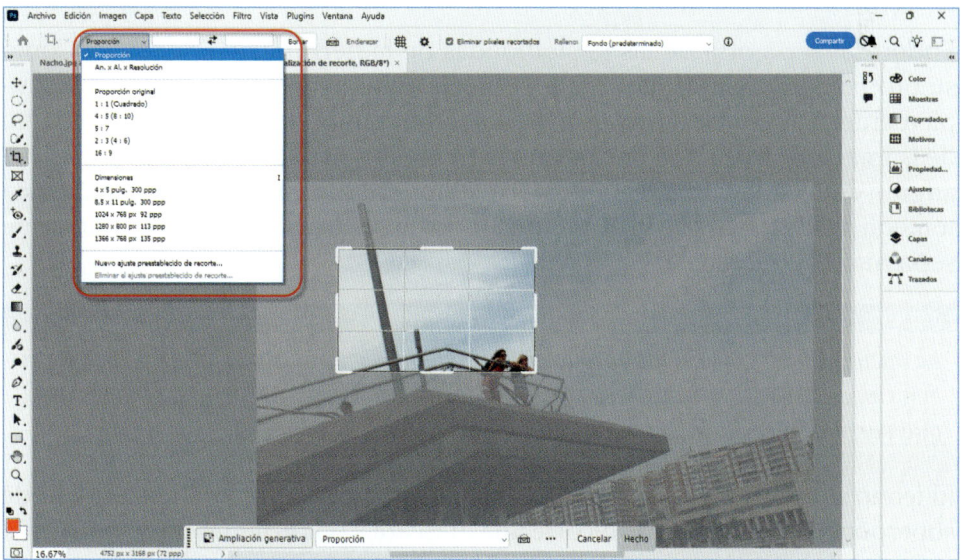

Figura 5.2. Lista con los tamaños de recortes y proporciones disponibles.

- **Proporción original:** Permite respetar las proporciones originales. De este modo, al ajustar el área de recorte mediante los manejadores situados en los extremos o arrastrando con la herramienta de recorte, el resultado siempre será proporcional a las dimensiones originales de la imagen.

- **1:1 (Cuadrado), 4:5, 2:3, etcétera:** El siguiente bloque muestra una lista de proporciones típicas para diferentes propósitos como, por ejemplo, 16:9 para vídeo, 4:3 y 2:3 para cambios de formato o 1:1 para recortes completamente cuadrados.

- **Dimensiones:** En este caso puedes elegir tamaños típicos en píxeles o pulgadas para establecer el área de recorte.

- **Nuevo ajuste preestablecido de recorte:** Por último, con esta opción puedes añadir a esta lista tus propias especificaciones de recorte para utilizarlas en cualquier otro momento.

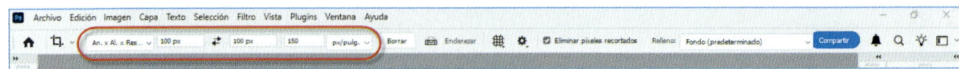

Figura 5.3. Establecer valores específicos de tamaño y resolución para el recorte.

Además de las opciones que acabamos de describir, utiliza los dos cuadros de texto situados a la derecha del desplegable descrito en los puntos anteriores, para introducir valores exactos de alto y ancho. El botón Borrar situado a la derecha elimina cualquier dato de estos dos campos.

Enderezar sería otra de las posibilidades de la herramienta Recortar. Como su propio nombre indica, permite corregir una imagen mal capturada o simplemente inclinada o torcida. Para ello, toma como referencia algún elemento de la imagen y traza una línea de un extremo a otro de la imagen para darle el ángulo de inclinación adecuado. Un ejemplo podría ser la típica instantánea tomada desde la playa con el mar de fondo. En este caso, la línea del horizonte sería nuestra referencia.

> **TRUCO:**
>
> *La opción Enderezar permite solucionar problemas en imágenes torcidas, pero para deformaciones más graves debes recurrir a la herramienta Recorte con perspectiva, que veremos a continuación.*

El icono situado a la derecha de la opción Enderezar ofrece la posibilidad de superponer sobre el área de recorte una máscara, con las reglas de composición más comunes. Por lo general, la opción por defecto, Regla de los tercios, será la más adecuada en la mayoría de los casos.

Utiliza el botón Eliminar píxeles recortados para decidir qué hacer con la zona externa al área de recorte. Si está activado, desparecerá el espacio situado fuera del área de recorte y si no, simplemente lo oculta, pero sin modificar el archivo original de la imagen.

NOTA:

El botón que hemos resaltado en la figura 5.4 restaura todos los valores por defecto de las opciones de la herramienta de Recorte. Y los dos botones siguientes permiten, respectivamente, cancelar o ejecutar la operación de recorte. También en la barra contextual tienes la posibilidad de confirmar o cancelar el recorte.

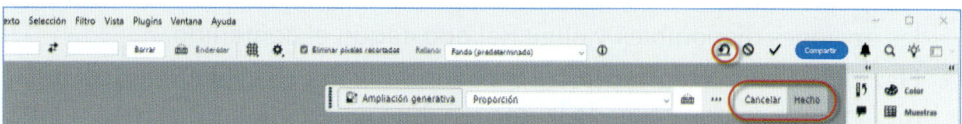

Figura 5.4. Restaurar los valores por defecto de las opciones de recorte.

Si aún no te parecen suficientes opciones para una herramienta aparentemente tan sencilla, haz clic en el botón que muestra la figura 5.5. Entre las posibilidades disponibles, solo comentaremos Activar escudo de recorte. Esta función sirve para determinar el color y el nivel de opacidad de la zona que se va a eliminar una vez delimitada el área de recorte. Utiliza la lista Color y Opacidad para configurar estos dos aspectos.

Figura 5.5. Activar escudo de recorte.

Relleno según el contenido

La herramienta Recortar en Photoshop ofrece varias opciones para manejar las áreas que quedan fuera del lienzo original después de modificar el tamaño o la perspectiva de una imagen. Una de las más destacadas es el Relleno según el contenido, que utiliza las funciones inteligentes de Adobe para analizar y completar automáticamente las zonas vacías recreando texturas y detalles que armonizan con el resto de la imagen.

1. En la barra de herramientas, elige la herramienta Recortar. Puedes utilizar su atajo de teclado, la tecla C.

2. En la barra de opciones, localiza la opción Relleno, despliega la lista con las opciones disponibles y elige Relleno según el contenido.

3. Haz clic en la imagen y arrastra los bordes del marco de recorte para definir la nueva composición de la imagen. Puedes ampliar el lienzo más allá de los límites originales o rotar la imagen para cambiar su orientación.

4. Presiona Intro para confirmar. En pocos segundos, Photoshop rellenará automáticamente las áreas vacías utilizando el contenido de la imagen.

5. Aunque el Relleno según contenido suele ofrecer resultados impresionantes, es posible que en áreas complejas requiera ajustes adicionales. En esos casos, puedes utilizar herramientas como el Tampón de clonar o el Pincel corrector puntual para perfeccionar los detalles.

IMPORTANTE:

Rellenar según contenido no está disponible si tienes activado el Modo clásico de la herramienta Recortar. Haz clic en el icono del engranaje en la barra de opciones y desactiva la opción Usar el modo clásico.

El modo Rellenar según contenido representa un avance importante para los trabajos que implican ampliar o modificar composiciones, ya que permite hacerlo sin comprometer la naturalidad ni los detalles originales. Por ejemplo, en la figura 5.6 se puede observar cómo una fotografía tomada con nuestro smartphone en formato vertical se ha transformado en horizontal con un resultado impecable.

NOTA:

El primer modo de relleno, denominado Fondo, es la opción por defecto y simplemente completa los huecos generados por el recorte con la tonalidad de fondo seleccionada en el selector de color de la barra de herramientas.

Figura 5.6. Transformar una imagen vertical en horizontal con el modo Rellenar según contenido.

Modo Ampliación generativa

Otro de los modos de relleno que debemos conocer es la ampliación generativa, esta opción resulta especialmente útil cuando necesitamos aumentar el tamaño del marco visual sin comprometer la integridad o la estética de la composición. Por ejemplo, en proyectos donde la imagen original es demasiado estrecha o carece del espacio necesario para adaptarse a un diseño determinado, la ampliación generativa puede proporcionar nuevas zonas que no desentonen con la imagen original.

Estos serían los pasos para utilizar el modo de relleno Ampliación Generativa con la herramienta Recorte:

1. Una vez seleccionada la herramienta y antes de describir el área recorte, en la barra de opciones localiza la opción Relleno, despliega la lista y elige, Ampliación generativa.

2. Modifica el cuadro recorte, desplazando uno de los extremos con la intención de ampliar la imagen en esa parte.

3. Para aplicar el recorte, pulsa Intro o haz clic en el botón de confirmación de la barra de opciones.

4. Transcurridos unos segundos, Photoshop ofrece tres versiones con sutiles diferencias que podemos seleccionar desde el panel Propiedades o la barra de tareas contextual, como se muestra en la figura 5.7.

5. Si ninguna te convence demasiado puedes escribir alguna indicación en la barra de tareas contextual y hacer clic en el botón Generar para obtener nuevas variaciones. Este mismo recurso lo puedes emplear justo después de establecer el área de recorte. Imagina que quieres un elemento concreto en la zona ampliada, en ese caso simplemente tienes que indicarlo en el cuadro de texto de la barra de tareas contextual antes de ejecutar el recorte.

6. Tal como ocurría con el Relleno según contenido, utiliza herramientas como el Pincel Corrector o el Tampón de Clonar si necesitas hacer pequeños retoques en el resultado.

IMPORTANTE:

La calidad del resultado final dependerá en gran medida de la calidad de la imagen original. Además, es importante tener en cuenta que imágenes con detalles complejos o patrones repetitivos pueden presentar mayores desafíos para el algoritmo de generación, por lo que podría ser necesario utilizar herramientas adicionales de retoque para obtener el resultado deseado.

Figura 5.7. Ampliación generativa.

Otro modo de usar la ampliación generativa es definir el área de recorte sin necesidad de haber seleccionado previamente este modo en la barra de opciones. Luego, haz clic con el botón derecho en cualquiera de los huecos generados y, en el menú emergente, elige el comando Ampliación generativa. Recuerda que puedes cambiar la posición de la imagen dentro del marco con solo hacer clic en ella y arrastrarla.

Relleno según el contenido vs ampliación generativa

¿Cuándo usar cada uno? Intentaremos aclarar un poco todo esto. El Relleno según el contenido es muy útil para pequeñas ampliaciones del lienzo donde el contenido es relativamente uniforme. Sin embargo, en expansiones más grandes o en áreas con detalles complejos, los resultados pueden no ser óptimos. En cambio, la Ampliación generativa inspirada por la inteligencia artificial es ideal para cambiar la relación de aspecto de una imagen o extender fondos complejos, porque puede generar detalles coherentes incluso en escalados amplios. Además, ofrece la posibilidad de introducir indicaciones de texto (prompt) para adaptar mucho mejor las zonas generadas a cada situación.

Recorte con perspectiva

La herramienta Recorte con perspectiva permite adaptar el área de recorte en aquellas situaciones donde la imagen tiene cierta distorsión. A diferencia de un recorte tradicional, esta herramienta proporciona la capacidad de manipular individualmente los selectores situados en las esquinas del área de recorte y permite adaptarlos de forma independiente para corregir la perspectiva y alinear elementos que deberían ser rectos o proporcionales.

Para usarla, define en primer lugar un área de recorte aproximada y, a continuación, mueve los selectores de las esquinas para ajustar la forma a la perspectiva deseada. Esta funcionalidad es particularmente útil para imágenes de documentos, paisajes, cuadros o cualquier objeto que necesite ser rectificado visualmente. Al confirmar el recorte, Photoshop no solo ajusta los bordes, sino que también corrige la distorsión.

> **TRUCO**
>
> *Cuando tomas una foto de un documento, es muy común que el texto aparezca inclinado. Al corregir la perspectiva y recortar los bordes, el documento tendrá una apariencia mucho más limpia y parecerá escaneado, lo que es ideal si necesitas compartirlo o imprimirlo. En la figura 5.8 puedes ver un ejemplo.*

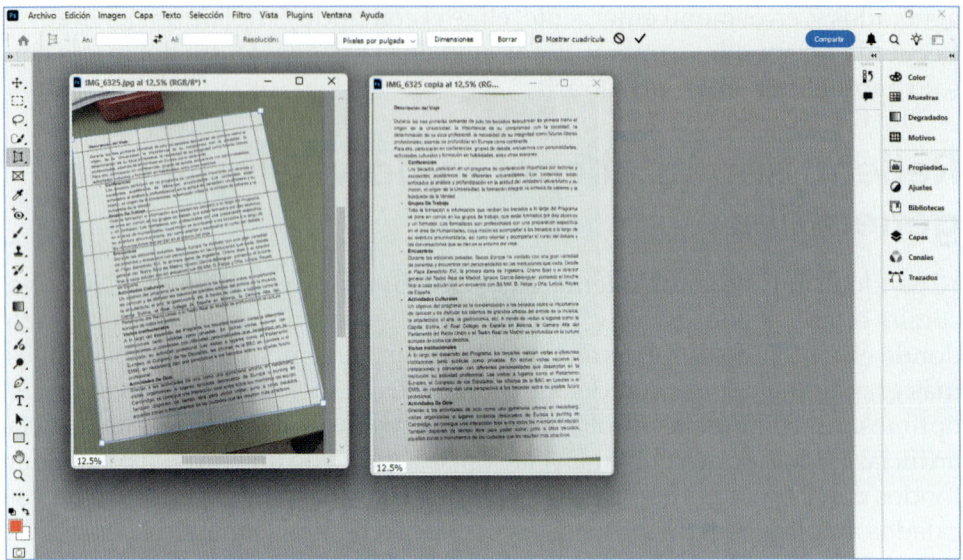

Figura 5.8. Problema solucionado con la herramienta Recorte con perspectiva.

Resumen

La herramienta Recortar ha sido mejorada con la ayuda de la inteligencia artificial y permite generar contenido coherente para las zonas recortadas fuera del lienzo. El modo Ampliación generativa es ideal para expandir imágenes manteniendo su naturalidad incluso en aumentos importantes de tamaño. En cambio, el Relleno según contenido facilita mucho las tareas de corrección más sencillas.

Con el Recorte con perspectiva puedes ajustar individualmente los bordes del área de recorte para rectificar problemas de perspectiva y resulta muy útil en casos como fotos de cuadros, paisajes o textos inclinados.

6

Dibujo
y retoque

Introducción

En este capítulo, aprenderás por qué las herramientas de dibujo y retoque fotográfico tradicionales siguen siendo esenciales en Photoshop. Aunque las capacidades de inteligencia artificial han revolucionado la edición de imágenes, ofreciendo soluciones rápidas y avanzadas, las técnicas clásicas siguen siendo fundamentales. Conocer ambas metodologías te brinda mayor flexibilidad y precisión en tus proyectos. Por ejemplo, mientras que el Relleno según contenido y la Ampliación generativa pueden ahorrarte tiempo al recrear áreas vacías o ampliar composiciones, herramientas como el Tampón de clonar o el Pincel corrector permiten corregir pequeños detalles para conseguir un resultado perfecto.

Es muy probable que no hayas podido reprimir la tentación de comprobar cómo funcionan algunas de las herramientas de Photoshop. En realidad, es una buena forma de empezar a familiarizarse con todo lo que ofrece el programa. De todos modos, existe una gran diferencia entre lo que aparentemente puede hacer una herramienta y lo que hace en realidad, sobre todo porque las posibilidades de configuración suelen ser muy amplias en la mayoría de ellas.

Basta mover el cursor por encima de algunas de las herramientas más relevantes para que Photoshop muestre información y un breve vídeo que describe su funcionamiento (ver figura 6.1). También puedes hacer clic y mantener pulsado el botón izquierdo para conocer todas las herramientas agrupadas en cada posición.

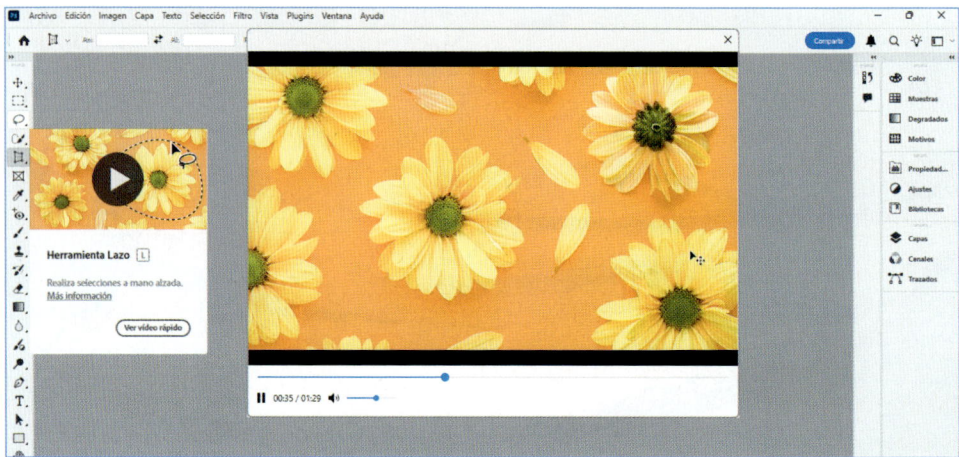

Figura 6.1. Breve vídeo demostrativo asociado a la herramienta Lazo.

En este capítulo trataremos las herramientas de pintura más relevantes, junto con algunas de edición y retoque y dejaremos las más especializadas para abordarlas en proyectos o trabajos específicos donde sean necesarias. Conviene no perder de visa la barra de tareas contextual, un elemento esencial que facilita el acceso rápido a funciones específicas según la herramienta seleccionada en cada momento.

NOTA:

Photoshop agrupa dentro de cada opción varias herramientas relacionadas. Haz clic y mantén pulsado el botón (izquierdo) del ratón sobre cualquier herramienta para mostrar todos los elementos del grupo. También, puedes hacer clic con el botón derecho del ratón.

Barra de opciones

Empecemos conociendo mejor la barra de opciones. Este elemento se adapta dinámicamente y, en cada momento, muestra las posibilidades específicas de la herramienta seleccionada, lo que facilita un acceso rápido y eficiente a todas sus opciones de configuración.

NOTA:

El comando Opciones del menú Ventana permite ocultar o mostrar la barra de opciones. También puedes cambiar su posición si lo deseas, basta con hacer clic en el extremo izquierdo y arrastrar.

Lista de herramientas preestablecidas

Sin importar la herramienta seleccionada en cada momento, la barra de opciones dispone en su extremo izquierdo de la posibilidad de acceder a una lista de herramientas ya configuradas según ciertos parámetros, Photoshop las denomina Herramientas preestablecidas.

Haz clic en el botón que hemos destacado en la figura 6.2 para desplegar un pequeño panel. Si la casilla de verificación Solo herramienta actual se encuentra activa, desactívala y tendrás acceso a todas las herramientas preestablecidas en Photoshop.

Utiliza este panel para crear tus propias herramientas preestablecidas y tenerlas siempre a mano. Un sencillo ejemplo: imagina que usas mucho la herramienta Texto con un tipo de letra Arial y un tamaño de 10 puntos. Pues bien, para no repetir estos ajustes cada vez que la necesites, puedes guardarla en la lista de herramientas preestablecidas y con un solo clic disponer de ella.

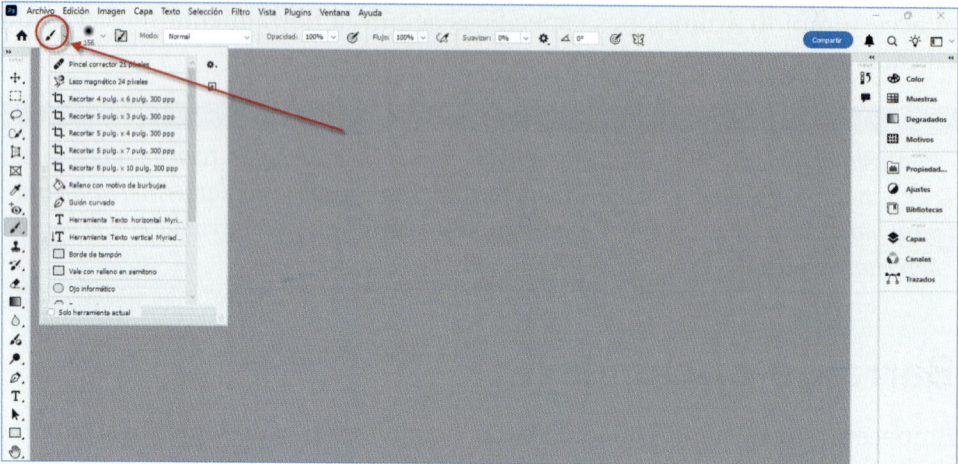

Figura 6.2. Lista de herramientas preestablecidas en la barra de opciones.

TRUCO:

La casilla de verificación Solo herramienta actual muestra las configuraciones preestablecidas de la herramienta seleccionada en ese instante. Es decir, cuando utilizas el Pincel corrector, el panel mostrará las configuraciones existentes para este pincel.

Crear una herramienta preestablecida

Aunque la intención del panel de Herramientas preestablecidas es buena, las opciones que incluye por defecto no suelen ser suficientes. Por ello, es recomendable que personalicemos el panel añadiendo configuraciones específicas que realmente utilicemos. Para crear una herramienta preestablecida, sigue estos pasos:

1. Selecciona la herramienta que quieras configurar.

2. En la barra de opciones, define los parámetros que deseas guardar, como el tamaño del pincel, el modo de fusión, la opacidad, entre otros.

3. Despliega la lista de herramientas preestablecidas. Observa la esquina superior derecha del panel y haz clic en el pequeño icono señalado en la figura 6.3.

4. En el cuadro de diálogo que aparece, introduce un nombre descriptivo que te permita identificar fácilmente la herramienta.

5. Para finalizar, haz clic en OK.

Con este procedimiento, podrás personalizar el panel y optimizar tu flujo de trabajo al tener tus configuraciones más utilizadas al alcance de un clic.

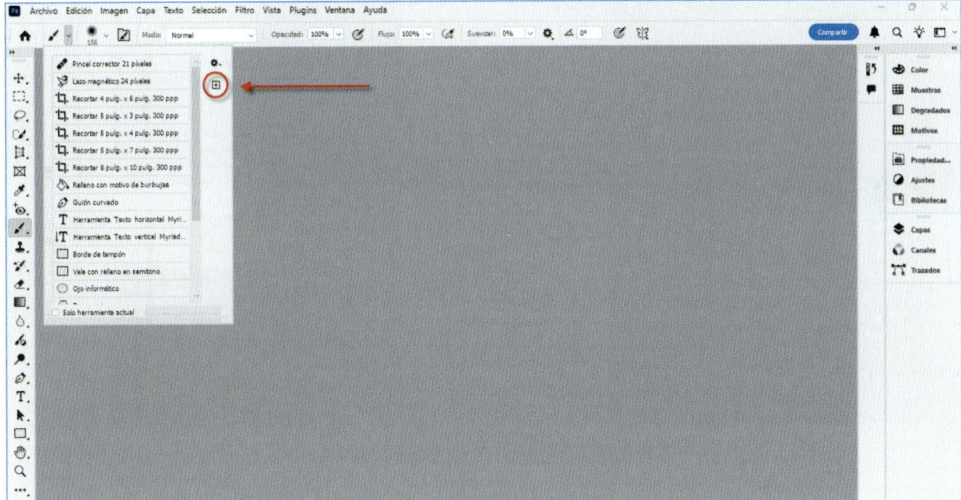

Figura 6.3. Crear una nueva herramienta preestablecida.

Antes de terminar con las herramientas preestablecidas, debes saber que después de hacer clic con el botón derecho en alguna de ellas, aparecerá un menú donde podrás cambiar su nombre, eliminarla o crear una nueva.

TRUCO:

Existe un panel independiente, observa la figura 6.4, donde se incluyen todas las opciones vistas hasta ahora. Para mostrar u ocultar este panel, usa el comando Herramientas preestablecidas del menú Ventana.

Pincel

Tanto la herramienta Pincel como la herramienta Lápiz comparten el mismo lugar en la barra Herramientas y como recordarás, para utilizar una u otra debes mantener pulsado el botón izquierdo del ratón sobre su icono.

Con la herramienta Pincel conseguirás un trazo nítido e intenso con bordes suavizados. Haz una prueba y observarás que no aparecen líneas biseladas (con pequeños dientes) y que el color se hace más opaco a medida que nos acercamos al centro del trazo.

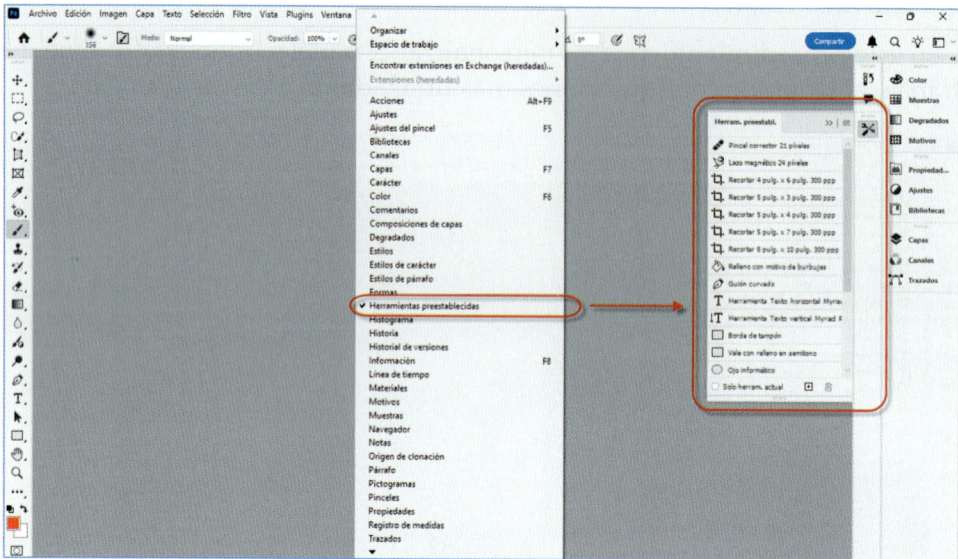

Figura 6.4. Panel Herramientas preestablecidas.

Opciones del Pincel

Los elementos de configuración que aparecen en la barra de opciones cuando seleccionamos la herramienta Pincel que usaremos con más frecuencia, serían los siguientes:

- **Selector de pinceles preestablecidos:** Esta opción se encuentra disponible para todas las herramientas de pintura y permite elegir entre un buen número de estilos de pinceles, así como modificar el grosor del trazo o su dureza. En realidad, comparte las opciones con el panel Pinceles que describiremos detalladamente más adelante.

- **Ajustes de pincel:** El icono situado a la derecha de la opción anterior no es más que un acceso directo al panel Ajustes del pincel (ver figura 6.5), donde podrás configurar infinidad de parámetros para conseguir el resultado óptimo en cada caso. Trataremos estas posibilidades con más detalle.

- **Modo:** Los modos de fusión determinan el aspecto del trazo al aplicar la herramienta sobre la imagen y combinar tonos, colores, sombras, etcétera. Prueba con diferentes modos para experimentar sus efectos.

- **Opacidad:** En este caso, la transición afecta al grado de transparencia del trazo, llegando a ser completamente transparente si usamos valores próximos a cero.

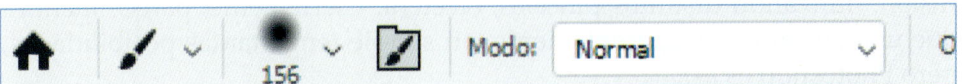

Figura 6.5. Acceso directo al panel Ajustes de pincel.

- **Flujo:** Este parámetro establece la cantidad de pintura que utiliza el pincel, valor que finalmente establece la intensidad del trazo.
- **Habilitar efectos de desarrollo del estilo de Aerógrafo:** Si has utilizado versiones anteriores de Photoshop, quizás recuerdes la herramienta Aerógrafo. Pues bien, en realidad sigue existiendo, pero agrupada en las opciones de la herramienta Pincel. Si activamos este botón entre las posibilidades de configuración del Pincel, conseguiremos simular el efecto de los sistemas de aerografía tradicionales. Si, además, combinas esta característica con el uso de una tableta digitalizadora y, por supuesto, algo de habilidad, el resultado será increíble.
- **Suavizar:** Permite reducir el ruido en los bordes del trazo para mostrarlos más suaves. El porcentaje usado determina el resultado, pero también las opciones de configuración que aparecen en el icono ubicado a la derecha.
- **Opciones de suavizado:** Detallaremos estas opciones en el capítulo dedicado a los pinceles, ahora simplemente activa Modo de cadena de tracción y comienza a dibujar. Un círculo y una línea de dirección permiten dibujar de manera mucho más precisa, como puedes observar en la figura 6.6. Mueve el cursor dentro del círculo hasta encontrar el ángulo exacto y en ese momento toca el borde para avanzar. Esta opción estará disponible siempre que el valor de suavizado sea mayor que cero.
- **Ángulo de pincel:** permite ajustar la orientación de la punta del pincel. Es muy útil cuando utilizas formas de pincel que no son perfectamente circulares, como las puntas elípticas o personalizadas.

La diferencia entre el comportamiento de la herramienta Pincel en el modo habitual y las capacidades del aerógrafo activadas, radica en que mientras con el Pincel la cantidad de pintura es limitada, con el Aerógrafo fluye continuamente. Para comprobarlo, activa el modo aerógrafo y deja el cursor fijo en un punto, mientras mantenes pulsado el botón del ratón. Con un tamaño de pincel suficientemente grande, observa cómo la tinta se expande uniformemente alrededor, hecho que no ocurre de forma tan visible con la opción desactivada.

Practica un poco mientras combinas distintos valores de opacidad, modos de fusión, utilizando distintos pinceles, etcétera. Ciertamente, parece mentira que una herramienta aparentemente tan simple tenga tantas posibilidades, pero Photoshop es así.

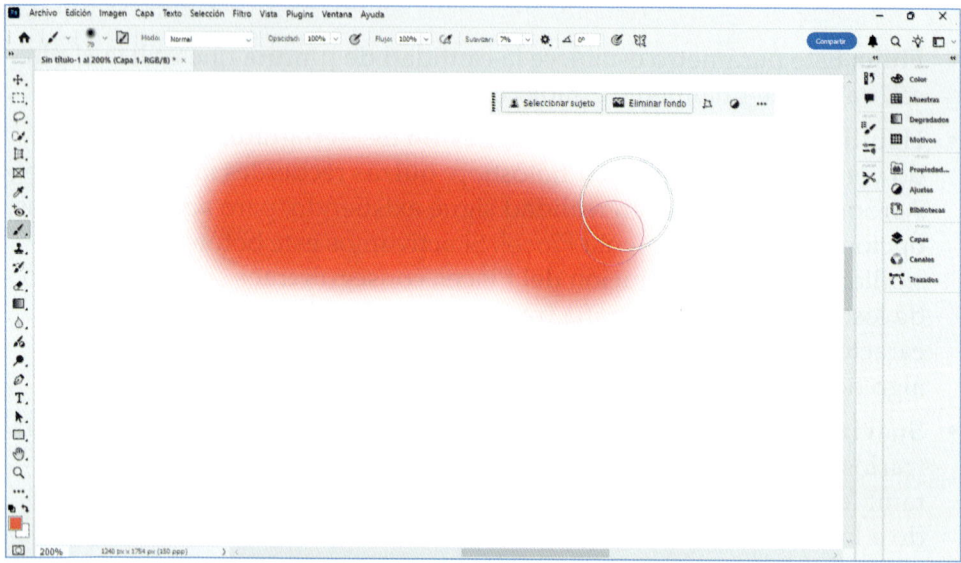

Figura 6.6. Modo de cadena de tracción activado.

Lápiz

Con esta herramienta de pintura los trazos aparecen rectos y con bordes mucho más pronunciados. Recuerda que para seleccionarla debes mantener pulsado el botón izquierdo del ratón en el icono de la herramienta Pincel, así tendrás acceso al resto de opciones del grupo.

Las opciones de la herramienta Lápiz son similares a las descritas en el párrafo anterior para el Pincel. Tan solo encontramos la casilla de verificación Borrado automático como parámetro propio. Al activar esta opción y pintar sobre una zona cuyo color coincide con el color frontal, automáticamente el lápiz comienza a pintar con el color de fondo. El objetivo es facilitarnos la eliminación de partes de un trazo.

Pincel corrector

El Pincel corrector se encuentra en un grupo distinto que el del Pincel y el Lápiz y es de ese tipo de herramientas que podemos considerar como «mágicas», pues sus resultados son realmente sorprendentes. Pero antes de explicar su funcionamiento, observa la figura 6.7.

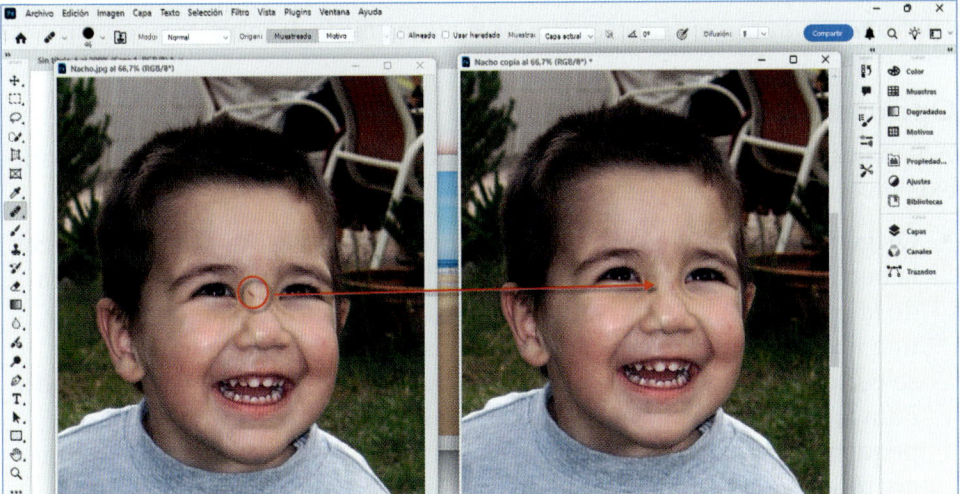

Figura 6.7. Imagen antes y después de utilizar la herramienta Pincel corrector.

Seguro que después de ver el ejemplo se te ha ocurrido más de una idea para utilizar el Pincel corrector. Su funcionamiento es aparentemente sencillo pero el trabajo que realiza es muy complejo. El pincel toma una muestra de la zona que indiquemos y después la aplica sobre el área de destino, pero no de cualquier forma; en realidad compara la textura, los valores de brillo, la iluminación y el contraste, e incluso el sombreado de los píxeles adyacentes, de forma que el resultado de la clonación sea prácticamente perfecto.

Toda esta teoría seguro que te ha parecido muy interesante, pero lo mejor será que veamos cómo aplicarla:

1. Selecciona la herramienta Pincel corrector (recuerda, su atajo de teclado es la tecla J).

2. Después, mantén pulsada la tecla Alt y haz clic en la zona de la imagen que quieras tomar como referencia. Esta será la muestra que utilizará el Pincel corrector para reparar el área de destino.

3. Haz clic, mantén pulsado el botón izquierdo del ratón y arrastra sobre la zona que deseas corregir. La cruz que aparece mientras utilizas esta herramienta, indica la zona que se está usando como muestra. Si la imagen es complicada, lo mejor será que tengas un poco de paciencia y evites los trazos largos; conseguirás mejores resultados.

TRUCO:

Si lo deseas, puedes utilizar el Pincel corrector entre dos imágenes distintas. El único requisito es que se encuentren en el mismo modo de color.

Opciones de Pincel corrector

Además de las opciones que ya conocemos, Opciones de pincel y Modo, existen otras posibilidades muy interesantes:

- **Origen** y **Motivo:** En la última secuencia de pasos aprendimos a utilizar la herramienta Pincel corrector tomando como referencia una muestra de la propia imagen; pues bien, si en lugar de hacerlo así quieres usar una textura o cualquier otro patrón, puedes elegir la opción Motivo y seleccionar en la lista que muestra la figura 6.8, el diseño más adecuado. Para añadir nuevas colecciones de motivos a este panel, haz clic en el pequeño botón situado a la derecha y elige alguna de las opciones que aparecen en la última sección del menú emergente.

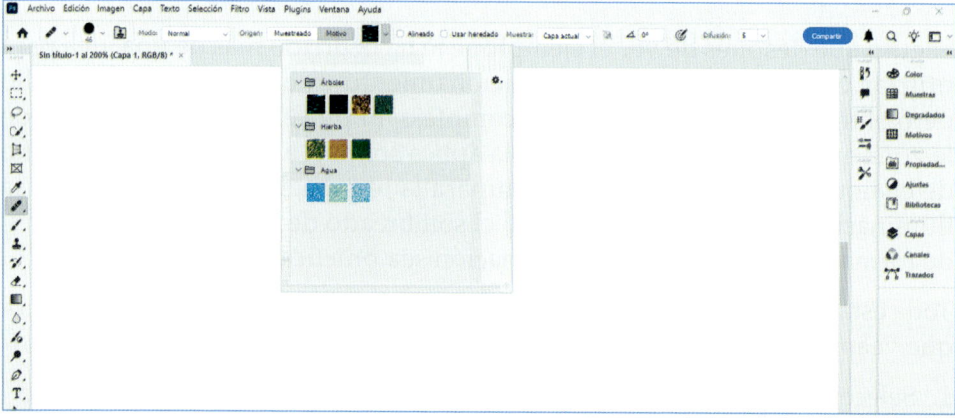

Figura 6.8. Motivos disponibles para la herramienta Pincel corrector.

- **Alineado:** Si esta casilla permanece desactivada, el área tomada como muestra será siempre la misma; en cambio, si la activamos, se desplazará siguiendo el recorrido del cursor. Haz la prueba activando y desactivando esta opción para comprender mejor su funcionamiento.
- **Muestra:** Activa esta opción del Pincel corrector si deseas utilizar para la muestra solo la capa actual, la capa actual y la inmediatamente inferior o todas las capas de la imagen.
- **Difusión:** Con valores más altos conseguirás menos precisión en el efecto, pero mucha más suavidad en la mezcla. Utiliza una difusión baja si tienes que tratar imperfecciones pequeñas.

Pincel corrector puntual

La diferencia principal entre esta herramienta y el Pincel corrector es que, en este caso, no existe una muestra previa para utilizarla como patrón para corregir una zona determinada. El Pincel corrector puntual soluciona pequeñas imperfecciones en la imagen, tomando como referencia solo los píxeles situados alrededor.

El Pincel corrector puntual es muy útil a la hora de solucionar errores en fotografías como sombras, marcas, arrugas de la piel, etcétera, recurriendo a los valores de luminosidad, textura y sombras para llevar a cabo la corrección de los píxeles seleccionados.

Para utilizar esta herramienta, elige en primer lugar un tamaño adecuado para el pincel de manera que cubra la zona que deseas solucionar. A continuación, haz clic o arrastra. Prueba con las tres posibilidades de la opción Tipo hasta que el resultado sea satisfactorio.

Parche

Del mismo modo que ocurre con el Pincel corrector, la herramienta Parche no solo permite reparar áreas de una imagen tomando como referencia una muestra de esta, sino que, además, compara las zonas de origen y de destino para que la fusión sea perfecta. En cualquier caso y aunque esta herramienta ha mejorado mucho en las últimas versiones de Photoshop, no debes esperar milagros, pues cada imagen dispone de multitud de matices que determinan su comportamiento. En algunos casos, el resultado será perfecto y en otros deberás incorporar elementos como máscaras o filtros para conseguir el objetivo deseado.

Existen varias maneras diferentes de manejar la herramienta Parche. Veamos la más habitual:

1. Selecciona en primer lugar la opción Según el contenido en la lista desplegable Parche.

2. Haz clic y mantén pulsado el botón izquierdo del ratón para describir el área que deseas reparar. Cuando termines, suelta el botón y la zona quedará seleccionada.

3. Sitúa el cursor dentro de la selección, haz clic y arrástralo hasta la zona de la imagen que desees utilizar como muestra para corregir la zona seleccionada. En la figura 6.9 puedes ver un ejemplo.

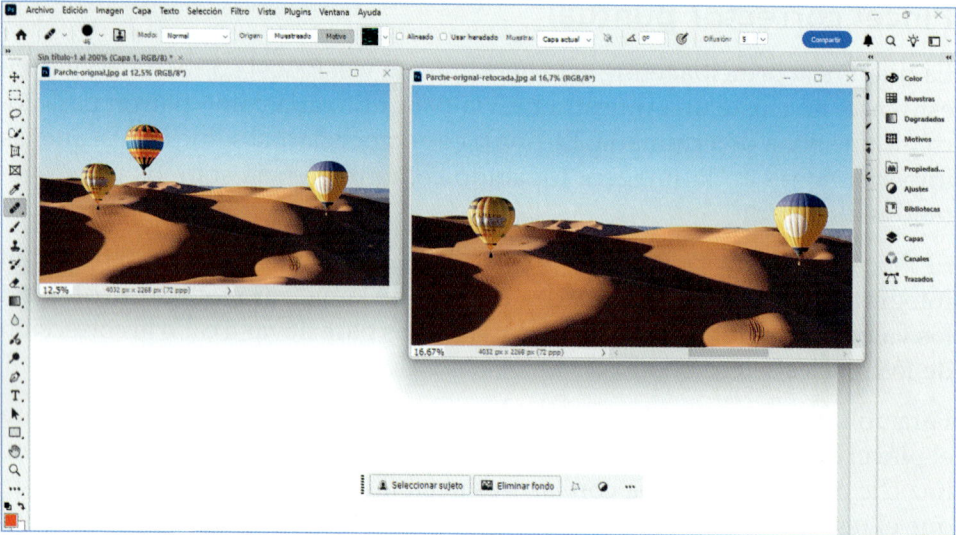

Figura 6.9. Resultado antes y después de utilizar la herramienta Parche.

NOTA:

Si deseas modificar el área seleccionada, añadiendo o eliminando zonas, mantén pulsada la tecla Alt para reducir el área marcada o la tecla Mayús para ampliarla.

El control de difusión en la herramienta Parche tiene el mismo significado y aplicación que describimos cuando tratamos el Pincel corrector.

TRUCO:

Si lo deseas, usa las herramientas de selección para describir el área de origen o de destino, antes de utilizar la herramienta Parche.

Tampón de clonar

La herramienta Tampón de clonar permite reproducir y copiar partes de nuestra imagen dentro de la propia imagen o en otra diferente. Aunque pueda parecer similar, es una herramienta mucho más simple que el Pincel corrector o el Parche, porque no tiene en cuenta los valores de brillo, contraste, sombras, etcétera, a la hora de fusionar las zonas copiadas. Esto no significa que no sea tan útil, ni mucho menos. Sino que, en algunos casos, obtendremos los resultados deseados con el Pincel corrector o el Parche y en otros con el Tampón de clonar. Lo realmente importante es conocer todas estas herramientas y aprovechar lo mejor de cada una de ellas.

Para comprobar las posibilidades reales de esta herramienta, observa detenidamente las dos imágenes de la figura 6.10.

Figura 6.10. El juego de las diferencias.

Como por arte de magia, en la imagen de la derecha falta el bonito faro y, por mucho que nos fijemos, resulta casi imposible encontrar algún rastro de lo ocurrido. Pues bien, este «truco» ha sido posible gracias a la herramienta Tampón de clonar, cuyo modo de funcionamiento sería el siguiente:

1. Una vez seleccionada la herramienta, despliega la lista Muestra en la barra de opciones y selecciona Todas para que la muestra tome en cuenta el conjunto de la imagen. Esta será la opción más usual, pero si deseas

tomar como referencia solo la capa actual y la situada justo debajo, también puedes hacerlo.

2. Elige el pincel que quieres usar, el modo de fusión y, por último, la opacidad que desees.

3. Ya en la imagen, mantén pulsada la tecla Alt y haz clic en la zona de la imagen que quieres tomar como muestra. Mientras realizas esta operación, el cursor se transformará en un pequeño punto de mira.

4. Ahora sitúa el cursor sobre el área de la imagen donde desees aplicar la muestra seleccionada. Si el pincel es lo suficientemente grande, espera unos instantes y Photoshop mostrará como quedará la zona clonada. Haz clic para completar el proceso de clonación.

5. Repite esta última operación tantas veces como sea necesario hasta conseguir el efecto deseado.

Si piensas que tanto este ejemplo como otros de los descritos hasta ahora se pueden resolver con alguna de las herramientas de inteligencia artificial generativa, tienes toda la razón. Pero, como podrás comprobar por ti mismo, el resultado de estas nuevas técnicas no siempre es perfecto y, en muchas ocasiones, necesitarás el Pincel, el Parche o el Tampón de clonar para corregir pequeños detalles.

TRUCO:

Si a la hora de aplicar la muestra seleccionada, mantienes pulsado el botón izquierdo del ratón y arrastras, el punto de referencia también se desplazará. Esta es la mejor forma de clonar toda una zona de la imagen sin tener que tomar muestras continuamente.

Las opciones Modo de efectos, Opacidad y Flujo tienen el mismo significado ya descrito en las herramientas anteriores. También sabemos que, si queremos tener en cuenta todas las capas a la hora de definir la muestra, es necesario elegir la opción Todas en la lista desplegable Muestra. Por último, la opción Alineado permite mantener fijo el punto inicial o mantenerlo alineado con respecto a la zona en la que apliquemos la muestra.

ADVERTENCIA:

El pequeño icono situado a la derecha de la lista Modo de muestra de clonación, sirve para tener en cuenta (o no) las capas de ajuste definidas en la imagen a la hora de clonar. Aunque todavía no sabemos nada sobre capas, hacemos este comentario para que lo tengas en cuenta cuando domines este elemento.

La herramienta Tampón de clonar contempla la posibilidad de clonar zonas de distintas imágenes. Para hacerlo, bastará con tenerlas abiertas al mismo tiempo.

Panel Origen de clonación

Photoshop permite almacenar hasta cinco orígenes de clonación. Es decir, puede tomar como referencia áreas distintas, incluso de diferentes imágenes, que puedes utilizar posteriormente con la herramienta Tampón de color. El panel Origen de clonación hace posible esta característica.

El funcionamiento es bastante simple, en la parte superior del panel tienes cinco iconos a los que puedes asociar las distintas muestras. Selecciona uno de ellos, mantén pulsada la tecla Alt y a continuación haz clic para almacenar el origen de clonación. Una vez completado este proceso puedes modificar diferentes parámetros de la muestra como sus proporciones, valores de opacidad, modo de fusión, etcétera.

Tampón de motivo

El Tampón de motivo es menos espectacular que la herramienta que acabamos de ver, pero igualmente útil en muchas ocasiones. Con ella puedes seleccionar una zona determinada de la imagen y repetirla dentro de la misma imagen o en otra diferente tantas veces como necesites, tal como puedes comprobar en la figura 6.11. También ofrece la posibilidad de emplear motivos predefinidos dentro de Photoshop para conseguir vistosos efectos.

Si utilizas la herramienta Tampón de clonar o Tampón de motivo entre imágenes distintas, ambas deben estar en el mismo modo de color. Recordemos que el modo de color determina la combinación de colores usados para representar todas las tonalidades de una imagen.

Con respecto a las opciones del Tampón de clonar, la única diferencia se encuentra en la opción que permite acceder a los distintos patrones disponibles.

Si activas la opción Interpretar el motivo como toques de pintura… conseguirás espectaculares efectos simulando el modo de pintura impresionista.

Figura 6.11. Herramienta Tampón de motivo con un motivo definido por nosotros mismos.

¡Insistimos! Para qué todo esto si tenemos inteligencia artificial

Es posible que te estés haciendo esta pregunta, pues bien, aunque el relleno generativo en Photoshop es una herramienta potente y avanzada gracias a la inteligencia artificial, el Tampón de clonar, el Pincel corrector puntual y el resto de las herramientas que hemos visto en este capítulo siguen siendo importantes por varias razones:

- Brindan un control total sobre zonas muy concretas de la imagen. Ideales para ediciones que requieren detalles finos y específicos, como corregir pequeñas imperfecciones o alinear texturas en zonas precisas.

- Ofrecen la posibilidad de ajustar la opacidad, flujo, tamaño y dureza del pincel, personalizando el resultado según lo que necesitas.

- Operan de manera local y no dependen de un servidor externo ni de algoritmos de IA. Esto permite utilizarlas incluso sin conexión a Internet o cuando no deseas delegar el trabajo a un sistema automatizado.

Aunque el relleno generativo es excelente para crear contenido nuevo o simplificar ciertas tareas, no puede sustituir el control que ofrecen el Pincel corrector, el Tampón de clonar y el resto herramientas de edición.

Quitar

La herramienta Quitar, disponible en las versiones más recientes de Photoshop, es una función revolucionaria basada en IA que permite eliminar objetos no deseados, manchas o imperfecciones de una imagen de manera rápida y realista. Supongamos que tenemos la imagen de la figura 6.12 y queremos eliminar la botella de vino que aparece encima de la mesa:

Figura 6.12. Imagen original.

1. Para empezar, duplica la capa donde se encuentra el elemento que vamos a eliminar para evitar dañar el original y tener la opción de recuperarlo si fuera necesario. El motivo es sencillo, Quitar no forma parte del grupo de herramientas no destructivas de Photoshop.

2. Hacer zoom en el área de la imagen donde está el objeto a eliminar con la herramienta Lupa o las teclas Ctrl-+ también suele ser una buena idea.

3. En el panel Herramientas, seleccionamos la herramienta Quitar (se encuentra en el grupo de herramientas de corrección, junto al Pincel corrector), también podemos presionar la tecla J hasta que se active.

4. En la barra de opciones superior, ajustaremos el tamaño del pincel. Es recomendable usar un pincel ligeramente más grande que el objeto a eliminar, pero con cuidado de no abarcar áreas innecesarias.

5. Con todo preparado, ya solo nos queda pintar sobre el área que deseamos eliminar. La herramienta muestra un tono rojizo sobre la zona a procesar.

6. Al dejar de hacer clic, Photoshop analizará automáticamente el entorno y rellenará el espacio como puedes comprobar en la figura 6.13.

Figura 6.13. Resultado conseguido con la herramienta Quitar.

Si el resultado no es perfecto, repasa de nuevo las áreas residuales con la herramienta Quitar aplicando trazos más pequeños o ajusta el tamaño del pincel para corregir detalles específicos. En nuestro caso quedaron pequeñas marcas junto a la pared que solucionamos de esta forma.

Las siguientes sugerencias también podría servirte de ayuda:

- Combina con otras herramientas como el Pincel corrector o Parche para suavizar transiciones o reparar texturas.

- En bordes críticos, como cabello o estructuras arquitectónicas, el Tampón de clonar ofrece un control mucho más preciso.

- Trabaja siempre en capas duplicadas, nunca edites la capa original. Como hemos comentado la herramienta Quitar es destructiva (modifica los píxeles directamente), por lo que trabajar en una capa duplicada te permitirá deshacer cambios o ajustar opacidad.

- En aquellas zonas donde el relleno generado no se integre bien, puedes crear una máscara de capa (icono de máscara en el panel Capas) y pintar con negro o blanco para ocultar o revelar detalles. Trataremos las máscaras en los próximos capítulos.
- En áreas con patrones repetitivos (césped, ladrillos, aglomeraciones de personas…), es probable que necesites aplicar la herramienta Quitar varias veces en las secciones más pequeñas o utilizar otras herramientas de corrección.

Diferencias entre la herramienta Quitar y el Relleno generativo

A primera vista, las funciones de la herramienta Quitar podrían parecer muy similares, e incluso solaparse, con los resultados obtenidos mediante el relleno generativo. Es cierto que aún no hemos explorado a fondo el relleno generativo, no obstante, seguro que conoces lo esencial para comprender su propósito.

Entonces, ¿Cuáles son sus diferencias clave y en qué casos es más recomendable utilizar cada una? En la siguiente tabla intentamos aclararlo:

Tabla 6.1. Diferencias principales entre la herramienta Quitar y el Relleno generativo.

Característica	Herramienta Quitar	Relleno generativo
Propósito	Eliminar objetos e imperfecciones de forma rápida.	Eliminar, añadir o modificar contenido con inteligencia artificial.
Control del usuario	Automático (sin opciones de texto).	Permite usar prompts de texto para guiar el resultado de la IA.
Tamaño del área	Ideal para áreas pequeñas o medianas.	Funciona mejor en áreas grandes o elementos complejos.
Procesamiento	Más rápido y directo.	Requiere tiempo de renderizado y es necesario estar conectado a Internet (depende de la nube).
Flexibilidad	Limitada a eliminar contenido.	Mas creativa dado que puede añadir objetos, sustituir fondo, etc.
Capas	No crea capas (edita la capa actual).	Genera el nuevo contenido en capas independientes, junto con una máscara para mejorar el resultado final.
No destructivo	Depende de si trabajas en una capa duplicada.	Totalmente no destructivo.

En imágenes con fondos muy desordenados o texturas irregulares, la IA podría generar rellenos poco realistas. Para objetos muy grandes, conviene dividir el proceso en secciones pequeñas o usar otras herramientas como el Relleno generativo.

Podemos decir que la herramienta Quitar es recomendable cuando el objeto a eliminar es pequeño o mediano y necesitas resultados rápidos sin configuraciones adicionales. También cuando el fondo es relativamente sencillo (texturas homogéneas, como paredes, cielos o suelos) y prefieres una solución simple sin necesidad de escribir prompts.

Resumen

En este capítulo dedicado a las herramientas hemos aprendido a manejar y configurar herramientas de pintura como el Pincel o el Lápiz; ya sabemos cómo sacar todo el partido al sorprendente Pincel corrector y al Parche, herramientas que, sin duda, permiten abordar de forma profesional cualquier proyecto de retoque fotográfico.

El Tampón de clonar es un valioso aliado, tanto en procesos de retoque fotográfico como en las tareas de diseño.

Por último, la herramienta Quitar, impulsada por inteligencia artificial, permite eliminar elementos de una imagen de manera rápida y natural, rellenando automáticamente el espacio vacío.

7

Deshacer, rehacer

Introducción

El panel Historia en Photoshop es una herramienta crucial. Es cierto que muchos ajustes y ediciones actuales se realizan de manera no destructiva mediante el uso de objetos inteligentes, máscaras y capas de ajuste, pero el panel Historia proporciona un nivel adicional de control y flexibilidad fundamental en cualquier proceso creativo.

Su principal ventaja radica en la capacidad de retroceder rápidamente a estados anteriores del documento. Esto tiene especial utilidad en situaciones donde se prueban múltiples ideas o se realizan cambios que pueden impactar en el diseño de manera imprevista. A diferencia de los métodos no destructivos, el panel Historia permite retroceder a un punto específico en el tiempo en el que una transformación o acción aún no había sido aplicada.

Además, no todas las operaciones en Photoshop son no destructivas por naturaleza. Algunas herramientas y funciones, como la edición directa de píxeles con el pincel, el borrador o el tampón de clonar, tienen un impacto permanente en la capa. En estos casos, el panel Historia (ver figura 7.1) actúa como una red de seguridad, al permitir deshacer acciones que podrían comprometer el trabajo.

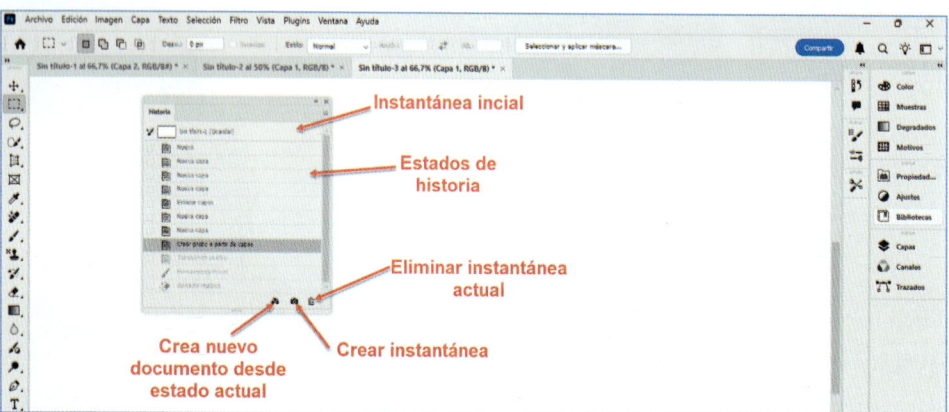

Figura 7.1. Panel Historia.

> **NOTA:**
>
> *Al margen de lo que expliquemos en este capítulo sobre el panel Historia, no olvides el comando Ctrl-Z para la última acción realizada sobre la imagen.*

Panel Historia

Desde el momento en que abrimos una imagen, cualquier operación queda almacenada en el panel Historia, incluso los comandos Abrir o Nuevo.

Para entender mejor el funcionamiento del panel Historia, comprobemos cómo deshacer una o más operaciones. Recuerda que para mostrar este panel debes seleccionar el comando Historia del menú Ventana.

1. En el panel Historia, sitúa el cursor dentro y comprueba cómo el cursor se transforma en una mano con el dedo índice extendido.
2. Haz clic en alguna de las acciones registradas y al instante, todos los estados anteriores quedarán atenuados (ver figura 7.2).
3. Para completar la operación, haz clic en el icono Eliminar o pulsa el botón derecho y selecciona el comando Eliminar. Antes de finalizar la operación, aparecerá un cuadro de diálogo solicitándonos confirmación. Después, todas las acciones seleccionadas se eliminan del panel y sus efectos desaparecen de la imagen.

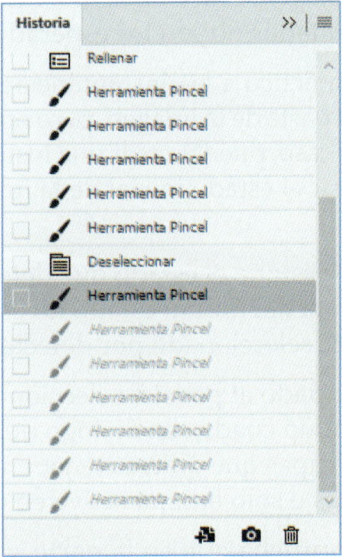

Figura 7.2. Estados listos para deshacer.

Como puedes comprobar el panel Historia en Photoshop permite retroceder a estados anteriores del documento, deshacer acciones y experimentar sin comprometer el trabajo.

Rehacer lo deshecho

Si has experimentado con lo que acabamos de explicar en el apartado anterior y después te has fijado en el panel Historia, habrás comprobado que, curiosamente, esta operación no queda registrada. Entonces, ¿qué ocurre si nos hemos confundido y no queríamos eliminar esos estados del panel Historia? Pues bien, que no cunda el pánico, existe una solución: pulsar la combinación de teclas Ctrl-Z. El único inconveniente es que este método solo funciona si lo ejecutamos inmediatamente después de eliminar los estados del panel.

Instantáneas

Una funcionalidad muy valiosa del panel Historia es la posibilidad de crear instantáneas. Estas instantáneas permiten guardar un estado particular del documento en cualquier momento y facilitan volver a ese punto sin necesidad de deshacer múltiples pasos uno por uno.

Usa las instantáneas como chaleco salvavidas a la hora de hacer pruebas y modificaciones sobre la imagen. Con ellas será sencillo volver al estado inicial del documento si los resultados no son los esperados.

Para buscar un sentido práctico a las instantáneas, imaginemos que hemos terminado de dibujar una parte de la imagen, pero nos gustaría probar algunas transformaciones. En este caso, puedes crear una instantánea antes de empezar a aplicar filtros y recuperar el estado inicial de la imagen si los resultados no son los esperados:

1. Selecciona en el panel Historia el estado que determinará el aspecto de la instantánea. Si se trata del último estado no es necesario hacer nada porque ya se encuentra seleccionado por defecto.

2. Despliega el menú asociado al panel y selecciona el comando Nueva instantánea. Aparecerá un cuadro de diálogo donde deberás introducir el nombre y elegir las capas que quieres tener en cuenta: todas las que se encuentren combinadas o solo la capa activa en ese momento.

3. Haz clic en OK y comprueba que en la parte superior del panel Historia aparece la instantánea que acabas de crear. La figura 7.3 muestra un ejemplo.

Una vez creada la instantánea, bastará con hacer clic en ella para devolver la imagen a la situación en la que se encontraba cuando se creó. Las demás operaciones no desaparecen del panel Historia, por tanto, si lo necesitas puedes recuperar también alguno de estos estados.

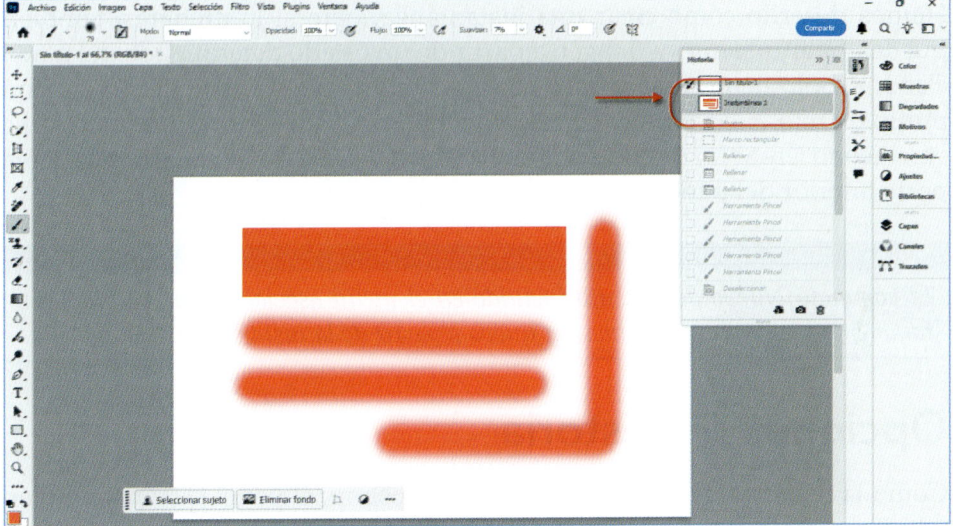

Figura 7.3. Nuestra primera instantánea.

Para crear una instantánea rápidamente, utiliza el botón Crear instantánea nueva del panel Historia, representado por una pequeña cámara fotográfica.

Es importante tener en cuenta que Photoshop no mantiene la información sobre las instantáneas al guardar y cerrar una imagen, por lo tanto, estos estados del documento se perderán.

NOTA:

Como veremos en los capítulos siguientes, los filtros automáticos tienen un comportamiento denominado por los ingenieros de Adobe como «no destructivo». Esto significa que puedes eliminarlos y recuperar el aspecto original de la imagen sin mayor problema. En cualquier caso, las instantáneas siguen siendo un elemento muy útil para salvaguardar nuestro trabajo antes de realizar cualquier cambio importante.

Para eliminar una instantánea, haz clic en ella con el botón derecho y selecciona el comando Eliminar o también puedes elegir el comando del mismo nombre, en el menú asociado al panel Historia.

Crear un documento nuevo a partir de un instante determinado

Hemos descrito cómo crear una instantánea, pero si lo prefieres, también puedes crear una nueva imagen a partir de un estado determinado del panel Historia. Solo tienes que seleccionar el instante que quieres que sirva como punto de referencia para crear la nueva imagen y posteriormente, hacer clic en el icono Crear un documento nuevo desde el estado actual, situado en la parte inferior del panel Historia.

> **NOTA:**
>
> *El comando Nuevo documento incluido en el menú asociado al panel Historia, también permite abrir una imagen nueva a partir de la instantánea seleccionada.*

Opciones de historia

Como la mayoría de los elementos de Photoshop, el panel Historia también admite posibilidades de configuración. Como puedes comprobar en la figura 7.4, algunas de ellas son realmente interesantes. Selecciona el comando Opciones de historia en el menú asociado al panel. A continuación, describimos el significado de las más importantes:

- **Crear automáticamente primera instantánea:** Se encuentra activada por defecto y tiene como misión crear una instantánea en el momento de abrir la imagen. Conviene no desactivarla para tener siempre la posibilidad de recuperar el estado inicial de la imagen.

- **Crear automáticamente nueva instantánea al guardar:** Si activas esta casilla, cada vez que utilizas el comando Guardar se creará una nueva instantánea basada en el estado actual de la imagen.

- **Permitir historia no lineal:** Hasta ahora hemos visto que al seleccionar un determinado estado en el panel Historia, todos los que se encontraban debajo de él quedaban automáticamente seleccionados y, al eliminarlo, desaparecían también todos los estados posteriores. Si prefieres tratar cada uno de los estados de forma independiente, activa esta casilla. En la figura 7.5 puedes ver el aspecto del panel Historia en los dos casos.

- **Mostrar por defecto el cuadro de diálogo Nueva instantánea:** Obliga a Photoshop a pedir un nombre cada vez que se crea una instantánea.

- **Hacer permanentes los cambios de visibilidad de capa:** El propósito de esta opción es registrar también los cambios de visibilidad de las capas. Es decir, cada vez que ocultemos o mostremos una capa, la acción quedará registrada y, por lo tanto, podremos deshacerla.

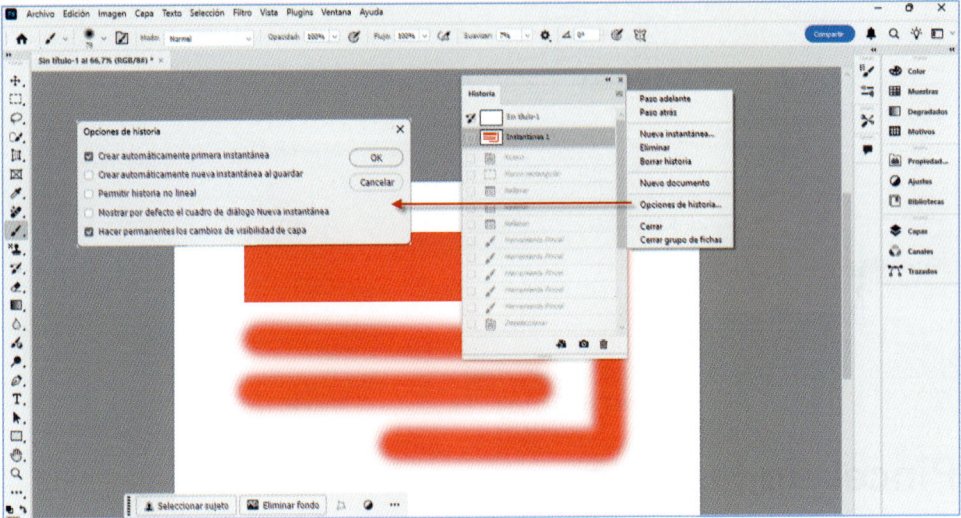

Figura 7.4. Opciones de historia.

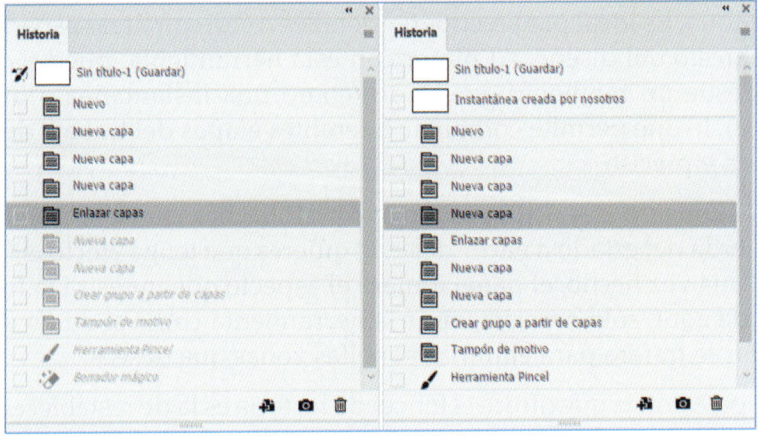

Figura 7.5. Panel Historia en modo lineal y no lineal.

Número máximo de estados

Para establecer el número máximo de estados disponibles en el panel Historia, selecciona el comando Preferencias del menú Edición y después haz clic en

Rendimiento, para mostrar la ventana que aparece en la figura 7.6. En la opción Estados de historia puedes introducir el valor que consideres más adecuado.

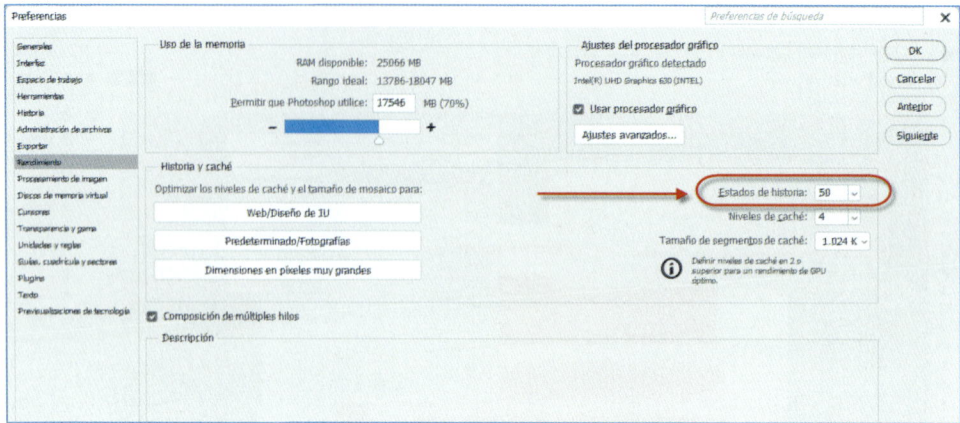

Figura 7.6. Configurar los estados de historia.

Pincel de historia

La herramienta Pincel de historia permite deshacer de forma manual, total o parcialmente, determinadas acciones o estados de la imagen registradas en el panel Historia. Es ideal para recuperar detalles o corregir áreas específicas sin afectar el resto del diseño. Al pintar con esta herramienta, puedes devolver píxeles desde un momento guardado (como una instantánea o un estado específico), lo que permite combinar diferentes etapas del trabajo de manera controlada y precisa.

Su funcionamiento es sencillo: en el panel Historia, haz clic en la casilla situada a la izquierda del estado a partir del cual quieres que tenga efecto el Pincel de historia. Una vez hecho, el panel tomará el aspecto que muestra la figura 7.7. A partir de aquí, solo necesitas usar la herramienta como si de un elemento de edición se tratara para eliminar aquellas zonas que desees.

La principal ventaja que ofrece el Pincel de historia es la de restablecer parcialmente una imagen desde un determinado estado, dejando intactas aquellas otras zonas que nos interesen.

> **NOTA:**
>
> *No hay ningún problema en utilizar los diferentes tipos de pinceles disponibles a la hora de trabajar con la herramienta Pincel de historia.*

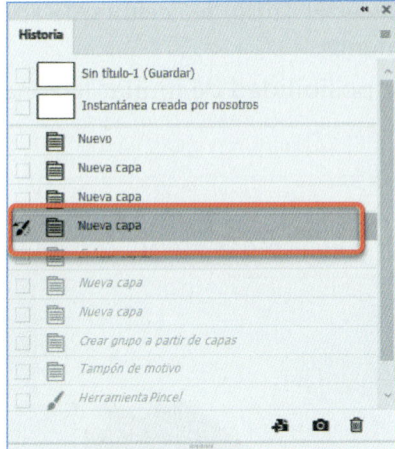

Figura 7.7. Estado a partir del cual tendrá efecto el Pincel de historia.

Entre las opciones de esta herramienta, encontraremos la habitual lista de modos de fusión, así como los controles de opacidad y flujo.

Pincel histórico

Lo cierto es que los resultados que se consiguen con la herramienta Pincel histórico son realmente sorprendentes. Con ella, al mismo tiempo que deshace las últimas operaciones realizadas sobre la imagen, podrás aplicar espectaculares efectos de pintura. En la figura 7.8 puedes ver los tres estados de la imagen: el primero muestra la imagen original; en el segundo nos hemos divertido un poco y el tercero muestra el resultado después de utilizar el Pincel histórico.

> **TRUCO:**
> *El método abreviado asociado tanto al Pincel de historia como al Pincel histórico es la tecla Y. Ambas comparten posición en el panel Herramientas.*

Opciones del Pincel histórico

Además de las opciones habituales de modo y opacidad, dispones de las siguientes posibilidades para configurar esta herramienta:

- **Estilo:** La opción elegida en esta lista determina fundamentalmente la forma del trazo.

- **Área:** Permite establecer el radio de acción que aplicaremos con la herramienta en cada momento.
- **Tolerancia:** Ofrece la posibilidad de limitar la zona en la que el uso del pincel surtirá efecto.

Figura 7.8. Resultado de utilizar el Pincel histórico.

Para facilitar la tarea de elegir el pincel adecuado en cada caso, en el margen izquierdo de la barra de opciones correspondiente a estas dos herramientas se encuentra un pequeño icono, que mostrará al instante tanto los pinceles preestablecidos como el panel Pincel.

Borrar a historia

En el capítulo dedicado a las herramientas de edición ya descubrimos las posibilidades del borrador, pero quedaba por ver la opción Borrar de historia. Este botón, situado al final de la barra de opciones asociada a la herramienta Borrador, modifica su comportamiento y hace que sus propiedades se asemejen a las del Pincel de historia. Es decir, recuperaremos de forma selectiva los cambios realizados sobre una imagen.

Para definir el punto exacto a partir del cual quieres que tenga efecto el borrador de historia, debes hacer clic en la casilla situada a la izquierda del estado correspondiente. Una vez hecho, ya podrías utilizar la herramienta en este modo especial.

> **TRUCO:**
> *Para utilizar las propiedades de la opción Borrar un área del estado de historia mientras trabajas con el Borrador en su configuración normal, pulsa la tecla Alt.*

Purgar

Cada vez que utilizas la combinación de teclas Ctrl-C (Copiar), usas las propiedades de historia o de deshacer, estás consumiendo memoria que, como todos sabemos, es un preciado tesoro cuando se trabaja con una aplicación tan exigente como Photoshop.

Si tienes problemas de rendimiento, puedes liberar selectivamente la memoria utilizada por estas operaciones, mediante el comando Purgar del menú Edición; las posibilidades disponibles son: Portapapeles, Historias, Todo y la última, Caché de vídeo.

> **ADVERTENCIA:**
> *Una vez ejecutadas algunas de las opciones del comando Purgar no es posible deshacer la operación; por este motivo, debes estar muy seguro antes de utilizarlas.*

Volver

El comando Volver del menú Archivo está presente en todas las aplicaciones de Adobe y permite recuperar la última copia guardada del archivo actual. Es una especie de atajo rápido para la operación de salir sin guardar y volver a abrir de toda la vida.

> **TRUCO:**
> *La tecla de función F12, permite acceder al comando Volver de forma mucho más rápida y eficaz.*

Resumen

Conocer las posibilidades para deshacer y rehacer acciones es una tarea fundamental. Photoshop dispone del panel Historia, donde quedan registradas cada una de las operaciones que ejecutamos y las almacena en forma de estados, de modo que podamos deshacer cualquiera de ellos siempre que sea necesario.

En este capítulo hemos dado a conocer todas las posibilidades del panel Historia disponibles en Photoshop. Pero no solo hemos hablado de este panel, también hemos comprobado las posibilidades de herramientas como los pinceles de historia o los comandos relacionados Purgar y Volver. Y, por supuesto, la combinación Ctrl-Z para deshacer la última acción.

8

Capas y transparencias

Introducción

Entre todas las funciones de Photoshop, las capas destacan como uno de sus pilares fundamentales. La capacidad de trabajar en diferentes niveles, apilados uno sobre otro, proporciona un control y una flexibilidad insustituibles, incluso en una época en la que la inteligencia artificial está transformando la forma en que interactuamos con las herramientas de diseño.

- Las capas permiten organizar los elementos de una composición de manera lógica, lo que facilita editar, ajustar o eliminar partes específicas sin afectar el resto del diseño.

- Al trabajar con capas, se preserva la integridad de la imagen original, permitiendo ajustes no destructivos que pueden ser modificados o restituidos en cualquier momento.

- Con opciones como máscaras, modos de fusión y opacidad, las capas abren un abanico de posibilidades creativas que serían imposibles de replicar de otro modo.

- En proyectos colaborativos, un archivo con capas bien organizadas es mucho más fácil de entender y modificar por diferentes personas.

Por mucha inteligencia artificial que se incorpore a Photoshop, las capas seguirán siendo la base de cualquier proyecto. En la figura 8.1 tienes un sencillo gráfico que representa la estructura de capas en Photoshop.

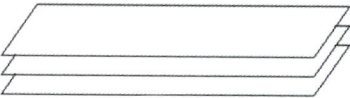

Figura 8.1. Sistema de capas.

Operaciones básicas

Las capas se gestionan sobre todo a través de dos herramientas: el panel Capas y el menú del mismo nombre. El panel, en particular, ofrece una representación visual completa del estado, las propiedades y los efectos de cada capa, facilitando su edición y organización.

El menú Capa en Photoshop ofrece una amplia variedad de comandos que no solo permiten gestionar las capas, sino también trabajar de manera directa con las máscaras y el texto, dos elementos fundamentales en cualquier composición. Las máscaras, esenciales para controlar la visibilidad de las capas de forma no destructiva, se pueden crear, editar y administrar directamente desde este menú para facilitar ajustes precisos y creativos. Por otro lado, las capas de texto, que son objetos editables, permiten modificar fuentes, tamaños y estilos mientras se integran perfectamente con el resto de los elementos de la composición

Panel Capas

El panel Capas y la barra de herramientas serán, con toda seguridad, dos elementos que deberías tener siempre visibles cuando trabajes con Photoshop. Recuerda que para mostrar u ocultar el panel Capas, puedes utilizar el comando Capas del menú Ventana o la tecla de función F7. Del mismo modo haz clic en la parte superior del panel Capas para mostrar u ocultar su contenido.

El panel Capas tiene un menú de opciones, al que puedes acceder con tan solo hacer clic en el pequeño botón situado en la esquina superior derecha del panel. En la figura 8.2 está resaltado para que sea más sencillo localizar este importante elemento. A lo largo del capítulo, describiremos muchos de sus comandos.

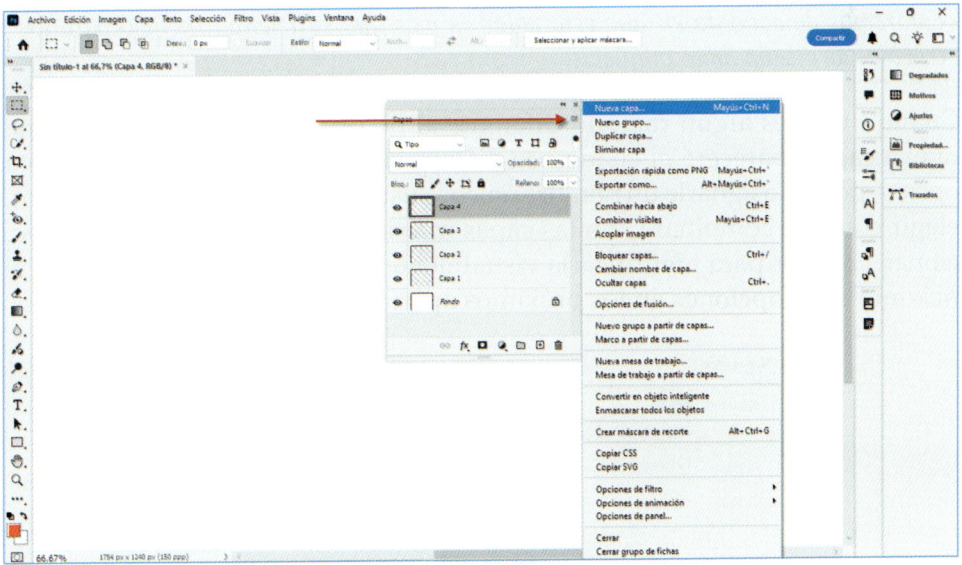

Figura 8.2. Menú asociado al panel Capas.

Crear una capa

Por defecto, al crear una nueva imagen, el panel Capas muestra una única capa denominada Fondo. Esta sería la capa base y, en principio, es totalmente opaca, aunque un poco más tarde veremos cómo modificar también esta característica.

Partiendo de esta situación, para añadir una nueva capa en Photoshop, haz clic en el botón Crear una capa nueva, ubicado en la parte inferior del panel de capas. La nueva capa aparecerá inmediatamente encima de la capa de fondo o de la capa que esté seleccionada en ese momento.

Es importante tener en cuenta que la nueva capa siempre se posicionará por delante de la capa activa. Para cambiar de capa o seleccionarla, simplemente haz clic en ella en el panel. Al hacerlo, la capa seleccionada cambiará a un tono ligeramente más claro para indicar que está activa y lista para su edición.

Otra forma de crear una nueva capa es utilizar los comandos Nueva capa del menú asociado al panel o elegir Capa>Nueva>Capa, desde la barra de menús. Por último, la combinación de teclas Ctrl-Mayús-N cumple exactamente el mismo propósito.

ADVERTENCIA:

El número máximo de capas que Photoshop permite en una misma imagen es 8000. Estaremos de acuerdo en que este valor es más que suficiente, incluso para los trabajos de diseño más complejos.

Cuando utilices algún método diferente al botón del panel para crear una nueva capa, aparecerá el cuadro de diálogo de la figura 8.3. Al utilizar esta opción, podrás asignarle un nombre único, ajustar su transparencia (opacidad), elegir cómo se combinará con las capas inferiores (modo de fusión) y seleccionar un color para identificarla visualmente. Veremos cómo aprovechar al máximo estas opciones en los próximos apartados.

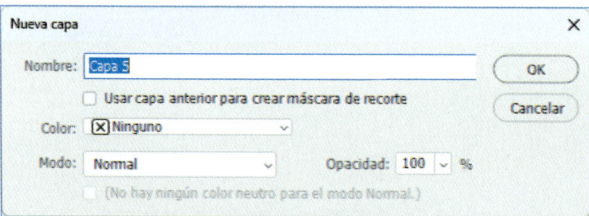

Figura 8.3. Cuadro de diálogo Nueva capa.

Mostrar/ocultar una capa

Para componer distintas versiones de una misma imagen, puedes mostrar u ocultar cualquiera de las capas que la forman. Observa cómo a la izquierda del nombre de cada capa existe un icono representado por un pequeño ojo; utiliza este elemento para mostrar u ocultar la capa.

Eliminar una capa

Para eliminar una capa, en primer lugar, debes seleccionarla; después existen varias opciones:

- Arrastrar la capa hasta el icono Eliminar capa (representado por una pequeña papelera).
- Simplemente, hacer clic en el icono Eliminar capa del panel Capas.
- Hacer clic con el botón derecho y seleccionar la opción Eliminar capa.
- Desplegar el menú asociado al panel Capas y elegir la opción denominada Eliminar capa.

Solo si elegimos la primera de estas opciones, no aparecerá un cuadro de advertencia solicitando la confirmación de la operación. Si quieres usar el icono Eliminar capa, pero no deseas que aparezca el cuadro de diálogo de confirmación de borrado, mantén pulsada la tecla Alt mientras haces clic en él.

Enlazar capas

En ocasiones, es necesario aplicar ciertas características a múltiples capas simultáneamente. Para evitar hacerlo una por una, puedes enlazar varias capas, de modo que los cambios afecten a todas las capas enlazadas.

Para enlazar capas, sigue estos pasos:

1. Selecciona todas las capas que deseas enlazar manteniendo pulsada la tecla Ctrl mientras haces clic en cada una de ellas.

2. Para enlazar capas consecutivas, haz clic en la primera capa y haz clic en la última capa, mientras mantienes pulsada la tecla Mayús.

3. Una vez seleccionadas, haz clic en el primer icono en la parte inferior del panel de Capas, representado por unos eslabones.

Enlazar capas es útil cuando necesitas mover, transformar o aplicar efectos a varias capas al mismo tiempo. El símbolo resaltado en la figura 8.4 indica qué capas están enlazadas.

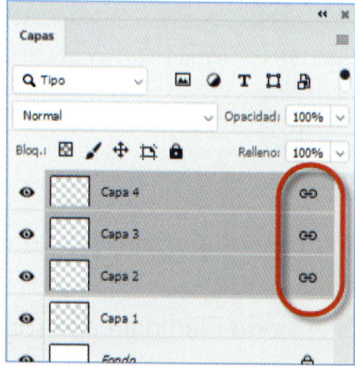

Figura 8.4. Capas enlazadas.

Opacidad o transparencia de capa

Las zonas libres de una capa son por defecto transparentes, es decir, muestran el contenido de las capas inferiores. Photoshop permite modificar el porcentaje de opacidad de aquellas zonas no transparentes de la capa. Para hacerlo, en primer lugar, selecciona la capa y después desplaza el control Opacidad hasta conseguir el nivel de transparencia deseado. En la figura 8.5 puedes comprobar la situación exacta de esta opción en el panel Capas.

ADVERTENCIA:

El valor de opacidad de una capa es independiente del utilizado con cualquier herramienta de dibujo. En este caso, se refiere al valor de opacidad de la capa con respecto al conjunto de la imagen, mientras que, aplicado con cada herramienta, solo afecta al comportamiento de cada una de ellas.

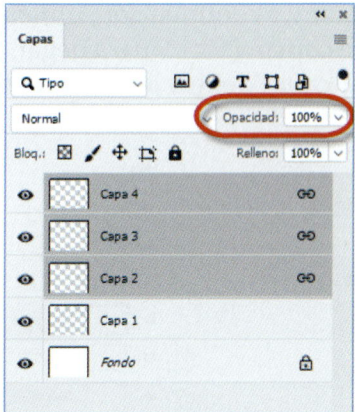

Figura 8.5. Control Opacidad del panel Capas.

Combinar capas

La operación de combinar consiste en unir dos o más capas. Todas las posibilidades de combinación están recogidas en comandos del menú asociado al panel Capas y su descripción es la siguiente:

- **Acoplar imagen:** Si eliges esta opción, todas las capas que forman la imagen se unen en una sola.
- **Combinar hacia abajo:** Une la capa seleccionada y la que se encuentra justo debajo, pero antes, comprueba que ambas se encuentren visibles.
- **Combinar visibles:** Une todas las capas que se encuentren visibles en el momento de ejecutar este comando. Recuerda, si aparece un pequeño ojo a la izquierda del nombre de la capa es que la capa está visible.
- **Combinar capas:** Esta opción solo está disponible cuando seleccionas una o más capas y sustituye en el menú al comando Combinar hacia abajo. Su función es unir todas aquellas capas que se encuentren seleccionadas en ese momento.

En la figura 8.6 comprueba el aspecto del panel Capas antes y después de unir varias capas.

Copiar capas entre documentos

Algo tan sencillo como copiar capas entre documentos no siempre ha estado disponible en Photoshop. Para copiar una capa de un documento a otro debes seleccionarla en primer lugar y, a continuación, utiliza las conocidas combinaciones de teclas Ctrl-C para copiar y Ctrl-V para pegar, también puedes utilizar este método para duplicar capas dentro del mismo documento.

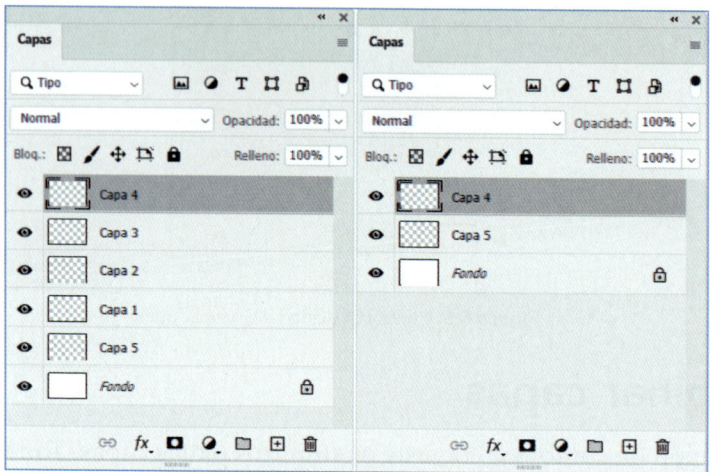

Figura 8.6. Panel Capas antes y después de combinar varias capas.

Modificar el orden de las capas

El orden de apilado de las capas define el aspecto final de la imagen. Si quieres modificarlo, haz clic en la capa que deseas cambiar de posición y arrástrala hacia arriba o hacia abajo, dependiendo del lugar en que quieras situarla. El cursor se transforma en una mano cerrada y una línea horizontal mostrará la nueva posición. Además, una silueta representa la capa para facilitarnos aún más la operación.

Bloquear propiedades de capa

Justo encima del listado de capas, el panel Capas muestra una serie de iconos, como puedes comprobar en la figura 8.7. Cada uno de ellos permite bloquear determinadas propiedades de la capa, algo muy útil para evitar la ejecución de ciertas acciones o comandos por error. De izquierda a derecha, el significado de cada uno de ellos sería el siguiente:

- **Bloquear píxeles transparentes:** Si lo activas, no podrás utilizar ninguna herramienta de pintura o comando de edición sobre las zonas transparentes de la capa.

- **Bloquear píxeles de imagen:** Después de seleccionar este botón comprobaremos que también se activa el icono anterior, debido a que esta propiedad evita dibujar sobre cualquier zona de la imagen, sea transparente o no.

- **Bloquear posición:** Evita que podamos desplazar el contenido de la capa por error.

- **Impedir anidamiento automático:** Funcionalidad relacionada con el uso de mesas de trabajo que evita que se puedan anidar accidentalmente.

- **Bloquear todo:** El sentido de esta última posibilidad es evidente, engloba todas las opciones anteriores.

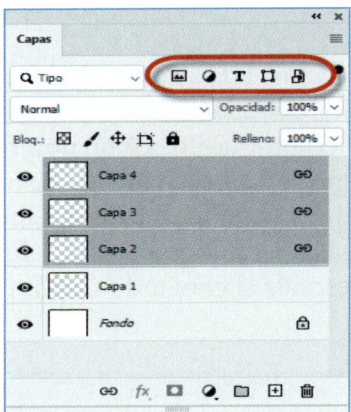

Figura 8.7. Bloquear propiedades de capas.

TRUCO:

La forma más rápida de rellenar una capa con el color de fondo activo en el selector es utilizar la combinación de teclas Ctrl-Retroceso. Pero si prefieres más precisión, puedes utilizar Mayús-Retroceso para mostrar un cuadro de diálogo en el que podrás elegir el color, el modo de fusión y la opacidad.

Photoshop añade un pequeño candado a todas aquellas capas que tienen algunas de sus propiedades bloqueadas.

Nueva capa de fondo

Si fuera necesario, puedes convertir la capa de fondo en normal. Para ello, haz doble clic en ella y en el cuadro Nueva capa, modifica su nombre. Sencillo, ¿no?

Ahora bien, si necesitas de nuevo una capa de fondo, puedes crearla a partir del comando Nueva del menú Capa para después seleccionar el comando Capa a partir de fondo.

Grupos de capas

En proyectos de diseño complejos, es habitual trabajar con una gran cantidad de capas. En este tipo de situaciones, los grupos de capas resultan de gran ayuda a la hora de organizar las capas del documento. En realidad, estos grupos se comportan de manera similar a las carpetas de Windows, ya que permiten agrupar varias capas relacionadas dentro de una misma estructura y facilitan su manejo.

Para crear un grupo de capas, haz clic en el icono Crear un grupo nuevo situado en la parte inferior del panel Capas. En ese momento aparecerá un nuevo elemento en el panel compuesto por un nombre de grupo y el icono de una pequeña carpeta, como se aprecia en la figura 8.8. El siguiente paso será arrastrar hasta él todas aquellas capas que desees incluir en el conjunto. Otra forma de crear un grupo es seleccionar en primer lugar las capas que desees incluir en él y ejecutar después el comando Capa>Nueva>Grupo o también Grupo a partir de capas.

> **NOTA:**
>
> *Para sacar una capa de un grupo, haz clic en ella y arrástrala hasta situarla fuera. Otra funcionalidad interesante es la posibilidad de anidar grupos dentro de otros grupos, lo que permite un nivel de organización jerárquica.*

Además de mejorar la organización de nuestros trabajos más complejos, los grupos permiten aplicar de una sola vez, determinadas propiedades a todas las capas que lo componen. En resumen, podríamos decir que el grupo se comporta como una capa más, sobre la cual es posible utilizar la mayoría de las propiedades que ya conocemos: ocultar, duplicar, mover, etcétera, pero aplicadas a todas las capas que contiene.

Eliminar grupos de capas

Cuando arrastras un grupo de capas sobre el icono Eliminar capa del panel, no solo desaparece el grupo, también eliminarás todas las capas contenidas en él.

Si quieres eliminar el grupo, pero mantener las capas que lo componen, haz clic con el botón derecho en el nombre del grupo y selecciona el comando Eliminar grupo. Finalmente, en el cuadro de diálogo, elige Solo grupo.

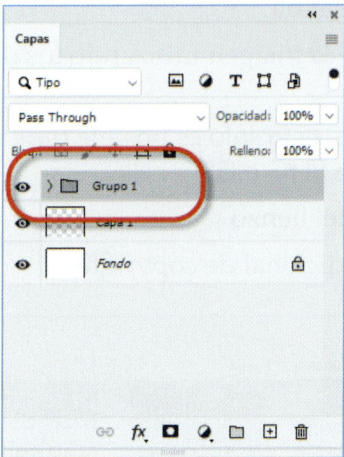

Figura 8.8. Nuevo grupo de capas.

ADVERTENCIA:

A la hora de hacer clic con el botón derecho sobre un grupo o capa para mostrar su menú contextual, debes hacerlo justo encima del nombre.

Deshacer grupo y agrupar capas

Puedes considerar oportuno eliminar el grupo y combinar en una sola todas las capas incluidas en él. Para llevar a cabo esta operación debes seleccionar en primer lugar el grupo en el panel Capas, para después ejecutar el comando Capa>Combinar grupo.

TRUCO:

También existe la posibilidad de utilizar colores para identificar un grupo. En este caso, todas las capas que lo componen también tendrán el mismo color.

Exportar capas

Photoshop permite convertir cualquier capa en un archivo de imagen independiente. Para utilizarla simplemente es necesario hacer clic con el botón derecho en la capa y seleccionar el comando Exportar como. Al instante aparecerá el cuadro de dialogo que puedes ver en la figura 8.9, donde podrás realizar multitud de ajustes como:

- Elegir el formato que salida.

- Cambiar el tamaño de la imagen utilizando los diferentes métodos de remuestreo disponibles.

- Aplicar transparencias, esto solo es posible para formatos que lo admitan, como por ejemplo PNG o GIF.

- Modificar el tamaño del lienzo.

- Añadir información adicional de copyright.

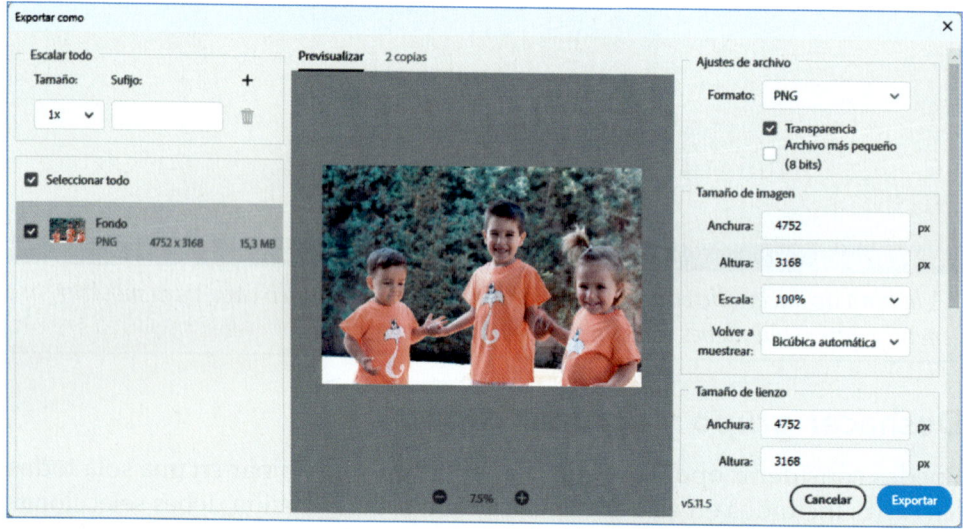

Figura 8.9. Cuadro de diálogo Exportar como.

Para todos los cambios y ajustes descritos, la vista previa que aparece en el centro del cuadro de diálogo resulta imprescindible para conocer el resultado antes de crear el archivo de salida.

Por último, el comando Exportación rápida como PNG, también disponible después de hacer clic con el botón derecho en la capa, es el método perfecto si no necesitas realizar ningún tipo de ajuste y únicamente quieres obtener una copia en formato PNG de la capa seleccionada. Este formato admite transparencias, por lo tanto, todas aquellas zonas sin contenido de la capa aparecerán transparentes en el archivo exportado.

Filtrado de capas

Photoshop permite aplicar diferentes criterios para localizar capas en el panel. Es evidente que esto no tiene mucho sentido en proyectos pequeños, pero a medida que nuestros trabajos vayan adquiriendo cierta entidad, será una característica fundamental.

En la figura 8.10 se puede observar la situación dentro del panel Capas de la lista desplegable que contiene los diferentes criterios de búsqueda y el icono que debes usar para habilitar esta característica:

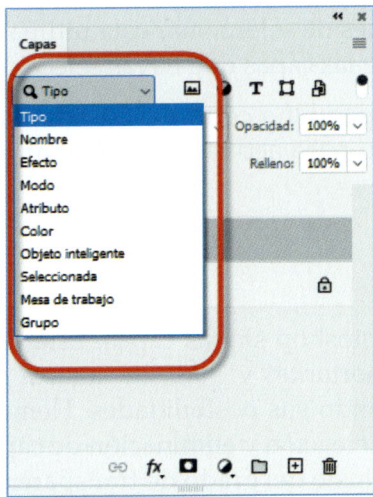

Figura 8.10. Botón para activar las opciones de filtrado y lista de posibilidades.

- **Tipo:** Esta primera opción permite utilizar como criterio de filtrado la característica de capa y, para ello, debemos usar los iconos que aparecen a la derecha. Podemos mostrar capas de texto, de ajuste, con objetos vectoriales, etcétera.

- **Nombre:** Esta opción sería útil siempre que hayas tenido la precaución de cambiar el nombre por defecto que asigna Photoshop cada vez que creas una nueva capa, por uno más descriptivo. En ese caso, puedes utilizar el cuadro de búsqueda que aparece a la derecha para localizar la capa deseada.

- **Efecto:** Ya conocemos los efectos de capa. Pues bien, con este criterio de búsqueda podrás localizar aquellas capas que tengan aplicado un efecto determinado.

- **Modo:** Se trata de una opción muy similar a la anterior, pero en este caso, la búsqueda se realiza por el modo de color aplicado sobre la capa.

- **Atributo:** Las posibilidades para filtrar capas parecen ilimitadas. Con esta opción podremos filtrar capas visibles, ocultas, bloqueadas, con o sin efectos de capa y un largo etcétera. Para comprobarlo, despliega la lista que aparece a la derecha de esta opción.

- **Color:** Para asignar un color a una capa debes hacer clic con el botón derecho en ella y elegir alguna de las posibilidades que aparecen al final del menú contextual. Hecho esto, puedes usar esta última opción del panel Capas para mostrar solo aquellas asociadas a un color determinado.

- **Seleccionada:** Después de seleccionar esta última opción, el panel Capas mostrará únicamente las capas que hayas seleccionado previamente.

No olvides utilizar el pequeño conmutador que aparece a la derecha de las opciones de filtrado para activar o desactivar esta característica en el panel Capas.

Resumen

Photoshop no sería Photoshop sin las capas. Esta es, sin duda, una de sus características más importantes y que, sin lugar a duda, debes conocer si quieres aprovechar a fondo sus posibilidades. Hemos descrito los procesos fundamentales como la creación y eliminación de capas, cambiar el orden de apilado, enlazado o el ajuste del grado de transparencia.

También hemos trabajado con los grupos de capas como forma de mejorar la organización de nuestros trabajos. Por último, las opciones de filtrado de capas suponen un gran paso adelante en la gestión de grandes proyectos con Photoshop.

9

Máscaras de capa

Máscaras de capa

Las máscaras y las capas son conceptos muy relacionados. Las máscaras de capa en Photoshop son una característica clave. Permiten definir de manera precisa qué partes de una capa se muestran u ocultan con respecto a todas las que se encuentra debajo en el panel. Esta característica resulta especialmente útil cuando se trata de crear transiciones suaves, ajustar detalles específicos o combinar elementos sin alterar el contenido original.

Una de las principales ventajas de trabajar con máscaras en Photoshop es su capacidad para modificar la apariencia de una capa sin alterar sus píxeles originales, lo que se conoce como edición no destructiva. Esto significa que puedes ocultar o mostrar áreas específicas y experimentar con efectos sin perder la información original de la imagen. Además, toda la información relacionada con las máscaras también se almacena en el archivo, con el resto de las propiedades de la imagen, para que puedas recuperarlas y modificarlas tantas veces como sea necesario.

Cómo crear una máscara

La forma de crear una máscara es bastante simple: en primer lugar, selecciona la capa a la que deseas asociar la máscara. Después, haz clic en el botón Añadir máscara de capa, situado en la parte inferior del panel Capas. A la derecha de la miniatura que simula el contenido de la capa, aparece otra pequeña representación con el aspecto de la máscara.

También es importante prestar atención a las opciones disponibles en la barra de tareas contextual después de seleccionar una máscara, las cuales analizaremos en detalle más adelante. En la figura 9.1 se aprecia cómo representa Photoshop la máscara en el panel Capas y las opciones que muestra la barra de tareas contextual cuando está seleccionada.

Trabajar sobre una máscara

Antes de comenzar a trabajar con una máscara de capa, es necesario seleccionarla haciendo clic en su miniatura en el panel de Capas. Al hacerlo, notarás que el selector de color de la barra de herramientas se limita a tonos de negro y blanco. Esto ocurre porque las máscaras se manejan en escala de grises: el blanco representa áreas completamente transparentes (permitiendo ver la capa inferior), el negro indica opacidad total (ocultando la capa) y los tonos de gris intermedios producen niveles parciales de transparencia. De esta forma, al pintar sobre la máscara solo utilizarás estos valores, lo que permite ajustar la visibilidad de la capa.

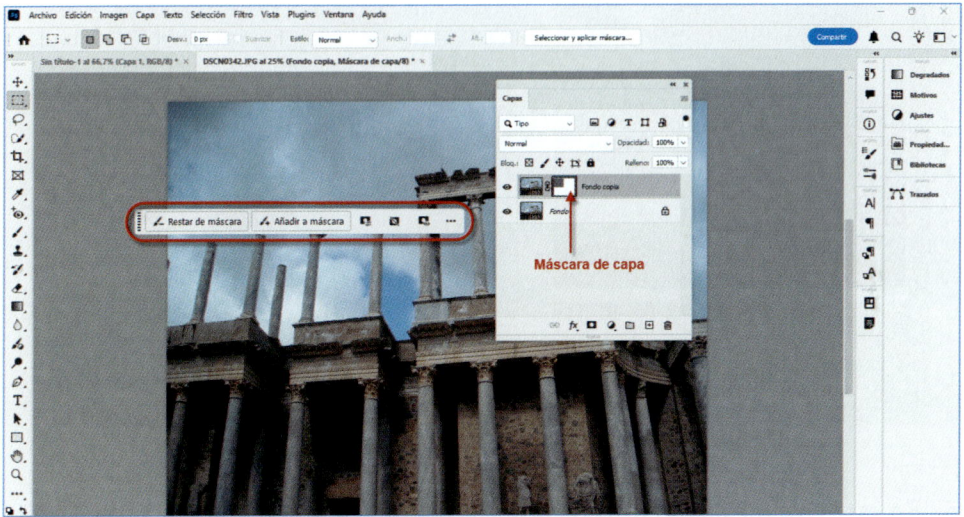

Figura 9.1. Máscara de capa y barra de tareas contextual.

Las herramientas de edición más utilizadas en el tratamiento de máscaras de capa son el Pincel y el Lápiz, sin olvidar los degradados, con los que conseguirás resultados de transición y fusión realmente espectaculares como veremos en el siguiente ejemplo.

Observa las dos imágenes de la figura 9.2. El objetivo es crear una transición entre ellas de manera que una se funda suavemente sobre la otra. Los pasos necesarios serían los siguientes:

1. Una vez abiertas las imágenes, trabajaremos en un documento nuevo para preservar los originales.

2. Hacemos clic en una de las dos imágenes, seleccionamos el comando Selección>Todo y copiamos con Ctrl-C.

3. A continuación, creamos una nueva imagen, tomando como referencia las proporciones de la imagen copiada. Hacemos clic en Archivo>Nuevo y después elegimos la opción Portapapeles en el cuadro de diálogo Nuevo documento.

4. Al instante, Photoshop abrirá una nueva ventana de archivo. Utilizamos Ctrl-V para colocar la imagen copiada en el paso 2.

Figura 9.2. Imágenes para la composición.

5. En estos momentos tendremos una capa de fondo en color blanco y otra capa con una de las imágenes de ejemplo. Para continuar, hacemos clic en la imagen que aún no hemos utilizado, seleccionamos el comando Selección>Todo y copiamos con Ctrl-C.

6. Volvemos a la imagen nueva, creada para este ejemplo y pegamos con el comando Ctrl-V.

7. Con la combinación Ctrl-T asociada al comando Transformación, hemos ajustado un poco el tamaño de la segunda imagen. Recuerda que puedes utilizar las teclas Mayús o Ctrl mientras arrastras si no quieres respetar las proporciones originales.

8. Después de este último paso, ya tenemos todos los elementos preparados para llevar a cabo la transición.

9. En el panel Capas, seleccionamos la capa superior. A continuación, añadimos una máscara a la imagen situada en esta capa mediante el botón Añadir máscara del panel Capas.

10. Para lograr el fundido, usaremos la herramienta Degradado; la seleccionamos y, en la barra de opciones, elegimos Degradado en lugar de Degradado clásico. Este nuevo modo inteligente ofrece muchas más posibilidades para configurar el efecto y adaptarlo exactamente a lo que necesitamos.

11. Es importante elegir un modelo de degradado en el que la transición vaya desde un color sólido hasta valores completamente transparentes. La barra de opciones o la barra de tareas contextual, ofrecen diferentes ajustes preestablecidos de degradados y entre ellos, el grupo Básicos incluye el modelo que necesitamos para este tipo de transiciones.

12. Antes de usar la herramienta Degradado, hacemos clic en la miniatura de la máscara. A continuación, describimos una diagonal entre las dos esquinas de la imagen. Comprueba en la figura 9.3 el resultado de todos estos cambios.

TRUCO:

Si no te convence el resultado de la herramienta Degradado, puedes cambiar su posición desplazando los puntos de parada o regular la transición con el punto medio, representado por un icono en forma de diamante.

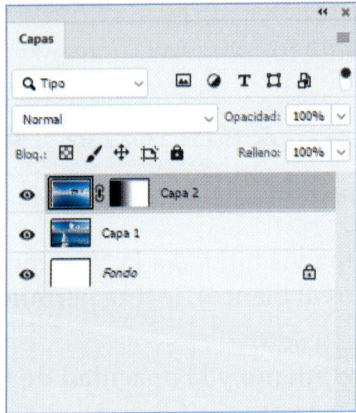

Figura 9.3. El panel Capas después de crear la máscara y aplicarle el degradado.

Una última recomendación, reduce la opacidad de la capa que incluye la máscara hasta el 80 %. En la figura 9.4 se aprecia el resultado final.

Como ya sabemos la barra de tareas contextual se ha convertido en un elemento indispensable para agilizar cualquier proceso en Photoshop. En relación con las máscaras, las opciones disponibles (figura 9.5) serían las siguientes:

- **Restar de máscara:** Aplica valores oscuros (cercanos al negro) que ocultan partes de la imagen. Esto es útil para eliminar o reducir el efecto de la máscara en áreas concretas. Tanto para esta opción como para la siguiente, es importante el elegir el pincel adecuado.

Figura 9.4. Resultado final de nuestro ejemplo.

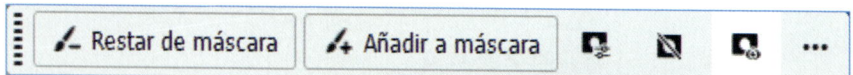

Figura 9.5. Aspecto de la barra de tareas contextual cuando seleccionamos una máscara de capa.

- **Añadir a máscara:** Suma visibilidad a la capa mediante la aplicación de valores claros (cercanos al blanco), lo que permite revelar áreas previamente ocultas.

- **Modificar el desvanecimiento y la opacidad de la densidad de la máscara:** Esta opción permite ajustar el desvanecimiento de los bordes de la máscara, suavizando las transiciones entre las zonas visibles y ocultas. También modifica la opacidad o densidad global de la máscara para regular la intensidad de su efecto.

- **Ocultar la máscara:** Permite desactivar temporalmente la visualización de la superposición de la máscara en el lienzo, de modo que puedas ver la imagen sin la distracción de los colores o patrones que indican las áreas enmascaradas.

- **Cambiar a vista de máscara:** Con esta función puedes alternar entre ver la imagen final con la máscara aplicada y ver la máscara en sí misma (usualmente en escala de grises). Esto facilita la identificación de los ajustes realizados y permite modificarlos con mayor precisión.

Vinculación entre capa y máscara

El pequeño icono de enlace que aparece entre la miniatura de la capa y la de la máscara indica que ambos están vinculados (ver figura 9.6), lo que garantiza que se muevan y transformen de forma conjunta. Esto significa que cualquier modificación que realices en la posición, tamaño o rotación de la capa se aplicará simultáneamente a la máscara y asegura que la relación entre ambos se mantenga intacta. Esta vinculación es fundamental para que la máscara siga alineada con la capa, sobre todo cuando realizas transformaciones o ajustes complejos.

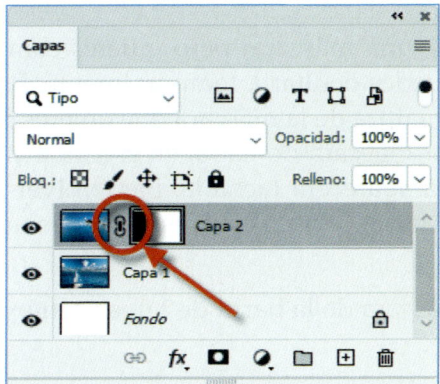

Figura 9.6. Símbolo de enlace entre la capa y la máscara.

Si en algún momento necesitas editar la máscara de forma independiente, por ejemplo, para ajustar sus bordes sin alterar la posición del contenido de la capa, puedes hacer clic en el icono de enlace para desactivarlo. Al desvincularlos, tendrás la libertad de mover o transformar la máscara sin que afecte a la capa. Terminadas las modificaciones, es recomendable volver a vincular la máscara a la capa para que futuras transformaciones se apliquen de manera conjunta, manteniendo así la coherencia de la composición.

Eliminar una máscara

El primer paso para eliminar una máscara de capa es seleccionarla; después utiliza el botón Eliminar capa del panel Capas. En ese instante, aparece un cuadro de diálogo donde debes decidir si quieres o no aplicar los efectos de la máscara antes de eliminarla. Si eliges la opción Aplicar, la máscara desaparece, pero sus efectos quedan reflejados en la capa y sustituye a la imagen original. Si lo que deseas es simplemente eliminar la máscara, elige Eliminar.

Por último, también es posible eliminar cualquier máscara desde el panel Propiedades mediante el pequeño icono situado en la esquina inferior derecha, representado por un cubo de basura.

Ocultar temporalmente una máscara

Si no deseas eliminar una máscara, pero quieres comprobar el aspecto de la imagen sin ella, puedes ocultarla temporalmente. Pulsa con el botón derecho del ratón la miniatura de la máscara que quieres ocultar y selecciona el comando Deshabilitar máscara de capa; en ese momento, la miniatura que representa la máscara aparecerá tachada. Para volver a activar la máscara, realiza la misma operación, pero en este caso, selecciona el comando Habilitar máscara de capa.

La opción Ocultar máscara de la barra de tareas contextual también cumple este mismo propósito.

Máscaras a partir de selecciones

Otro método interesante para crear máscaras de capa pasa por definir en primer lugar un área de selección y después, hacer clic en el botón Añadir máscara del panel Capas o recurrir a la opción Añadir máscara desde selección en barra de tareas contextual. En ambos casos, la zona seleccionada será la parte transparente de la capa y el resto será la zona opaca.

Si haces clic con el botón derecho en la máscara tienes diferentes comandos para relacionar máscaras y selecciones, como puedes ver en la figura 9.7.

- **Añadir máscara a la selección:** Añade las zonas transparentes de la máscara a la selección actual.

- **Restar máscara de la selección:** Elimina de la selección las zonas que no utilizan la máscara o son transparentes.

- **Formar intersección de la máscara con la selección:** Crea una nueva selección con el área común entre la selección original y las zonas transparentes de la máscara.

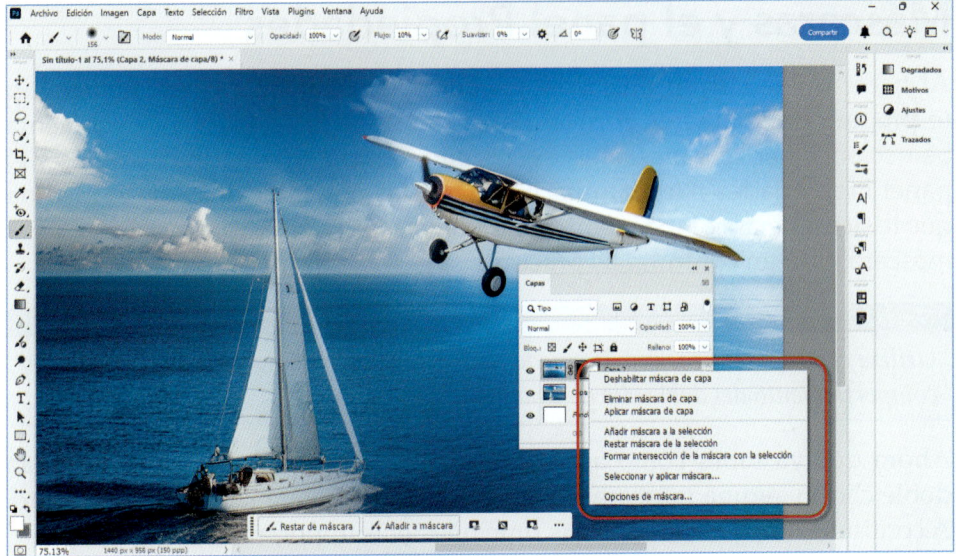

Figura 9.7. Comandos para la interacción con selecciones.

Otros métodos de selección

Puedes cargar selecciones basadas en la opacidad tanto de una máscara como de la propia capa. Para ello, si mantienes pulsada la tecla Ctrl y haces clic en la miniatura de la máscara, se seleccionarán las áreas blancas de la máscara (es decir, las zonas donde la capa es visible). De manera similar, al mantener pulsada la tecla Ctrl y hacer clic en la miniatura de la capa, Photoshop carga una selección basada en los píxeles opacos de la imagen. Así podrás trabajar de forma independiente con la selección de la máscara y el contenido de la capa.

Cuando definimos una selección sobre la imagen y necesitamos incluir en ella los píxeles transparentes de la capa o máscara, es necesario mantener pulsadas las teclas Ctrl-Mayús, mientras haces clic en la miniatura de la máscara o capa. En lugar de sumar, para restar los píxeles transparente se deben utilizar las teclas Ctrl-Alt. Por último, la combinación de teclas para llevar a cabo una intersección entre la selección original y los píxeles transparentes de la capa o máscara sería Ctrl-Mayús-Alt.

> **TRUCO:**
>
> *Activa de nuevo el área seleccionada como origen para crear una máscara con el botón situado en la parte inferior del panel Propiedades denominado Cargar selección de máscara, el primero empezando por la izquierda.*

Máscaras y el panel Propiedades

Al hacer doble clic en una máscara de capa por primera vez, Photoshop te preguntará si quieres abrir el panel Propiedades o usar la herramienta Seleccionar y aplicar máscara. Si estás empezando, te sugerimos que uses el panel Propiedades para familiarizarte con las máscaras de capa. A medida que te sientas más cómodo, podrás probar la herramienta Seleccionar y aplicar máscara para un control más preciso.

TRUCO:

Utiliza el comando Edición>Propiedades y, en la sección Herramientas, cambia el comportamiento del doble clic en una máscara de capa.

Ahora que ya sabes cómo acceder al panel Propiedades (figura 9.8). Haz doble clic en alguna máscara y descubre como personalizarla por completo. A continuación, describimos sus funciones más importantes:

- **Densidad:** Determina la opacidad de la máscara, es decir, el grado de transparencia con respecto a los elementos de la capa.
- **Desvanecer:** Mejora el suavizado de los bordes de la máscara, aunque si necesitas mayor control debes utilizar la función Seleccionar y aplicar máscara, a la que puedes acceder desde el botón del mismo nombre que aparece a continuación.

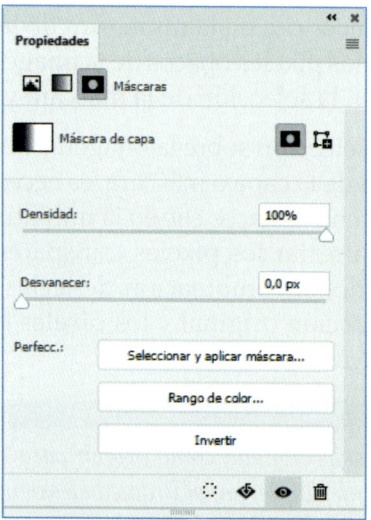

Figura 9.8. Panel Propiedades.

Además de estos dos reguladores, en la sección Perfeccionar del panel se encuentran disponibles tres botones:

- **Seleccionar y aplicar máscara:** Este botón es un acceso directo a la interfaz para perfeccionar selecciones descritas en capítulos anteriores. El principio es el mismo, se trata de utilizar las herramientas y ajustes disponibles para conseguir el máximo nivel de detalle en la definición de las zonas opacas y transparentes de la máscara. Con la ventaja de disponer de la una zona de previsualización para comprobar al instante cualquier cambio (ver figura 9.9).

- **Rango de color:** El cuadro de diálogo que aparece tras seleccionar este botón ofrece la posibilidad de crear máscaras a partir de cualquier tonalidad predominante de la imagen.

- **Invertir:** Esta opción permite alternar entre mostrar y ocultar diferentes partes de la capa a la que se aplica la máscara. Al invertir la máscara, las áreas que antes eran visibles se ocultan, y las que estaban ocultas se muestran.

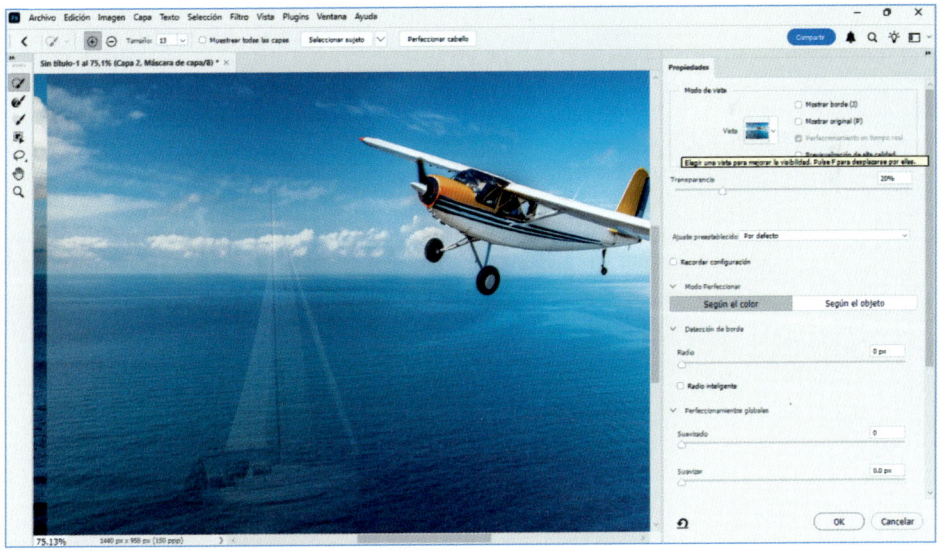

Figura 9.9. Entorno asociado a la función Seleccionar y aplicar máscara.

En la parte inferior del panel Propiedades encontrarás cuatro pequeños iconos cuyo significado, de izquierda a derecha, sería: cargar la selección actual, hacer efectivos todos los ajustes del panel, mostrar u ocultar la máscara activa y eliminar la máscara.

Resumen

Las máscaras de capa son una herramienta esencial para cualquier usuario de Photoshop. En este capítulo, hemos explorado en detalle cómo crearlas y hemos compartido algunos consejos prácticos para aprovechar al máximo sus posibilidades.

Además, hemos analizado el panel Propiedades, donde encontrarás una amplia gama de opciones para editar y ajustar tus máscaras.

10

Inteligencia artificial generativa

Actualmente, Photoshop es como una caja mágica donde se une lo mejor de dos mundos: las técnicas clásicas que han sido indispensables durante años y las nuevas funciones, como el relleno generativo, que parecen sacadas de una película de ciencia ficción. En este capítulo exploraremos el increíble poder la inteligencia artificial generativa, una herramienta tan avanzada que lleva la edición a otro nivel y simplifica innumerables tareas cotidianas.

Créditos generativos

Los créditos generativos son el método utilizado por Adobe para gestionar el uso de sus funciones de inteligencia artificial. Cada vez que utilizas herramientas como el Relleno Generativo, la Ampliación Generativa o el comando Generar imagen, se descuentan créditos de tu saldo mensual, independientemente de si el resultado es satisfactorio o no. Cada intento de generación cuenta como un crédito consumido.

Estos créditos se renuevan mensualmente, lo que significa que, al inicio de cada ciclo de facturación, tu saldo se restablece según el plan de suscripción que tengas. Si consumes todos tus créditos antes de la renovación, podrás seguir utilizando las funciones de IA generativa, pero con menor prioridad y en consecuencia, a una velocidad más lenta, dependiendo de la demanda.

En el momento de redactar este manual, Photoshop no incluye ninguna forma de comprobar los créditos generativos consumidos desde la propia aplicación. La única opción es acceder al comando Ayuda>Administrar mi cuenta para abrir en el navegador tu página personal de Adobe. Desde allí, abre tu perfil para consultar tu saldo, como se muestra en la figura 10.1.

NOTA:

La cantidad de créditos generativos que recibes mensualmente depende del plan de suscripción contratado.

Relleno generativo

En los primeros capítulos vimos un ejemplo sencillo de cómo usar el comando Generar imagen para empezar un proyecto. También conocemos lo sencillo que resulta eliminar elementos de una imagen con la herramienta Quitar. Ahora es el momento de ir un poco más lejos y explorar las principales características, funcionalidades y aplicaciones de la inteligencia artificial generativa.

También hablaremos de sus limitaciones porque, aunque es una herramienta increíble, no deja de estar en sus primeras etapas de desarrollo y aún tiene mucho margen para mejorar.

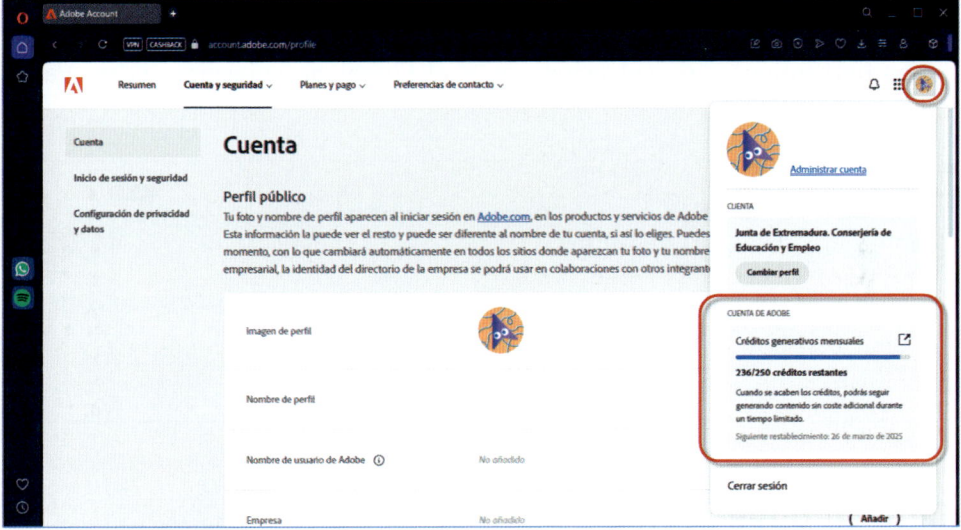

Figura 10.1. Comprobar nuestro saldo de créditos generativos.

Las nuevas funcionalidades, derivadas de los avances en inteligencia artificial, permiten rellenar, extender o modificar imágenes a partir de simples indicaciones de texto, también conocidas como prompts. Lo más importante es que el contenido generado se contextualiza con el resto de la imagen. En otras palabras, Photoshop no se limita a «rellenar» al azar, sino que analiza toda la información visual de la imagen para que los cambios o elementos añadidos se integren de manera natural y coherente.

ADVERTENCIA

El relleno generativo de Adobe tiene restricciones, sobre todo en la edición de marcas registradas o contenido explícito como imágenes violentas, sexuales, discriminatorias o ilegales. También en casos en los que se infrinjan derechos de autor (por ejemplo, generar réplicas exactas de obras protegidas).

Primer paso, la selección

El relleno generativo en Photoshop comienza con un paso esencial: la selección del zona o elementos que deseamos cambiar o eliminar. Las selecciones son fundamentales porque delimitan el área donde se aplicará el relleno o la transformación y aseguran que los resultados se integren adecuadamente con el resto de la imagen. Recuerda que tienes un capítulo completo dedicado a las selecciones.

La figura 10.2 muestra las tres posiciones donde se encuentran la mayoría de las herramientas de selección como el Pincel de selección, Lazo, Varita mágica, etcétera.

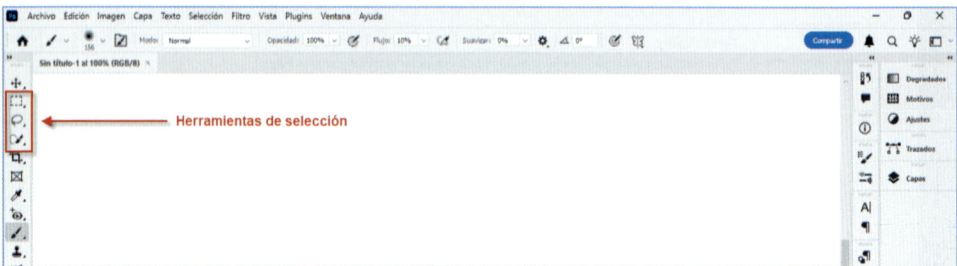

Figura 10.2. Herramientas de selección.

Elige un buen prompt

El funcionamiento del Relleno Generativo es sencillo. Primero, seleccionamos un área específica de la imagen con alguna de las herramientas de selección disponibles. Luego, proporcionamos una indicación de texto (prompt), describiendo lo que queremos generar. En ocasiones, no será necesario escribir nada, por ejemplo, para completar áreas vacías al extender la imagen. La experiencia te ayudará a elegir la mejor opción en cada caso.

Cuando se trata de añadir nuevos elementos o modificar alguno existente, la clave para obtener buenos resultados está en la calidad del prompt. A continuación, tienes algunos consejos y recomendaciones basados en las mejores prácticas sugeridas por Adobe y nuestra propia experiencia:

- Usa descripciones concretas en vez de términos sueltos. Por ejemplo, evita algo así «Un objeto de playa», mejor escribe como si le estuvieras explicando a alguien lo que quieres: «Una tumbona blanca con rayas azules, colocada sobre la arena cerca del mar». Cuantos más detalles mejor, pero sin pasarte.

- Incluye no solo el objeto, sino también su entorno. Por ejemplo: «Un velero blanco navegando en aguas cristalinas bajo un cielo soleado». Esto ayuda a conseguir la escena que necesitamos.

- Aunque los detalles son importantes, un texto excesivamente largo puede diluir la idea principal. Mantén el prompt conciso y claro, ni mucho ni poco. Sí ya sé que esto es un poco ambiguo y quizás contradictorio, pero debes practicar para entenderlo. Por ejemplo, en lugar de: «Una tumbona grande, de colores vivos, con rayas rojas y amarillas, colgada entre dos palmeras altas, con sombra debajo y arena alrededor», podrías simplificarlo a: «Una tumbona de rayas rojas y amarillas colgada entre palmeras en la playa».

- Si el resultado no es el esperado, ajusta el prompt. Si escribes: «una tumbona en la playa» y no obtienes lo que buscas, prueba con algo más específico como «una tumbona de colores brillantes sobre la arena, cerca del mar». Experimenta con distintas descripciones.

- Incluye términos que describan el objeto, su color, tamaño, posición y entorno. Por ejemplo: «Una sombrilla grande de rayas azules y blancas, plantada en la arena cerca de las olas». Evita palabras innecesarias que no aporten información visual.

- Considera el contexto de la imagen. Es decir, si estás trabajando con una foto de playa al atardecer, menciona la iluminación en el prompt. Por ejemplo: «Una tumbona bajo la luz cálida del atardecer». Esto ayuda a que el elemento generado coincida con el ambiente de la imagen.

- Por último, para conseguir mayor precisión, también puedes usar una imagen de referencia, lo que ayuda a que el contenido generado se integre mejor con el resto de la composición. Trataremos esta característica en este mismo capítulo.

> **IMPORTANTE**
>
> *A riesgo de ser pesados, insistimos en que selecciones mal definidas o prompts ambiguos pueden generar resultados poco realistas o incoherentes. Dedica el tiempo necesario a estos dos aspectos si quieres obtener la mejor versión que te pueda ofrecer la inteligencia artificial de Photoshop.*

Eliminación de objetos o personas

En este primer ejemplo, mostramos una de las aplicaciones más comunes de las nuevas funciones de inteligencia artificial: la eliminación de objetos o personas. El punto de partida sería la imagen de la figura 10.3. En ella, haremos desaparecer a los dos niños que están sobre las rocas para dejar un paisaje de rocas despejado. Sin más, veamos todos los pasos necesarios para lograrlo:

Figura 10.3. Imagen inicial.

1. Una vez abierta la imagen, utilizamos la herramienta Lazo para rodear los dos niños y crear un borde de selección a su alrededor. No es necesario hacer una selección precisa de cada sujeto. En esta ocasión resulta más útil incluir una pequeña parte de su entorno, de manera que el algoritmo de inteligencia artificial tenga información sobre el contexto. Una buena idea podría ser aplicar un ligero «desvanecimiento» en la selección, desde el menú Selección>Modificar>Desvanecer, para conseguir transiciones más naturales en los bordes, pero no es imprescindible.

2. A continuación, elegimos Relleno Generativo en la barra de tareas contextual. Este comando también lo encontrarás en el menú Imagen y después de hacer clic con el botón derecho sobre la selección.

3. Para este ejemplo, decidimos no escribir nada en el prompt. Tras probar diferentes opciones, descubrimos que el mejor resultado se obtiene cuando dejamos el campo vacío.

4. Hacemos clic en el botón Generar de la barra contextual y al instante aparece una ventana con el progreso de la generación automática.

5. Una vez completado, observa el panel Propiedades (figura 10.4), donde tendrás tres variaciones. Basta con hacer clic en cada una de ellas para comprobar los cambios en la imagen. Además, desde la barra de tareas contextual, también puedes navegar por las diferentes variaciones.

Figura 10.4. Variaciones generadas en el panel Propiedades.

6. Si ninguna de las variaciones presentadas te convence, puedes hacer clic nuevamente en el botón Generar del mismo panel para que Photoshop cree tres nuevas propuestas.

7. Puedes utilizar herramientas de Photoshop como el Pincel para ajustar la máscara de capa. También es posible mover la capa generada para que encaje correctamente.

8. Finalmente, observa el panel Capas en la figura 10.5. El relleno generativo se guarda en una capa independiente junto con su propia máscara. Esto permite realizar ajustes no destructivos y perfeccionar el resultado si es necesario. También podrás cambiar la variación elegida en cualquier momento o generar nuevos resultados. Las capas modificadas mediante inteligencia artificial se identifican con un icono característico.

Figura 10.5. Resultado final y aspecto del panel Capas.

Un detalle importante antes de continuar. Al pasar el cursor sobre cualquiera de las variaciones del panel Propiedades aparecen tres iconos, cada uno tiene una función específica:

- **Papelera (cubo de basura):** Este icono sirve para eliminar la variación si decides que no te sirve. Es una forma rápida de descartar resultados que no encajan con lo que realmente estás buscando.
- **Mejorar detalles:** Al hacer clic en este icono, Photoshop optimiza el resultado. Esto permite destacar y corregir detalles de la imagen, para mejorar la calidad y el acabado final de la variación.
- **Menú contextual (tres puntos horizontales):** Este icono abre un menú adicional con varias opciones. Entre ellas, destaca Generar similares, con la que podrás indicarle a la IA que cree nuevas propuestas tomando como referencia esa variación. También se puede utilizar para enviar una valoración del resultado, lo que ayuda a mejorar el funcionamiento de la herramienta en futuras versiones de la aplicación.

TRUCO:

Utiliza la máscara de capa asociada la capa generada cuando el motivo no se adapte perfectamente al contexto de la imagen (por ejemplo, bordes que no coinciden o colores que no encajan), puedes usar herramientas como el Pincel o cualquier otra herramienta de edición para ajustar la máscara y mejorar la integración. Recuerda, las máscaras de capa funcionan mostrando las zonas blancas (opacas), ocultando las negras (transparentes) y revelando parcialmente las grises según su tonalidad.

NOTA:

Recuerda revisar las opciones Dispositivo y Nube incluidas en el menú Edición> Preferencias>Procesamiento, para asegurarte de que el Relleno Generativo utiliza el método que mejor se adapte a tus necesidades. La opción Dispositivo puede ser más rápida si cuentas con un hardware potente, mientras que la opción Nube puede ofrecer resultados más precisos y detallados al aprovechar las capacidades avanzadas de los servidores de Adobe.

No olvides la herramienta Quitar, optimizada con inteligencia artificial y que permite identificar y eliminar objetos o personas. Representada con el icono de una tirita (figura 10.6), esta herramienta es una alternativa al relleno generativo cuando se trata de eliminar determinados elementos de una imagen. La herramienta Quitar es perfecta para objetos pequeños en fondos simples (rápido y sin Internet). En cambio, elige Relleno Generativo cuando se trate de objetos grandes o fondos complejos, aprovechando su IA para conseguir resultados realistas.

Figura 10.6. Herramienta Quitar.

Añadir nuevos elementos

El Relleno Generativo es una herramienta increíblemente útil para agregar elementos de manera realista, asegurando que se integren perfectamente con la imagen original. Continuaremos trabajando con la misma imagen del apartado anterior y añadiremos un nuevo elemento: una tumbona de playa. Este objeto no solo complementa el paisaje de playa, sino que también nos permitirá explorar las capacidades de la inteligencia artificial para crear composiciones visuales coherentes y completamente integradas en el entorno.

1. Elige la herramienta Lazo o el Marco Rectangular, cualquiera de las dos nos valdría para este ejemplo y en la mayoría de situaciones similares.

2. Describe una selección en el lugar de la playa donde quieres que aparezca la tumbona. Asegúrate de que la selección sea un poco más grande para que Photoshop tenga espacio suficiente para completar el entorno.

3. Con la selección activa, haz clic derecho dentro del área seleccionada y elige Relleno Generativo. Recuerda que también puedes usar el botón de la barra de tareas contextual o el menú Imagen.

4. Ahora toca el turno del prompt, escribe una descripción en el campo de texto. Por ejemplo: «Tumbona de playa y sombrilla».

5. Haz clic en Generar y a los pocos segundos tendrás las tres variaciones en el panel Propiedades para que elijas la más adecuada. En la figura 10.7 puedes ver que el resultado es increíble, observa que incluso ha enterrado las patas de la tumbona en la arena.

6. Si es necesario, usa la herramienta Transformación libre (Ctrl-T) para ajustar el tamaño, la posición o la perspectiva del objeto.

7. También puedes usar herramientas como el Pincel de corrección o el Tampón de clonar para retocar detalles y mejorar el resultado.

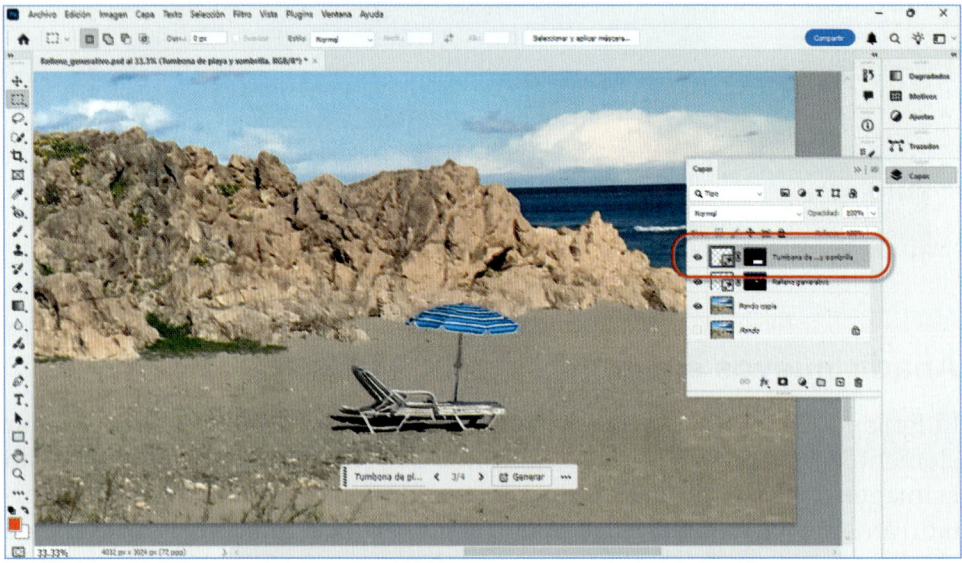

Figura 10.7. Nuestra tumbona queda perfecta en la playa.

Una vez que finalizado el proceso de generación, es importante tener en cuenta algunos aspectos clave para garantizar que el nuevo elemento se vea coherente y bien integrado en la imagen. Aquí te dejamos algunas recomendaciones:

- El tamaño del área que selecciones influye directamente en el tipo de objeto generado. Por ejemplo, si necesitas un árbol grande, asegúrate de definir un marco de selección amplio que permita a la herramienta crear un elemento de dimensiones adecuadas. En el caso de nuestra tumbona, una selección alargada con el tamaño apropiado será suficiente para que se ajuste al entorno de la playa.

- Si necesitas que el nuevo objeto se integre de manera natural, es crucial que sus sombras y reflejos sean coherentes con la iluminación de la imagen. Puedes ajustar manualmente estos detalles con herramientas como Subexponer para aclarar áreas y Sobreexponer para oscurecerlas, simulando así el efecto de la luz solar. Trataremos ambas, en el próximo capítulo.

- Otra función para para suavizar ligeramente los bordes y conseguir que en nuevo objeto se fusione de manera fluida es el comando Filtro>Desenfocar>Desenfoque Gaussiano. Esto ayudará a que el objeto se funda mejor con el fondo, evitando que parezca pegado o artificial. Antes de usar este filtro, asegúrate que está seleccionada la capa creada por el relleno generativo.

Reemplazar objetos

El proceso para reemplazar cualquier elemento en una imagen es muy similar al descrito en el apartado anterior. La secuencia de pasos es la misma: primero, seleccionamos el elemento que deseamos sustituir y luego utilizamos el comando Relleno Generativo.

Para transformaciones precisas, como cambios de textura o color, es recomendable delimitar la selección exclusivamente al área que necesita la modificación. Sin embargo, si no se requiere tanto detalle, basta con rodear el elemento a sustituir.

En nuestro ejemplo, vamos a reemplazar la bandera de nuestra playa por un elemento más acorde con el entorno: una palmera. Para ello, hemos seleccionado la bandera con la herramienta Lazo, incluyendo parte del entorno para que la IA tenga en cuenta el contexto. Luego, tras hacer clic en el comando Relleno Generativo de la barra de tareas contextual, hemos indicado «Palmera» en el prompt. Tienes el resultado y las diferentes variaciones en la figura 10.8.

NOTA

Aunque el Relleno Generativo es realmente potente, puede fallar en áreas con patrones repetitivos o texturas complejas, como cabello, reflejos en el agua o estructuras arquitectónicas con líneas definidas. En estos casos, podrías necesitar un ajuste manual posterior o una mejor definición de la selección con la herramienta Seleccionar y perfeccionar bordes.

Veamos ahora un ejemplo un poco más complejo. Concretamente, cambiar las gafas de nuestra modelo. Pensamos que un diseño diferente y llamativo le quedaría mejor, así que manos a la obra.

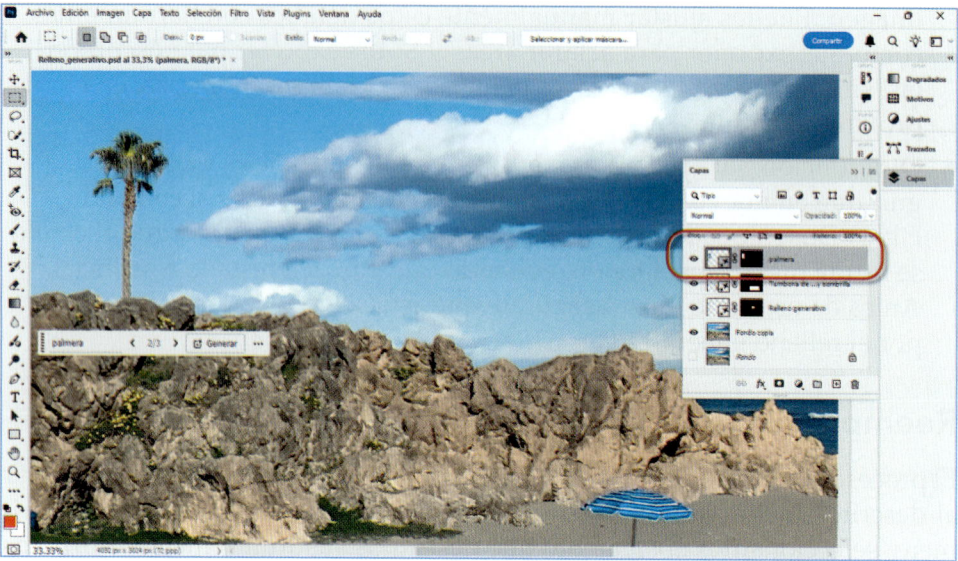

Figura 10.8. Elemento sustituido de una imagen mediante el relleno generativo.

1. Utilizamos el Pincel de selección sobre las gafas. No es necesario que la selección sea precisa; es mejor incluir un poco del área circundante para que Photoshop proporcione esta información al algoritmo de relleno inteligente.

2. Elegimos la opción Relleno Generativo y, en el prompt, escribimos: «Gafas de colores vibrantes».

3. Como puedes comprobar en la figura 10.9 el resultado es espectacular. Photoshop ha respetado incluso el mechón de pelo que cae sobre las gafas, lo que demuestra la precisión del algoritmo y cómo interpreta el entorno de la selección.

Esta situación era particularmente compleja, ya que debía conservar las facciones del rostro, la forma de la nariz, las cejas y otros detalles. Sin embargo, Photoshop logró un resultado impecable en cuestión de segundos en todas las variaciones, ahorrándonos horas de trabajo manual.

NOTA:

Debes tener un poco de paciencia con la inteligencia artificial, en este caso el resultado ha cumplido sobradamente nuestras expectativas, pero no siempre es así. Se trata de una tecnología que se encuentra en sus primeros pasos de desarrollo y no siempre los resultados serán los esperados.

Figura 10.9. Hemos cambiado el modelo de gafas en pocos segundos con el relleno generativo.

Sustitución de fondos

Si hay algo en lo que la inteligencia artificial de Adobe brilla especialmente, es a la hora de cambiar fondos en cualquier tipo de imágenes. Es muy sencillo transformar un fondo aburrido en algo increíble: desde una playa paradisíaca hasta una ciudad futurista, todo con solo describir lo que quieres. Además, el algoritmo respetará la iluminación, las sombras y la perspectiva de la escena original y asegurará una fusión natural entre los elementos generados y los ya existentes.

En la figura 10.10, el chico se encuentra en un típico paseo de playa, pero queremos ponérselo difícil a la inteligencia artificial y cambiarlo por uno completamente distinto: un sendero de montaña.

1. Usamos la herramienta Selección de objetos para seleccionar al niño de la imagen, mejorando los bordes con la opción Seleccionar y aplicar máscara.

2. A continuación, invertimos la selección con el comando Selección>Invertir (Ctrl+Mayús+I) para trabajar específicamente con el fondo. Esto permite editar solo el entorno sin afectar la figura principal.

3. Elegimos la opción Relleno Generativo en la barra de tareas contextual y en el cuadro de texto escribimos: «Sendero de montaña con árboles y

rocas». Con esta sencilla instrucción la IA entenderá que debe crear un fondo nuevo teniendo en cuenta los elementos descritos.

4. Después de hacer clic en el botón Generar, obtenemos las tres variaciones correspondientes en el panel de Propiedades. Observa en la figura 10.11 que el resultado ha sido bastante bueno. Únicamente hemos utilizado un pincel difuminado sobre la máscara para suavizar un poco los bordes y retocar levemente la iluminación y el color para lograr una apariencia más natural.

5. Por último, algunas zonas tenían exceso de brillo y los tonos no coincidían del todo con la imagen del niño, para solucionarlo ajustamos el brillo y la saturación para que todo parezca parte de la misma foto. Todos estos ajustes también los trataremos los capítulos siguientes.

Figura 10.10. Foto de partida para sustituir completamente el fondo manteniendo el sujeto del primer plano.

Es realmente asombrosa la forma en que la IA analiza la foto original (los colores, las sombras, el ángulo) y genera un fondo que combina a la perfección, como si hubiera estado ahí desde el principio.

TRUCO:

Para seleccionar los elementos opacos de una capa en Photoshop, mantén presionada la tecla Ctrl y haz clic directamente en la miniatura de la capa. Esto cargará una selección basada en las áreas no transparentes de la capa para realizar ajustes específicos o aplicar correcciones a los elementos seleccionados sin afectar el resto de la imagen.

Figura 10.11. Resultado de la sustitución de fondo.

Diferencias entre los comandos Relleno generativo y Generar imagen

En los primeros capítulos pasamos por alto algunas de las opciones del comando Generar imagen. Ahora, trataremos todas sus posibilidades, pero antes, es fundamental que conozcas las características que distinguen esta función del Relleno generativo.

La principal diferencia entre ambos comandos radica en su propósito y la forma en que se usan. El Relleno generativo es ideal para modificar, completar o extender una imagen existente de manera contextual. Se puede usar para eliminar elementos no deseados, ampliar un fondo o agregar objetos realistas que se fusionen de forma natural con el resto de la imagen. Generar imagen, en cambio, permite la creación de una imagen desde cero a partir de una descripción. Photoshop interpreta el prompt y genera contenido original sin necesidad de nada más.

Otra diferencia clave es el nivel de integración con la imagen original: el Relleno generativo trabaja dentro de una selección definida y respeta el contexto de la imagen en la que se aplica. Mientras que Generar imagen funciona de manera independiente y no necesita una selección previa, ya que crea una idea completamente nueva en un lienzo en blanco o en una capa separada.

Si necesitas ampliar, modificar o completar una imagen existente, Relleno generativo es la mejor opción. En cambio, si el objetivo es crear imágenes desde cero a partir de descripciones textuales, Generar imagen es la herramienta más adecuada. Ambas funciones aprovechan la inteligencia artificial para ofrecer soluciones sorprendentes y ahorrarnos tiempo en nuestras tareas diarias.

Generar imagen

Puedes utilizar el comando Generar imagen en un proyecto nuevo o aplicarlo dentro de una imagen existente. En este último caso, el resultado se añadirá automáticamente una nueva capa justo encima de todas las demás. Esto permite mantener la composición original intacta y facilita la edición o ajuste de la imagen generada sin afectar el resto del diseño.

Accede al comando Generar imagen desde el menú Edición o utiliza el botón situado en la barra Herramientas, justo al final de esta. En la figura 10.12 puedes comprobar su situación exacta y el aspecto de su ventana de configuración.

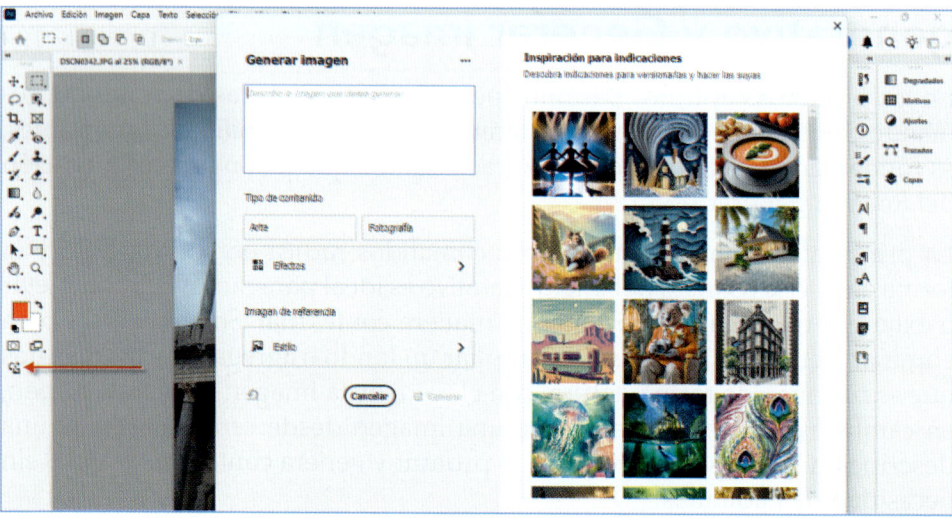

Figura 10.12. Situación del comando Generar imagen en la barra Herramientas y su ventana de configuración.

Las imágenes generadas por los algoritmos de inteligencia artificial de Adobe pueden usarse comercialmente siempre que estés suscrito a un plan de pago.

Si quieres obtener el máximo provecho del comando Generar imagen, es esencial que entiendas las opciones disponibles en su ventana de configuración. Veamos qué significa cada una de ellas:

- **Cuadro de texto o «prompt»:** Hemos hablado mucho sobre la importancia de las indicaciones de texto a la hora de obtener buenos resultados con las herramientas de inteligencia artificial. Escribe aquí una descripción detallada de la imagen que deseas generar, revisa las indicaciones que hacemos en este mismo capítulo para crear un buen prompt. Por ejemplo: «Un paisaje montañoso al atardecer con un lago».

- **Tipo de contenido:** Esta opción permite definir el estilo de la imagen generada. Puedes elegir entre:
  - **Foto:** Crea una imagen con un acabado realista, tipo fotografía.
  - **Arte:** Genera una imagen con un estilo más artístico o ilustrativo.

- **Efectos de estilo:** Explora entre la gran cantidad de efectos disponibles para personalizar aún más el resultado. Estos incluyen movimientos artísticos, temas específicos, técnicas particulares, efectos visuales, materiales y conceptos que influirán en la apariencia final de la imagen. Experimentar con ellos te permitirá conocer mejor las posibilidades del comando Rellenar imagen, y lo más importante, lograr un resultado más acorde con lo que necesites en cada momento.

- **Imagen de referencia:** Photoshop ofrece la posibilidad de cargar una imagen como modelo o usar alguna de la galería para orientar el estilo o la composición del resultado (ver figura 10.13). Esto es útil sobre todo si deseas que la nueva creación mantenga una estética, una paleta de colores o ciertos rasgos visuales. En esencia, funciona como una guía para el algoritmo de generación y proporciona pistas sobre la imagen que buscas.

- **Borrar todas las propiedades:** Este pequeño botón situado bajo la lista Imagen de referencia, eliminará todas las configuraciones y reiniciará los ajustes.

Una vez configuradas todas las opciones y escrito el prompt, haz clic en el botón Generar. Photoshop procesará la información y mostrará el resultado. En la figura 10.14 puedes ver la nueva capa con la imagen generada. Del mismo modo que ocurre cuando se usa el relleno generativo, se presentarán tres variaciones en el panel Propiedades. Revísalas y selecciona la que mejor se ajuste a lo que estas buscando.

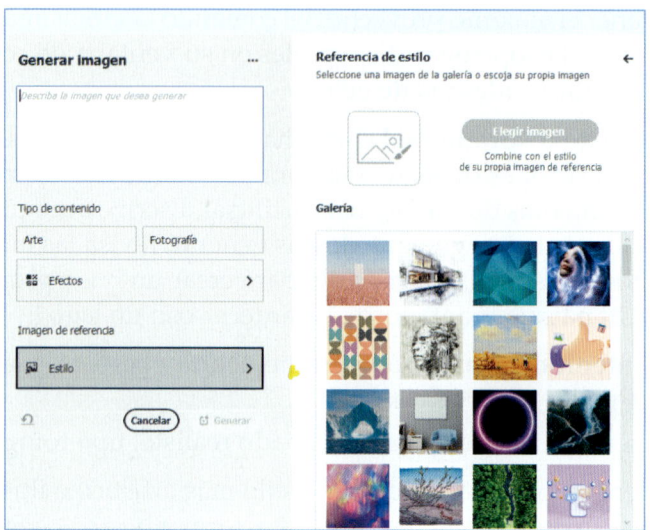

Figura 10.13. Propiedad Imagen de referencia del comando Generar imagen.

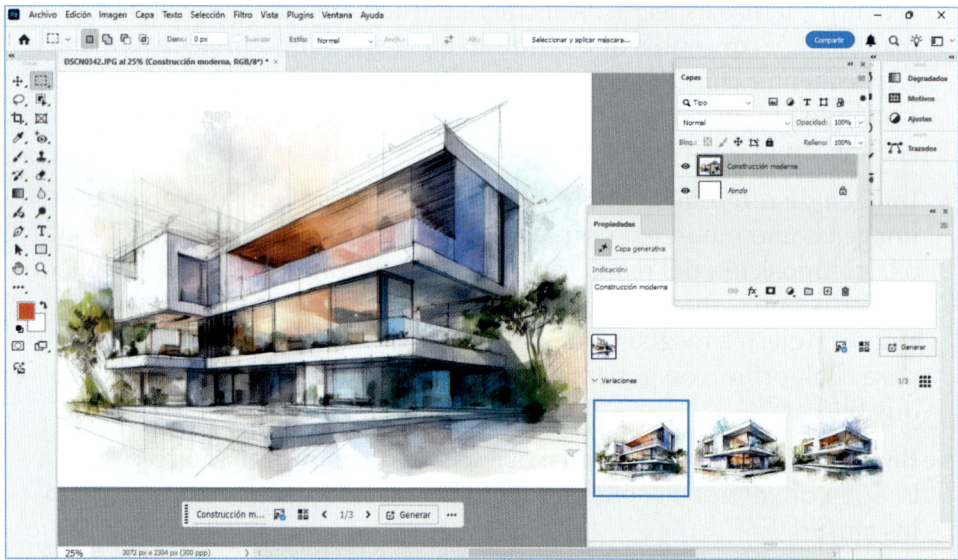

Figura 10.14. Nueva capa con el resultado del comando Generar imagen. En este caso, hemos elegido uno de los modelos de referencia disponibles por defecto.

Ampliación generativa

Además de añadir, eliminar o sustituir elementos y objetos en cualquier imagen, la inteligencia artificial de Adobe nos permite extender los bordes de una imagen y rellenar las áreas añadidas con contenido que coincida con el resto de la imagen.

Como vimos en los primeros capítulos, con la ampliación generativa y el relleno según contenido puedes expandir o enderezar imágenes, manteniendo la coherencia visual en las nuevas zonas. Repasemos sus principales aplicaciones:

- Permite ampliar una imagen sin perder calidad, ideal para impresiones de gran formato, paisajes o ajustes de proporciones sin distorsión.

- Puedes aumentar fácilmente el área de fondo de una imagen (por ejemplo, para crear espacio para texto o añadir más elementos visuales).

- Convierte una imagen horizontal a un formato vertical, o viceversa, sin que el contenido parezca forzado.

- Es sencillo recortar o eliminar (por ejemplo, al corregir la perspectiva o al enderezar una foto) respetando el entorno de la imagen original como puedes comprobar en la figura 10.15.

Figura 10.16. Un ejemplo donde hemos cambiado las proporciones de una imagen, de vertical a horizontal mediante la ampliación generativa.

Recuerda que la ampliación generativa se activa mediante la herramienta Recortar. Una vez seleccionada, asegúrate de seleccionar Ampliación generativa en la opción Relleno la barra de opciones. Después, simplemente arrastra los bordes del lienzo más allá del marco original. También es posible enderezar la imagen si el problema es un mal encuadre. En la barra de opciones encontraras el botón Enderezar para este propósito.

Otro método sería utilizar el comando Ampliación generativa, disponible después de hace clic con el botón derecho en la zona ampliada como puedes ver en la figura 10.16.

Figura 10.16. Comando Ampliación generativa en el menú contextual.

Recuerda que para cambiar la posición de la imagen dentro del marco de recorte basta hacer clic en ella y arrastrar. Pero si necesitas un control más preciso a la hora de reposicionar la imagen, presiona Mayús mientras arrastras. Esto restringe el movimiento a una dirección (horizontal o vertical) y facilita su alineación. Además, una vez posicionada, usa las flechas del teclado para realizar pequeños ajustes.

La Ampliación generativa y el Relleno según contenido son las dos posibilidades de configuración asociadas a la herramienta Recortar. Relleno según el contenido usa técnicas tradicionales para completar las zonas vacías basándose en píxeles cercanos (ideal para fondos simples). Ampliación generativa, en cambio, emplea IA para crear contenido nuevo y realista al expandir la imagen, entendiendo contexto, luz y estilo, e incluso permite usar texto (prompt) para mejorar el resultado.

¿Qué es Adobe Firefly?

Adobe Firefly es una familia de modelos de inteligencia artificial generativa desarrollada por Adobe, diseñada para integrarse en sus aplicaciones creativas (como Photoshop o Illustrator) pero también ofrece una versión gratuita accesible desde la web a la que puedes acceder en la siguiente dirección:

https://firefly.adobe.com/

La versión en línea de Firefly tiene algunas limitaciones. Puedes probarla de forma gratuita, pero con restricciones en el número de imágenes que puedes generar y su calidad.

Adobe asegura que Firefly se entrenó con imágenes de dominio público y contenido de Adobe Stock. Pero únicamente podrás usar comercialmente las imágenes generadas si tienes un plan de pago.

Resumen

Este capítulo explora desde cero las funciones de inteligencia artificial disponibles en Photoshop, como el relleno y la ampliación generativa o la creación de imágenes.

También describimos como diseñar prompt efectivos, realizar tareas como añadir, eliminar o reemplazar elementos, y cambiar fondos.

Recuerda que la clave para obtener los mejores resultados no es otra que dominar las selecciones y elegir un buen prompt. Y quizás, un poco de paciencia al principio tampoco nos vendría del todo mal.

11

Herramientas de edición

Introducción

Tras explorar las capacidades de la inteligencia artificial en el capítulo anterior, volvemos al terreno de las herramientas clásicas, esas que siguen siendo el complemento perfecto para afinar detalles y lograr imágenes verdaderamente impactantes. Mientras la IA puede ayudarte a generar ideas o automatizar tareas, las herramientas manuales te permiten pulir esos toques finales que marcarán la diferencia. Juntos, estos dos mundos te darán todo lo que necesitas.

Borrador

Quizás puedas pensar que esta herramienta no tenga demasiada explicación y más, después de todo lo visto en los apartados anteriores. Nada, nada, la seleccionamos y borramos. Pues sentimos decirte que pocas cosas son tan simples en Photoshop; cualquier función, por pequeña que sea, está estudiada al detalle y ofrece innumerables posibilidades. Simplemente comprueba en la figura 11.1 el aspecto de la barra de opciones después de seleccionar esta herramienta.

Figura 11.1. Opciones de la herramienta Borrador.

Selecciona la herramienta Borrador y arrástrala sobre la imagen. Si la capa actual es la capa de fondo o tienes bloqueada la transparencia, el borrador sustituirá todo lo que encuentra a su paso por el color de fondo seleccionado en la barra de herramientas. En el caso de encontrarnos en cualquier otra capa, convertirá en transparente el área borrada.

No olvides que tanto el tamaño como la forma del borrador vienen determinados por el modelo de pincel seleccionado. Puedes cambiar esta configuración en la lista desplegable disponible en la barra de opciones.

Opciones del borrador

Además del acceso a los paneles Pinceles y Ajustes del pincel, que ya conocemos de herramientas anteriores, la barra de opciones ofrece ajustes importantes que debes conocer:

- **Modo:** Dentro de esta lista desplegable puedes elegir el modo de borrado: Pincel, Lápiz y Cuadrado. El efecto que conseguimos con cada uno de ellos se corresponde con la herramienta del mismo nombre. Además, según el modo elegido, podrás modificar la presión o la opacidad para adaptar el resultado a tus necesidades.

- **Opacidad:** Permite decidir el grado de transparencia cuando utilizamos la herramienta.
- **Flujo:** Controla la intensidad del borrado. En realidad, estas dos opciones hacen que la herramienta Borrador se comporte como un pincel, solo que, en lugar de pintar, elimina parte de la imagen o la rellena con el color de fondo.
- **Estilo de aerógrafo:** Recordemos que entre las posibilidades de la herramienta Pincel también se encontraba esta opción y del mismo modo, su funcionamiento es equivalente. Es decir, simula el comportamiento de los sistemas de aerografía tradicionales cuando utilizamos el Borrador.
- **Suavizar:** Teniendo en cuenta que la herramienta Borrador se comporta en cierto modo como un pincel o un lápiz, también es posible aplicar un valor de suavizado al efecto para mejorar sus resultados.
- **Borrar de historia:** Como ya describimos en capítulos anteriores, esta potente opción permite devolver el aspecto original a la zona en la que hayamos eliminado parte de su contenido.

TRUCO:

Conseguirás espectaculares efectos de calado superponiendo dos o más capas y utilizando la herramienta Borrador en la capa superior.

Borrador de fondos

El Borrador de fondos permite convertir en transparentes determinados píxeles de una capa. Hasta aquí nada nuevo, pero si te decimos que puedes reconocer los límites o bordes de cualquier motivo, la cosa cambia bastante. El funcionamiento se basa en analizar el color de los píxeles (muestra) sobre los que hacemos clic la primera vez y eliminar al arrastrar todos aquellos que mantengan tonalidades similares, en función del valor de tolerancia elegido.

Para entender mejor el funcionamiento de esta herramienta, observa la figura 11.2. Comprueba cómo el área del cursor de borrado incluye parte del objeto, pero solo se hace transparente el área de color blanco que lo rodea, mientras se respetan estrictamente los detalles del perímetro del objeto.

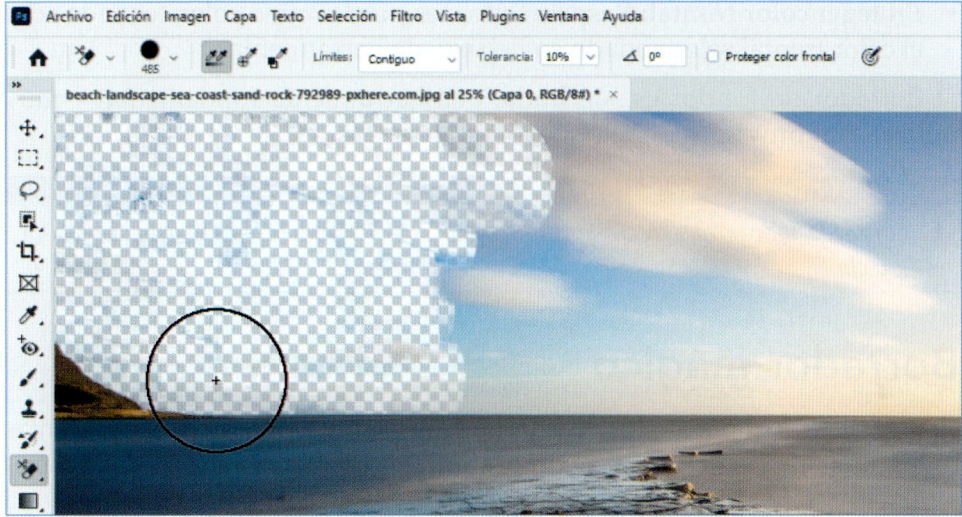

Figura 11.2. La herramienta Borrador de fondos en acción.

Las opciones disponibles para esta herramienta determinan su comportamiento, por lo que resulta imprescindible conocer bien su significado para aprovechar sus posibilidades:

- **Muestras:** Los tres iconos situados tras la lista de pinceles determinan el comportamiento de la herramienta a la hora de elegir el color que eliminará de la imagen. Si eliges el primero, la herramienta tomará como muestra distintos colores a medida que arrastra. El segundo, tomará como referencia únicamente el color del primer píxel sobre el que hemos comenzado a usar el borrador. Por último, si eliges el tercero de los iconos borrará solo los píxeles cuyo color coincida con el color de fondo seleccionado en la barra de herramientas.

- **Límites:** Dentro de esta lista desplegable encontrarás las siguientes posibilidades: Contiguo, No contiguo y Hallar bordes. La primera borra el color muestreado sin importar el lugar en el que se encuentre dentro de la capa, mientras que la segunda de las opciones solo elimina áreas contiguas entre sí. Por último, Hallar bordes es la mejor opción para respetar el contorno de los objetos dibujados.

- **Tolerancia:** Los valores más bajos de tolerancia hacen que solo se borren aquellos píxeles cuyo color sea muy próximo al de la muestra. A medida que aumentamos la tolerancia, también se ve ampliada la escala de tonalidades incluidas en el área de borrado.

- **Proteger color frontal:** Respeta todos los píxeles cuyo color coincida con el color frontal seleccionado en la barra de herramientas.

El Borrador de fondos es, sin duda, una herramienta fundamental y muy utilizada en proyectos de retoque fotográfico.

Borrador mágico

Con el Borrador mágico, convertiremos automáticamente en transparentes todos aquellos píxeles iguales o muy similares (según el valor de tolerancia) al píxel sobre el que hagamos clic con la herramienta. En realidad, se trata de hacer de una sola vez el trabajo de la herramienta Borrador de fondos, aunque dependiendo de las características de la imagen y del tipo de retoque será necesario utilizar una herramienta u otra.

Con respecto a los ajustes, si desactivamos la opción Borrar solo píxeles contiguos, la herramienta eliminará todos aquellos píxeles que coincidan con la muestra, ya sean adyacentes o no a esta. Haz la prueba activando y desactivando esta opción para comprender mejor su significado.

Degradado

Un degradado es una transición suave y progresiva entre dos o más colores (o tonos de un mismo color) que se aplica sobre un área seleccionada o una capa. Esta transición puede seguir direcciones lineales, radiales, angulares o personalizadas y permite crear efectos de profundidad, iluminación o fusión.

Photoshop ofrece dos posibilidades, a la hora de utilizar degradados, que podemos elegir en la barra de opciones (ver figura 11.3). El modo Degradado permite dibujar y ajustar el degradado directamente en el lienzo de forma no destructiva mediante un control interactivo que facilita la modificación de colores, opacidad y puntos intermedios en tiempo real. En cambio, el modo Degradado clásico conserva el flujo de trabajo tradicional: se configura mediante la barra de opciones y el editor, sin posibilidad alguna de interacción directa en el lienzo ni vista previa.

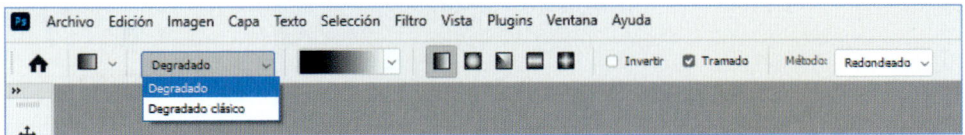

Figura 11.3. Modo Degradado y modo Degradado clásico.

Los pasos para crear un degradado con el nuevo modo no destructivo son estos:

1. Utiliza alguna de las herramientas de selección para delimitar la zona donde se aplicará el degradado o no selecciones nada para hacerlo sobre toda la imagen.

2. Selecciona la herramienta Degradado y, en la barra de opciones, elige el modo Degradado.

3. Haz clic y arrastra para definir la dirección del degradado. Photoshop mostrará en tiempo real el resultado.

4. Arrastra los manejadores de los extremos para modificar la dirección de la transparencia o haz doble clic en ellos para abrir el selector de color y editar las tonalidades de inicio y fin del degradado.

5. Mueve iconos (generalmente en forma de diamantes) situados sobre la línea de degradado para ajustar la posición de cada color o cambiar el tono haciendo doble clic en ellos. También puedes clicar cerca de la línea para añadir nuevos puntos de transición.

6. Como puedes ver en la figura 11.4, todos los cambios se generan sobre una nueva capa de ajuste para no alterar la imagen original.

Los degradados no destructivos presentan grandes ventajas. Una de ellas es que, al trabajar con una capa de relleno de degradado, puedes volver a seleccionar la capa y editar de nuevo el degradado directamente en el lienzo para ajustar el ángulo, la longitud o los puntos intermedios. Esto permite realizar modificaciones posteriores sin tener que repetir todo el proceso.

TRUCO:

Guarda tus configuraciones en los ajustes preestablecidos de degradado para usarlas en cualquier otro momento. Haz clic en el botón Nuevo, destacado en la figura 11.5.

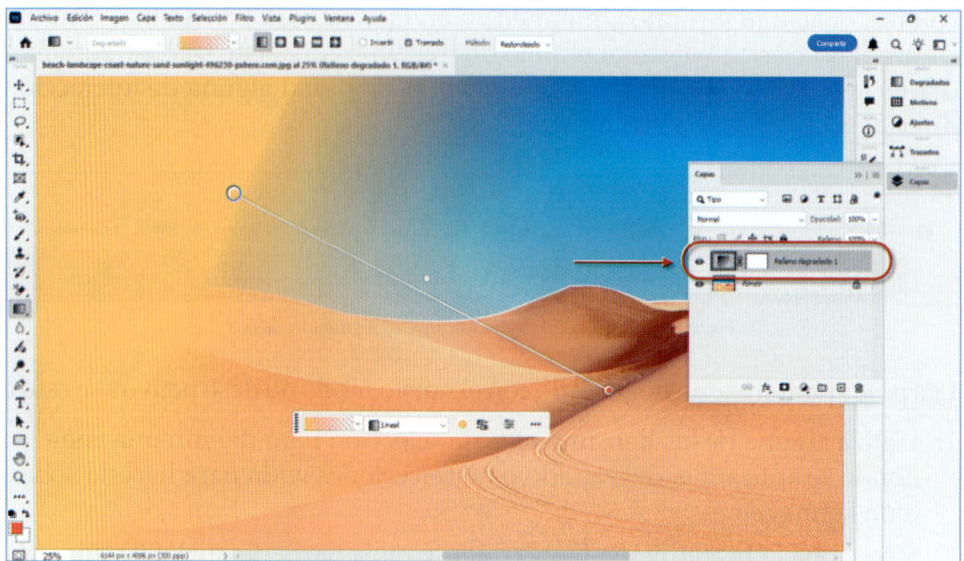

Figura 11.4. Nueva capa de ajuste después de crear el degradado.

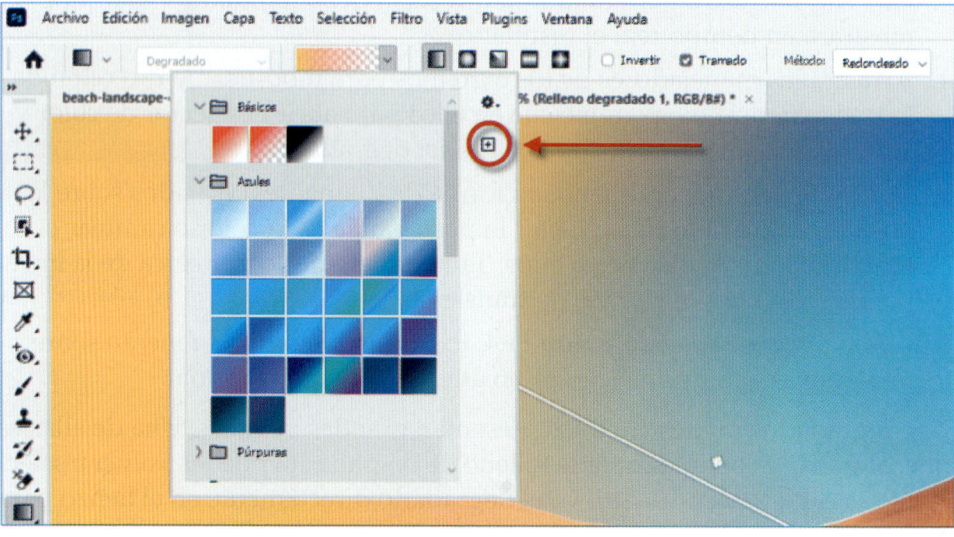

Figura 11.5. Guardar configuración actual del degradado como ajuste preestablecido.

Opciones de degradado

Las opciones de la herramienta Degradado son algo diferentes, según el modo que usemos. En el caso del degradado clásico, basta con hacer clic en la lista de ajustes preestablecidos para abrir el Editor de degradados (figura 11.6) donde podrás crear nuevos modelos o modificar los existentes. También puedes seleccionar directamente alguno de los ajustes predefinidos y editarlos según tus necesidades. En el modo interactivo, únicamente tendrás acceso a la lista de degradados preconfigurados; sin embargo, una vez seleccionado, podrás editarlo en tiempo real directamente sobre la imagen.

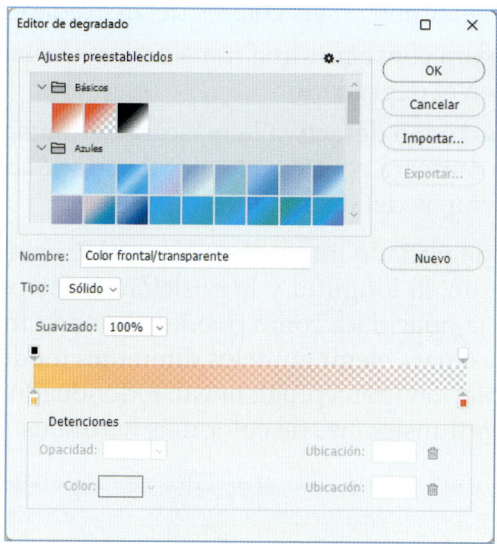

Figura 11.6. Editor de degradados.

Existe otras opciones que también debes conocer:

- **Modelos de degradado:** Cada opción representa un tipo de relleno. En este caso, lo mejor es que hagas diferentes pruebas hasta encontrar el efecto más adecuado.
  - **Lineal** (transición en línea recta).
  - **Radial** (transición circular desde un punto central).
  - **Angular** (efecto de arcoíris circular).
  - **Reflejado** (simétrico desde el centro).
  - **Diamante** (forma de rombo).
- **Modo:** Permite acceder a los distintos modos de fusión. Con el degradado clásico, la selección del modo de fusión se realiza en la barra de opciones. En cambio, en el modo degradado interactivo, Photoshop

aplica el degradado como una capa de ajuste no destructiva, por lo que el cambio del modo de fusión se efectúa directamente en el panel Capas.

- **Opacidad:** Controla el grado de transparencia del degradado con respecto a la imagen, a mayor opacidad, menos visibles serán las capas inferiores. En el modo clásico, esta opción se encuentra en la barra de opciones mientras que, en la versión interactiva de la herramienta tendrás que recurrir al panel Propiedades.

- **Invertir:** Invierte el orden en los colores del degradado.

- **Tramado:** Sirve para conseguir una transición más suave entre los colores que componen el degradado.

- **Transparencia:** Activa o desactiva la máscara de transparencia para el degradado. Esta máscara controla el valor de opacidad del relleno en cada una de las etapas del degradado.

Al activar el modo degradado interactivo, el panel Propiedades muestra opciones como el ángulo, la longitud y la posición de los puntos intermedios, además de regular la opacidad, como puedes ver en la figura 11.7. También dispones de opciones para elegir entre los diferentes modelos predefinidos y métodos de interpolación (perceptual, lineal, redondeado, listas o clásico), lo que permite obtener transiciones de color más naturales.

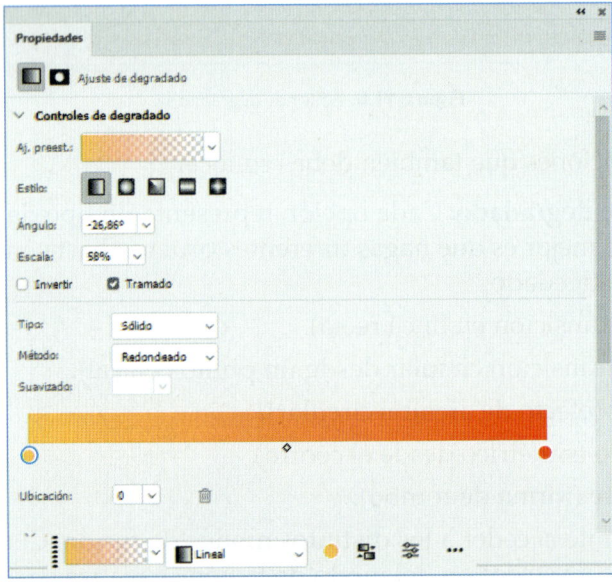

Figura 11.7. Aspecto del panel Propiedades cuando utilizamos el modo degradado interactivo.

Bote de pintura

Sin lugar a duda, se trata de una de las herramientas con más solera de Photoshop. Al hacer clic sobre una zona determinada con el Bote de pintura, rellenaremos todos los píxeles del color frontal o de primer plano seleccionado en la barra Herramientas.

Crear nuestros propios motivos de relleno

Ya hemos visto que la herramienta Bote de pintura permite completar un área previamente seleccionada o toda la imagen con el color de primer plano. Pero aún existe otra posibilidad, se trata de rellenar con un patrón o muestra. Elige la opción Motivo, de la primera lista desplegable situada en la barra de opciones. Una vez seleccionada, dispones de dos alternativas: la primera consiste en utilizar alguno de los motivos predefinidos en Photoshop, incluidos en la lista situada a la derecha de los tipos de relleno (hierba, agua, árboles…). Otra posibilidad sería definir nosotros mismos el motivo de relleno:

1. Utiliza alguna de las herramientas de selección para delimitar el área que servirá como patrón.

2. Elige el comando Definir motivo del menú Edición y, en el cuadro de diálogo Nombre de motivo, escribe el nombre con el que desees identificarlo. Haz clic en OK.

3. Ahora selecciona la herramienta Bote de pintura y en la barra de opciones, selecciona Motivo.

4. Haz clic en la lista de modelos disponibles y selecciona la muestra que acabas de crear. Habitualmente, se encontrará al final de todas.

5. Por último, haz clic con la herramienta Bote de pintura en la zona que desees rellenar. Al instante y siguiendo una distribución en mosaico, la zona elegida aparecerá rellena como se aprecia en la figura 11.8.

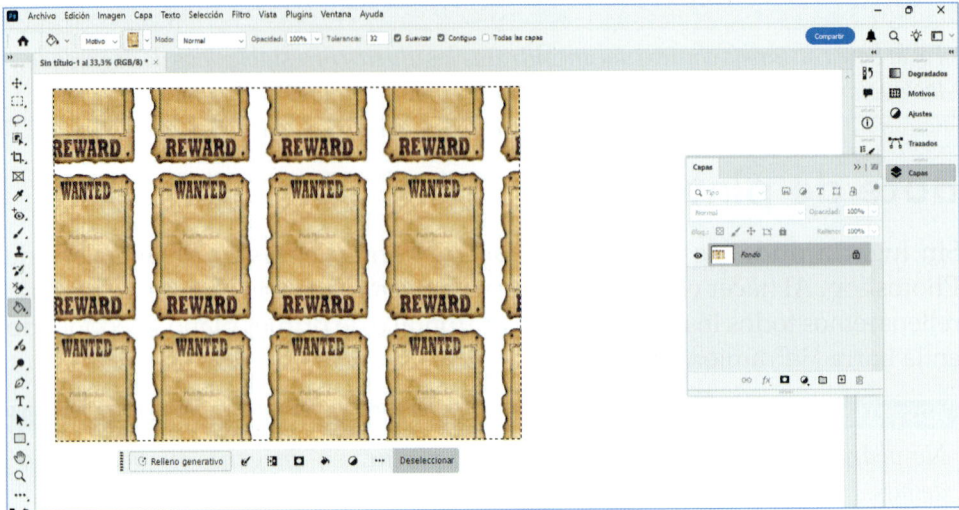

Figura 11.8. Relleno con motivo definido por el usuario.

Opciones de Bote de pintura

Entre las opciones de la herramienta Bote de pintura, encontramos de nuevo la posibilidad de elegir un determinado modo de fusión y un porcentaje de opacidad. Pero no es lo único:

- **Tolerancia:** Determina el comportamiento del efecto de relleno con respecto a los píxeles adyacentes. Con un valor de tolerancia mayor, la herramienta ampliará la gama de colores que interpreta como rellenables y viceversa. Los valores de tolerancia deben estar entre 0 y 256.

- **Suavizar:** Atenúa los bordes del área rellenada.

- **Contiguo:** Esta opción rellena solo los píxeles que tengan algún punto de contacto entre sí. Desactivada, se incluirán todos los píxeles de la imagen cuyo color coincida con los valores de relleno.

- **Todas las capas:** Si activas esta casilla, el relleno afectará no solo a la capa activa, sino a todas las capas de la imagen.

Desenfocar, Enfocar y Dedo

Las herramientas Desenfocar, Enfocar, Sobreexponer, Subexponer y Esponja no aplican color, sino que únicamente modifican el aspecto de la zona editada. Por ello, se consideran herramientas de retoque o edición, y no de pintura.

En la figura 11.9 se muestra su ubicación exacta en la barra de herramientas. Estas herramientas son esenciales para ajustar la nitidez y la exposición, lo que permite corregir imperfecciones o realzar detalles sin alterar la paleta original de la imagen. Su uso se enfoca en mejorar la calidad visual y la composición final, mientras ofrece un control preciso sobre áreas específicas.

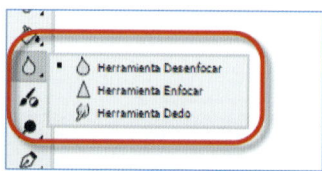

Figura 11.9. Herramientas Desenfocar, Enfocar y Dedo.

Desenfocar

Cuando se aplica la herramienta Desenfocar a una zona específica de la imagen, se logra un efecto de suavizado, aunque esto implica inevitablemente una disminución en la nitidez. Técnicamente, esta herramienta reduce el contraste entre los colores de los píxeles adyacentes, lo que genera el efecto visual de desenfoque. Actívala y arrastra el cursor por la zona de la imagen que necesites desenfocar.

Enfocar

El efecto conseguido con esta herramienta es el contrario al descrito en el apartado anterior. El resultado será un aumento del contraste en el color de los píxeles, pero a efectos visuales apreciaremos un aumento de la nitidez. Si nos excedemos en su aplicación, sobresaturaremos la imagen y se perderán los colores originales.

NOTA:

Es importante destacar que las tareas de enfoque y desenfoque también pueden realizarse mediante filtros, los cuales cumplen funciones similares a las herramientas que acabamos de explorar. Aunque no hemos abordado aún el uso de filtros cabe mencionar que estos afectan a toda la imagen de manera global, mientras que las herramientas vistas hasta ahora actúan de forma localizada, limitándose al área específica donde se aplican. Por ello, es recomendable no intentar desenfocar o enfocar una imagen completa utilizando estas herramientas, ya que están diseñadas principalmente para realizar pequeños retoques y ajustes selectivos.

Dedo

La herramienta Dedo genera un efecto de arrastre y movimiento sobre los colores del área tratada. Para que puedas apreciar la diferencia entre las tres herramientas de edición que acabamos de explicar, la figura 11.10 muestra un ejemplo donde se han aplicado los efectos de Desenfoque, Enfoque y Dedo, sobre una misma imagen.

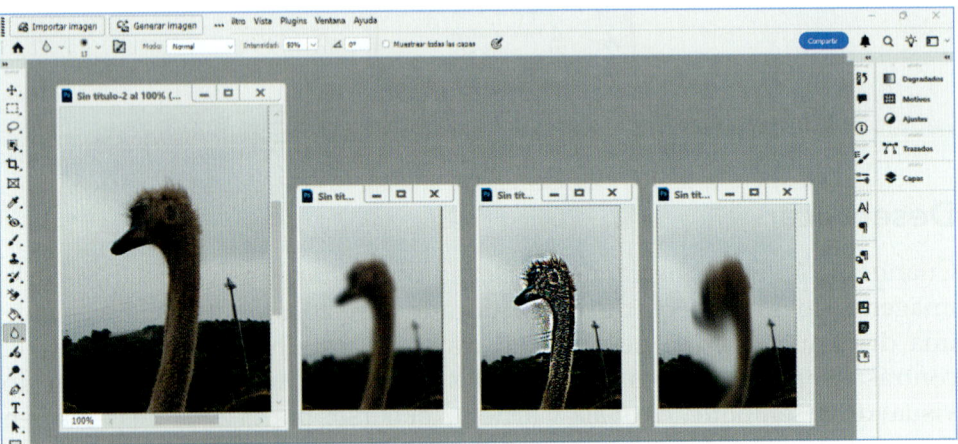

Figura 11.10. Imagen original y resultado de utilizar las herramientas Desenfocar, Enfocar y Dedo.

De las diferentes opciones de la herramienta Dedo, llama la atención Pintar con los dedos con el color frontal. Mientras esta opción permanezca desactivada, el Dedo utilizará la tinta de la propia imagen. En cambio, cuando se activa, la herramienta Dedo adopta la capacidad de pintar, además de crear el efecto de arrastre. Incluso se puede pintar sin tener nada de tinta debajo, ¡compruébalo!

No olvides que el color que utiliza la herramienta Dedo para pintar es el que se encuentra activo en el selector de la barra de herramientas como color frontal.

ADVERTENCIA:

Ninguna de las tres herramientas que hemos visto, Desenfocar, Enfocar y Dedo, se puede utilizar con imágenes de mapa de bits o en modo de color indexado.

NOTA:

Para cualquiera de las herramientas anteriores, dispones de toda la gama de pinceles que aparecen por defecto en la opción Pincel de la barra de opciones y, por supuesto, en los paneles Pinceles y Ajustes de pincel, que trataremos en los próximos capítulos.

Sobreexponer, Subexponer y Esponja

Nos encontramos ante otro grupo interesante de herramientas de edición que, al igual que las del apartado anterior, se encuentran situadas bajo el mismo icono en la barra de herramientas. A continuación, describimos el propósito de cada una de ellas, pero antes, observa en la figura 11.11 la posición que ocupan.

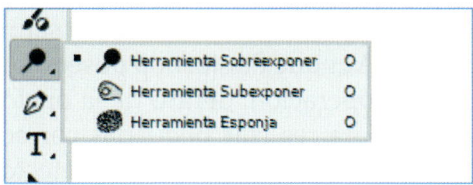

Figura 11.11. Herramientas Sobreexponer, Subexponer y Esponja.

Sobreexponer

La herramienta Sobreexponer, representada por un pequeño alfiler, permite aplicar una sobreexposición de luz en áreas específicas de la imagen. Como su nombre indica, esta herramienta se utiliza para aclarar manualmente zonas seleccionadas, ajustando su brillo y haciendo que los detalles oscuros sean más visibles. Además, puedes controlar la intensidad del efecto mediante el ajuste de la opacidad en la barra de opciones, lo que permite precisión al trabajar con diferentes tonalidades.

Su uso es sencillo: basta con seleccionar la herramienta y arrastrar el cursor sobre la zona que deseas iluminar. También puedes personalizar el tamaño y la dureza del pincel para adaptarlo a las necesidades de cada retoque. Es ideal para retoques locales donde se requiere mejorar la exposición sin afectar el resto de la imagen, como revelar detalles en sombras o equilibrar la iluminación en ciertas áreas.

Subexponer

Prácticamente todos los conceptos que hemos explicado para la herramienta anterior son extrapolables a la herramienta Subexponer, excepto que, en esta ocasión, el resultado que conseguimos es de el oscurecimiento del área tratada.

El principio de las herramientas Sobreexponer y Subexponer se basa en la fotografía tradicional, donde a la hora del ampliado podemos tapar algunas zonas de la imagen (subexponer) o aumentar el tiempo de exposición a la luz de la ampliadora (sobreexponer). Si eres aficionado a la fotografía, seguro que conoces bien estos términos.

Esponja

Con esta herramienta, podrás modificar el nivel de saturación dentro de un área concreta de la imagen. Aunque Photoshop posee algunos comandos más potentes para realizar esta operación, dentro de la opción Ajustes del menú Imagen, la Esponja sirve para realizar pequeñas correcciones o incluso, si nuestra creatividad lo permite, componer vistosos efectos.

Para las imágenes en modo Escala de grises, la herramienta Esponja permite disminuir o aumentar el contraste de una zona determinada, al desplazar los niveles de grises hasta un punto más intermedio.

Quizás te estés preguntando por qué esta herramienta se llama Esponja. Pues bien, para atender tu curiosidad te diremos que, en la fotografía tradicional, para saturar una imagen en su totalidad, se añade más cantidad de líquido revelador, pero si queremos aplicar este efecto solo a una parte de la imagen, se utiliza una esponja para empapar con líquido revelador esa zona concreta.

En la figura 11.12 puedes observar una imagen a la que hemos aplicado de forma deliberadamente exagerada las herramientas Subexponer, Sobreexponer y Esponja.

Cuentagotas

La herramienta Cuentagotas permite tomar una muestra de color y convertir este tono en el color de primer plano la barra de herramientas. Para usar el Cuentagotas, haz clic en el punto de la imagen que tomarás como muestra.

A medida que muevas el cuentagotas por la imagen, en el panel Información (pulsa F8 para mostrarlo) podrás ver la posición del Cuentagotas, junto al color del píxel en los modos RGB y CMYK. Otra posibilidad es recurrir al panel Color, donde Photoshop indica la situación de la tonalidad en la propia paleta de colores.

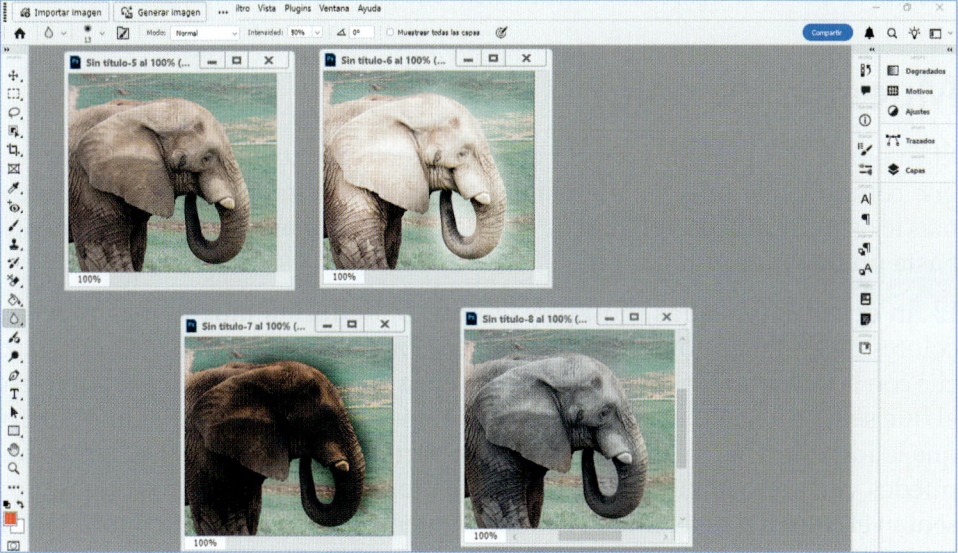

Figura 11.12. Efecto de las herramientas Sobreexponer, Subexponer y Esponja.

La opción Mostrar el aro de muestra, activada por defecto, permite comprobar de forma visual el color frontal seleccionado en ese momento y el color de la muestra sobre el que se encuentra el Cuentagotas como puedes ver en la figura 11.13.

Figura 11.13. Cuentagotas con la opción Mostrar aro activada.

Muestra de color

El Cuentagotas permite conocer el color exacto de cualquiera de los píxeles que componen la imagen, pero la herramienta Muestra de color va un poco más lejos y ofrece la posibilidad de comparar entre varias zonas, concretamente hasta un máximo de diez.

El fin de estas muestras múltiples es cotejar, de forma mucho más precisa, colores de distintas zonas de una imagen. Para colocar un muestreador, haz clic con la herramienta Muestra de color en la zona que desees. En el punto en el que se ha colocado el muestreador aparece un símbolo junto a un número que lo identifica. Al mismo tiempo, en la parte inferior del panel Información puedes ver, junto al número del muestreador, los valores exactos que representan el color del píxel sobre el que se encuentran. Si observas la figura 11.14, probablemente lo entiendas mucho mejor.

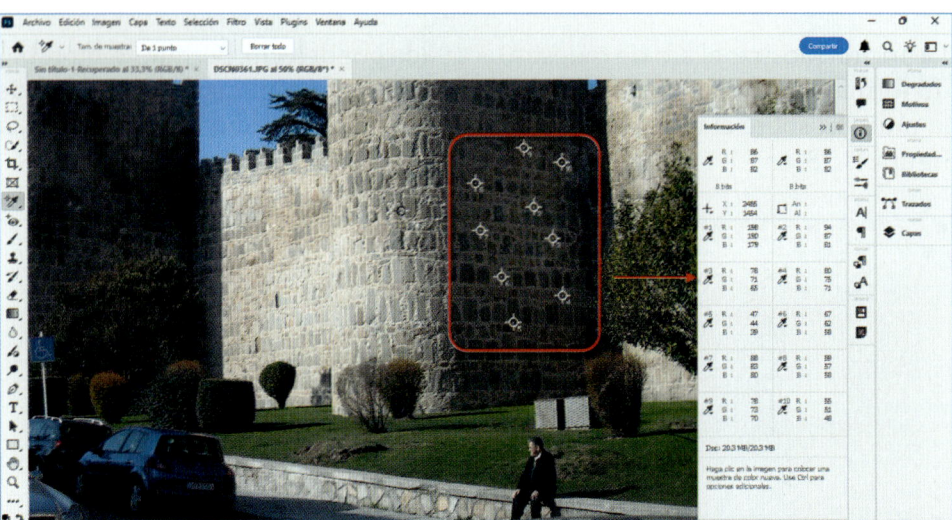

Figura 11.14. Muestreadores.

Para modificar la posición de un muestreador, haz clic en él y arrástralo. Pero, si lo que quieres es eliminarlo, puedes optar por arrastrar el muestreador fuera de la imagen o situarte encima de él al tiempo que mantienes pulsada la tecla Alt. El cursor se transformará en una pequeña tijera y solo tendrás que hacer clic para eliminarlo.

En la barra de opciones, la única posibilidad de configuración disponible, tanto para la herramienta Cuentagotas como para Muestra de color, es la lista denominada Tamaño de muestra. Su función es definir el área que utilizarán las dos herramientas para determinar el color del píxel. Para las opciones distintas de un píxel, Photoshop se encarga de generar los valores promedio para los colores muestreados.

En la barra de opciones, el botón Borrar todo eliminará todos los muestreadores situados sobre la imagen.

TRUCO:

Si necesitas utilizar el Cuentagotas mientras estás manejando cualquiera de las herramientas de dibujo, pulsa la tecla Alt.

Regla

La herramienta Regla comparte posición con el Cuentagotas y la herramienta Muestra de color. Su propósito es determinar la longitud exacta entre dos puntos dentro de una imagen, pero también permite modificar la orientación y recortar la imagen de forma precisa. Para utilizar la herramienta Regla, haz clic en el punto en el que desees empezar a medir y arrastra hasta completar la distancia que necesites calcular. Observa la barra de opciones, aquí encontrarás los datos de medición obtenidos:

- La posición inicial en la que comenzó la medición. Esta información se encuentra en la esquina inferior izquierda del panel y está representada por los parámetros X e Y.
- Las distancias, tanto horizontales como verticales, se calculan a partir de los parámetros anteriores (X e Y). Podrás localizar esta información en la esquina inferior derecha del panel (An y Al).
- El ángulo calculado sobre el eje X (A) y la distancia total de la medición (L) están situados en la esquina superior derecha.

TRUCO:

Mantén pulsada la tecla Mayús mientras utilizas la herramienta Regla y limitarás sus movimientos en ángulos de 45°.

Después de realizar una medición, la línea que la representa permanece en el área de trabajo. Si quieres utilizar esta misma línea para una nueva medición, tienes la posibilidad de cambiar su posición e incluso de redimensionarla.

Para modificar su ubicación, acerca el ratón hasta la línea de medición con cuidado de no tocar sus extremos. Haz clic y mantén pulsado el botón izquierdo del ratón mientras arrastras la línea de medición.

Si lo que necesitas es redimensionar la línea de medición, sitúa el cursor encima de cualquiera de los extremos, haz clic y arrastra.

La herramienta Regla también permite ajustar el horizonte de una imagen. Observa el ejemplo de la figura 11.15, evidentemente exagerado, en el que se muestra la imagen inicial y el resultado después de cambiar su orientación con la herramienta Regla.

Figura 11.15. Cambio de orientación con la herramienta Regla.

Para utilizar esta característica haz clic y define con la herramienta Regla una línea que respete la misma inclinación del objeto o elemento de la imagen que necesitamos arreglar. Una vez hecho utiliza el botón Enderezar capa, situado en la barra de opciones. Es evidente que aquí no se termina el trabajo, deberías probar con herramientas como el Tampón de clonar, el Pincel corrector o el relleno generativo para completar las zonas en blanco.

Herramienta Marco

Un marco de posición es simplemente un contenedor diseñado para alojar imágenes. Eliges la forma y luego insertas la imagen dentro. La herramienta Marco cumple precisamente esta función: permite crear contenedores o marcos rectangulares, elípticos o incluso personalizados, en los que puedes colocar imágenes. Estas se ajustarán automáticamente a la forma sin necesidad de recortarlas manualmente, además de ofrecer la posibilidad de cambiarlas con facilidad.

En la figura 11.16, hemos destacado los diferentes tipos de contenedores disponibles en la barra de opciones.

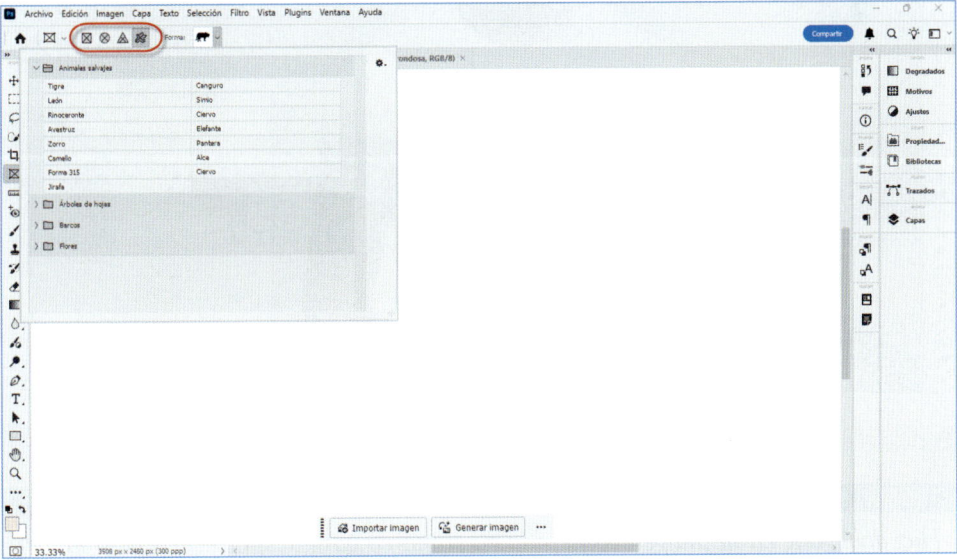

Figura 11.16. Diferentes opciones para definir el contenedor asociado a la herramienta Marco.

Una vez seleccionada la herramienta y elegida la forma deseada en la barra de opciones, haz clic y arrastra para establecer las dimensiones del marco. A continuación, presta atención a la barra de tareas contextual, donde podrás:

- **Utilizar el relleno generativo:** Crea contenido mediante algoritmos de inteligencia artificial a partir de un *prompt* o descripción.

- **Importar imágenes:** Inserta la imagen que desees colocar dentro del marco desde cualquier ubicación del equipo o la biblioteca.

- **Definir el trazo del marco:** Personaliza el estilo del borde, incluyendo el color y un regulador para ajustar su grosor.

- **Posición del trazo:** Elige si el borde del marco debe ubicarse en el centro, interior o en el exterior.

- **Panel Propiedades:** Accede directamente a este panel para establecer medidas exactas para el marco.

En la figura 11.17, se muestra un ejemplo en el que hemos utilizado la herramienta Marco para diseñar una camiseta. En este caso, el relleno generativo se encargó de crear la imagen de fondo.

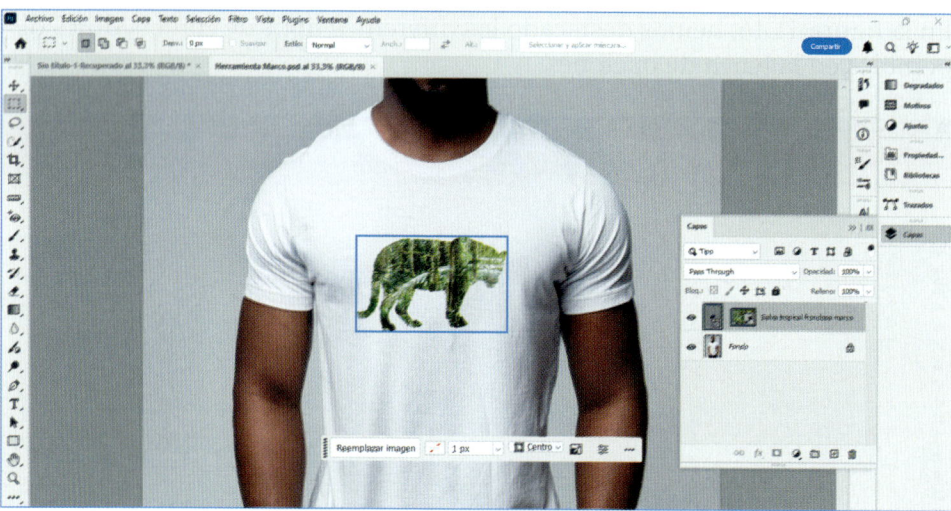

Figura 11.17. Aplicación práctica de la herramienta Marco.

TRUCO:

Haz doble clic en la imagen contenida en el marco para desplazarla o para mover el marco completo.

Resumen

En este capítulo, nos adentramos en las herramientas de retoque y edición clásicas de Photoshop, que complementan a la perfección las nuevas funciones de IA. Exploramos a fondo el Borrador, el Borrador de fondos y el Borrador mágico, así como la creación de degradados, tanto de forma clásica como interactiva.

También detallamos el uso de las herramientas Sobreexponer, Subexponer y Esponja, junto con Enfoque, Desenfoque y Dedo. Por último, explicamos cómo utilizar la nueva opción Marco y el Bote de pintura, incluida la creación de nuestros propios motivos de relleno personalizados.

12

Pinceles

Pinceles

Los pinceles son una herramienta fundamental en Photoshop y su importancia va más allá de la función básica de la herramienta Pincel. Su uso se extiende a múltiples herramientas de pintura y edición, lo que los convierte en un elemento clave. ¿Cómo identificarlos? Basta con buscar, a la izquierda de la barra de opciones, los dos iconos: el Selector de pinceles preestablecidos y el panel Ajustes del pincel (figura 12.1). Estos controles son imprescindibles para ajustar desde trazos básicos hasta efectos artísticos avanzados.

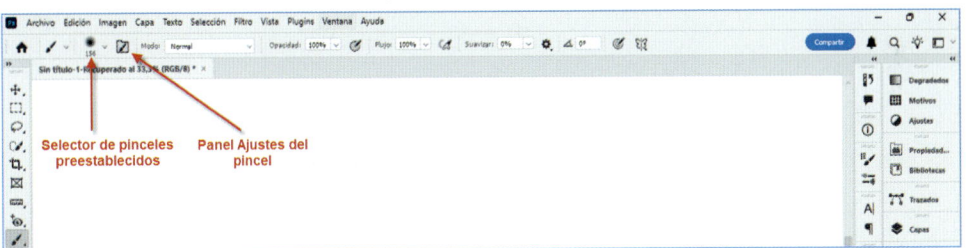

Figura 12.1. Acceso directo a los ajustes prestablecidos y a los ajustes del pincel desde la barra de opciones.

Si tuviéramos que destacar algo sobre a los pinceles de Photoshop sería su versatilidad y sus posibilidades de personalización. El programa ofrece una amplia gama de modelos, estilos y formas de pinceles, adaptables a cualquier necesidad: desde trazos realistas que imitan acuarelas u óleos, hasta efectos abstractos y texturas innovadoras. Cada ajuste, desde la opacidad hasta la dispersión, permite afinar el resultado final con precisión profesional.

Esta combinación de variedad y control avanzado no solo optimiza cualquier tipo de tarea, sino que potencia la creatividad al máximo nivel. Los pinceles transforman ideas en bonitos trazos, convierten correcciones en detalles imperceptibles y ofrecen la libertad de experimentar sin límites.

Panel Ajustes del pincel

Las posibilidades de los pinceles en Photoshop han evolucionado mucho y resulta realmente sorprendente tanto la sencillez de uso como la potencia de su interfaz.

Empecemos con el panel Ajustes del pincel. Para mostrarlo, selecciona el comando Ajustes del pincel disponible en el menú Ventana o utiliza la tecla de función F5. En la figura 12.2 puedes ver su aspecto.

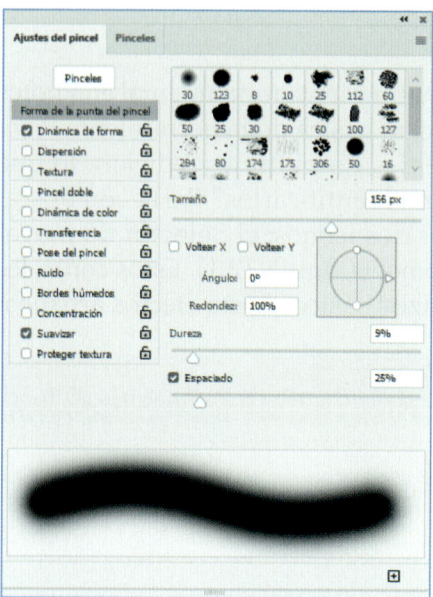

Figura 12.2. Aspecto por defecto del panel Ajustes del pincel.

Entre las opciones situadas a la izquierda del panel Ajustes del pincel distinguimos dos grupos. En primer lugar, las propiedades que admiten configuración como Forma de la punta del pincel, Dinámica de forma o Dispersión, entre otras. Haz clic en cualquiera de ellas para mostrar los parámetros asociados en el margen derecho del panel. Por ejemplo, el control deslizante Tamaño, situado bajo la lista de formas de pinceles, permite modificar el grosor del pincel seleccionado.

Justo a continuación de las opciones anteriores, se encuentran las propiedades que únicamente se pueden activar o desactivar como: Ruido, Bordes húmedos, Suavizar…

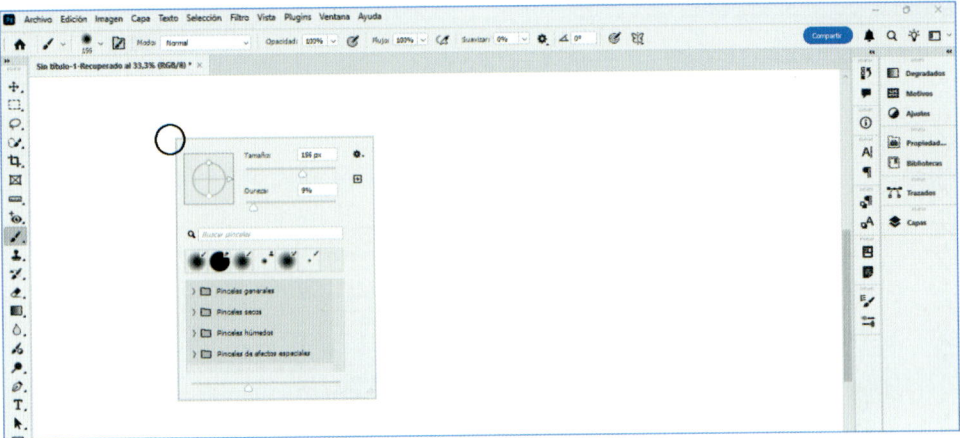

Figura 12.3. Opciones de pincel asociadas al botón derecho de cualquier herramienta de pintura.

Para entender y aprovechar todas las posibilidades disponibles para los pinceles, describiremos el significado de las opciones más importantes que admiten configuración:

- **Dinámica de forma:** Al activar esta opción conseguiremos que el trazo del pincel no sea constante, sino que cambie según la pauta que le marquemos. Algunos de los parámetros que puedes modificar durante el trazo son: el tamaño, el diámetro mínimo, el ángulo y la redondez. Mientras mayor sea el porcentaje que indiquemos para cada uno de estos valores, más inestable será el trazo del pincel. Por otra parte, las opciones incluidas en las listas desplegables sirven para controlar el aspecto de cada una de las variaciones, por ejemplo: sería posible aplicar transiciones, difuminar el trazo o, incluso, si dispones de una tableta digitalizadora sensible a la presión, modificar el trazo según el ángulo de inclinación de la pluma electrónica.

- **Dispersión:** El efecto conseguido cuando activas esta opción es similar al que ocurre en la vida real cuando pintamos con brochas muy usadas o bastante deterioradas. Es decir, el trazo del pincel no será homogéneo, sino que aparecerá diseminado según los valores de Dispersión, Cantidad y Variación de la cantidad. El primero de ellos determina la separación de las marcas y el segundo, su cantidad. La figura 12.4 muestra un ejemplo en el que hemos utilizado un valor alto de Dispersión y uno bajo de Cantidad. Por último, la casilla de verificación Ambos ejes define la distribución de las marcas: radial o perpendicular al trazo del pincel.

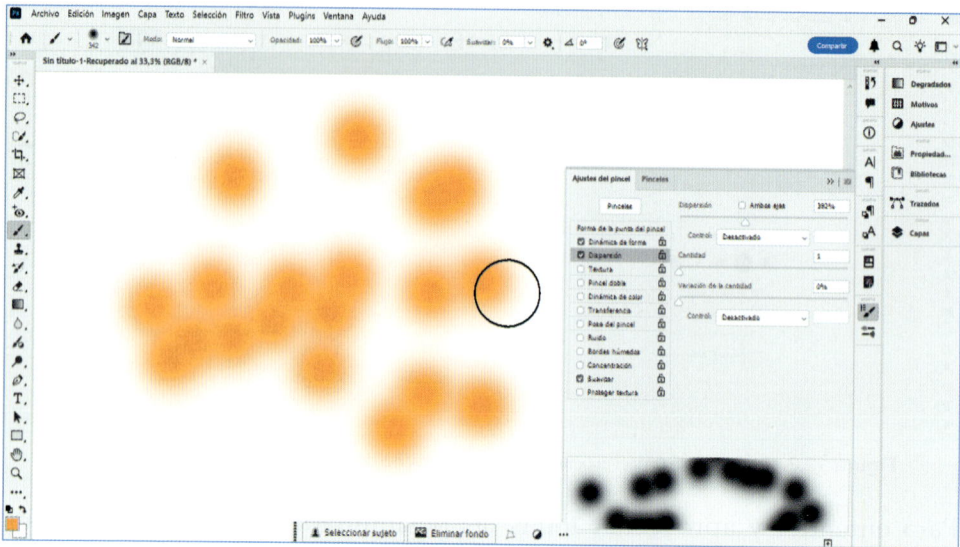

Figura 12.4. Valor alto de dispersión en el trazo del pincel.

- **Textura:** Entre las posibilidades más sorprendentes que ofrece el panel Ajustes del pincel se encuentra esta, que permite seleccionar una textura determinada y conseguir efectos tan sugerentes como los que muestra la figura 12.5. Despliega la lista de motivos y utiliza el pequeño botón representado por una rueda dentada para añadir nuevos patrones de diseño. Revisa la configuración de los parámetros Escala y Dureza si el efecto de textura no se distingue con claridad.

- **Pincel doble:** En este caso, se trata de simular el uso de un pincel con dos puntas, cada una de ellas configurada de un modo distinto. Mientras que, para la primera. Photoshop tomará los valores establecidos en el resto de las opciones del panel, para la segunda deberemos elegirlos entre las posibilidades que aparecen al activar esta opción.

- **Dinámica de color:** Su uso provoca cambios aleatorios en el color del trazo y se pueden incluso definir transiciones entre el color de fondo y el de primer plano, con tan solo activar la opción Transición en la lista desplegable Control. Combinando esta opción con las dos anteriores conseguiremos efectos espectaculares.

- **Transferencia:** Con esta opción conseguirás que el trazo del pincel no sea regular, mediante el ajuste de los valores de opacidad y de flujo. El primero de ellos alude al grado de transparencia del trazo, mientras que el segundo controla su intensidad.

- **Pose de pincel:** Parece que la imaginación de los ingenieros de Adobe no tiene fin. Esta opción nos permite simular la inclinación y la presión del pincel, imitando su comportamiento real.

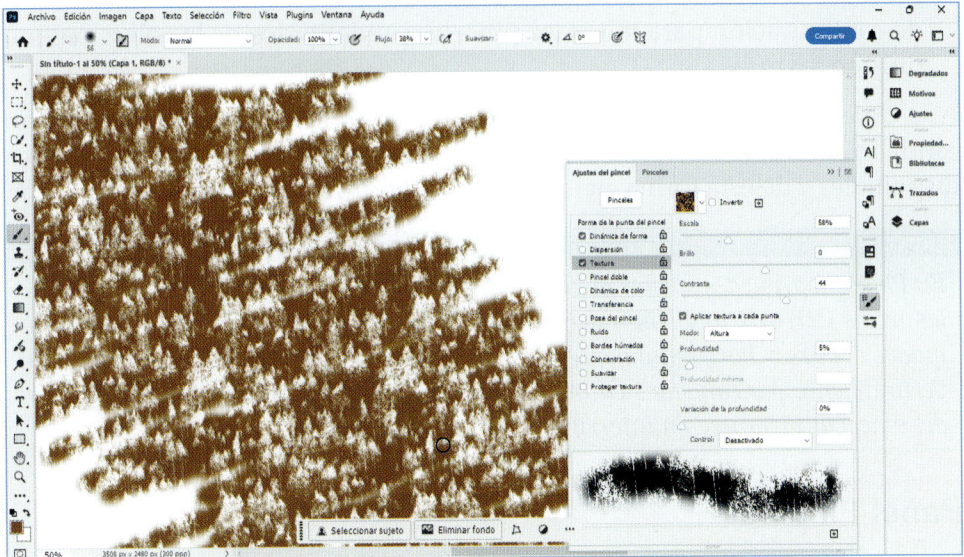

Figura 12.5. Resultado de aplicar texturas al trazo del pincel.

A partir de aquí, las opciones que muestra el panel Ajustes del pincel solo pueden activarse o desactivarse y, por lo tanto, no incluyen ningún parámetro de configuración:

- **Ruido:** Este valor hace referencia a cierto grado de distorsión que se aplica sobre el trazo del pincel.

- **Bordes húmedos:** Cuando activamos esta opción, el área central del trazo queda más clara, simulando un efecto de pintura al agua o acuarela.

- **Concentración:** Podríamos decir que esta opción sería equivalente al simulador de aerógrafo asociado a la herramienta Pincel, pues genera trazos con gran cantidad de pintura, sensibles a la cantidad de tiempo que permanezcamos en un punto.

- **Suavizar:** Atenúa los rasgos duros del trazo, haciéndolos algo más suaves. Es posible que se genere cierto retardo en la representación cuando habilitas este parámetro.

- **Proteger textura:** Permite mantener la textura seleccionada y sus valores de configuración para todos los pinceles predefinidos de la colección que utilicen texturas.

A la derecha de todas las opciones de configuración aparece un pequeño candado. Con este elemento puedes bloquear cualquiera de las propiedades disponibles y de esta forma, evitar que sean modificadas por descuido o error.

TRUCO:

En Photoshop, puedes ajustar rápidamente el tamaño y la dureza del pincel mediante las teclas Ctrl-Alt y el botón derecho del ratón. Con esta combinación activada, mueve el cursor horizontalmente para cambiar el tamaño del pincel o desplázalo verticalmente, para ajustar su dureza. Este método permite cambiar la configuración del pincel al instante, sin interrumpir el flujo de trabajo.

Panel Pinceles

En Photoshop existen dos paneles relacionados con los pinceles. El primero, Ajustes del pincel, descrito en el aparado anterior, donde podrás realizar todo tipo de ajustes avanzados y configuraciones. Por otra parte, el panel Pinceles incluye multitud de pinceles ya creados y configurados para usarlos en cualquier momento. Para acceder a este último, emplea alguno de estos métodos:

- El comando Pinceles situado en el menú Ventana.

- El botón Pinceles del panel Ajustes del pincel.

- Seleccionar el icono situado en el extremo izquierdo de la barra de opciones para todas aquellas herramientas de edición que admitan el uso de pinceles.

- Hacer clic con el botón derecho en la imagen mientras se encuentra seleccionada alguna herramienta de edición o pintura.

Las dos últimas posibilidades mostrarán una versión reducida del panel Pinceles, pero igualmente práctica y funcional. A partir de aquí, puedes usar cualquiera de los modelos con tan solo hacer clic en alguna de las categorías representadas por pequeñas carpetas, como se aprecia en la figura 12.6, y elegir el pincel que necesites.

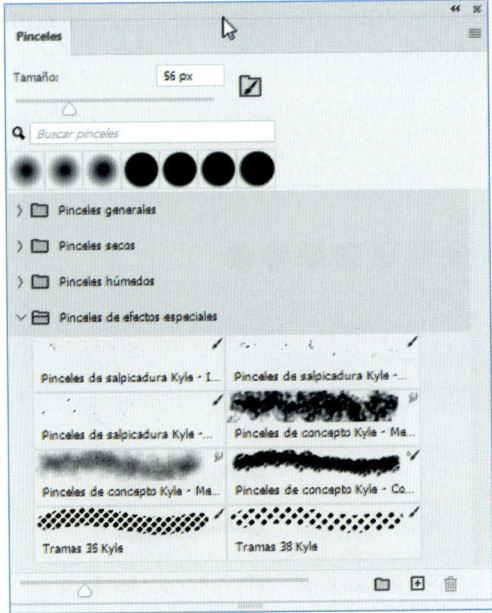

Figura 12.6. Panel Pinceles.

Crear un nuevo pincel

Aunque las opciones son muchas, con la posibilidad de importar nuevas colecciones de pinceles descrita en el párrafo anterior, es posible que no encuentres el pincel que necesitas; por esta razón, si lo deseas, puedes crear tus propios pinceles personalizados y, cómo no, incluirlos en el panel Pinceles para usarlos cuando los necesites. Para crear un nuevo pincel:

1. Selecciona alguno de los modelos de pinceles disponibles. Elige uno que se aproxime todo lo posible al que necesitas.

2. Modifica sus propiedades para crear exactamente el tipo de pincel que estás buscando.

3. Haz clic en el botón resaltado en la figura 12.7 o selecciona el comando Nuevo valor de pincel, en el menú asociado al panel Ajustes del pincel o al panel Pinceles.

4. En el cuadro de diálogo que aparece, introduce el nombre del nuevo pincel y haz clic en OK.

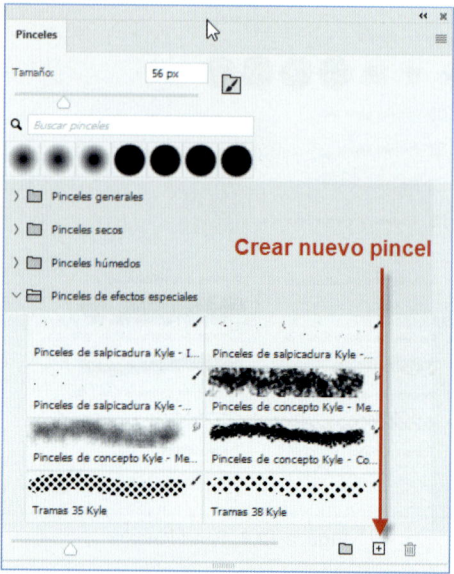

Figura 12.7. Botón para crear un nuevo pincel.

TRUCO:

En la parte superior del panel Pinceles, justo debajo del regulador de tamaño y el buscador, encontrarás los últimos pinceles utilizados para que puedas acceder a ellos más rápido.

Opciones de suavizado adicionales

Cuando tratamos la herramienta Pincel dejamos a un lado las opciones de suavizado porque nos parecía algo pronto para describir estas características. Selecciona de nuevo el pincel y presta atención a la barra de opciones. Junto al porcentaje de suavizado se encuentra un pequeño icono (figura 12.8) con algunas funciones interesantes. Recuerda que es necesario activar la casilla Suavizar en el panel Ajustes del pincel para que esta característica y todas sus funciones asociadas estén disponibles.

Pero antes de continuar queremos aclarar el concepto de suavizado. Selecciona un pincel sencillo, pon a cero el regulador Suavizar y dibuja cambiando la dirección del trazo. A continuación, repite lo mismo pero esta vez utiliza el valor máximo de suavizado. Comprobarás que el movimiento y el resultado de los cambios de sentido es diferente en función del porcentaje de suavizado. Photoshop utiliza toda su «inteligencia», para ayudar a quienes no tenemos buen pulso a mejorar los trazos dibujados con herramientas como el Pincel o el Lápiz.

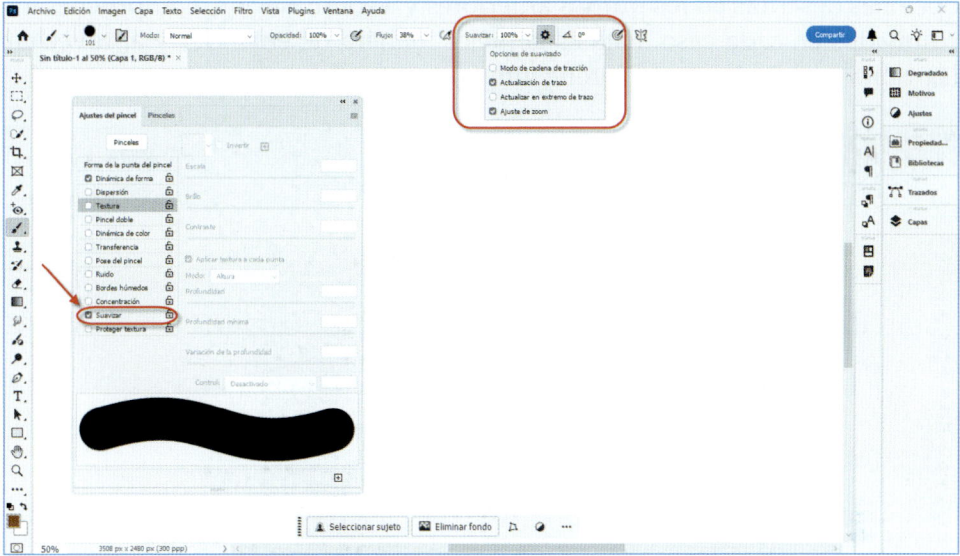

Figura 12.8. Opciones de suavizado.

Además de establecer un determinado porcentaje de suavizado, puedes elegir entre diferentes comportamientos:

- **Modo de cadena de tracción:** Si activas esta opción, Photoshop mostrará un círculo de tamaño proporcional al valor de suavizado. A partir de ese momento, puedes definir la dirección del trazo y no hacerla efectiva hasta que el pincel toque el borde del círculo. Se trata de una ayuda realmente valiosa para dibujar elementos más complejos. En la figura 12.9 puedes comprobar el aspecto del cursor cuando activamos esta característica.

- **Actualización de trazo:** En este caso, Photoshop aplica cierto valor de inercia al pincel, de manera que no se detiene en el mismo instante de parar el movimiento, sino que la pintura sigue fluyendo un poco más.

- **Actualizar en extremo de trazo:** En esta ocasión, el trazo se detiene, pero finalmente llega hasta el punto exacto en el que hemos detenido el cursor. Resulta muy útil cuando se necesita precisión en el punto de fin del trazo.

- **Ajuste de zoom:** Modifica de forma automática el porcentaje de suaviza-do, en función del grado de zoom aplicado sobre el documento y permi-te así mejorar el resultado del trazo en cualquier situación.

Te recomendamos que selecciones de manera individual cada una de las opciones descritas en los puntos anteriores y a continuación, compruebes los resultados en cada caso. Esta es la mejor manera de entender y aprovechar las ventajas del suavizado inteligente.

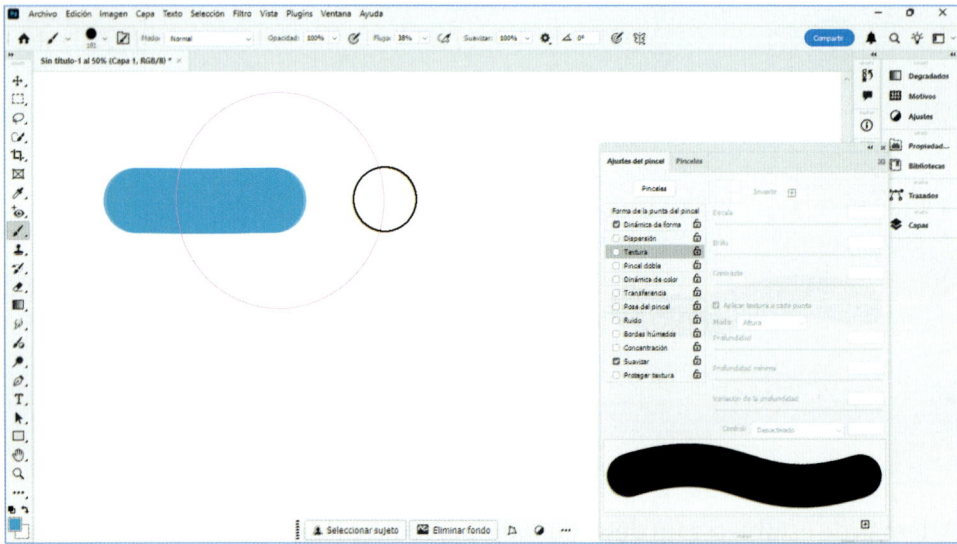

Figura 12.9. Modo de cadena de tracción en funcionamiento.

Gestor de ajustes preestablecidos

En capítulos anteriores comprobamos cómo Photoshop ofrecía la posibilidad de guardar los ajustes de nuestras herramientas en la barra de opciones o incluso en su propio panel para acceder a ellas de manera cómoda y sencilla. Del mismo modo, en el apartado anterior hemos descrito las posibilidades del panel Pinceles, donde encontraremos decenas de pinceles previamente configurados y listos para utilizarlos.

Pero aquí no se acaba todo; selecciona el comando Edición>Ajustes preestablecidos>Gestor de ajustes preestablecidos y en el cuadro de diálogo que puedes ver en la figura 12.10; encontrarás todas las colecciones de elementos preconfigurados disponibles en Photoshop como: degradados, motivos, muestras, contornos y, por supuesto, herramientas y pinceles. Simplemente es necesario seleccionar el elemento que desees en la lista Tipo de ajuste preest.

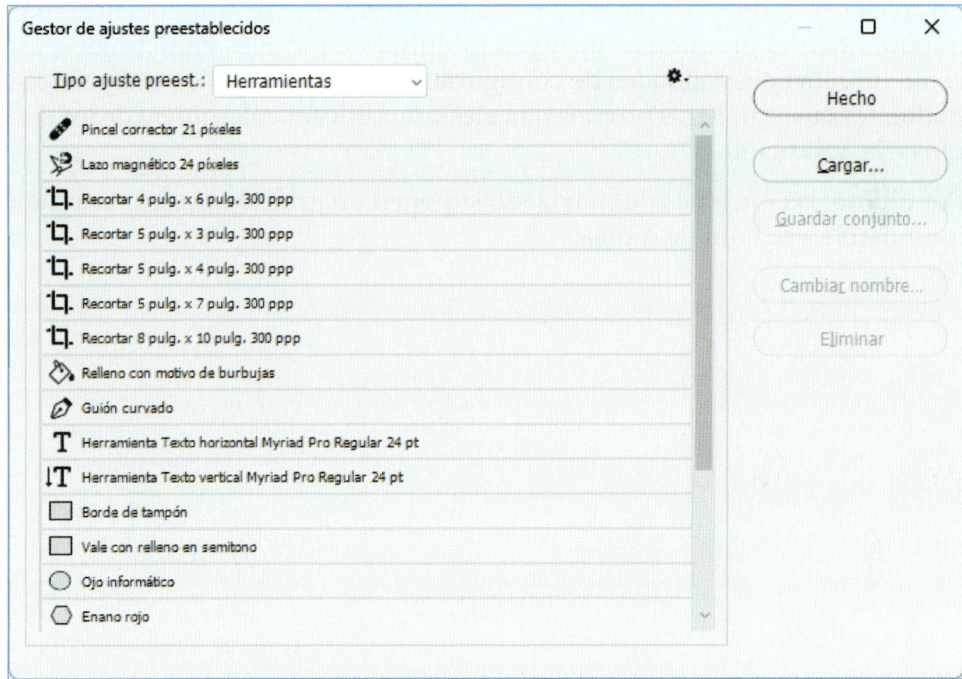

Figura 12.10. Gestor de ajustes preestablecidos.

NOTA:

Entre las numerosas ventajas de Adobe Clouds está la sincronización de ajustes y configuraciones. De esta forma, podrás utilizarlas en cualquier otro equipo con tan solo introducir tu Adobe ID.

El Gestor de ajustes proporciona una interfaz común con la que puedes administrar todos los conjuntos de elementos incluidos por defecto en el programa. En la lista situada en la parte superior selecciona el grupo de elementos y después, con los botones situados a la derecha, elimina, crea o carga nuevos grupos. Por último, el pequeño botón circular ubicado a la derecha de la lista principal permite acceder al menú asociado a cada componente.

Resumen

Los pinceles en Photoshop son utilizados por muchas de sus herramientas y se trata de una característica imprescindible en trabajos tan distintos como el retoque fotográfico, la edición de imágenes o el diseño.

Los paneles Ajustes del pincel y Pinceles son dos de los componentes más importantes del programa e incluyen multitud de pinceles predefinidos, así como infinitas posibilidades de configuración. Aprovechando sus opciones, podremos crear nuestros propios pinceles o modificar cualesquiera de los que ofrece la aplicación.

Por último, las opciones de suavizado suponen un gran avance y una ayuda inestimable a la hora de dibujar.

13

Estilos, capas de ajuste y transformaciones

Estilos de capa

Con los estilos de capa en Photoshop puedes aplicar efectos visuales preconfigurados y personalizables a cualquier capa, transformando su apariencia sin alterar su contenido original. Estos efectos incluyen sombras, resplandores, biseles, relieves, superposiciones de color, degradados y texturas, entre otros. Para cada estilo podrás modificar valores como la opacidad, el ángulo, la distancia, el tamaño o la intensidad. Además, al ser no destructivos, los estilos pueden editarse o desactivarse en cualquier momento.

Para aplicar estilos de capa en Photoshop, primero selecciona la capa sobre la que deseas trabajar. Una vez seleccionada, puedes acceder a los estilos de capa de varias maneras. La primera es a través del menú Capa, donde deberás desplegar el submenú Estilo de capa y elegir alguna de las opciones disponibles.

Sin embargo, existe una forma mucho más rápida y práctica, si trabajas frecuentemente con estos efectos. En el panel Capas, verás un botón, resaltado en la figura 13.1, que te lleva directamente al menú de estilos de capa. Al hacer clic en este botón, se abrirá un menú contextual con las opciones más comunes para aplicar sombras, brillos, biseles y otros efectos de manera inmediata. Esta opción no solo es más accesible, sino que también permite visualizar los cambios en tiempo real.

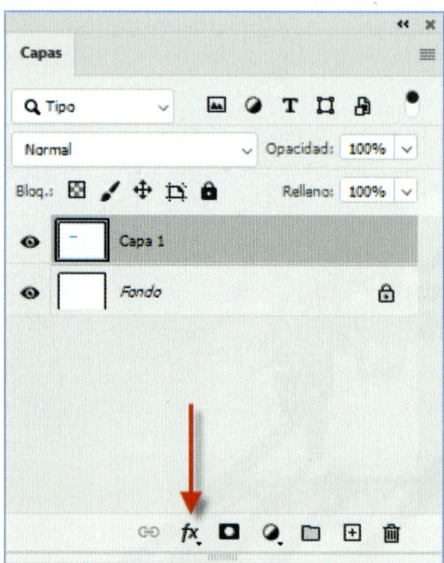

Figura 13.1. Botón Añadir un estilo de capa.

Después de seleccionar un estilo, se abrirá el cuadro de diálogo que muestra la figura 13.2, donde podrás ajustar los parámetros del efecto y personalizar su resultado. Además, tienes la opción de activar y configurar varios estilos simultáneamente, combinándolos para obtener resultados más elaborados.

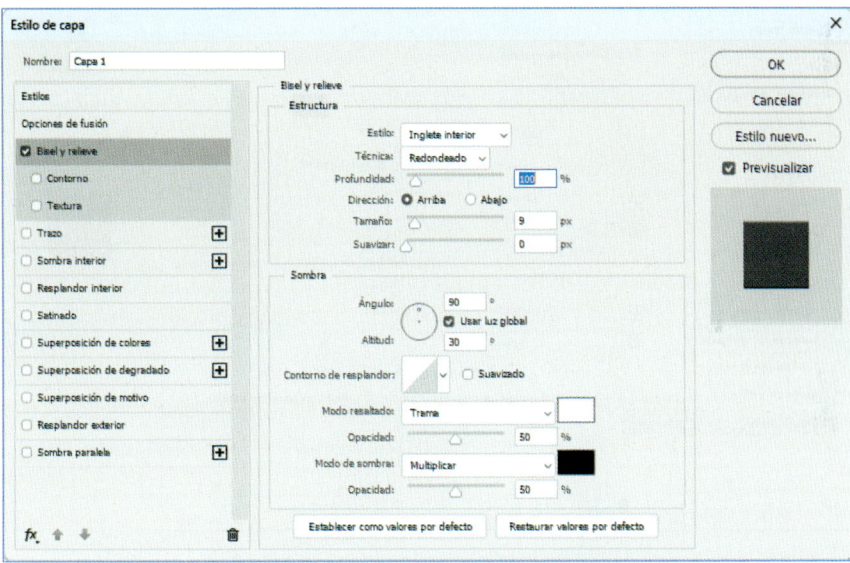

Figura 13.2. Cuadro de diálogo Estilo de capa.

Aunque a primera vista pueda parecer lo contrario, la forma de utilizar el cuadro de diálogo Estilo de capa es sencilla. En el margen izquierdo tienes tres elementos:

- **Estilos:** Selecciona esta opción y en la parte derecha del cuadro de diálogo aparecerá el contenido del panel Estilos. En los capítulos dedicados a los filtros la trataremos con más detalle, de momento, utilízala para aplicar efectos predefinidos de forma rápida y sencilla.

- **Opciones de fusión:** Determinan cómo interactúan los píxeles de una capa con las capas inferiores, modificando la apariencia mediante modos como Multiplicar, Superponer o Luz Suave.

- **Lista de estilos:** El resto de las opciones que aparecen junto a una casilla de verificación, no son todos los estilos de capa disponibles.

Después elegir un estilo en el botón del panel Capas, por ejemplo, Sombra paralela, la parte central del cuadro de diálogo muestra todas sus posibilidades de configuración, tal como se ve en la figura 13.3. Si quieres activar cualquier otro estilo, selecciona la casilla de verificación que se encuentra a la izquierda de su nombre. Si además necesitas modificar sus ajustes, haz clic directamente en el nombre del estilo.

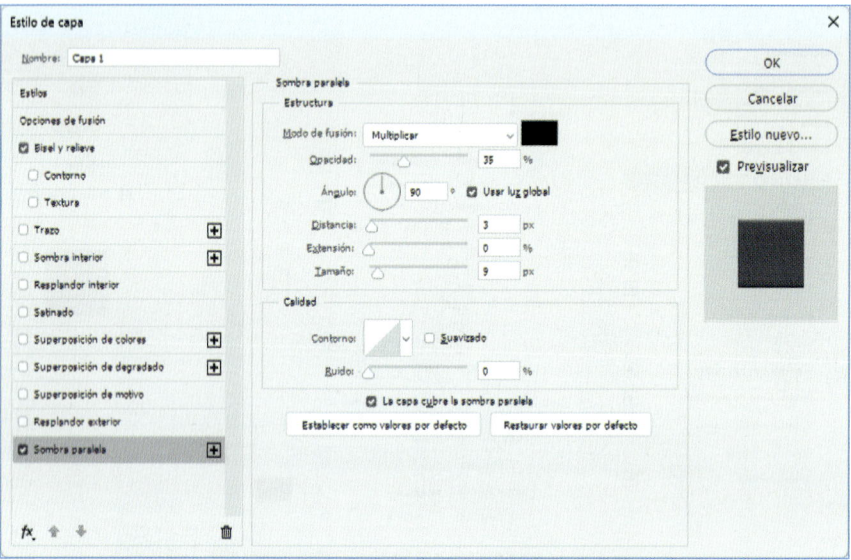

Figura 13.3. Opciones de configuración para el estilo de capa Sombra paralela.

Desde el cuadro de diálogo Estilo de capa puedes activar y configurar tantos estilos como desees. Es decir, no existe limitación en cuanto al número de estilos que Photoshop permite aplicar al mismo tiempo sobre una capa.

> **TRUCO:**
>
> *Con el botón Estilo nuevo del cuadro de diálogo Estilo de capa puedes guardar la configuración actual. De esta manera, podrás reutilizar tus ajustes personalizados en otros proyectos o capas sin tener que configurarlos desde cero.*

Photoshop ofrece diez estilos de capa distintos que permiten transformar y enriquecer el contenido de tus diseños. A continuación, describimos brevemente cada uno:

- **Bisel y relieve:** Simula un efecto tridimensional mediante la combinación de luces y sombras. Ofrece opciones como ajustar la dirección de la luz, el tamaño del bisel y la suavidad. Además, puedes usar texturas o patrones personalizados con la opción Motivo para enriquecer aún más el resultado.

- **Trazo:** Crea un contorno alrededor del contenido de la capa, ideal para resaltar textos o formas. Puedes elegir entre colores sólidos, degradados o incluso patrones, además de controlar el grosor, la opacidad y la posición (interior, centro o exterior).

- **Sombra interior:** Genera una sombra dentro de los bordes del contenido de la capa, lo que ofrece la sensación de hundimiento o recorte. Es perfecto para crear efectos de profundidad.

- **Resplandor interior:** Añade una fuente de brillo desde el interior de los elementos de la capa que les proporciona un aspecto luminoso o destacado. Puedes ajustar el color, la opacidad y el tamaño del resplandor.

- **Satinado:** Aplica un efecto de sombreado suave dentro de las áreas opacas de la capa y crea un acabado sedoso o metálico. Este estilo es útil para suavizar transiciones y reducir el ruido.

- **Superposición de color:** Permite aplicar un color uniforme sobre el contenido de la capa e interactúa con él según el modo de fusión seleccionado. Es una forma rápida de cambiar el tono general de un objeto.

- **Superposición de degradado:** Sobrepone un degradado sobre la capa, lo que permite crear transiciones suaves entre colores. Puedes elegir entre varios tipos de degradados (lineal, radial, etc.) y ajustar su ángulo y escala.

- **Superposición de textura:** Aplica un patrón repetitivo sobre la capa, ideal para simular texturas como madera, piedra o cuero. Combínalo con otros estilos para conseguir resultados más realistas.

- **Resplandor exterior:** Crea un halo luminoso alrededor del contenido de la capa y simula que emite luz desde el exterior. Perfecto para destacar elementos.

- **Sombra paralela:** Genera una sombra proyectada debajo de la capa, para crear sensación de elevación. Puedes ajustar la distancia, el ángulo, la opacidad y la suavidad de la sombra.

Una vez aplicado cualquier estilo, aparece el símbolo «Fx» a la derecha del nombre de la capa, para recordarnos que tiene efectos activos. Además, bajo el nombre de la capa, se mostrará una lista con todos los estilos aplicados, como se observa en la figura 13.4. El triángulo invertido situado junto a las letras «Fx» permite ocultar o mostrar los estilos aplicados a la capa.

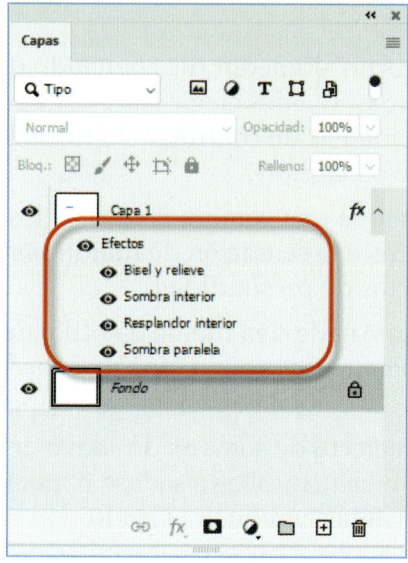

Figura 13.4. Estilos en el panel Capas.

También puedes conocer los estilos aplicados a una capa, haciendo clic con el botón derecho en el símbolo de estilo de capa y comprobando la marca de verificación que aparece junto al nombre de cada estilo.

Configuración de estilos de capa

No pretendemos aburrirte con explicaciones técnicas y detalladas sobre cada parámetro que configura los efectos de estilo, pero al menos, debes conocer las siguientes opciones:

- **Ángulo:** Define la dirección desde la cual incide la luz en la capa. Al activar la opción Usar luz global, todos los efectos de luz de la imagen compartirán la misma fuente, algo que le proporciona coherencia visual.

- **Retraer:** Ajusta la opacidad de los bordes del efecto, especialmente útil para suavizar sombras o resplandores y evitar transiciones bruscas.

- **Contorno:** Permite modificar la forma del efecto aplicado mediante diferentes perfiles predefinidos. Esta opción afecta tanto a los bordes como al interior de las áreas opacas de la capa y ofrece unos resultados únicos según el contorno seleccionado.

- **Ruido:** Añade pequeñas variaciones de color aleatorias dentro del efecto, lo que proporciona un aspecto más natural o reduce el efecto artificial de algunos ajustes.

- **Origen:** Controla el punto de partida del resplandor, ya sea desde el centro de la capa o desde sus bordes exteriores. Ideal para personalizar la distribución de luces.

- **Extender:** Incrementa el alcance del efecto añadiendo píxeles opacos en los bordes, útil para evitar recortes indeseados en ciertos estilos.

- Además, existen otras opciones como Suavizar, Modos de fusión, Degradados o Motivos, que funcionan de manera similar a las herramientas y comandos descritos en capítulos anteriores. Todas permiten mayor control sobre el resultado final, no dejes de experimentar con ellas para conocerlas mejor.

TRUCO:

Algunos estilos como las sombras, el satinado o la superposición de degradados modifican el aspecto del efecto cuando arrastras el cursor directamente sobre la imagen.

Copiar y pegar estilos de capa

Después de aplicar y configurar uno o varios estilos puedes utilizarlos en otras capas. Haz clic con el botón derecho en el símbolo de estilo «Fx» y selecciona el comando Copiar estilo de capa. A continuación, haz de nuevo clic con el botón derecho pero esta vez en la capa en la que deseas usar los estilos copiados y selecciona el comando Pegar estilo de capa.

Convertir estilos en capas

Los estilos quedan asociados de forma predeterminada a la capa seleccionada en ese momento, pero podrías descomponer cada uno de los efectos en capas independientes. Haz clic con el botón derecho en las letras «Fx» o en cualquier estilo y selecciona el comando Crear capas. En la figura 13.5 puedes comprobar el aspecto del panel Capas, antes y después de convertir los estilos en capas.

No todos los estilos se pueden convertir en capas y en esos casos Photoshop mostrará un mensaje de alerta.

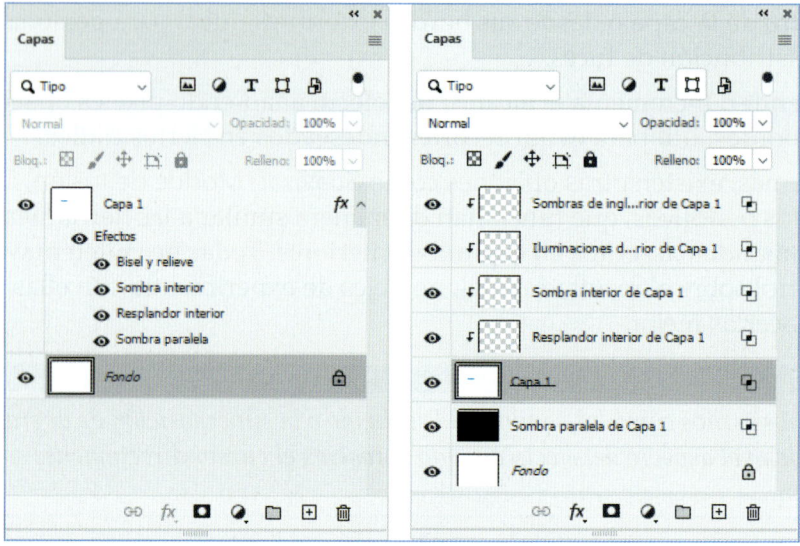

Figura 13.5. Panel Capas antes y después de descomponer estilos.

Convertir los efectos en capas independientes permite editar y ajustar cada efecto de manera separada. Por ejemplo, para modificar la opacidad, aplicar máscaras o transformaciones específicas, ofreciendo un control más preciso sobre el resultado final sin limitarte a las restricciones del estilo vinculado a la capa original.

Opacidad de relleno y estilos de capa

Mientras que el regulador Opacidad del panel Capas, comentado en los capítulos anteriores, permite modificar el grado de transparencia de todo el contenido de la capa, el regulador Relleno afecta solo a los elementos pintados o dibujados sobre la capa, sin modificar el porcentaje de visibilidad de los efectos o estilos aplicados.

Es posible que esta opción genere algo de confusión y al principio resulte complicado distinguirla del regulador Opacidad, pero prueba con un sencillo ejemplo; selecciona la herramienta Pincel y dibuja varios trazos aleatorios; después, desde el panel Estilos aplica cualquiera de los efectos disponibles. Una vez hecho esto modifica a discreción los reguladores Opacidad y Relleno para comprobar el comportamiento de cada uno de ellos.

TRUCO:

Al situar el cursor sobre el nombre del regulador Opacidad o Relleno comprobarás que cambia de forma. En ese momento, haz clic y arrastra hacia la derecha o hacia la izquierda para modificar el porcentaje del efecto.

Capas de ajuste o de relleno

Imagina una capa de ajuste como una película transparente que se superpone a tu imagen. Sobre esta película puedes modificar parámetros como el brillo, el tono, el contraste y otros, lo que permite experimentar con diversos efectos sin alterar los píxeles originales. Esta edición no destructiva te da la libertad de volver al estado inicial si eliminas la capa de ajuste.

Además, dado que una capa de ajuste afecta a todas las capas que se encuentran debajo de ella, puedes reorganizar su posición en el panel de Capas para ver cómo varían los efectos sobre la imagen según el orden de apilamiento. Esta flexibilidad permite adaptar y afinar cualquier edición de manera dinámica, comprobando en tiempo real cómo influyen estos ajustes.

En el caso de las capas de relleno, su función es ligeramente distinta. Con ellas puedes aplicar un color sólido, un degradado o un motivo sobre una capa sin modificar de forma permanente el contenido de las que están situadas debajo. Esto significa que, a diferencia de las capas de ajuste, las de relleno no alteran los píxeles de las que están debajo, sino que las ocultan en función de su opacidad o mediante el uso de máscaras. Gracias a este comportamiento, son ideales para crear fondos o añadir efectos gráficos sin afectar directamente el contenido original.

Crear capas de relleno o de ajuste

Para crear una nueva capa de ajuste o de relleno, simplemente haz clic en el botón Crear nueva capa de relleno o ajuste situado en la parte inferior del panel de Capas. Inmediatamente se desplegará un menú (ver figura 13.6) con los modelos disponibles. Los tres primeros Color uniforme, Degradado y Motivo, están destinados a la creación de capas de relleno, mientras que los restantes corresponden a diferentes tipos de capas de ajuste utilizados para modificar aspectos como el brillo, el contraste y la saturación, entre otros.

Utiliza esta técnica de edición no destructiva para experimentar con distintos efectos y combinaciones sin alterar en absoluto el archivo original. Además, al combinar capas de relleno con máscaras, podrás delimitar con precisión el área de aplicación del efecto, ajustar su opacidad y modificar los modos de fusión, para lograr una integración más homogénea con el resto de la composición.

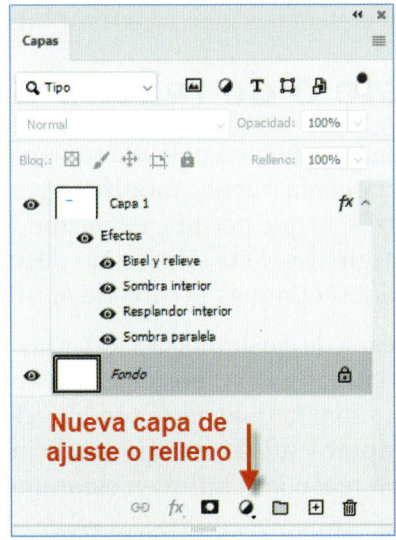

Figura 13.6. Crear nueva capa de ajuste o relleno.

Una vez elegido un ajuste, utiliza el panel Propiedades para modificar su configuración. La figura 13.7 muestra el aspecto del panel después de seleccionar el ajuste de Tono/saturación. En la parte inferior, encontrarás varios iconos que describimos a continuación, empezando por el situado más a la izquierda:

- El primer icono permite elegir si quieres que el ajuste se aplique a todas las capas de abajo o solo a la capa que está justo debajo.
- El segundo, muestra el ajuste antes de los cambios, para comparar el estado actual con el anterior.
- El tercero, revierte todos los cambios para recuperar la configuración original de todos los parámetros.
- Con el cuarto icono puedes activar o desactivar la visibilidad de la capa de ajuste o de relleno.
- Por último, el quinto elimina la capa de ajuste por completo.

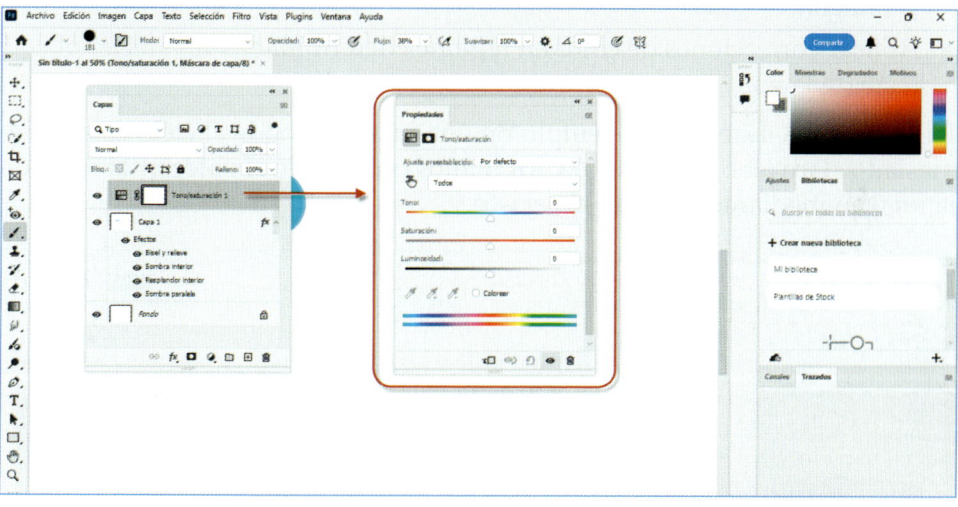

Figura 13.7. Panel Propiedades después de seleccionar el ajuste Tono/saturación.

TRUCO:

Haz doble clic en una capa de ajuste para abrir el panel Propiedades y modificar sus valores de configuración.

Entre los comandos del menú Capa se encuentran Nueva capa de ajuste y Nueva capa de relleno. Estos comandos tienen el mismo propósito que el botón del panel Capas.

Pincel de ajuste

Se trata de una herramienta innovadora que debes tener presente. Permite aplicar ajustes de forma no destructiva en áreas específicas. Al pintar sobre la imagen, se crea automáticamente una nueva capa de ajuste con su máscara, haciendo mucho más sencillas las correcciones locales sin alterar el original. Eliges un efecto (como aclarar, oscurecer o cambiar el color) y lo aplicas únicamente en la zona que deseas mejorar. Su uso resulta ideal para retoques rápidos y muy localizados, como:

- Realzar o suavizar zonas específicas de un retrato (por ejemplo, iluminar el rostro o suavizar sombras).
- Ajustar la exposición, contraste o saturación de áreas puntuales, como oscurecer un cielo o resaltar detalles en un paisaje.
- Corregir pequeños errores o dar un toque creativo a partes concretas de la imagen.
- Aplicar correcciones de color en regiones determinadas sin afectar el resto de la imagen.

La figura 13.8 muestra un ejemplo de una imagen donde el cielo estaba demasiado claro (sobreexpuesto) y los hemos oscurecido sin afectar al resto de la imagen mediante el Pincel de ajuste.

Figura 13.8. Ejemplo de uso del Pincel de ajuste sobre un cielo sobreexpuesto o demasiado claro.

Sigue estos pasos para utilizar el Pincel de ajuste:

1. Abre la fotografía que deseas corregir y selecciona el Pincel de ajuste.
2. En la barra de opciones, elige el ajuste que deseas aplicar (por ejemplo, exposición, brillo/contraste o saturación).
3. Ajusta el tamaño, la dureza y el flujo del pincel según el nivel de precisión que necesites.
4. Pinta directamente sobre el área de la imagen donde quieras aplicar el cambio; Photoshop creará automáticamente una nueva capa de ajuste con su correspondiente máscara.
5. Utiliza el panel Propiedades para afinar los ajustes.
6. Si es necesario, repite el proceso o cambia la configuración del pincel para conseguir una corrección completa.

TRUCO:

Los botones ubicados a la derecha de la lista de ajustes, también disponibles en la barra de herramientas contextual (ver figura 13.9), son fundamentales para personalizar el comportamiento del Pincel de ajuste. Utilízalos para extender el efecto a nuevas zonas o eliminarlo de áreas en las que ya esté aplicado.

Figura 13.9. Botones de la barra de opciones y la barra de tareas contextual para añadir o eliminar ajustes con el pincel.

Panel ajustes

El panel Ajustes, accesible desde el menú Ventana o mediante el atajo F7, es el complemento ideal para trabajar con las capas de ajuste en Photoshop. Este panel centraliza diversas opciones que facilitan la aplicación rápida de cualquiera de las opciones disponibles. Se organiza en tres secciones que puedes expandir haciendo doble clic en su nombre:

- **Ajustes únicos:** Cada icono representa un tipo de ajuste como niveles, curvas, brillo/contraste, saturación, tonalidad, etc. Después de aplicar alguno de ellos, se abrirá el panel Propiedades con todos sus parámetros de configuración. Los cambios se generan sobre una capa independiente, que podrás modificar en cualquier otro momento.

- **Preestablecidos:** Mientras los Ajustes únicos están diseñados para usuarios avanzados que requieren una personalización detallada, los Ajustes preestablecidos ofrecen soluciones rápidas con valores ya configurados, útil para principiantes o cuando disponemos de poco tiempo para realizar la corrección.

- **Sus ajustes preestablecidos:** Si tienes ciertos ajustes que utilizas con frecuencia, puedes guardarlos aquí. De esta manera, tendrás acceso instantáneo a ellos en esta sección del panel. Utiliza el pequeño botón representado por un signo más para añadir el ajuste actualmente seleccionado en la paleta Capas a esta lista.

El icono situado a la derecha de cada una de las diferentes categorías cambia el modo visualización de un simple icono a una pequeña representación del ajuste como puedes comprobar en la figura 13.10. El modo completo es más intuitivo, pero requiere un poco más de espacio en el panel.

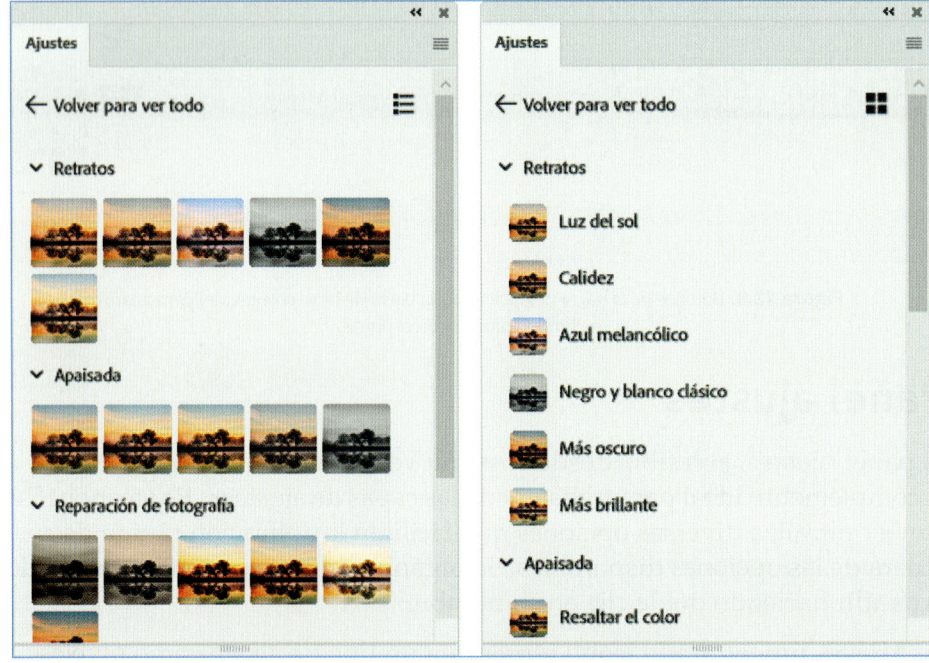

Figura 13.10. Modo de visualización de ajustes en el panel.

Cada vez que seleccionas alguno de los ajustes del panel, Photoshop crea automáticamente una nueva capa, que puedes editar o eliminar sin alterar la capa base. También muestra el panel Propiedades con todos los parámetros de configuración del ajuste como puedes comprobar en la figura 13.11.

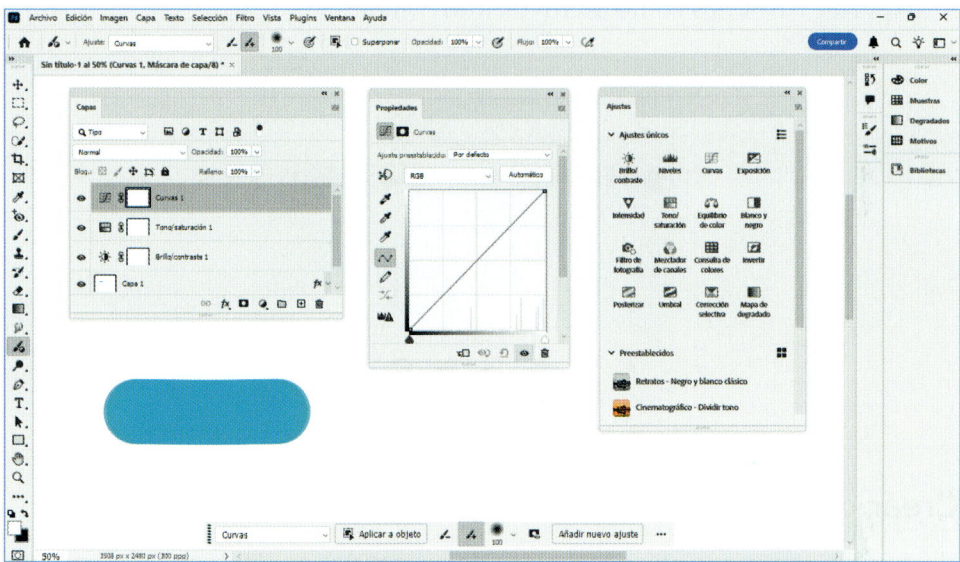

Figura 13.11. Aspecto de los paneles Capa y Propiedades después de utilizar los ajustes únicos o prestablecidos de cada panel.

Composiciones de capas

Las composiciones de capas en Photoshop son una herramienta que va más allá de las instantáneas del panel Historia. Mientras las instantáneas registran un estado del documento en un momento concreto, las composiciones de capas guardan el estado del panel Capas en un momento determinado y permiten recuperar esta configuración en cualquier otro momento.

Su principal ventaja radica en la posibilidad de crear múltiples variantes de un diseño en un mismo archivo y alternar entre ellas de forma sencilla, incluso después de modificar las capas. Por ejemplo, si ajustas el color de un elemento, puedes actualizar selectivamente una composición sin afectar a las demás. Esto las hace ideales a la hora de presentar diferentes variaciones de un proyecto.

El panel Composiciones de capa (ver figura 13.12) centraliza en un solo lugar la gestión de todas tus composiciones, algo que facilita acciones como:

- Crear nuevas composiciones.
- Comparar diseños activando o desactivando vistas.
- Actualizar configuraciones tras realizar cualquier cambio.
- Exportar variantes como archivos individuales.

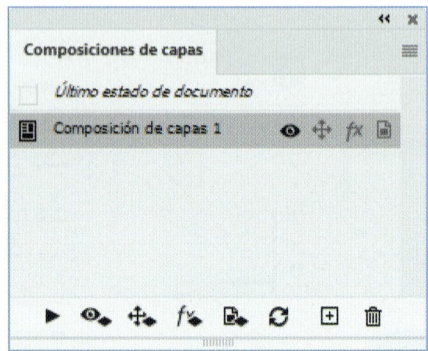

Figura 13.12. Panel Composiciones de capas.

Crear composiciones de capas

¿Listo para empezar a crear composiciones de capas en Photoshop? El primer paso es tener visibles dos paneles clave: Capas y Composiciones de capas, recuerda que puedes hacerlo desde el menú Ventana.

Veamos el funcionamiento de las composiciones de capas con un ejemplo. Más concretamente, utilizaremos una de las imágenes de muestra, le añadiremos un título y crearemos dos modificaciones, asociando a cada variante una composición de capa. No es un ejemplo demasiado complejo, pero permite ilustrar el funcionamiento de las composiciones de capas.

Para entender su utilidad, trabajaremos con un caso práctico sencillo: abriremos una imagen de muestra y añadiremos un título como elemento de diseño. A partir de aquí, crearemos dos variantes y asignaremos cada versión a una composición de capas independiente.

NOTA:

No te preocupes si todavía no sabes cómo añadir texto a imágenes en Photoshop, en los capítulos siguientes trataremos a fondo este tema.

Después de trabajar sobre la imagen, añadir el texto y aplicarle distintos estilos, tendríamos lista la primera versión del diseño, que puedes ver en la figura 13.13. A partir de aquí:

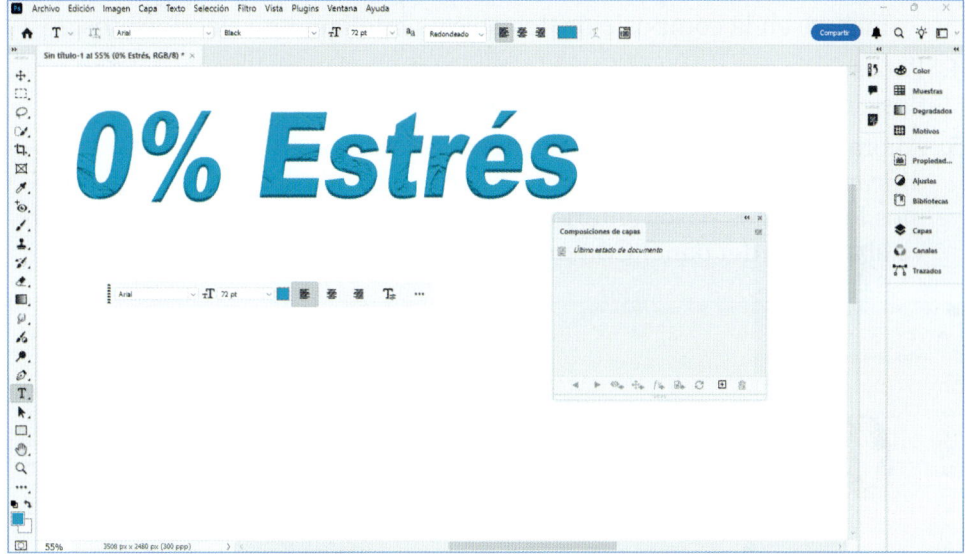

Figura 13.13. Primera versión de nuestro ejemplo.

1. Seleccionamos el botón Crear nueva composición de capas situado en la parte inferior del panel Composiciones de capas, para mostrar el cuadro de diálogo Nueva composición de capas.

2. Escribimos un nombre y si quieres, puedes añadir alguna descripción en el campo Comentario.

3. Como hemos comentado, las composiciones de capas reflejan el aspecto del panel Capas en un momento determinado, aunque existen algunos matices. En particular, podemos elegir qué información sobre las capas que conforman la imagen queremos que almacene y es en este punto donde intervienen las posibilidades de la opción Aplicar a capas:

- **Visibilidad:** Al activar esta casilla, la composición de capas guarda una instantánea de todas las capas visibles en ese momento en el panel Capas. Por lo general, será la opción que más usaremos en combinación con la siguiente.

- **Posición:** En este caso, el resultado que almacena la composición es la situación exacta de las capas, según el orden de apilado del panel.

- **Apariencia (estilo de capa):** Al activar esta casilla conseguiremos que la composición recoja los efectos o estilos de capa aplicados a la imagen en ese momento.
- **Selección de composiciones de capas para objetos inteligentes:** Incluye en la composición, los objetos inteligentes seleccionados.

4. Para seguir con nuestro ejemplo, marcaremos las casillas Visibilidad y Posición. Después, solo queda hacer clic en OK.

5. Ahora duplicamos la capa de texto, la colocamos en primer lugar y modificamos sus propiedades. Para crear la segunda composición seguiremos los mismos pasos anteriores y, después de todo este proceso, observa el aspecto del panel Composiciones de capas en la figura 13.14.

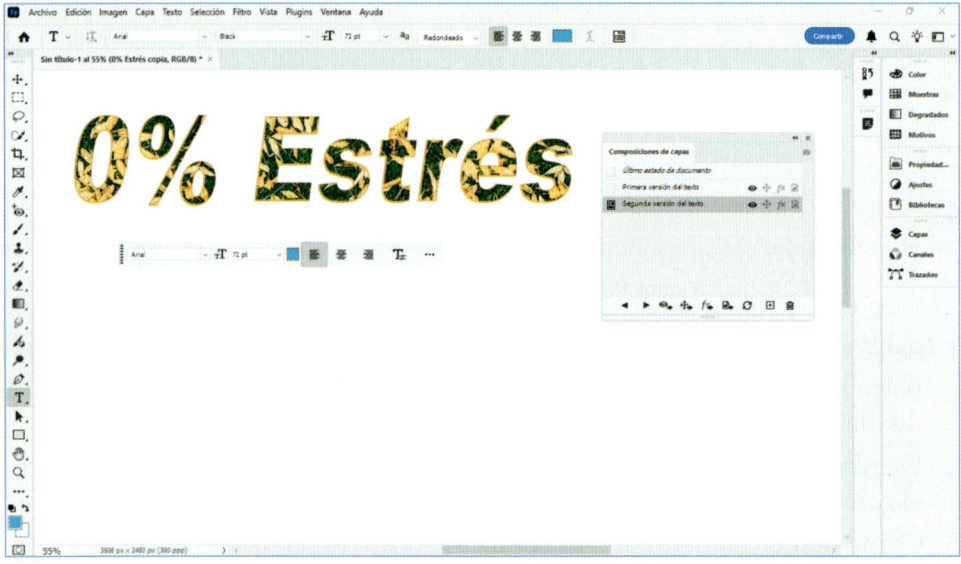

Figura 13.14. Aspecto del panel Composiciones de capas, después de crear la segunda versión de nuestro ejemplo.

Las opciones incluidas en la sección Aplicar a capas son independientes y se pueden activar o desactivar según necesitemos en cada caso. Por ejemplo, si tienes una imagen con distintos fondos y quieres crear una composición con cada versión, te interesará guardar las capas visibles en cada momento. Pero si, además, cambias el orden de las capas para modificar el diseño, necesitarás activar la casilla Posición para que también quede recogida esta información al crear la composición.

Tareas habituales en las composiciones de capas

Una vez detallado el proceso de creación de composiciones de capas, falta saber cómo mostrar cada una de ellas y en definitiva cómo aprovechar el resto de las posibilidades del panel:

- Para visualizar cualquiera de las composiciones creadas es suficiente con hacer clic en el recuadro situado a la izquierda del nombre. En ese momento un pequeño símbolo indica que esa es la composición activa, además de ver la imagen según la configuración de aspecto almacenada en ella.

- El primer elemento que encontramos en el panel Composiciones de capas siempre es el mismo y se denomina Último estado de documento. Al activarlo, la imagen aparecerá tal como estaba antes de crear cualquiera de las composiciones.

- Para eliminar cualquier composición es necesario seleccionarla y después hacer clic en el botón del panel representado por un cubo de basura.

- Puedes crear una copia de cualquier composición mediante el comando Duplicar composición de capas, situado en el menú asociado del panel.

> **TRUCO:**
>
> *Los botones Aplicar siguiente composición y Aplicar composición anterior del panel Composiciones de capas, permiten mostrar de forma secuencial cada una de las instantáneas almacenadas. Las ventajas de esta característica son muchas, por ejemplo, resultará de gran ayuda en presentaciones de proyectos o incluso para ver las distintas secuencias de una animación.*

Actualizar las composiciones

Una situación típica puede ser añadir una composición y modificar después alguna de las capas usadas originalmente para crearla. En estos casos, la forma de actuar sería la siguiente:

1. Activa la composición que hace referencia a las capas a las que has realizado algún cambio.

2. Haz clic en el botón Actualizar composición de capas, situado en la parte inferior del panel y que hemos destacado en la figura 13.15. También encontrarás un comando con el mismo nombre en el menú asociado al panel.

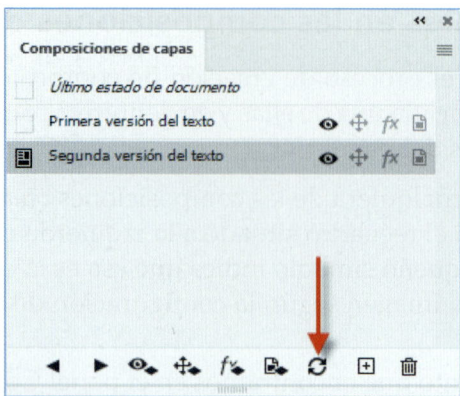

Figura 13.15. Botón Actualizar composición de capas.

Transformaciones en capas

En capítulos anteriores, exploramos cómo realizar transformaciones generales que afectaban a toda la imagen. Ahora, nos centraremos en aplicar estos ajustes, junto con otros más específicos, de manera que solo influyan en los elementos contenidos en una capa determinada.

El comando Transformar del menú Edición reúne todas las herramientas de transformación disponibles. Al seleccionar cualquiera de ellas, aparecerán en la barra de opciones los distintos parámetros de configuración. Esta combinación entre los comandos de transformación y los controles específicos de la barra nos permitirá ejecutar modificaciones con mayor precisión.

> **TRUCO:**
>
> *El método más rápido para realizar transformaciones sobre los elementos de una capa es recurrir al comando Edición>Transformación libre o, mucho mejor, usar la combinación de teclas Ctrl-T. A partir de este momento, los selectores que aparecen alrededor de la imagen permitirán modificar su aspecto. Si mantienes pulsada la tecla Ctrl mientras arrastras cualquier selector, este se desplazará de forma independiente.*

Transformaciones básicas

El comando Transformar incluye diversas opciones para aplicar los distintos tipos de transformaciones, como se muestra en la figura 13.16. A continuación, describimos las más importantes:

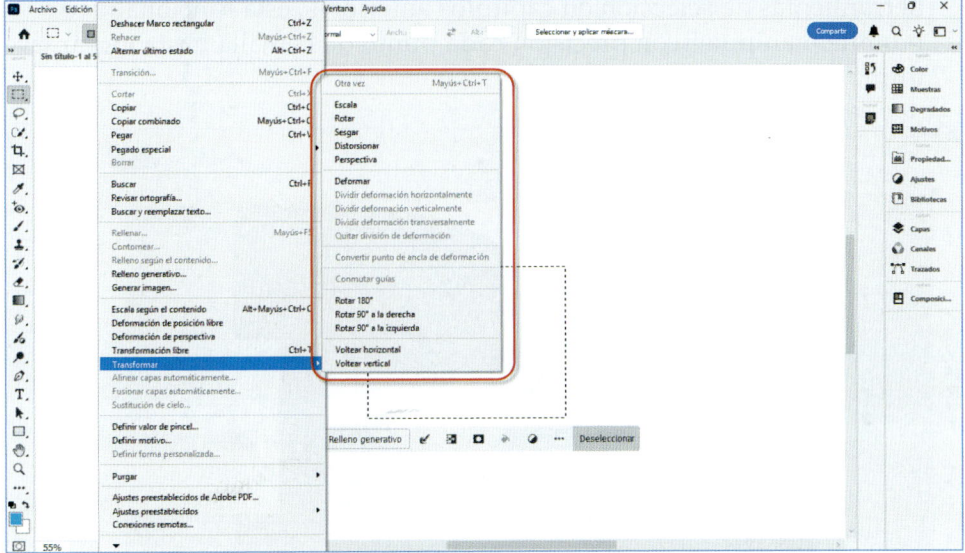

Figura 13.16. Opciones del comando Transformar.

- **Escala:** Modifica el tamaño del objeto situado sobre la capa activa. Haz clic y arrastra los manejadores para adaptar el tamaño de la imagen. Por defecto, se conservarán las proporciones, pero si no quieres que esto ocurra, mantén pulsada la tecla Mayús o Ctrl.

- **Rotar:** Permite girar el contenido de la capa. Sitúa el ratón sobre alguno de los manejadores, haz clic y arrastra hasta conseguir el valor de giro adecuado. En este caso, el punto central actúa como eje de giro, elemento que puedes desplazar para modificar este parámetro.

- **Sesgar:** Consiste en desplazar los extremos del objeto para conseguir un efecto de distorsión simétrica.

- **Distorsionar:** El movimiento de cualquiera de los manejadores es libre, por lo tanto, puedes deformar la imagen arrastrando cualquiera de ellos de forma independiente.

- **Perspectiva:** Esta transformación se aplica normalmente para conseguir un efecto de profundidad.

- **Deformar:** Al seleccionar esta opción, Photoshop muestra una malla sobre el contenido de la capa, como se puede apreciar en la figura 13.17. Esta malla incluye diferentes puntos de control (pequeños círculos grises) que puedes arrastrar libremente para ajustar y modificar la forma de los elementos de la capa. De manera similar a lo que vimos con las herramientas de selección en capítulos anteriores, esta funcionalidad permite manipular con precisión cada punto de la malla hasta lograr la forma deseada.

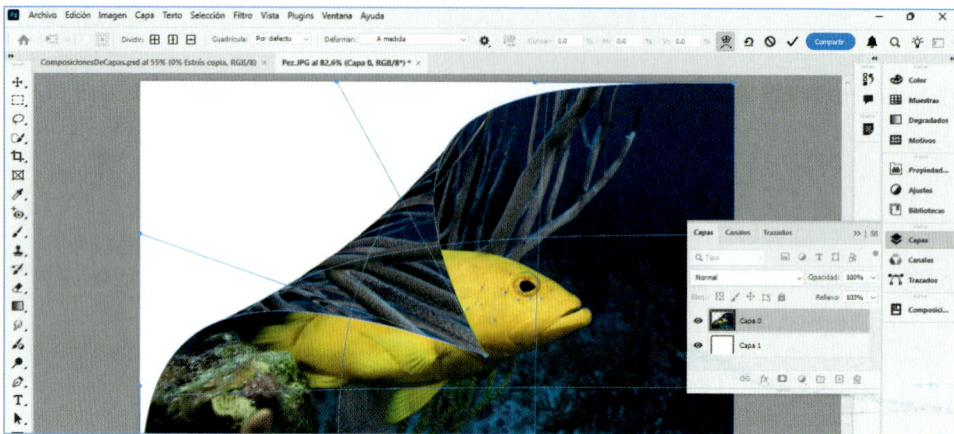

Figura 13.17. Malla de deformación sobre el contenido de una capa y el resultado de estirar una de las esquinas.

Los comandos de rotación del menú Transformar permiten aplicar un determinado valor de giro a la capa. Como veremos en el siguiente apartado, con el modo de transformación exacta es posible usar valores de giro numéricos.

Por último, las opciones Voltear horizontal y Voltear vertical toman como referencia el eje que divide la imagen en dos mitades e intercambia su contenido.

Transformación exacta

Todo lo descrito hasta ahora resulta útil si no necesitas ir más allá de la transformación a mano alzada, pero si tienes que aplicar valores precisos de rotación, escala, etc., es aconsejable trabajar con el modelo de transformación numérica. Para hacerlo, utiliza la barra de opciones y sus posibilidades tras seleccionar cualquiera de los comandos de transformación (ver figura 13.18).

Figura 13.18. Barra de opciones con todas las variables de transformación exactas.

El significado de las variables que aparecen en la barra de opciones de herramientas sería el siguiente:

- **X e Y:** Determina la posición de la imagen con respecto al centro del área de transformación. Usa el botón situado entre las dos casillas (representado por un pequeño triángulo) y conseguirás desplazamientos relativos al punto de origen, es decir, sumará o restará el número de píxeles que introduzcas en las casillas X e Y.

- **An y Al:** Modifica tanto el ancho como el alto del área de transformación. Con el botón situado entre los dos valores podrás realizar la modificación de forma libre o proporcional.

- **Ángulo:** Aplica un valor exacto de giro al área de transformación.

- **Sesgado horizontal (H):** Crea un estiramiento horizontal de los extremos tomando como referencia el punto de origen del área de transformación. Los valores positivos generan un desplazamiento hacia la izquierda y los negativos, hacia la derecha.

- **Sesgado vertical (V):** Igual que la opción anterior, pero en este caso, el desplazamiento se realiza verticalmente.

- **Interpolación:** Como recordarás, los métodos de interpolación determinan el comportamiento del programa con relación a los píxeles huérfanos o vacíos resultantes de una transformación. Por lo general, la opción Bicúbica, seleccionada por defecto, será la más adecuada en la mayoría de los casos.

- **Deformar:** Simplemente se trata de un acceso directo al comando del mismo nombre que hemos descrito en los apartados anteriores.

Los valores de transformación se reflejan de inmediato sobre la imagen. Para hacerlos definitivos, haz clic en el botón Aprobar transformación situado en el margen derecho de la barra de opciones o pulsa la tecla Intro. Del mismo modo, para eliminar las modificaciones, utiliza la tecla Esc o el botón Cancelar transformación.

Una manera realmente sencilla de modificar cualquier valor asociado a los parámetros que acabamos de describir consiste en situar el cursor del ratón sobre alguna de sus etiquetas: Al, An, X, Y… y, a continuación, hacer clic mientras mantienes pulsado el botón izquierdo y arrastras el ratón hacia la derecha o hacia la izquierda.

Recuerda que todas las transformaciones descritas se pueden aplicar a una selección. Solo es necesario definir en primer lugar el área de selección mediante alguno de los métodos descritos en los primeros capítulos y hacer clic con el botón derecho dentro de la selección. En el menú emergente que aparece, selecciona el comando Transformar libre o Transformar selección. En este caso, los principios de uso son equivalentes a los tratados en este capítulo.

ADVERTENCIA:

Las transformaciones realizadas en una selección no tienen efecto en las zonas vacías del área seleccionada.

Resumen

Los estilos de capas son un recurso indispensable para mejorar cualquier diseño: sombras, biseles, degradados… Todo esto, junto a una multitud de posibilidades de configuración, permite mejorar notablemente cualquier trabajo.

Con las capas de ajuste y relleno podrás modificar el color, la tonalidad y la luminosidad sin alterar la imagen original, mientras que el Pincel de ajuste facilita la aplicación de cambios localizados; además, el panel Ajustes, organiza de forma práctica las diferentes opciones disponibles.

Por otra parte, las transformaciones son un paso más en el conocimiento de las posibilidades que ofrecen las capas. En este capítulo hemos descrito tanto las herramientas de transformación libre, como aquellos métodos para realizar este tipo de procedimiento de forma mucho más precisa. En este último caso, la barra de opciones se convierte en un elemento de inestimable ayuda.

Textos

14

Introducción

Es común que las aplicaciones de pintura manejen el texto como un mapa de bits, lo que implica que, al aumentar la resolución del archivo, se pierda nitidez. En cambio, Photoshop gestiona el texto de forma más inteligente al aplicarle propiedades vectoriales. Esto conlleva varias ventajas importantes:

- Los bordes del texto permanecen nítidos, sin importar el aumento de resolución o tamaño de la imagen.
- Se amplían las posibilidades de adaptar el texto a formas no convencionales (como curvas, desniveles o deformaciones) sin perder la claridad de los trazos.
- El texto en formato vectorial ocupa menos espacio, lo que contribuye a reducir el tamaño del archivo.

En general, todo lo referente al tratamiento de texto mejora en cada nueva versión del programa. Ahora es sencillo crearlo, modificarlo y, lo mejor de todo, aplicarle multitud de variaciones y efectos, tanto en la forma como en el estilo desde la barra de opciones, la barra de tareas contextual (figura 14.1) o el panel Capas.

Figura 14.1. Barra de opciones y barra de tareas contextual después de seleccionar la herramienta Texto.

Añadir texto

Para incluir cualquier palabra, frase o párrafo dentro de una imagen, el único método posible dentro de Photoshop es utilizar la herramienta Texto.

Trabajar con ella es muy sencillo: simplemente selecciónala y haz clic en el área donde desees colocar el texto. En ese instante, Photoshop insertará unas palabras de ejemplo que desaparecerán en cuanto empieces a escribir. Antes de comenzar, puedes configurar el tipo de letra, el tamaño, el color y otros ajustes desde la barra de opciones o la barra contextual. Siempre podrás modificar estos parámetros más adelante, aunque si lo prefieres, puedes hacerlo antes de empezar a escribir.

Para terminar, haz clic en el botón Aprobar situado en el extremo derecho de la barra de opciones (ver figura 14.2).

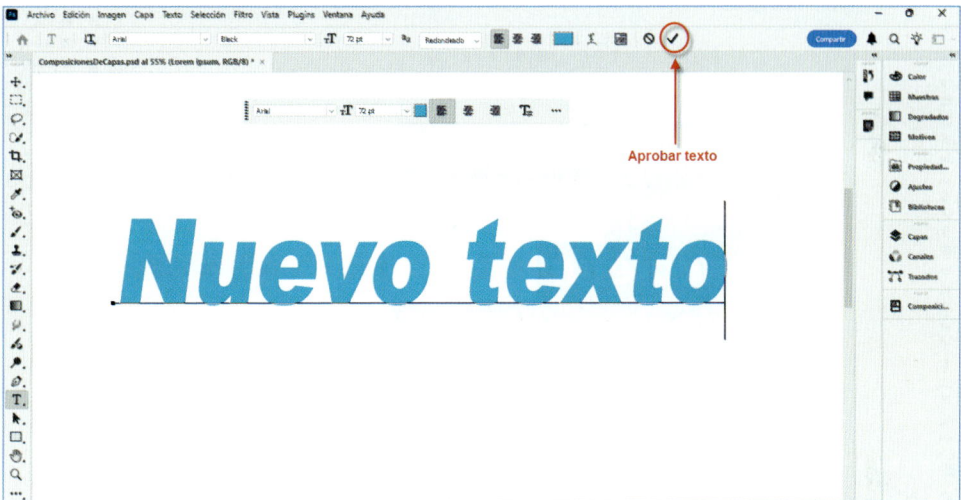

Figura 14.2. Texto y botón Aprobar de la barra de opciones.

No debes preocuparte demasiado por la posición del texto, para moverlo fácilmente solo debes hacer clic en él y arrastrar mientras mantienes pulsada la tecla Ctrl. Incluso puedes utilizar este método antes de comenzar a escribir para colocar el marco de texto donde desees.

NOTA:

Por defecto, el color del texto será el que se encuentre seleccionado en la barra de herramientas como color de primer plano o el último tono utilizado. De cualquier forma, también veremos cómo modificar este aspecto a través de las posibilidades de la barra de opciones y la barra de tareas contextual.

Texto de párrafo

Otra forma de añadir texto a una imagen es utilizar lo que Photoshop denomina «texto de párrafo». Selecciona la herramienta de Texto y, en lugar de hacer un simple clic, arrastra el cursor para definir un contenedor de texto (figura 14.3). Igual que ocurre con el texto de una sola línea, antes de empezar a escribir puedes ajustar opciones como el tipo de fuente, el color, la alineación o el espaciado, desde la barra de opciones o la barra de tareas contextual.

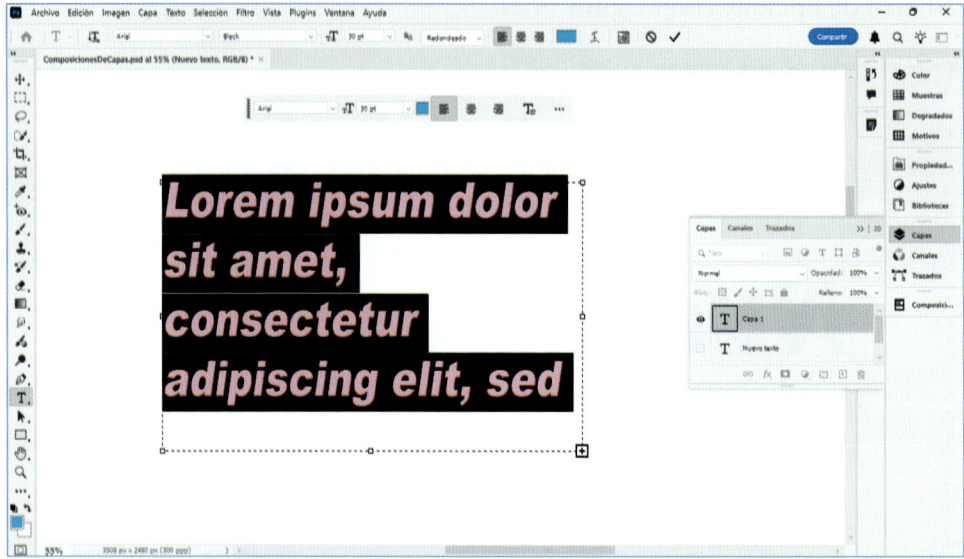

Figura 14.3. Texto de párrafo.

Tras dibujar el área de texto, es muy posible que necesites modificar alguna de sus características. Pero antes, usa la combinación Ctrl-T para habilitar el modo transformación:

- Sitúa el ratón sobre cualquiera de los delimitadores del rectángulo y arrastra para cambiar su tamaño.

- Para girar el contender de texto, coloca el cursor en la parte exterior de cualquier delimitador hasta que se transforme en una doble flecha curvada. En ese instante, arrastra para aplicar el valor de giro que desees (figura 14.4).

- Si no quieres mantener las proporciones, mantén pulsada la tecla Ctrl o Mayús mientras desplazas el delimitador.

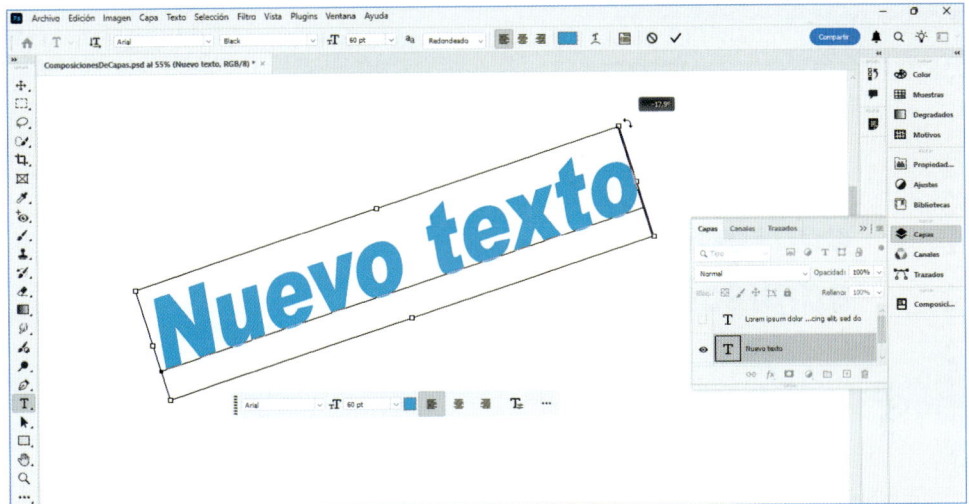

Figura 14.4. Girar el contenedor de texto.

Todas estas posibilidades ofrecen gran libertad para dar forma a cualquier texto. Pero si aún necesitas más, puedes utilizar las posibilidades del comando Transformar del menú Edición. En este caso, completa el texto y después haz clic en la capa que lo contiene para usar las opciones del comando.

Cuando el texto introducido en el rectángulo sobrepasa su capacidad, Photoshop modifica el aspecto del delimitador situado en la esquina inferior derecha del rectángulo para indicar que hay texto oculto. Puedes comprobar en la figura 14.5 el aspecto de esta pequeña marca.

TRUCO:

Para transformar un objeto de texto a texto de párrafo, selecciona la capa donde se encuentra y utiliza el comando Convertir en texto de párrafo del menú Texto.

Utilizar el portapapeles para añadir texto

Una propiedad bastante útil es la posibilidad de pegar textos de otras aplicaciones mediante el portapapeles. Para hacerlo copia, en primer lugar, el texto que deseas utilizar en la aplicación de origen o en el propio Photoshop. A continuación, haz clic si quieres crear un objeto de texto simple o arrastra para definir un texto de párrafo. En cualquiera de los dos casos, el siguiente paso será hacer clic con el botón derecho y seleccionar el comando Pegar o, mucho más rápido, la combinación de teclas Ctrl-V.

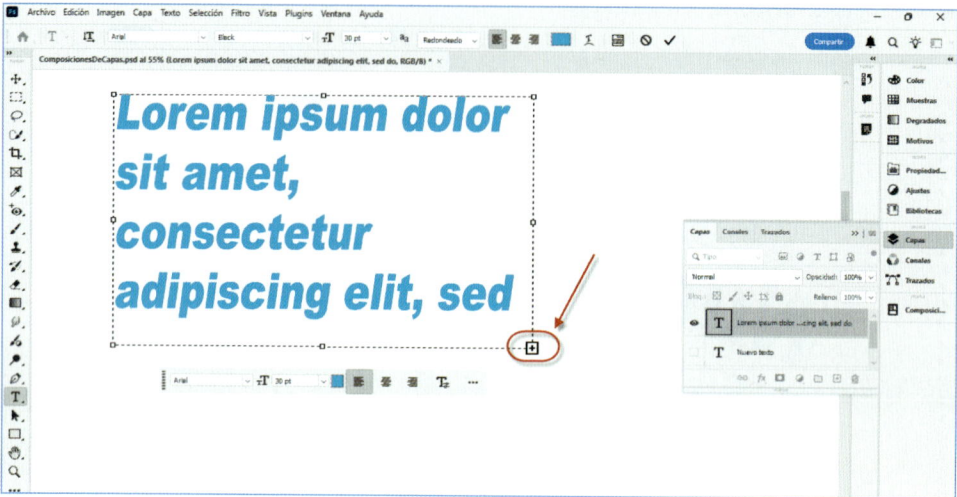

Figura 14.5. Señal indicativa de que hemos sobrepasado la capacidad del rectángulo delimitador.

Máscaras de texto

De las cuatro herramientas de texto de Photoshop, dos están especialmente orientadas a trabajar con máscaras de texto. Estas herramientas permiten crear una máscara basada en el contorno del texto, que se aplica sobre la capa activa (véase la figura 14.6). Al usar estas herramientas, la imagen de fondo se oculta parcialmente y el área definida por el texto se muestra en blanco; este modo de visualización es temporal y está diseñado para facilitar la edición de la máscara. El resultado final integrará la máscara en la imagen, controlando qué partes se revelan u ocultan según el contorno definido por el texto.

Al utilizar el modo máscara, Photoshop no añade texto visible sobre la imagen; en su lugar, genera un borde de selección que funciona como una máscara y permite recortar la imagen o aplicar motivos y patrones en esa área, lo que resulta ideal para crear efectos visuales originales sin alterar el contenido.

Para finalizar la creación de una máscara de texto, haz clic en el botón Aprobar de la barra de opciones o simplemente en cualquier área fuera del marco. Si prefieres cancelar el proceso, puedes presionar la tecla Esc o el botón Cancelar.

> **TRUCO:**
>
> *Una vez creado el borde de selección para el texto, utiliza el botón Añadir máscara, del panel Capas, para crear una máscara con el texto escrito y aprovechar todas sus características.*

Figura 14.6. Máscara de texto.

Texto vertical

Para escribir texto en formato vertical selecciona la herramienta correspondiente, ya sea Texto vertical o Máscara de texto vertical.

También puedes convertir un texto de vertical a horizontal o viceversa si haces clic en el botón Comuntar la orientación del texto, situado a la izquierda de la barra de opciones y que aparece resaltado en la figura 14.7. Esta es la forma más sencilla, pero si lo prefieres puedes recurrir a los comandos del menú Texto>Orientación.

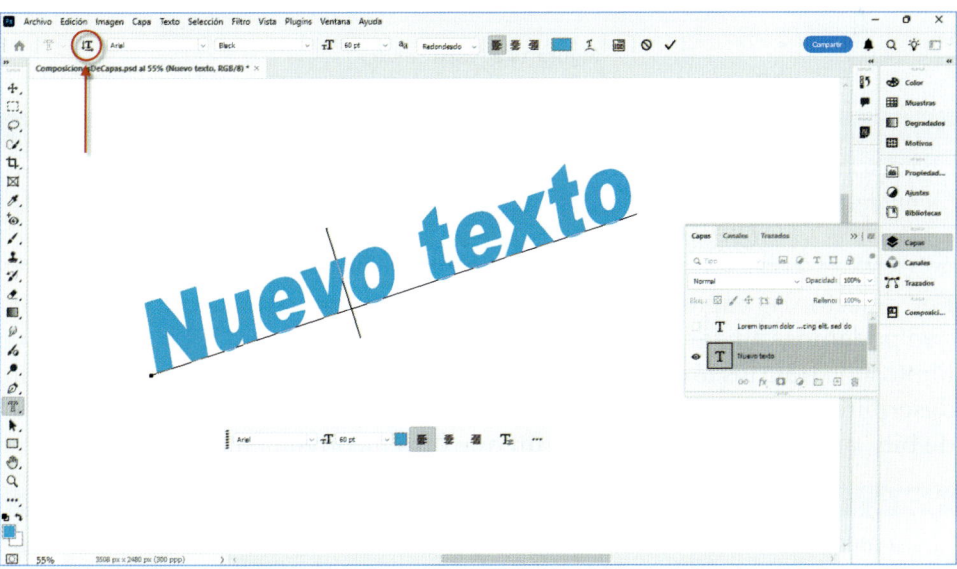

Figura 14.7. Botón para cambiar la orientación del texto.

El texto y las capas

Seguro que eres una persona observadora y habrás comprobado que en el mismo instante en que haces hacer clic con la herramienta Texto en la imagen o que terminas de dibujar un rectángulo de texto, aparece una nueva capa identificada con una letra «T» mayúscula, que adopta como nombre las primeras palabras del texto escrito (ver figura 14.8).

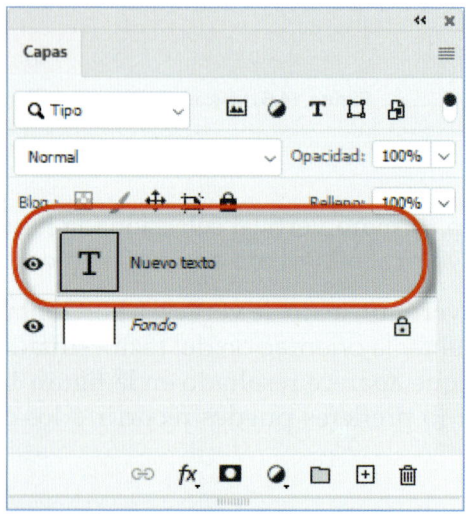

Figura 14.8. Capa de texto.

Por defecto, las capas de texto tienen bloqueados los píxeles, lo que evita que podamos utilizar las herramientas de pintura en ellas. El motivo es que Photoshop trata los textos como elementos vectoriales. En este mismo capítulo, describiremos la forma de cambiar esta característica y convertirlas en mapas de bits, aunque esto suponga algún que otro inconveniente.

Opciones de texto

Selecciona algunas de las herramientas disponibles para la creación de texto y observa, en la figura 14.9, todas las posibilidades de configuración incluidas en la barra de opciones y en la barra de tareas contextual. Algunas de ellas, como el tipo de letra, el tamaño, el color o la orientación también están disponibles en la barra de tareas contextual.

Figura 14.9. Opciones de texto.

Si trabajas habitualmente con procesadores de textos, es muy probable que la mayoría de las características que mostramos a continuación te resulten muy familiares:

- **Conmutar la orientación del texto:** Desde este botón podrás alternar entre texto vertical y horizontal.

- **Fuente:** Muestra todas las fuentes instaladas. Para que resulte mucho más sencillo elegir la fuente que necesitamos, a la derecha de cada tipo aparece una vista previa.

- **Estilo de fuente:** Una vez que hayas seleccionado una fuente, elige el estilo que deseas aplicar, como Bold (negrita), Italic (cursiva), Regular (normal) o Black. Ten en cuenta que algunos estilos pueden no estar disponibles para ciertas fuentes.

- **Tamaño:** Esta casilla no tiene demasiada explicación, simplemente introduce el tamaño que desees, elige alguno de los que muestra la lista o coloca el cursor sobre el icono situado a la derecha y desplázalo a derecha o izquierda

- **Método de suavizado:** Como puedes observar en la figura 14.10, existen varias posibilidades para determinar el grado de nitidez de la fuente, desde los más suaves como Enfocado o Ninguno hasta los más pronunciados como Nítido, Fuerte o Redondeado. También puedes elegir algunos de los valores específicos para sistemas operativos Windows.

- **Alineación:** Permite justificar el texto a la derecha, a la izquierda o tomando como referencia el centro del texto.

- **Color:** Pulsa en este cuadro para mostrar el Selector de color y elegir el tono que deseas utilizar para el texto.

- **Crear texto deformado:** Sin duda, se trata de una de las opciones más interesantes de todas, ya que permite aplicar todo tipo de deformaciones sobre el texto. En este mismo capítulo hablaremos más a fondo sobre esta propiedad.

- **Paneles:** Este botón es un acceso directo a los paneles Carácter y Párrafo, los cuales ofrecen diferentes propiedades de configuración avanzada que trataremos en los dos apartados siguientes.

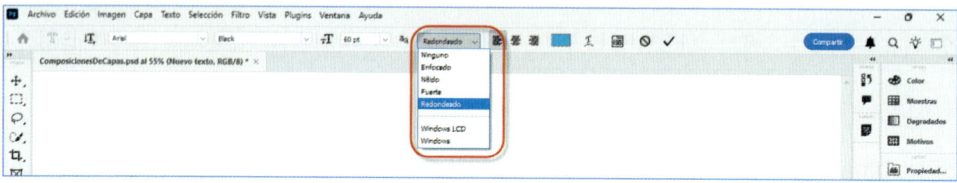

Figura 14.10. Métodos de suavizado.

Los dos últimos botones permiten confirmar o rechazar los cambios realizados a la capa de texto.

Panel Carácter

Algunas opciones del panel Carácter, como la selección de fuente o el ajuste de tamaño, también están disponibles en la barra de opciones. Sin embargo, el panel Carácter ofrece un acceso más completo a todas las herramientas de formato de texto en Photoshop, como puedes ver en la figura 14.11. A continuación, se describen las funciones más importantes.

- **Interlineado:** Indica la cantidad de espacio, en sentido vertical, aplicado entre las líneas del párrafo.

- **Kerning:** Esta extraña palabreja corresponde con la opción que permitirá controlar el espacio entre pares de caracteres concretos.

- **Definir seguimiento (Tracking):** Define el espacio entre caracteres. Puedes utilizar tanto valores positivos como negativos para aumentar o disminuir esta distancia.

- **Desplazamiento vertical:** Define la distancia entre los caracteres y la línea sobre la que se sitúan, denominada «línea de base». Los valores positivos elevan el texto con respecto a esta referencia y los negativos lo bajan. En la figura 14.12, podemos ver un ejemplo en el que hemos elevado una parte de los caracteres.

- **Escala horizontal:** Modifica el espacio original que ocupan horizontalmente los caracteres, comprimiéndolos para valores menores de 100 y expandiéndolos para porcentajes mayores. En cualquiera de las dos situaciones, debes tener en cuenta que se produce una deformación sobre el aspecto original de cada carácter.

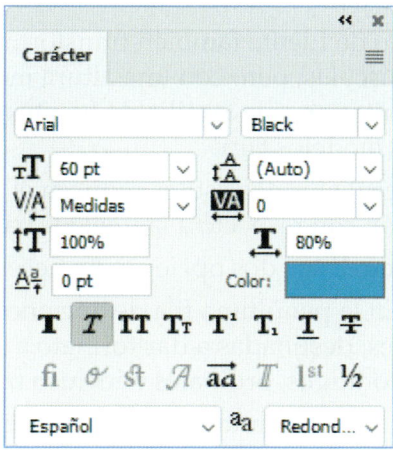

Figura 14.11. Panel Carácter.

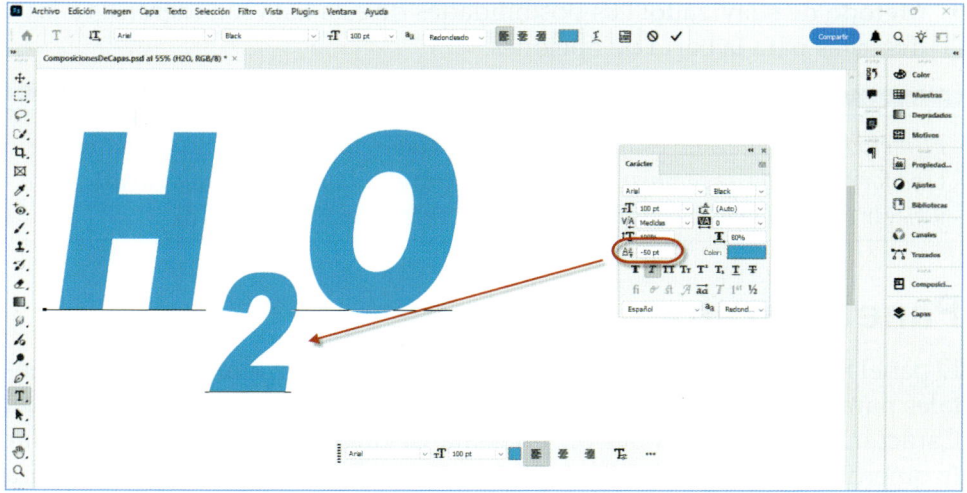

Figura 14.12. Texto al que se le ha modificado la altura con respecto a la línea de base usando el parámetro Desplazamiento vertical.

- **Escala vertical:** El mismo efecto descrito para la función anterior pero aplicado verticalmente.

- **Negrita falsa y Cursiva falsa:** No todos los modelos de fuentes incluyen en su mapa de caracteres versiones negrita y cursiva de los mismos. Estas dos opciones y en general cualquier opción *faux* o falsa, permiten simular estilos de fuente no definidos en el tipo de letra elegido.

- **Todo en mayúsculas:** Sustituye todos los caracteres en minúsculas por su correspondiente en mayúsculas.

- **Versalitas:** Este estilo de fuente también transforma los caracteres en minúsculas en mayúsculas, pero con una altura menor. Tanto en esta opción como en la anterior, si la familia de fuentes no dispone de estos estilos se utilizarían modelos *faux*.

- **Índice y Superíndice:** Estos dos estilos reducen el tamaño de la fuente y modifican su posición con respecto a la línea de base.

- **Subrayado y Tachado:** Estas dos opciones no necesitan explicación.

- **Estilos especiales:** En la penúltima fila de opciones encontrarás una serie de posibilidades, destinadas a dar formato a expresiones especiales como caracteres decorativos, ordinales o incluso fracciones.

- **Configurar idioma:** Es importante seleccionar en esta lista el idioma en el que se encuentre el texto, para que el programa pueda realizar correctamente los procesos de corrección y separación silábica.

- **Método de suavizado:** Las posibilidades de esta lista son idénticas a las descritas para la barra de opciones.

Panel Párrafo

El panel Párrafo en Photoshop (figura 14.14), ofrece herramientas fundamentales para el tratamiento de texto, complementando las funciones del panel Carácter. En la parte superior, presenta opciones de alineación estándar (izquierda, centrado y derecha), junto con configuraciones avanzadas para controlar el comportamiento de la última línea en textos justificados completamente. Además, incluye la opción de Viñetas y numeración, que permite personalizar listas con símbolos o números, brindando mayor versatilidad en la presentación de contenido.

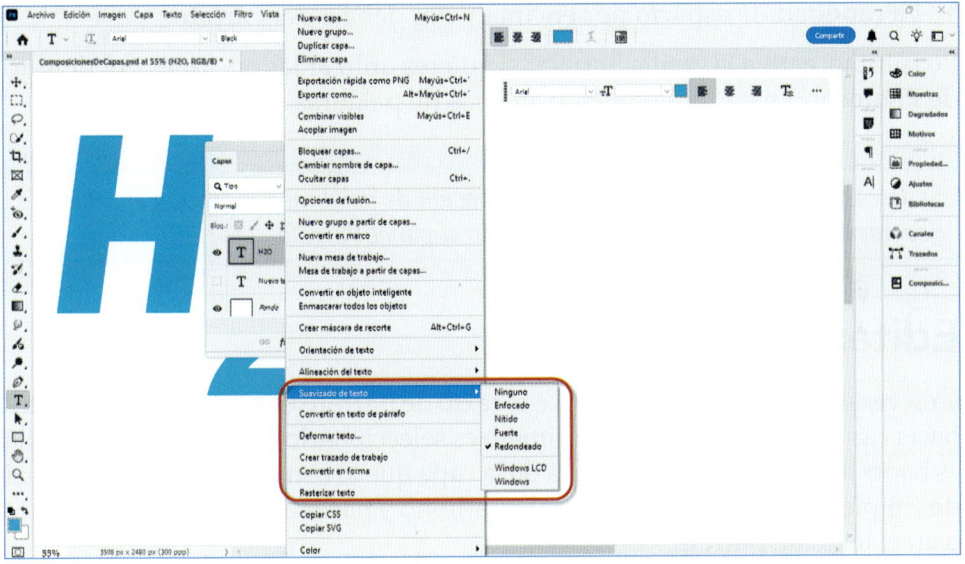

Figura 14.13. Cambiar el método de suavizado desde el menú contextual.

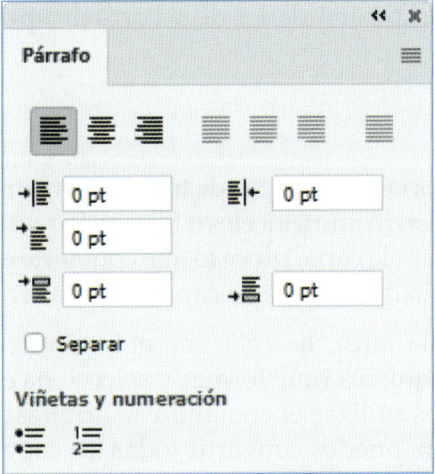

Figura 14.14. Panel Párrafo.

A continuación, encontramos las casillas de texto que permiten introducir valores que determinarán:

- La separación entre los márgenes del rectángulo delimitador y el texto.

- El valor de sangrado para la primera línea del texto.

- La cantidad de espacio por encima y por debajo del párrafo.

Por último, activa la casilla Separar si quieres utilizar las opciones por defecto de Photoshop para la separación silábica de palabras.

Editar texto

Una vez creado el objeto de texto o el texto de párrafo es posible que necesites hacer cambios. En este caso, lo primero es seleccionarlo. La forma más sencilla es hacer doble clic en la miniatura de la capa que lo contiene. Otra forma igual de simple es seleccionar la herramienta Texto y hacer clic en el objeto de texto o en el texto de párrafo.

Una vez activo el texto, utiliza los métodos habituales para desplazarte por él, seleccionar palabras y, cómo no, cambiar cualquier parámetro de su configuración a partir de las posibilidades de la barra de opciones o de los paneles Carácter y Párrafo.

Rasterizar texto

Al ser elementos vectoriales, las capas de texto tienen limitadas algunas de sus posibilidades de edición (como pinceles o filtros). Para utilizar estas funciones, es necesario «rasterizar» la capa, proceso que convierte el texto en una imagen de mapa de bits, por lo que pierde su capacidad de ser editado como texto.

Para llevar a cabo esta tarea, haz clic con el botón derecho en la capa que contiene el texto que quieres transformar y selecciona el comando Rasterizar texto; también puedes utilizar el comando Texto>Rasterizar texto para este mismo fin. Por último, puedes convertir todas las capas del documento con el comando Capa>Rasterizar>Todas las capas.

Una duda frecuente es si necesitamos rasterizar el texto para aplicar efectos de capa. La respuesta es no, como podrás comprobar tu mismo en los siguientes apartados.

Recuerda que al rasterizar el texto perderás una ventaja clave de los gráficos vectoriales: la escalabilidad sin pérdida de calidad. Una vez convertido a mapa de bits, no podrás redimensionar ni editar el texto sin afectar su nitidez. Antes de aplicar este proceso, verifica que el texto tenga sus dimensiones definitivas y ajustes tipográficos finales (fuente, tamaño, interlineado). Además, te recomendamos guardar siempre una copia editable en un grupo de capas oculto, ya que la rasterización es irreversible y eliminará permanentemente las propiedades de texto editable.

Deformar texto

Hasta no hace demasiado tiempo, en Photoshop, «jugar» con el texto para aplicarle formas y adaptarlo a curvas era un trabajo complicado y muchas veces imposible. Ahora contamos con un buen número de opciones para deformar el texto sin demasiado esfuerzo.

Antes de aplicar cualquier deformación, debes seleccionar la capa que contiene el texto. Una vez hecho, pulsa el botón Crear texto deformado, situado en la barra de opciones, para mostrar el cuadro de diálogo que aparece en la figura 14.15.

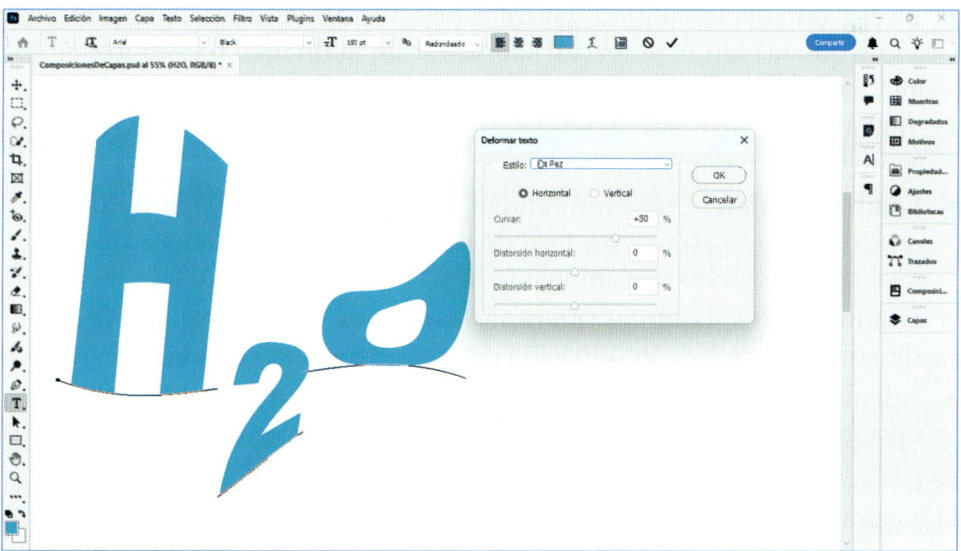

Figura 14.15. Cuadro de diálogo Deformar texto.

La lista desplegable Estilo contiene todas las posibilidades para deformar el texto. Como ayuda para facilitarnos la elección del modelo más adecuado, muestra una pequeña miniatura a la izquierda de sus nombres.

Una vez seleccionado el estilo, usa los controles situados debajo para modificar los valores por defecto de la deformación. Los botones de opción Horizontal y Vertical determinan el eje sobre el que se aplicarán las modificaciones.

Los controles Curvar, Distorsión horizontal y Distorsión vertical se encargan de intensificar o atenuar los efectos de la deformación. Te recomendamos que pruebes distintos valores para conseguir resultados sorprendentes.

> **TRUCO:**
>
> *Mientras utilizas el cuadro de diálogo Deformar texto, para desplazar el texto solo hacer debes hacer clic en él y arrastrarlo.*

Estilos de capa sobre el texto

Los estilos de capa en el texto se utilizan del mismo modo que ya conoces, pero es quizás sobre el texto donde demuestran todo su potencial. Explora las numerosas alternativas disponibles y experimenta con cada una de ellas. Nuestras recomendaciones serían estas:

- **Bisel y relieve:** Ideal para dar un aspecto tridimensional, porque consigue que las letras parezcan sobresalir de la imagen o estar grabadas en ella.
- **Trazo:** Añade un borde definido que mejora la legibilidad, sobre todo sobre fondos complejos.
- **Sombra paralela:** Crea profundidad y separa el texto del fondo, algo que lo hace más atractivo y fácil de leer. Prueba con diferentes ángulos, distancias y colores de sombreado hasta encontrar el resultado perfecto.
- **Sombras y Resplandores interiores/exteriores:** Son perfectos para añadir sutiles efectos de iluminación o crear estilos más complejos.
- Además, puedes transformar completamente su color y textura con las opciones Superposición de color, Degradado o Motivo.

Entre las principales ventajas de utilizar estilos de capa en el texto destaca la mejora de la legibilidad, algo fundamental en cualquier diseño. Además, ofrecen una mejora estética importante y se aplican de forma sumamente sencilla y rápida, lo que nos permite experimentar sin demasiadas complicaciones.

En la figura 14.16 puedes ver un ejemplo donde hemos aplicados varios estilos sobre el texto.

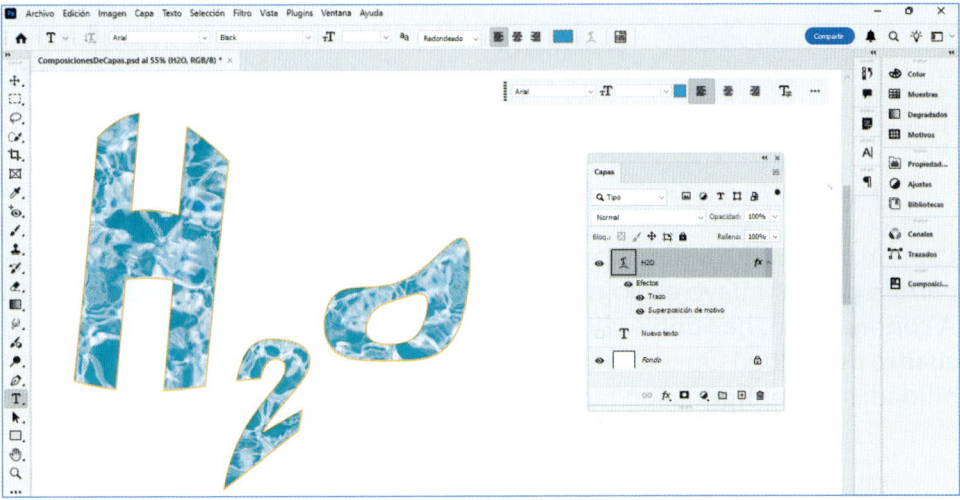

Figura 14.16. Estilo de capa aplicado sobre texto.

Estilos de carácter y de párrafo

Los estilos de carácter y de párrafo en Photoshop tienen el mismo significado que en aplicaciones de tratamiento de textos tan conocidas como Microsoft Word. Se trata de agrupar bajo un mismo nombre un conjunto de especificaciones de párrafo o de carácter. De este modo, solo debes hacer clic en el estilo que deseas utilizar, en vez de aplicar una y otra vez los mismos ajustes.

Mediante los paneles Estilos de carácter y Estilos de párrafo podrás organizar estilos y utilizarlos cómodamente tantas veces como sea necesario. Para crear un nuevo estilo tanto de párrafo como de carácter tienes dos posibilidades. La primera de ellas sería seleccionar algún texto con determinado formato y después hacer clic en los iconos que hemos resaltado en la figura 14.17. El nuevo estilo tomará todas las características del texto seleccionado.

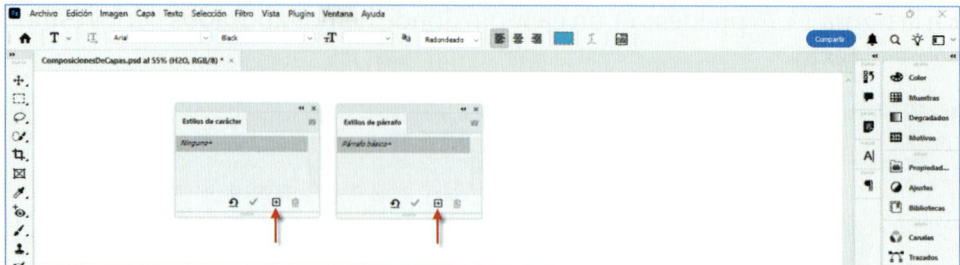

Figura 14.17. Iconos Crear nuevo estilo de los paneles Estilos de carácter y Estilos de párrafo.

Para crear un estilo desde cero utiliza de nuevo los iconos Crear nuevo estilo de párrafo o Crear nuevo estilo de carácter, según el tipo de estilo que necesites. A continuación, haz doble clic en el nuevo estilo en la paleta para mostrar el cuadro de diálogo Opciones de estilo. En la figura 14.18 puedes ver las posibilidades de configuración tanto de párrafo como de carácter.

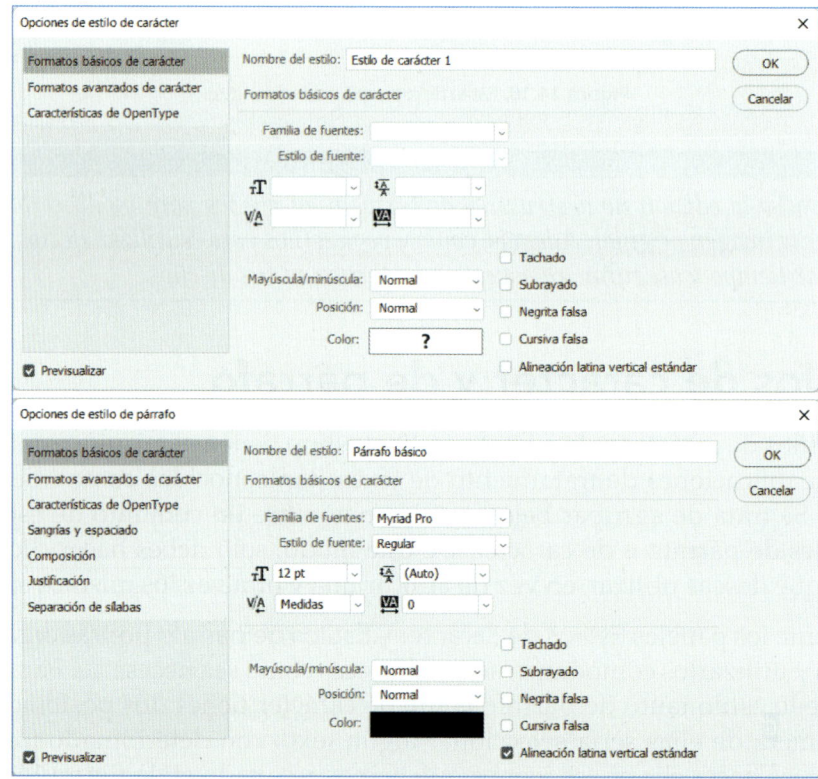

Figura 14.18. Cuadros de configuración de estilos de párrafo y de carácter.

A la hora de utilizar estilos en Photoshop, la técnica es muy sencilla, selecciona la capa que contiene el texto y después haz clic en el estilo que deseas aplicar.

Corrector ortográfico

Entre las posibilidades relacionadas con el tratamiento de textos Photoshop incluye el corrector ortográfico, porque… ¿quién puede decir que nunca comete errores de ortografía?

No nos extenderemos demasiado en la explicación de esta herramienta, porque funciona del mismo modo que en cualquier aplicación de tratamiento de textos. Para ejecutar el corrector, selecciona el comando Revisar ortografía situado en el menú Edición y al instante aparecerá el cuadro de diálogo de la figura 14.19, donde se mostrarán los posibles errores cometidos y algunas sugerencias para solucionarlos.

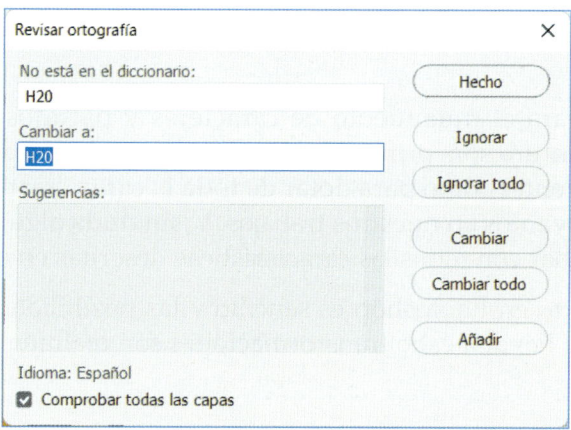

Figura 14.19. Cuadro de diálogo Revisar ortografía.

Por último, debemos mencionar la posibilidad de verificar la ortografía de todas las capas de texto de la imagen, al activar la casilla de verificación Comprobar todas las capas, que se encuentra dentro del cuadro de diálogo Revisar ortografía.

Buscar y reemplazar texto

Después de leer el título de este apartado podríamos pensar que nos hemos confundido de aplicación. Pues no es así, Photoshop también dispone de esta característica con la que puedes realizar búsquedas y sustituciones entre los textos incluidos en nuestros proyectos de diseño.

En el menú Edición selecciona el comando Buscar y reemplazar texto para mostrar el cuadro de diálogo del mismo nombre, donde podrás incluir el texto que deseas localizar y el término por el que será sustituido.

TRUCO:

Tanto Revisar ortografía como Buscar y reemplazar texto se encuentran disponibles en el menú emergente, que aparece después de hacer clic con el botón derecho en cualquier texto.

Resumen

Los objetivos para el tratamiento de caracteres y párrafos dentro de una aplicación de pintura son, principalmente, disponer de herramientas lo suficientemente potentes como para dotar de toda la carga creativa posible a los textos que incluyamos en nuestros trabajos. Y, sin duda alguna, así lo hemos podido comprobar con todas las características descritas en este capítulo.

Trabajar con texto en Photoshop es sencillo y las posibilidades a la hora de aplicar efectos o llevar a cabo transformaciones son realmente increíbles.

15

Tratamiento del color

Introducción

El tratamiento del color en Photoshop está planteado para cubrir fundamentalmente dos necesidades: la primera sería mejorar imágenes que tienen alguna carencia o defecto y que, por lo tanto, necesitan una determinada corrección o ajuste de color. La segunda está pensada para tareas más creativas y ofrece comandos y opciones para llevar a cabo transformaciones sobre los colores originales de la imagen para obtener resultados sorprendentes.

Aunque la mayoría de los comandos para transformar y corregir el color se encuentran en el menú Imagen>Ajustes, recomendamos trabajar desde el panel Ajustes (ver figura 15.1). La principal diferencia radica en que los comandos del menú aplican ajustes de forma directa sobre la imagen, provocando modificaciones destructivas. En cambio, el panel Ajustes genera automáticamente capas de ajuste. Esto permite editar, desactivar o eliminar los cambios sin alterar la imagen original y ofrece una mayor flexibilidad y control de la edición.

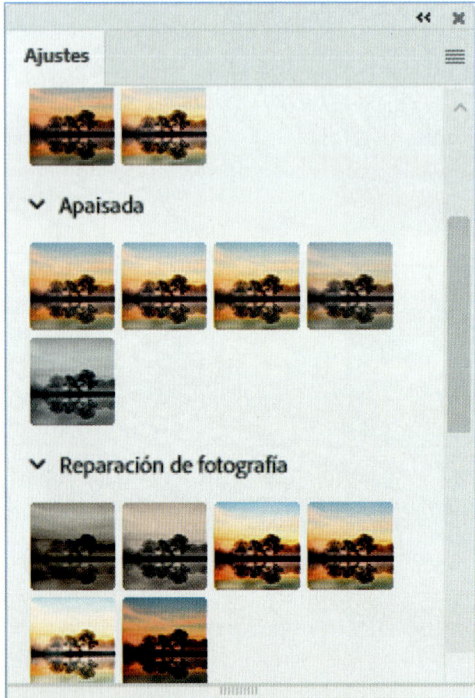

Figura 15.1. Panel Ajustes.

El color es un elemento fundamental en Photoshop. Comprender cómo funcionan los modos de color y aprender a manejar aspectos como el equilibrio de color o la corrección de tonalidades abrirá un mundo increíble de posibilidades.

Selector de color

Para abrir el selector de color que muestra la figura 15.2, haz clic en el color de fondo o el color de primer plano en la barra de herramientas. Lo primero que llama nuestra atención de este cuadro de diálogo es el vistoso campo central y, cómo no, todos los controles situados a la derecha.

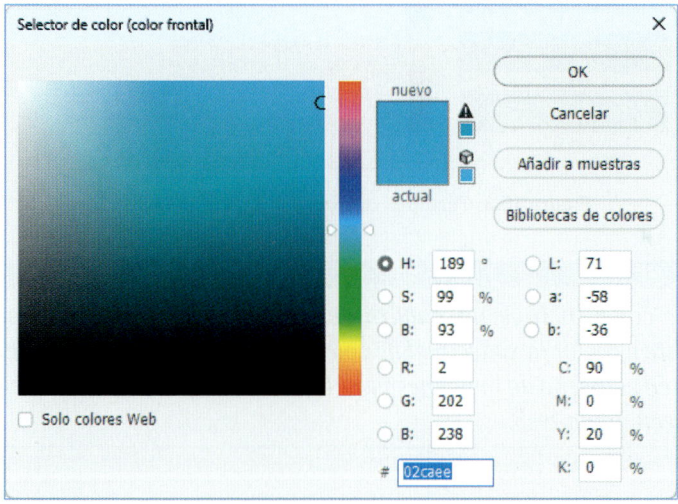

Figura 15.2. Selector de color.

El regulador de color situado a la derecha del campo de colores muestra la gama de tonalidades disponibles para el modo seleccionado; por ejemplo, activa el botón de opción correspondiente al color rojo del modelo RGB (RVA) y el regulador mostrará toda la gama de rojos disponibles; después, puedes utilizar el área de colores para elegir el tono deseado.

Existen empresas que se dedican a crear colores y catalogarlos siguiendo determinados criterios, quizás, los más conocidos son los colores PANTONE. Se utilizan para evitar las variaciones de color entre el diseño original y el resultado impreso. El selector de color de Photoshop dispone de un amplio abanico de posibilidades en este campo; para comprobarlo, selecciona el botón Bibliotecas de colores y aparecerá el cuadro de diálogo del mismo nombre que muestra la figura 15.3.

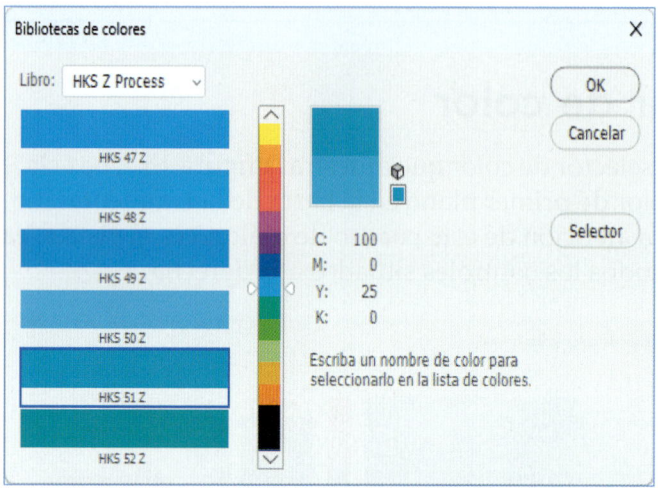

Figura 15.3. Cuadro de diálogo Biblioteca de colores.

Paneles Muestras y Color

El panel Muestras (observa la figura 15.4) incluye una serie de colores por defecto que puedes usar para seleccionar el color de primer plano y el color de fondo en la barra de herramientas. Para elegir un color de primer plano, solo es necesario hacer clic en él y para establecer un color de fondo, haz lo mismo, pero manteniendo pulsada la tecla Alt.

Es posible modificar los colores de este panel e incluso podemos crear nuestras propias muestras añadiendo o suprimiendo colores. Para eliminar un color, haz clic con el botón derecho en él y selecciona el comando Eliminar muestra. Para añadir un color, haz que este sea el color de primer plano y después mantén pulsada la tecla Ctrl, al mismo tiempo que haces clic en alguna zona vacía del panel. El cursor se convierte en un cubo de pintura y antes de incluir la muestra, aparecerá un cuadro de diálogo donde debes indicar un nombre.

Figura 15.4. Panel Muestras.

NOTA:

Para recuperar los colores predeterminados, selecciona el comando Restaurar muestras del menú asociado al panel Muestras.

Si después de crear una muestra de color personalizada en el selector de color deseas guardarla, usa el icono Crear nueva muestra situado en la parte inferior de panel. Estas opciones son muy útiles en proyectos de diseño donde necesites utilizar los mismos colores en diferentes documentos.

Panel Color

El panel Color tiene el aspecto que muestra la figura 15.5 y permite cambiar los colores de primer plano y de fondo, sin necesidad de abrir el selector de color. En el menú asociado podrás elegir el modo de color representado en el panel y algunas opciones interesantes como Copiar código hexadecimal de color, si necesitas utilizar este valor para diseños Web.

Conversión entre modos de color

Para cambiar el modo de color de cualquier imagen, utiliza las opciones del comando Modo del menú Imagen y, en cada caso, selecciona el modo de destino al que necesitas convertir la imagen.

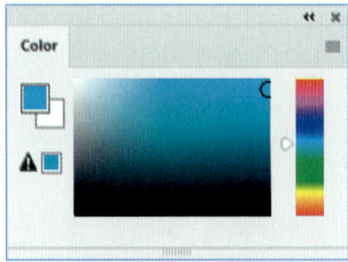

Figura 15.5. Panel Color.

Solo las imágenes en escala de grises se pueden transformar en el modo Mapa de bits. Tampoco es posible cambiar en modo Indexado un archivo que se encuentre en CMYK; en este caso, será necesario utilizar como modo intermedio RGB o LAB.

Panel Ajustes

El panel Ajustes permite modificar el brillo, el contraste, el color, añadir filtros de color, convertir a blanco y negro, etcétera. Hasta aquí podríamos pensar que simplemente se trata de un elemento más de la interfaz, con accesos directos a todas las funcionalidades que ya se encuentran recogidas en el menú Imagen>Ajustes. La realidad es algo distinta, sí es cierto que permite cambiar los aspectos más importantes de la imagen mucho más rápido, pero existe una diferencia destacable entre el comportamiento del panel Ajustes y los comandos del menú Ajustes; todos los cambios que se realizan sobre la imagen desde las opciones del panel Ajustes se llevan a cabo de forma «no destructiva».

Ya conocemos de capítulos anteriores el comportamiento de las capas de ajuste, pues bien, ni más ni menos este es el recurso que utiliza el panel Ajustes. Es decir, la transformación no se lleva a cabo directamente, no corrige ni modifica ningún píxel original, sino que se crea una capa intermedia (de ajuste) para aplicar el efecto. Las ventajas de este sistema son muchas, pero las más importantes podrían ser:

- Resulta mucho más cómoda y rápida la configuración de correcciones.
- La eliminación de cualquier transformación es inmediata.

- Se puede ocultar temporalmente la capa de ajuste y, por consecuencia, el cambio realizado sobre la imagen.
- Es muy sencillo volver a configurar los ajustes tantas veces como sea necesario.
- Permite comprobar la interacción de varios ajustes al mismo tiempo sobre una imagen.

Para aplicar cualquier ajuste desde el panel, existen dos posibilidades. La primera sería utilizar los iconos incluidos en la sección Ajustes únicos, que representan las diferentes correcciones. La segunda de las opciones sería usar el menú asociado al panel, donde también aparecen todas las posibilidades disponibles (ver figura 15.6).

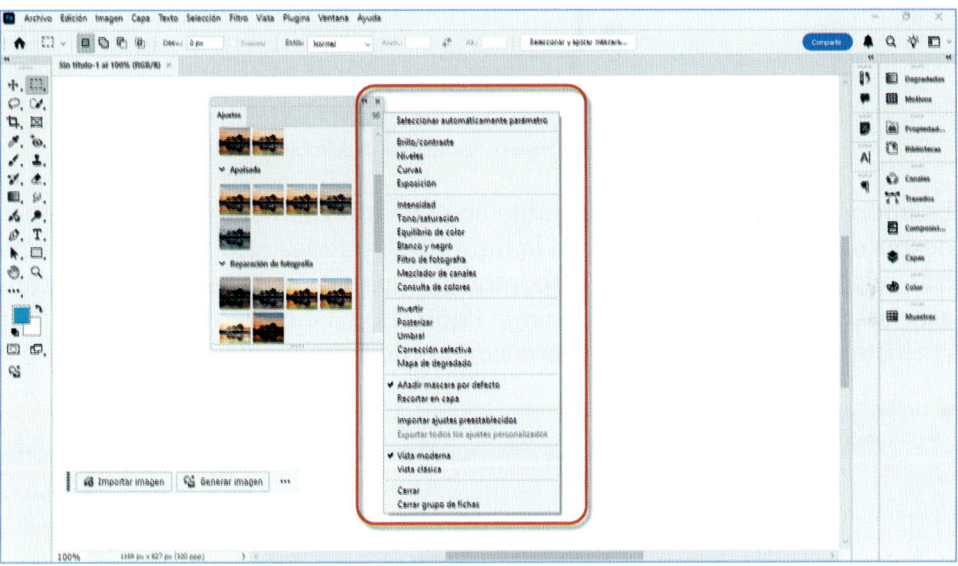

Figura 15.6. Comandos disponibles desde el panel Ajustes.

Una vez seleccionado el comando en el panel Ajustes, Photoshop muestra las Propiedades los parámetros disponibles en el panel. Por ejemplo, en la figura 15.7 aparecen las posibilidades de la opción Curvas.

Además de los controles propios de cada comando, el panel Propiedades muestra en su parte inferior una serie de pequeños iconos, cuyo significado es el que ya vimos cuando tratamos las capas de ajuste. Solo haremos hincapié de nuevo en el icono situado más a la izquierda: utilízalo para hacer que todas las correcciones sean efectivas únicamente sobre la capa actual o sobre ella y todas las inferiores.

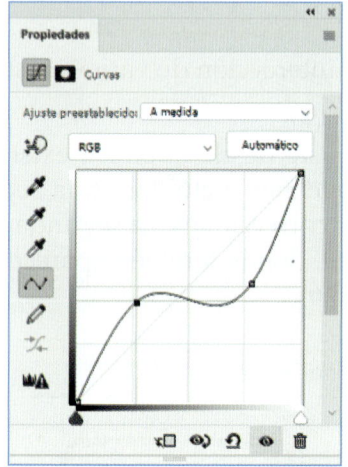

Figura 15.7. Aspecto del panel Propiedades después de seleccionar el ajuste Curvas.

Es importante detenerse un instante en el comportamiento del panel Capas después de aplicar un ajuste. En la figura 15.8 puedes comprobar su aspecto tras seleccionar la opción Brillo/contraste. Observa con atención la máscara asociada que añade automáticamente Photoshop. Utilízala si necesitas aplicar el ajuste únicamente sobre zonas concretas de la imagen.

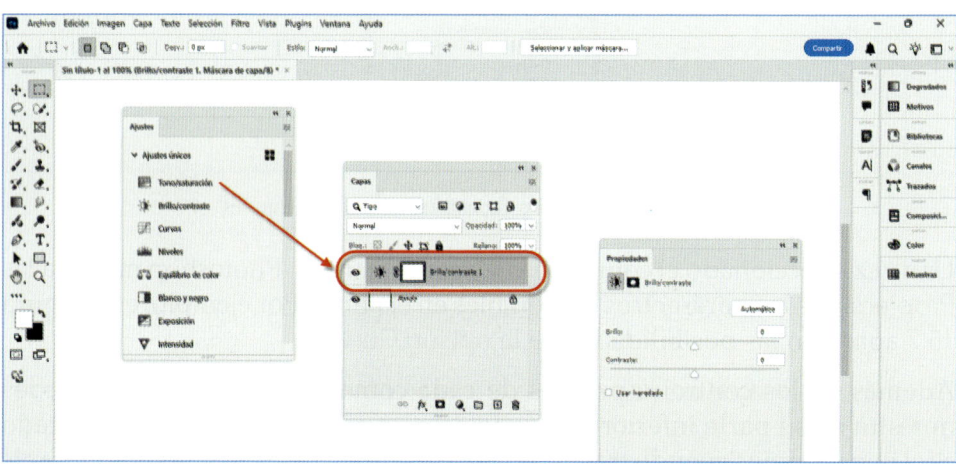

Figura 15.8. Aspecto del panel Capas después de aplicar el ajuste Brillo/contraste.

En la capa, haz doble clic en el icono de ajuste para abrir el panel Propiedades y acceder a sus opciones de configuración. En cambio, si haces doble clic en el icono asociado a la máscara, el panel Propiedades mostrará los valores de configuración de máscaras que puedes ver en la figura 15.9.

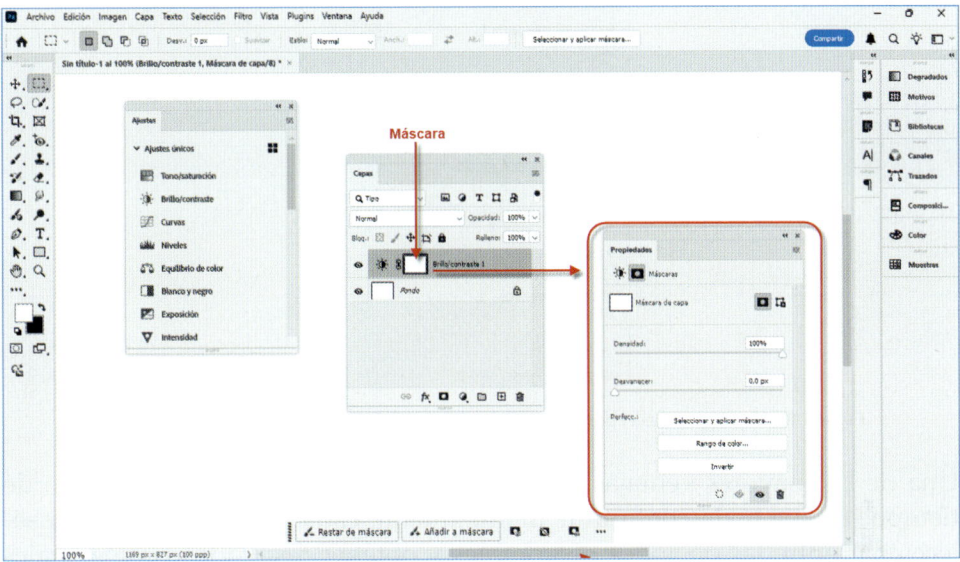

Figura 15.9. Propiedades de máscara.

El panel Ajustes es de gran ayuda en muchos de los procesos de corrección que describiremos en los siguientes apartados y capítulos. Pero no olvidemos que Photoshop ofrece dos formas de realizar correcciones: de forma definitiva y menos flexible, mediante los comandos del menú Imagen>Ajustes, o de manera no destructiva con el panel Ajustes.

Ajustes preestablecidos

Como mencionamos en capítulos anteriores, el panel de Ajustes de Photoshop es una herramienta esencial para fotógrafos y diseñadores de todos los niveles. Dentro de este panel se encuentra la sección Preestablecidos, que ofrece una extensa colección de ajustes listos para transformar imágenes con un solo clic. Estos ajustes han sido cuidadosamente diseñados para lograr resultados sorprendentes en una amplia variedad de estilos y situaciones.

La sección Preestablecidos está organizada en categorías (ver figura 15.10), lo que facilita encontrar el ajuste perfecto. Siempre tendrás a tu disposición una amplia gama de opciones para mejorar el contraste, ajustar el color, añadir efectos especiales o lograr un estilo específico.

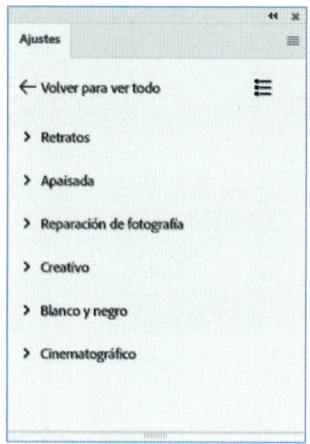

Figura 15.10. Organización por categorías en la sección Preestablecidos del panel Ajustes.

Una de las mayores ventajas de los ajustes preestablecidos es el ahorro de tiempo. En lugar de configurar manualmente cada parámetro, puedes seleccionar entre las opciones disponibles y obtener resultados profesionales en segundos. Esto permite enfocarse en la creatividad y la composición de imágenes, sin tener que dedicar tiempo a modificar infinidad de parámetros.

Dedica algo de tiempo a explorar las diferentes categorías y a experimentar con los ajustes preestablecidos. A continuación, describimos algunas de las opciones incluidas en la categoría Fotografía:

- **Retrato:** Ofrece opciones para suavizar la piel, realzar los ojos y crear un ambiente favorecedor.
- **Paisaje:** Aquí encontrarás ajustes para aumentar la nitidez, mejorar el contraste y resaltar los colores.
- **Blanco y negro:** Convierte tus fotos en imágenes en blanco y negro con diferentes estilos y tonalidades.

En la categoría Diseño gráfico tienes posibilidades muy interesantes:

- **Estilos de texto:** Imprescindible para crear títulos y encabezados llamativos con diferentes fuentes, tamaños y efectos.

- **Efectos especiales:** Añade destellos, sombras, texturas y otros efectos visuales a tus diseños.

Para completar esta pequeña recopilación, destacamos las siguientes, en la categoría Corrección de color:

- **Equilibrio de blancos:** Corrige los tonos de color no deseados y logra un balance de blancos preciso.
- **Contraste:** Permite aumentar o disminuir el contraste de las imágenes y resaltar los detalles con un solo clic.

En definitiva, la sección Preestablecidos del panel Ajustes de Photoshop es una herramienta poderosa que ayuda a transformar las imágenes de manera rápida, sencilla y profesional.

> **TRUCO:**
>
> *No olvides la sección «Sus ajustes preferidos» a la hora de guardar las configuraciones que utilices con más frecuencia. Después de aplicar un ajuste predeterminado o crear uno personalizado, haz clic en el signo más, situado a la derecha del nombre de esta sección, elige un nombre y guárdalo.*

Corrección del color

Una vez descritos algunos conceptos básicos y las posibilidades del panel Ajustes, el objetivo a partir de este momento es perderle el miedo al tratamiento del color en Photoshop. Aunque debemos reconocer que se trata de un tema complicado, nos armaremos de valor y aprenderemos para qué sirven y cómo funcionan los modelos de corrección y edición más importantes relacionados con el color.

Pero ¿por qué es tan importante dominar el color en Photoshop? El color es uno de los pilares fundamentales de la imagen. Es lo que transmite emociones, crea ambientes, dirige la atención del espectador y define el estilo de una fotografía o diseño. Un buen manejo del color puede transformar una imagen mediocre en una obra impactante, mientras que un tratamiento descuidado puede arruinar incluso la mejor composición.

Cuando hablamos de tratamiento del color, nos referimos a diferentes ideas y conceptos que incluyen:

- Ajustar los colores para que se vean naturales y equilibrados. Esto implica corregir tonalidades no deseadas (como azulados o amarillentos), asegurar que los blancos sean realmente blancos y los negros, negros, y conseguir una reproducción de color fiel a la realidad o a la intención que buscamos en cada situación.

- Utilizar el color como una herramienta creativa. Esto abarca la creación de estilos visuales específicos (*vintage*, cinematográfico, etc.) o la manipulación de las paletas de color para generar contrastes y efectos únicos.
- El color está ligado a la luminosidad y el contraste. Un buen tratamiento del color también implica saber manejar las luces y las sombras para crear imágenes más atractivas.

Para lograr estos objetivos, Photoshop nos ofrece numerosas herramientas y modelos de corrección y edición que, aunque al principio puedan parecer abrumadores, se volverán imprescindibles en nuestro día a día.

Equilibrio de color

El comando Imagen>Ajustes>Equilibrio de color o la opción equivalente en el panel Ajustes, permite realizar correcciones de color de forma generalizada. Tendremos que esperar a ver los comandos Curvas y Niveles para conocer métodos de corrección más específicos.

En el cuadro de diálogo Equilibro de color de la figura 15.11, lo primero que llama la atención son los tres reguladores situados en la parte central. Si los desplazamos hacia la derecha, estaremos aumentando la proporción de cada color en la imagen; y mientras más a la izquierda estén, menor será la presencia de dicho color.

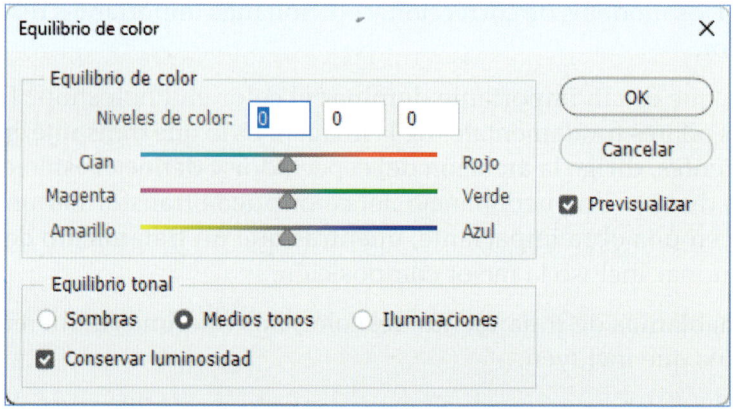

Figura 15.11. Cuadro de diálogo Equilibrio de color.

Elige en la lista desplegable la gama de tonos sobre la que deseas hacer efectivos los cambios. Por otra parte, en imágenes RGB es conveniente mantener activada la casilla Conservar luminosidad, con el objeto de salvaguardar la relación de igualdad entre los tonos de la imagen original.

Tono/saturación

Después de seleccionar este comando en el menú Ajustes o en el panel, tendrás acceso a las opciones que muestra la figura 15.12. A primera vista podría parecer otro cuadro de diálogo más, pero no es así.

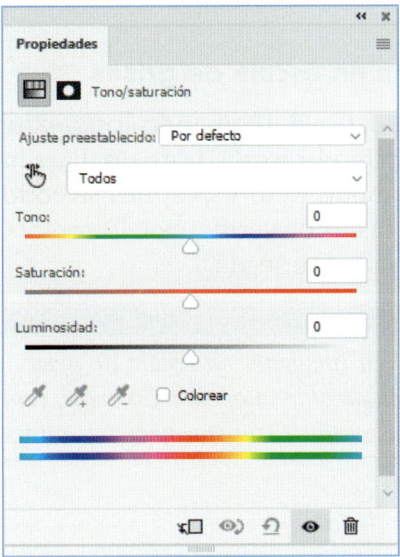

Figura 15.12. Opciones del comando Tono/saturación.

El comando Tono/saturación permite determinar el tono, la saturación y la luminosidad de cada componente de color de una imagen de forma totalmente independiente. El primer elemento que encontramos, tanto en el cuadro de diálogo Tono/saturación como en el panel, es una lista donde puedes elegir entre aplicar los cambios sobre todos los colores de la imagen, o hacerlo de forma independiente para cada color.

Una vez seleccionado el color o colores que vamos a tratar, utiliza los reguladores Tono, Saturación y Luminosidad para ajustar el aspecto de la imagen. Si lo prefieres, puedes introducir el valor exacto junto a la casilla de texto que se encuentra a la derecha de cada regulador.

En la parte inferior aparecen dos barras de colores: la superior representa los colores de la imagen antes de realizar cualquier ajuste y la barra inferior muestra cómo queda el espectro de colores después de aplicar alguna corrección.

TRUCO:

Al utilizar el comando Tono/saturación desde el panel Ajustes, comprobarás cómo en la parte superior aparece la lista Ajuste preestablecido. Dentro de ella encontrarás diferentes combinaciones típicas listas para usar. Esta lista de configuraciones preestablecidas está disponible en la mayoría de los comandos asociados al panel Ajustes.

Colorear una imagen en escala de grises

Una interesante característica del comando Tono/saturación es la posibilidad de colorear imágenes en modo escala de grises. Para hacerlo, en primer lugar, convierte la imagen a modo RGB y después selecciona Tono/saturación. A partir de aquí, activa la casilla de verificación Colorear y utiliza los reguladores hasta conseguir la tonalidad deseada.

TRUCO:

Si bien es cierto que es en imágenes en escala de grises donde se consiguen los resultados más espectaculares de la opción Colorear, también puedes usarlo con cualquier imagen para conseguir transformaciones muy vistosas.

Curvas

El comando Curvas permite llevar a cabo ajustes sobre el color de cualquier imagen, con la ventaja de poder tratar cada canal de forma independiente. Su objetivo principal se centra en los cambios sobre la tonalidad, aunque sus posibilidades van más lejos que las vistas para el comando Tono/saturación, al tomar como referencia muchos más parámetros.

Selecciona el comando Curvas en el menú Imagen>Ajustes o en el panel Ajustes y en la lista desplegable situada en la parte superior, elige entre aplicar los cambios a todos los canales de la imagen o a alguno en concreto. Por lo general, la opción completa será la más conveniente.

Después de elegir el ámbito de acción del ajuste, Photoshop muestra una cuadrícula y una línea que la atraviesa diagonalmente. Haz clic en esta línea y arrástrala para modificar el tono de la imagen. Para definir un nuevo punto de ajuste, haz clic en la línea para crearlo y arrástralo en la dirección que deseas.

En la figura 15.13 puedes ver el aspecto del panel Propiedades, después de seleccionar el comando Curvas en el panel Ajustes y el resultado sobre la imagen, donde hemos convertido un luminoso amanecer en un espectacular atardecer.

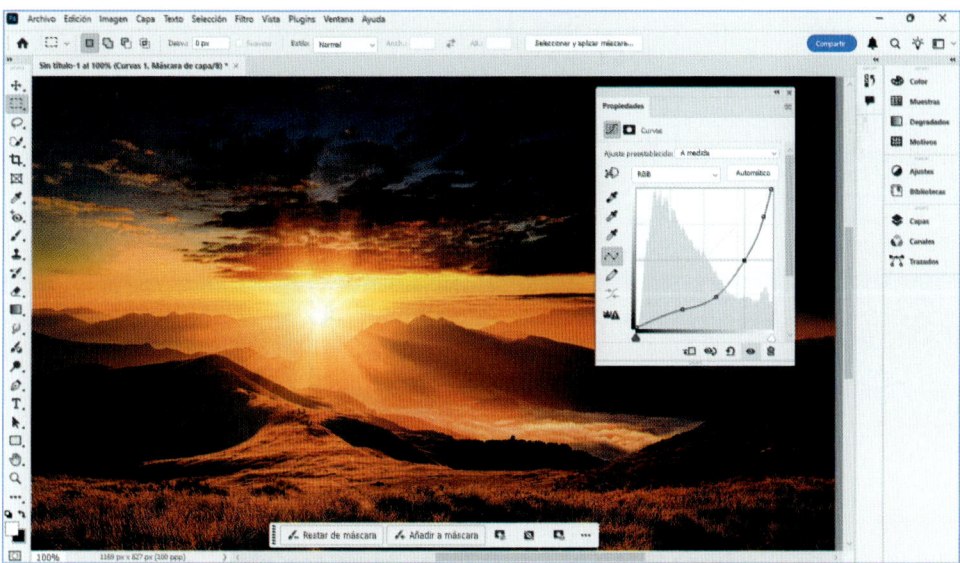

Figura 15.13. Atardecer conseguido con los ajustes del comando Curvas.

El cuadro de diálogo Curvas ofrece la posibilidad de visualizar el histograma de la imagen sobre la cuadrícula. El histograma proporciona información sobre la distribución de las sombras, medios tonos e iluminaciones de la imagen.

Observa en la figura 15.14 el contenido de la lista Ajuste preestablecido del comando Curvas. Cada una de las entradas se corresponde con diferentes modelos de curvas típicos que van a permitir mejorar algunos defectos comunes. Si con las posibilidades que ofrece no es suficiente o quieres crear tus propios ajustes preestablecidos, utiliza el pequeño icono situado a la derecha de la lista y selecciona el comando Guardar valor. Estos ajustes guardados por nosotros mismos también estarán disponibles en la lista de ajustes preestablecidos del panel. Este mismo método se puede aplicar para guardar configuraciones personalizadas y será válido para la mayoría de los comandos descritos en este capítulo. La posibilidad de guardar ajustes solo está disponible en el cuadro de diálogo del comando.

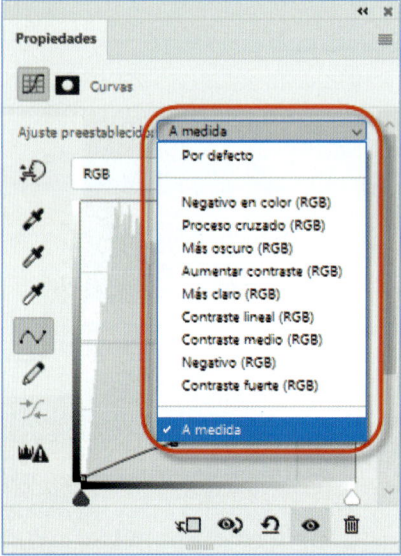

Figura 15.14. Ajustes preestablecidos del comando Curvas.

El botón Automático hace que Photoshop analice la imagen y establezca la mejor curva para ella. En principio, esto que parece la opción perfecta, no lo es tanto. Desde nuestra experiencia preferimos realizar esta tarea manualmente para conseguir los mejores resultados.

Si tienes intenciones de aplicar más de un ajuste a la misma imagen, no olvides seleccionar siempre en primer lugar la capa que quieres tratar.

Niveles

El comando Niveles muestra otro espectacular cuadro de diálogo, donde puedes delimitar el grado de luces y sombras de la imagen. Los extremos del histograma representan tanto los píxeles más oscuros (izquierdo) como los más claros (derecho).

Si desplazas cada uno de los manejadores hacia la zona central del histograma, conseguirás transformar los colores más oscuros en negro y los más claros en blanco. Con estos ajustes se amplía o reduce el espectro tonal de la imagen y se mejora la nitidez en la mayoría de los casos.

El comando Niveles permite modificar los niveles de cada uno de los canales de forma independiente. Tan solo es necesario elegir el canal deseado en la lista desplegable Canal. Así mismo, si utilizas el menú, en vez del panel dispondrás de las opciones Guardar valor y Cargar valor, en el botón situado a la derecha de la lista Ajuste preestablecido para almacenar los ajustes realizados. Si quieres hacer esto mismo desde el panel Ajuste debes recurrir al menú asociado. Recuerda el icono situado en la esquina superior derecha del panel.

Cualquier ajuste, corrección o transformación descrita en este capítulo se puede aplicar localmente a cualquier parte de la imagen, para ello basta describir previamente el área de selección sobre la que se desea trabajar.

Corrección selectiva

Este comando, también disponible tanto en el panel como en el menú Ajustes, permite modificar la cantidad de magenta, amarillo, cian y negro utilizada para la composición de los colores básicos. Es una opción bastante específica y se usa principalmente en trabajos de impresión profesionales. En la lista Colores sería necesario seleccionar el color que deseamos tratar y después, usar cada uno de los reguladores para cambiar el porcentaje usado para su composición.

Reemplazar color

El comando Reemplazar color solo se encuentra en el menú Ajustes y da acceso a otra potente herramienta. Al seleccionarlo, tendrás acceso al cuadro de diálogo Reemplazar color que puedes ver en la figura 15.15.

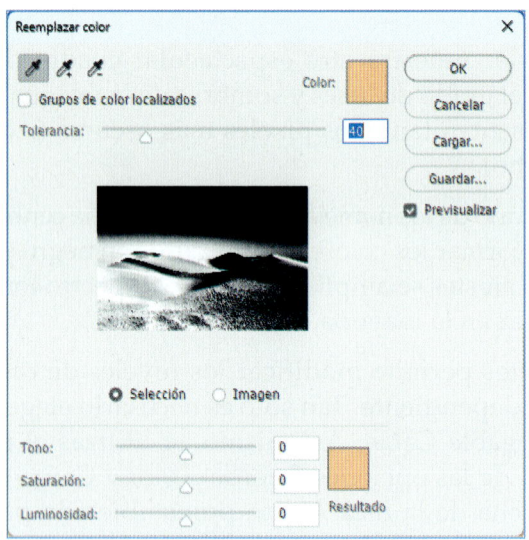

Figura 15.15. Cuadro de diálogo Reemplazar color.

¿Y para qué sirve? Pues bien, el comando Reemplazar color permite seleccionar uno o varios tonos de la imagen y modificarlos con los reguladores Tono, Saturación y Luminosidad. Imagina que quieres cambiar un maravilloso cielo azul por un atardecer rojizo, pues bien, este tipo de correcciones las puedes llevar a cabo gracias a las posibilidades que ofrece el comando Reemplazar color.

Para seleccionar un color, utiliza el cuentagotas y haz clic en la imagen, sobre el color que deseas modificar. Si activas el botón de opción Selección del cuadro de diálogo Reemplazar color, aparecerá una vista preliminar en la que las zonas más claras representan los píxeles seleccionados. A continuación, usa los reguladores de la sección Sustitución para modificar el tono de los píxeles seleccionados.

El cuentagotas con el signo más permite añadir nuevos colores a la selección; del mismo modo, el que lleva el signo menos elimina píxeles, restableciendo su aspecto original. Controla los valores de tolerancia para mejorar la eficacia de la selección de píxeles.

No olvides que la mayoría de los cuadros de diálogo disponibles en Photoshop, recuperan los valores originales si mantienes pulsada la tecla Alt y haces clic en el botón Restaurar.

Blanco y negro

Para muchos de nosotros la fotografía en blanco y negro tiene un encanto especial, esas sombras, medios tonos y la complejidad que implica conseguir una buena instantánea de estas características. Con las antiguas cámaras analógicas era necesario utilizar películas específicas y una buena dosis de paciencia hasta conseguir la toma perfecta. En la actualidad, la mayoría de las cámaras digitales o teléfonos incluyen entre sus efectos la posibilidad de capturar imágenes en blanco y negro, pero como dice la canción «no es lo mismo».

Selecciona el comando Imagen>Ajustes>Blanco y negro o el icono del mismo nombre en el panel Ajustes, para acceder a sus opciones de configuración.

Las opciones del comando Blanco y negro permiten transformar cualquier imagen completa o capa de color a blanco y negro, pero con la ventaja de manejar individualmente el porcentaje de cada tono. Los resultados conseguidos con este método son realmente increíbles. Prueba con alguna imagen y varía la proporción de cada color para comprobar el resultado.

El botón Automático, disponible tanto en el cuadro de diálogo Blanco y negro como en el panel Propiedades, analiza las características de la imagen y propone la mejor distribución de colores para conseguir una transformación óptima en blanco y negro. Haz clic en este botón para comprobar la propuesta del programa y después ajusta el resultado con los reguladores de color.

Otra característica interesante son los ajustes preestablecidos que ofrece Photoshop para el comando Blanco y negro y que se encuentran disponibles tanto en el cuadro de diálogo, como en el panel Propiedades. Las opciones de esta lista incluyen diferentes modelos de conversión adaptados a las tareas más habituales o al uso de determinados filtros de color muy conocidos en el mundo de la fotografía.

En el mismo panel Propiedades, haz clic en el icono que hemos destacado en la figura 15.16 y comprueba cómo el cursor del ratón se transforma en un cuentagotas al situarlo sobre cualquier zona de la imagen. En ese momento, haz clic y se resaltará el color predominante en el panel. Utiliza esta opción para retocar y manejar de forma controlada zonas concretas de la imagen, aplicando las variaciones de color más adecuadas en cada caso.

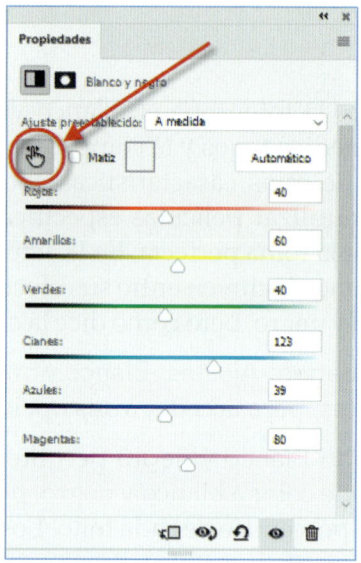

Figura 15.16. Conocer la tonalidad predominante desde el panel Propiedades.

Colorear imágenes

Aunque parezca mentira, el comando Blanco y negro aún guarda algunas sorpresas. Concretamente, activa la casilla de verificación Matiz para activar los controles de esta sección y haz clic dentro del cuadro de color para el elegir la tonalidad que desees. Después será sencillo colorear uniformemente cualquier imagen a partir de la transformación en blanco y negro. Una propuesta interesante sería conseguir el típico efecto sepia, aunque se puede aplicar cualquier otra variación.

TRUCO:

Si utilizas el cuadro de diálogo Blanco y negro en lugar del panel Ajustes, después de activar la casilla de verificación Matiz, puedes usar los reguladores para modificar los valores de Tono y Saturación, hasta conseguir el efecto deseado sobre la imagen. El pequeño rectángulo situado a la derecha de estos reguladores mostrará el tono conseguido en cada momento.

Comandos de edición y creatividad

Hasta ahora, hemos explorado las herramientas esenciales para la corrección del color, que abarcan los ajustes fundamentales relacionados con este propósito. Ahora, daremos un paso más allá. Nos adentraremos en una serie de comandos diseñados para transformar los colores originales, buscando resultados sorprendentes y creativos. Olvidemos por un momento la solución de problemas de tono o contraste; estas servirán como herramientas creativas para explorar nuevas posibilidades y obtener versiones diferentes e interesantes de cualquier imagen.

Invertir

El comando Invertir, incluido tanto en el menú Ajustes como en el panel del mismo nombre, analiza cada uno de los píxeles de la imagen y los sustituye por sus valores opuestos. En la figura 15.17 puedes ver el resultado de aplicar esta transformación sobre nuestra imagen de ejemplo.

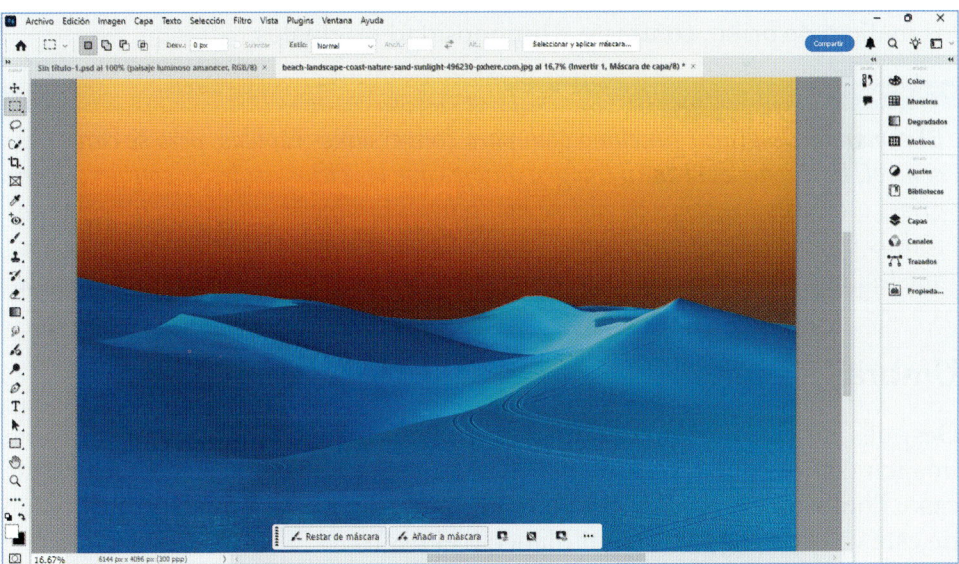

Figura 15.17. Resultado de utilizar el comando Invertir.

Es importante destacar que este comando actúa de manera independiente sobre cada canal, por lo tanto, el resultado será diferente en función del modo de color en el que se encuentre la imagen.

A diferencia de la mayoría de los ajustes y correcciones, después de aplicar el comando Invertir no se produce ninguna pérdida de color. Para comprobarlo puedes aplicar de nuevo este comando y observarás que la imagen recupera el aspecto original.

Desaturar

El comando Desaturar tampoco ofrece ningún tipo de posibilidad de configuración directa y tiene como misión eliminar por completo la saturación de todos los colores de la imagen, porque le aplica, de manera uniforme, una suave capa de color gris. Es importante destacar que esta opción no está disponible en el panel Ajustes, siendo exclusiva del menú Imagen>Ajustes.

Después de aplicar el comando, la imagen perderá toda la información del color y quedará representada en escala de grises, convirtiéndose técnicamente en una imagen en escala de grises, aunque visualmente mantendrá el modo de color original (por ejemplo, RGB o CMYK). El resultado habitual suele ser una imagen en blanco y negro de aspecto limpio y uniforme, que conserva los matices de brillo, contraste y luminosidad originales.

El comando Desaturar funciona bien para conversiones rápidas, pero se carece de control. Por ejemplo, si en tu imagen quieres que los cielos azules se conviertan en grises oscuros y los tonos de piel se mantengan luminosos en blanco y negro, no podrás hacerlo con este comando. Para ese tipo de ajuste selectivo por color, los ajustes Tono/Saturación o Blanco y Negro son herramientas mucho más adecuadas.

Umbral

Después de ejecutar el comando Umbral, el resultado obtenido será una imagen completamente en blanco y negro, sin valores intermedios. En este caso, Photoshop identifica el porcentaje de brillo de cada píxel y en función de este valor, le asigna el color blanco o el negro.

Entre las opciones del comando Umbral se encuentra un histograma, cuya función no es otra que representar la distribución de los niveles de brillo de la imagen. Bajo este esquema dispones de un regulador, que puedes desplazar hacia la izquierda o la derecha para definir el valor del umbral, a partir del cual los píxeles tomarán el color blanco o negro.

El efecto de la figura 15.18 se ha conseguido duplicando la capa que contiene la imagen original y aplicando a la imagen inferior el comando Umbral con los valores por defecto. Después, para la capa superior se ha seleccionado el modo de fusión Multiplicar y… ¡listo!

Figura 15.18. Jugando con el comando Umbral.

Posterizar

El último comando de esta serie dedicada a las transformaciones basadas en el color de la imagen va todavía un poco más allá que el comando Umbral y utiliza muchos más colores en el proceso de transformación. Es decir, si en el comando Umbral todos los colores eran sustituidos por el blanco o el negro, con el comando Posterizar el número de colores por el que se puede sustituir cada píxel de la imagen es mayor y como consecuencia, el resultado es mucho más espectacular.

En las opciones del comando Posterizar, debes indicar el número de niveles que quieres utilizar. Por defecto el valor es cuatro, lo cual significa que en una imagen RGB tendríamos doce colores: cuatro son para el rojo, igual número para el verde y otros cuatro para el azul.

Photoshop elegirá el color que más se aproxime para cada píxel de la imagen, según el número de niveles elegidos

Mapa de degradado

Si te gusta obtener resultados sorprendentes en tus imágenes, prueba a utilizar el comando Mapa de degradado. En las opciones que presenta, haz clic en la muestra que aparece para acceder al editor de degradados o simplemente selecciona el pequeño botón situado a la derecha, para usar alguno de los modelos preestablecidos.

Está claro que el sentido de esta herramienta está enfocado a la transformación de la imagen para generar diseños espectaculares, fondos, etc.

Herramienta Sustitución de color

Sustitución de color es una herramienta de pincel especializada diseñada para cambiar el color de un área de la imagen sin afectar a las texturas, sombras o luces originales. Básicamente, permite reemplazar un color muestra por un color frontal mientras pintas para solucionar problemas que tengan como origen un cambio de color localizado dentro de la imagen, tales como manchas, brillos, o cambiar el color de ojos, ropa, objetos, etc., de forma rápida mientras se mantiene la naturalidad de las texturas. En la figura 15.19 puedes ver la ubicación exacta de esta herramienta.

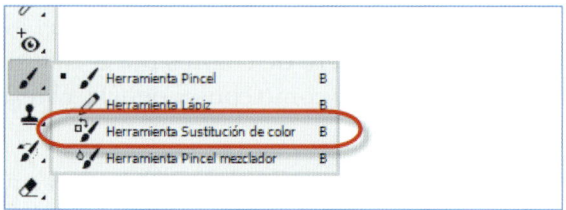

Figura 15.19. Herramienta Sustitución de color.

Para ilustrar el modo de funcionamiento de la herramienta Sustitución de color, cambiaremos la tonalidad predominante de los ojos de nuestro fiero amigo:

1. Abre la imagen y selecciona la herramienta Sustitución de color. Emplea la combinación de teclas Ctrl-+ (signo más) para ampliar la imagen y trabajar la zona a tratar con comodidad.

2. La herramienta Sustitución de color cambiará el tono de los píxeles seleccionados por el color del primer plano de la barra de herramientas. En nuestro caso, un rojo «Lucifer» para sustituirlo por el negro del interior de los ojos.

3. Elige un tamaño de pincel adecuado según las dimensiones de la imagen, pero evita que sea mayor que la zona a tratar. Entre las opciones de la herramienta, en la lista Modo, selecciona Color.

4. Observa los tres pequeños botones que se indican en la figura 15.20 (ubicados a la derecha de la opción anterior):

   - **Continuo:** En este caso el color que sustituye (la muestra) cambia a medida que arrastramos el pincel.

   - **Una vez:** Toma como referencia el primer color sobre el que hagamos clic y sustituirá todos aquellos que coincidan con él. Este valor no es exacto y depende de los valores de tolerancia indicados. Para seguir nuestro ejemplo, haz clic en el rojo del interior de los ojos, con un porcentaje de tolerancia aproximado de 40.

   - **Muestra de fondos:** Sustituirá todos los píxeles cuyo color coincida con el tono seleccionado como color de fondo, en el selector la barra de herramientas.

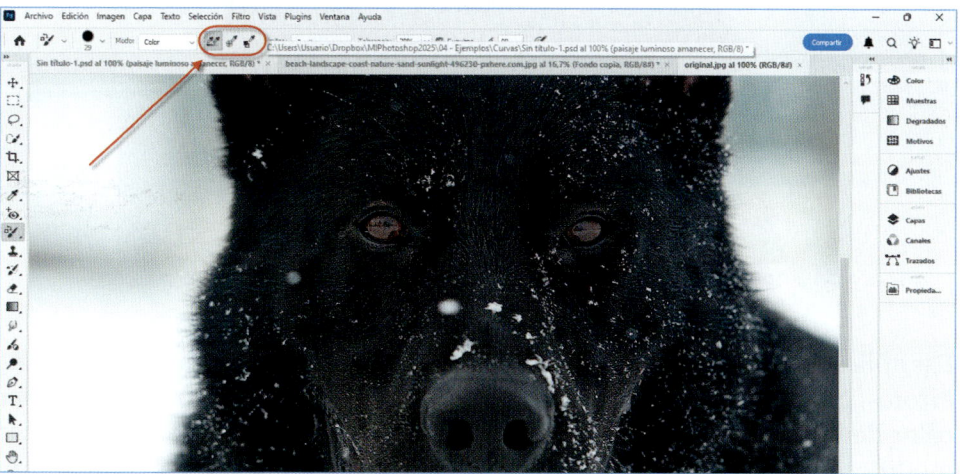

Figura 15.20. Opciones de muestreo de la herramienta Sustitución de color.

5. A continuación, en la lista Límites es necesario determinar el comportamiento de la herramienta con respecto a los píxeles adyacentes:

- **No contiguo:** Cambia el color de los píxeles por donde pasa el pincel de la herramienta, sin importar si son o no adyacentes a la muestra.

- **Contiguo:** Solo cambiará el color de aquellos píxeles colindantes a la muestra, es decir, conectados por alguna zona.

- **Hallar bordes:** Sustituye solo píxeles contiguos y respeta los bordes de las formas sobre las que pase la herramienta. Para la corrección de ojos rojos esta será la opción más adecuada.

6. Como hemos comentado, elige un valor de tolerancia próximo a 40, pero aumenta o disminuye esta cifra según los resultados que obtengas. Mantén activa la casilla Suavizar para mejorar el resultado de la corrección.

7. Finalmente arrastra el puntero con cuidado sobre el área a corregir. Si no consigues el efecto deseado, pulsa Ctrl-Z, modifica el valor de tolerancia e inténtalo de nuevo. La figura 15.21 muestra el resultado de nuestro trabajo.

Figura 15.21. Resultado de la corrección de color.

Las aplicaciones de la herramienta Sustitución de color no se limitan a corregir errores, puedes utilizarla para sustituir de forma local y controlada cualquier color dentro de la imagen. En resumen, es una opción práctica para realizar modificaciones de color específicas y selectivas en Photoshop, mientras preservas detalles importantes de la imagen original.

Resumen

Imaginemos por un momento lo triste que sería el mundo sin color. Es evidente que una aplicación como Photoshop no podía dejar a un lado este tema tan importante. Es más, debemos ser exigentes y esperar de una herramienta de retoque fotográfico como esta que el tratamiento del color sea uno de sus puntos fuertes.

En este capítulo hemos mostrado en primer lugar las nociones básicas, como la forma de utilizar el selector de color de la barra de herramientas o los paneles Muestras y Color. Pero, sobre todo, hemos querido resaltar las cualidades del panel Ajustes, como elemento fundamental a la hora de corregir, modificar y realizar transformaciones sobre la imagen. Ten siempre presente esta herramienta y su comportamiento «no destructivo».

Después, hemos dividido los comandos dedicados al tratamiento del color en dos grupos; el primero, integrado por aquellos cuyo fin es corregir o modificar aspectos de la imagen relacionados con el color, el brillo, el contraste o la saturación. En este grupo encontramos comandos como Curvas, Niveles o Reemplazar color.

Para el segundo grupo hemos dejado aquellas herramientas y comandos que permiten modificar la imagen, pero con un propósito creativo, como, por ejemplo, los comandos Invertir, Posterizar o Mapa de degradado.

Hemos querido terminar el capítulo con una herramienta muy interesante y que, además, será de gran ayuda, se trata de Sustitución de color. Con ella podrás sustituir tonalidades en la imagen de forma rápida y sencilla.

16

Recursos para fotógrafos digitales

Introducción

Photoshop ofrece a los fotógrafos un arsenal de recursos cada vez más amplio. Antes hemos explorado la eliminación y sustitución de objetos mediante inteligencia artificial generativa, la herramienta Quitar o cómo llevar a cabo correcciones precisas con el Pincel corrector y el Pincel corrector puntual.

En este capítulo, nos centraremos en resolver los problemas más habituales que surgen al capturar imágenes: ojos rojos, falta de luminosidad, colores poco realistas, errores de exposición y muchos más. Veremos cómo Photoshop, a pesar de su inmenso poder, también tiene límites, y por ello, comenzaremos con consejos y trucos esenciales para sentar las bases de una gran fotografía.

Tanto si utilizas una cámara digital profesional como tu teléfono móvil y te apasiona la fotografía, este capítulo es para ti. Descubre la forma de hacer que Photoshop sea tu mejor aliado para llevar tus imágenes al siguiente nivel.

La luz

La luz puede ser nuestro mejor aliado, pero también un terrible enemigo. Dicen los fotógrafos profesionales que el único secreto para hacer buenas fotos es dominar la luz. Dicho de este modo parece sencillo, pero todos sabemos que en la práctica no es así.

No se trata de tener siempre la mayor cantidad de luz, sino de aprovecharla lo mejor posible en cada momento. Como ejemplo práctico diremos que, en el caso de la fotografía al aire libre, las mejores condiciones de luz tendremos que buscarlas justo después del amanecer o antes del atardecer. A continuación, se indican algunos trucos y consejos:

- Los días algo nublados son perfectos para realizar fotografías al aire libre porque no hacen tan pronunciadas las sombras y ofrecen unos colores bastante neutros.
- En situaciones de mucha luz, las sombras y los reflejos pueden estropear cualquier fotografía, por lo que debes intentar buscar distintos ángulos hasta encontrar el más adecuado. Los filtros polarizados son muy útiles en este tipo de situaciones.
- En fotos en modo macro (objetos a corta distancia) en las que necesites usar el *flash*, conseguirás atenuar los reflejos si colocas una hoja de papel justo delante de este o, si tu economía lo permite, utilizar algún modelo de *flash* anular.

- En fotos a contraluz, si es posible, saca del encuadre la fuente principal de luz como el sol, un foco o cualquier otro elemento que distorsione las mediciones automáticas que hace la cámara, para calcular la apertura y el tiempo de exposición.

- Relacionado con el punto anterior, utiliza el *flash* de tu cámara en fotos de día para retratar motivos poco iluminados cuando el fondo tiene mucha luz.

- Si la cámara permite compensar la exposición manualmente, dispara una primera instantánea sin modificar nada, otra con valores negativos de exposición (-0,5EV) y una última con un ajuste positivo (+0,5 EV). Después comprueba las fotos y quizás te sorprenda el resultado. Algunas cámaras pueden hacer este mismo proceso automáticamente usando alguno de los modos de los que disponen. Esta técnica se denomina horquillado o *bracketing*.

- Usa un trípode o apoya la cámara sobre un lugar firme para evitar que una velocidad lenta de obturación, necesaria para capturar todos los detalles en situaciones de poca luz, provoque una foto movida o poco nítida.

Sensibilidad ISO

Si quieres establecer manualmente la sensibilidad, debes saber que, los valores más bajos, 50 o 100, mejoran la nitidez; mientras que si usas sensibilidades mayores aumentarás el ruido de la imagen, es decir, aparecerán pequeñas partículas de colores que nada tienen que ver con la imagen original. En la mayoría de los casos se obtendrán buenas fotos con valores de 50 o 100. Pero si quieres capturar imágenes en situaciones de poca luz, sin *flash*, donde necesites recoger todos los matices del momento, podrías conseguir resultados espectaculares con 300 ISO o 400 ISO.

Los errores provocados por exceso de ruido en la imagen no son sencillos de corregir, por lo que te recomiendo cuidar este aspecto cuando realices tus fotos.

Apertura y exposición

La apertura determina el diámetro del diafragma en cada momento y permite ajustar la cantidad de luz que entra hasta el sensor de la cámara. Cuanto mayor sea el valor de apertura, menor será el diámetro del diafragma y viceversa.

Encontrarás habitualmente referenciados los valores de apertura o cierre del diafragma como f20, f15, f5... mientras mayor sea el número, más cerrado estará el diafragma y viceversa.

Por otra parte, el tiempo de exposición determina el intervalo que permanece abierto el objetivo para que la luz llegue hasta el CCD de la cámara. Combinando distintos valores de exposición y apertura podrás resolver situaciones complejas de luz o captar imágenes increíbles. Pero debes tener cuidado con el tiempo de exposición, pues si te excedes con este valor añadirás ruido a la imagen. Buscar el equilibrio no es fácil; pero nadie dijo que hacer una buena fotografía fuera sencillo.

El tiempo de exposición y la apertura son valores tan relacionados que en muchos casos la modificación de uno de ellos provoca el reajuste del otro.

Profundidad del campo

La profundidad del campo determina la cantidad de espacio enfocado delante y detrás de un objeto. Es decir, todos los elementos que se encuentren dentro de este espacio aparecerán nítidos en la imagen y el resto desenfocado.

En muchos casos buscaremos que la mayor parte de los elementos aparezcan enfocados, pero también son comunes las fotografías en las que destaca la nitidez de un elemento situado en primer plano y el desenfoque del resto.

Para conseguir una mayor profundidad de campo, es decir, que la mayor parte de la imagen aparezca enfocada, debes usar valores bajos de apertura de diafragma, o sea, números altos: f8, f12... este es el caso más común cuando necesites hacer fotos de conjunto, tomas de monumentos, paisajes, etcétera. Para conseguir el efecto contrario deberías usar mayor apertura, de forma que permanezcan enfocados solo aquellos elementos que se muestren en primer plano.

El zoom también permite modificar la profundidad de campo; a mayor zoom, menor profundidad de campo.

Buscar el mejor encuadre

Los profesionales de la fotografía recomiendan no buscar siempre el centro de la imagen como única opción de encuadre, sino justo lo contrario. Por ejemplo, en fotos de paisajes no sitúes el horizonte en el centro de la imagen, busca la parte superior o inferior de la escena, según quieras resaltar una zona u otra de la foto. Del mismo modo, si quieres fotografiar a una persona o cualquier otra cosa ante un paisaje o fondo amplio, deberías evitar que el objeto principal de la foto quede en el centro de la imagen. Haremos un primer encuadre sobre el motivo principal, enfocaremos y después desplazaremos el encuadre hacia la derecha o la izquierda para dejar el motivo a un lado.

Balance de blancos

El ajuste del balance de blancos permite corregir las alteraciones que provocan los distintos tipos de fuentes de luz sobre los colores de una imagen. Por ejemplo, no es lo mismo capturar una escena en una habitación iluminada artificialmente que al aire libre con luz de sol. Cada situación requiere que la cámara ajuste sus sensores para captar fielmente los tonos de la imagen.

Es muy probable que nuestra cámara disponga de un modo automático de ajuste del balance de blancos, pero también es posible que permita elegir valores predeterminados, según las condiciones en las que nos encontremos: luces de neón, fluorescentes, incandescentes...

Brillo/contraste

Una vez descritos algunos de los conceptos más comunes relacionados con la fotografía, empezaremos con el comando Brillo/contraste, situado tanto en el menú Imagen>Ajustes como en el panel Ajustes. El motivo es que se trata de una de las opciones que usarás con más frecuencia para mejorar imágenes. En la figura 16.1 puedes ver las opciones de configuración que ofrece este comando. Utiliza los reguladores Brillo y Contraste para modificar la gama de tonos de la imagen, teniendo en cuenta que este comando ajusta al mismo tiempo los valores de luces, sombras y medios tonos.

> **NOTA:**
>
> *Si utilizas el comando del menú Imagen>Ajustes, no olvides mantener activada la casilla Previsualizar para comprobar al instante los cambios sobre la imagen.*

Figura 16.1. Opciones del comando Brillo/contraste.

Niveles automáticos

Ya comentamos en el capítulo anterior las posibilidades del comando Niveles, ahora simplemente queremos hacer hincapié en una opción, que seguro utilizarás con frecuencia. Se trata del botón Automático disponible tanto en el cuadro de diálogo asociado al comando, como en el panel Propiedades.

Cuando usamos el botón Automático, Photoshop realiza diferentes comprobaciones con el propósito de encontrar los valores más adecuados de brillo, contraste y luminosidad. En la mayoría de los casos apreciarás una mejora importante, pero si el resultado obtenido no es el más adecuado, puedes recuperar el estado original de la imagen pulsando el icono destacado en la figura 16.2. Desde el cuadro de diálogo estándar bastará con hacer clic en el botón Cancelar.

TRUCO:

Utiliza los niveles automáticos como punto de partida para mejorar el contraste y el tono de tu imagen, pero te recomendamos revisar el resultado y ajustarlo manualmente con los comandos Niveles o Curvas para un control preciso y evitar efectos indeseados.

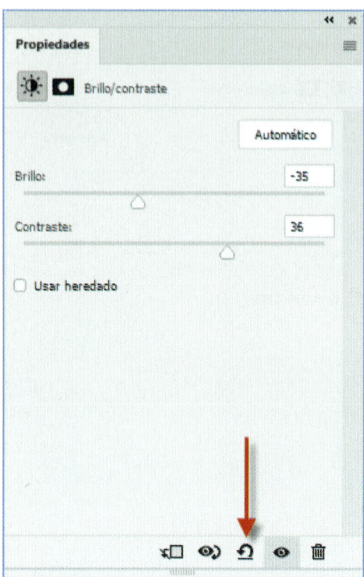

Figura 16.2. Icono Restaurar valores por defecto en el panel Propiedades.

Ecualizar

El comando Ecualizar sirve para mejorar imágenes que hayan quedado algo apagadas por una mala exposición. Para conseguirlo, Photoshop busca las tonalidades más oscuras y más claras para calcular los valores de brillo intermedios. De este modo, el valor más oscuro representa el negro y el más claro equivale al blanco. Finalmente, aplica estos cálculos sobre el espectro cromático de la imagen.

Si ejecutas este comando sin más, los cambios y cálculos se hacen teniendo en cuenta la imagen completa. Pero si seleccionas un área concreta de la imagen, todos los ajustes se harán teniendo en cuenta los píxeles de la zona elegida. En este último caso, aparecerá un cuadro de diálogo con las dos opciones siguientes:

- **Ecualizar solo el área seleccionada:** El efecto del comando Ecualizar tendrá repercusión solo sobre la zona seleccionada.

- **Ecualizar toda la imagen a partir del área seleccionada:** Esta segunda opción es la verdaderamente interesante, porque utiliza los píxeles de la zona seleccionada para calcular el promedio de valores que aplicará al resto de la imagen.

En la figura 16.3 aparecen distintos resultados obtenidos con este comando en función del área seleccionada. Evidentemente hemos elegido dos zonas muy distintas, una muy oscura y otra muy clara para que el efecto sea más acusado.

Figura 16.3. Ejemplos de imagen ecualizada tomando como referencia zonas diferentes.

Alejándonos de conceptos técnicos, podríamos decir que el comando Ecualizar permite arreglar fotografías con problemas de luz y resulta especialmente interesante, si seleccionamos un área concreta de la imagen al utilizarlo.

Pincel de ojos rojos

Photoshop incluye una herramienta para corregir el típico problema de ojos rojos en un instante. Se trata de la herramienta Pincel de ojos rojos, que vemos resaltada en la figura 16.4 y comparte posición con otras herramientas de retoque como el Pincel corrector o el Parche. Si bien existen opciones más avanzadas como el Relleno Generativo que también pueden solucionar este problema, el Pincel de ojos rojos sigue siendo la solución más rápida y directa para corregir los ojos rojos de manera sencilla.

> **NOTA:**
>
> *Para los más curiosos, diremos que el problema de los ojos rojos está provocado por el reflejo de la retina al recibir el destello del flash, cuando la persona se encuentra en una zona poco iluminada y, por lo tanto, sus pupilas están dilatadas.*

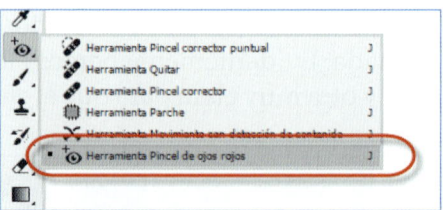

Figura 16.4. Herramienta Pincel de ojos rojos.

La forma de utilizar esta herramienta es muy sencilla:

1. Para trabajar de forma más cómoda sobre la zona de la imagen que deseas corregir, usa la herramienta Zoom para ampliarla hasta que prácticamente ocupe toda el área de visualización.

2. A continuación, selecciona la herramienta Pincel de ojos rojos y observa cómo el cursor se transforma en una pequeña cruz.

3. Entre las opciones de configuración disponibles, presta atención a Tamaño de pupila, donde podrás elegir un valor mayor o menor según la intensidad del problema. Es decir, si la coloración de la pupila es pequeña deberías elegir porcentajes bajos para esta opción y viceversa.

4. Cantidad de oscurecimiento actúa sobre el color de relleno, que será más negro o más gris según el porcentaje establecido en esta opción. Por lo general, un valor medio será la mejor combinación en la mayoría de las situaciones.

5. Una vez establecidos los ajustes adecuados, haz clic en la zona de la pupila que tiene el problema.

6. Si observas que alguna zona no queda bien después del primer intento, haz clic y arrastra nuevamente el puntero sobre la zona, mientras te aseguras de cubrir toda el área afectada. La figura 16.5 muestra un ejemplo del resultado.

NOTA:

Si el resultado no es el esperado, cambia los valores de las opciones Tamaño de pupila y Cantidad de oscurecimiento e inténtalo de nuevo.

Otra forma de usar el Pincel de ojos rojos es describir el área que engloba la zona que tiene el problema. En este caso, haz clic y arrastra hasta que el rectángulo punteado que describe la herramienta incluya por completo la zona afectada. Quizás este método sea más rápido en algunas ocasiones, teniendo en cuenta que la misma herramienta se encarga de localizar la zona afectada.

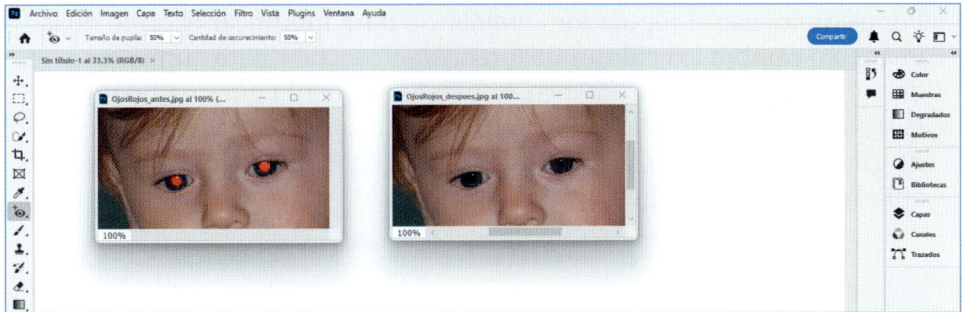

Figura 16.5. Resultado de aplicar el Pincel de ojos rojos.

TRUCO:

Selecciona la herramienta Zoom, haz clic en un punto y arrastra para ampliar en un instante la zona definida por el rectángulo que describe el cursor.

Por último, te recomendamos que si tu cámara o teléfono dispone de un sistema de reducción de ojos rojos lo utilices siempre que sea posible. Es cierto que la herramienta Pincel de ojos rojos puede solucionar perfectamente el problema, pero obtendrás mejores resultados con el sistema de corrección del dispositivo.

Igualar color

Quién no se ha encontrado con dos imágenes tomadas en características similares de luz, pero con un aspecto completamente distinto. Con el comando Igualar color, puedes utilizar como referencia los tonos de una imagen y aplicarlos sobre cualquier otra. Del mismo modo, es posible trabajar con los valores de brillo, saturación y equilibrio de color sobre la misma imagen.

ADVERTENCIA:

Las características del comando Igualar color solo están disponibles si la imagen se encuentra en modo RGB o está seleccionada alguna capa de ajuste.

En primer lugar, veamos cómo solucionar un exceso de tonalidad de una imagen sin usar ningún otro archivo como referencia:

1. Selecciona el comando Imagen>Ajustes>Igualar color para mostrar el cuadro de diálogo de la figura 16.6.
2. En la sección Opciones de imagen encontrarás varias posibilidades.

Por ejemplo, usa el regulador Luminancia para modificar el brillo de la imagen o cambia los valores de Intensidad de color para aumentar o disminuir el espectro cromático, teniendo en cuenta que cuanto más a la izquierda lo desplaces más se aproximará la imagen al modo escala de grises. El valor Transición determinará el porcentaje total de ajuste aplicado sobre la imagen.

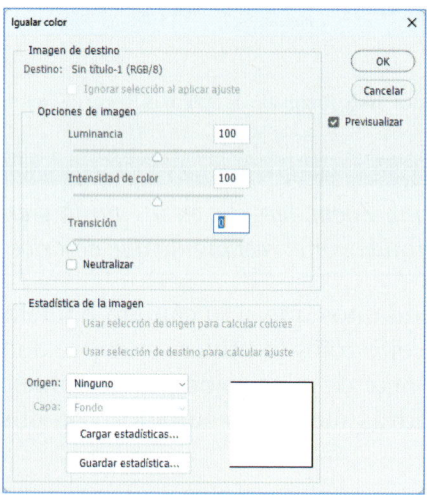

Figura 16.6. Cuadro de diálogo Igualar color.

Hasta aquí, si lo único que necesitas es modificar los valores descritos sobre la imagen actual, tarea que puede mejorar el aspecto de muchas fotografías. Pero como hemos comentado, el comando Igualar color permite ir un poco más lejos:

1. Fijémonos ahora en la sección Estadística de la imagen y más concretamente en la lista Origen. En ella aparecerán todas las imágenes abiertas en ese momento, incluso la imagen actual. A partir de aquí puedes elegir cualquiera de ellas, para que el comando Igualar color utilice los valores de la imagen seleccionada. Su vista previa aparecerá representada a la derecha.

2. Aún hay más, bajo la lista Origen se encuentra otra denominada Capa donde aparecerán todas las capas de la imagen seleccionada como origen. En este caso puedes:

   • Elegir cualquier capa de alguna de las imágenes abiertas en ese momento y usarla como referencia.

- Usa alguna de las capas de la imagen actual.
- Combinar ciertas capas y usar esta combinación como muestra para aplicar los mismos ajustes sobre la imagen actual.

Aún queda un aspecto importante que debemos comentar sobre el comando Igualar color. Sabemos que para tomar los ajustes de referencia podemos elegir otras imágenes, capas, combinaciones de capas, pero también es posible seleccionar una parte de la imagen actual o de otra distinta y utilizar solo esa parte como muestra. En este caso, activa o desactiva las dos casillas de verificación que, para este propósito, se incluyen en la sección Estadística de la imagen.

> **NOTA:**
>
> *Los botones Guardar estadística y Cargar estadísticas permiten almacenar y recuperar los ajustes establecidos en el cuadro de diálogo Igualar color.*

Sustitución de cielo

Ya sabemos cómo cambiar el fondo de una imagen con inteligencia artificial con el comando Relleno generativo. En este capítulo, dedicado a las herramientas para fotógrafos, nos centraremos en una función muy específica: Sustitución de cielo.

Si en alguna fotografía el cielo no termina de convencerte, no hay problema. Photoshop ha pensado en todo y, con esta herramienta, puedes reemplazar el cielo de forma rápida sin alterar el resto de la imagen. El proceso se reduce a unos pocos clics y ajustes mínimos, lo que ahorra tiempo y abre enormes posibilidades creativas.

Para comenzar, abre la imagen que deseas modificar y selecciona el comando Sustitución de cielo en el menú Edición. Al hacerlo, se desplegará automáticamente el cuadro de diálogo que puedes ver en la figura 16.7. Photoshop pondrá a trabajar en segundo plano a sus algoritmos de inteligencia artificial para detectar y enmascarar el cielo de nuestra imagen. De este modo, el resto de la composición se mantendrá intacta.

Además de la selección del cielo, el cuadro de diálogo Sustitución de cielo incluye una serie de parámetros para optimizar y personalizar la transformación. Entre ellos, destacan:

- **Desplazamiento de borde:** Establece la posición del horizonte del cielo sustituido, ideal para integrarlo perfectamente con el paisaje.

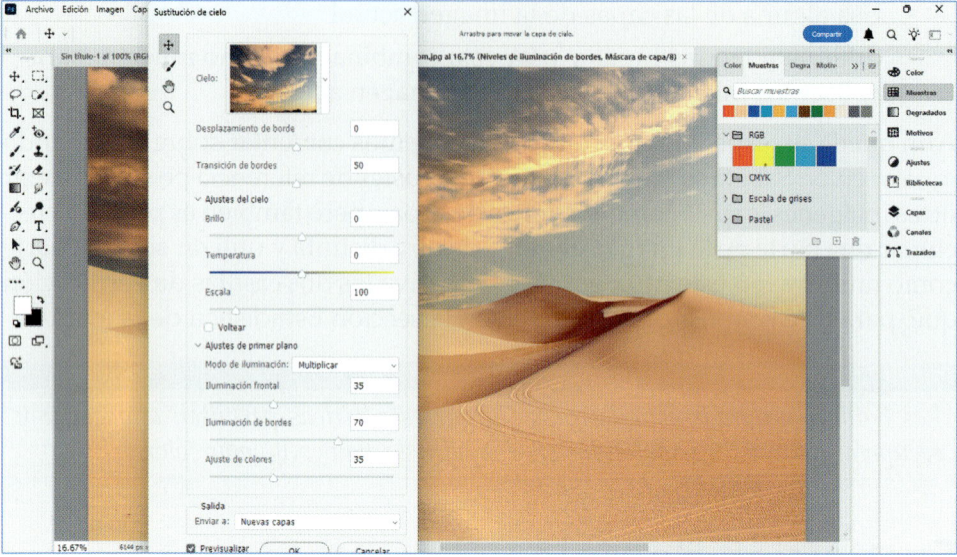

Figura 16.7. Cuadro de dialogo Sustitución de cielo.

- **Transición de bordes:** Controla la suavidad de la transición entre el nuevo cielo y el primer plano, eliminando halos no deseados para lograr una mezcla más natural.

- **Temperatura:** Ajusta la tonalidad predominante del cielo para que coincida con la atmósfera general de la imagen. Puedes hacer el cielo más cálido o frío según necesites.

- **Escala:** Cambia el tamaño del cielo sustituido para que se ajuste a la perspectiva de tu fotografía.

- **Voltear:** Esta opción invierte horizontalmente el cielo si deseas cambiar su orientación.

- **Ajustes de primer plano:** Equilibra la iluminación y los colores del primer plano con el nuevo cielo. En la lista Modo de iluminación puedes elegir entre Multiplicar o Trama para establecer cómo se integrarán las sombras y luces del cielo con la escena original. El resto de los controles permiten ajustar parámetros como la iluminación frontal, la temperatura y la mezcla de colores, para asegurar que el resultado final sea natural y coherente.

- **Salida:** Decide si quieres que la sustitución de cielo se aplique de forma destructiva a la capa actual (Duplicar capa) o si prefieres un resultado no destructivo en una nueva capa (Nuevas capas). Esta última opción sería la más recomendable para ajustar el resultado una vez completada la transformación.

Si deseas obtener un resultado impecable y que el cambio de fondo pase completamente desapercibido, ten en cuenta estos consejos:

- Si el cielo que estás añadiendo incluye un sol, asegúrate de que su posición coincida con la dirección y longitud de las sombras en la imagen original.
- Photoshop crea automáticamente un grupo de capas no destructivo (ver figura 16.8), lo que permite cambios en el modo de fusión o el relleno. Simplemente haz doble clic en la miniatura de la capa para cambiar su configuración.
- Utiliza un pincel suave sobre la máscara de capa del cielo para corregir áreas donde la inteligencia artificial pueda haber fallado, como ramas finas, cabello o detalles complejos.

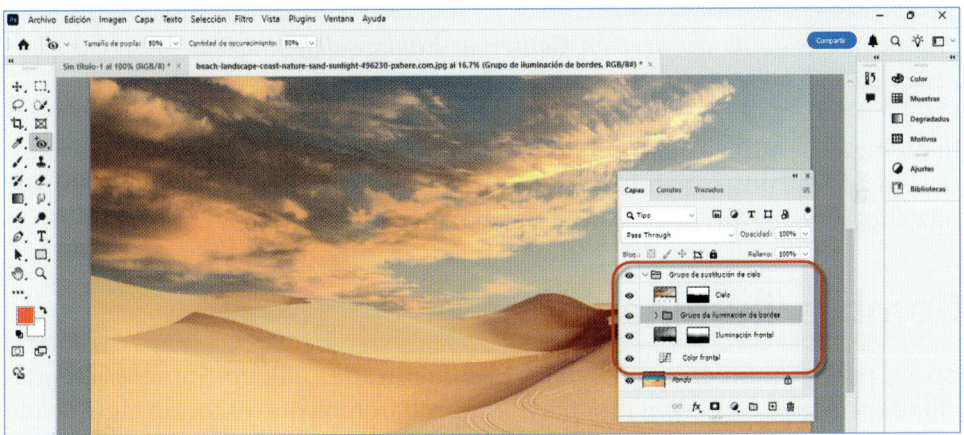

Figura 16.8. Resultado en el panel Capas después de utilizar el comando Sustitución de cielo.

Una vez que hayas configurado todos los parámetros, Photoshop aplicará el cambio de forma inmediata. El resultado es un cielo totalmente transformado sin necesidad de complejos recortes manuales.

Filtro de fotografía

Los filtros de color tradicionales emplean lentes con una determinada tonalidad, para generar distintos efectos sobre la fotografía o corregir algunos problemas. El propósito del comando Filtro de fotografía es el mismo que acabamos de describir, es decir, modificar el aspecto de la imagen o corregirla mediante efectos de color. Es común usar esta característica para solucionar problemas derivados de un mal ajuste del balance de blancos o deficiencias en la iluminación.

Por ejemplo, si una imagen ha quedado algo amarillenta puedes recurrir a la opción Filtro frío (80) del cuadro de lista Filtro. Al contrario, si la imagen tiene un exceso de luz, puedes aplicar Filtro caliente (81) para corregir este problema. Una vez realizado, es posible ajustar el porcentaje de opacidad del ajuste mediante la opción Densidad, hasta encontrar el equilibrio óptimo en cada caso.

La lista Filtro también contiene colores específicos para corregir excesos de tonalidades concretas en la imagen o simplemente para dar rienda suelta a nuestra imaginación y crear espectaculares transformaciones.

> **NOTA:**
>
> *Activa la casilla de verificación Conservar luminosidad si deseas preservar este valor cuando apliques un filtro sobre la imagen.*

Si en lugar de utilizar alguna de las propuestas disponibles en la lista Filtro deseas aplicar una tonalidad concreta, selecciona la opción Color. Después, haz clic en el cuadro de color para elegir otro nuevo.

Sombra/iluminaciones

En un primer momento, el aspecto del cuadro de diálogo Sombra/iluminaciones puede parecer sencillo, pero comprobaremos que esconde alguna que otra sorpresa. Además, estamos seguros de que esta herramienta dará más de una alegría a todos los que hacemos muchas fotografías en diferentes condiciones de luz.

Los dos reguladores disponibles Sombras e Iluminaciones permiten solucionar un problema muy común cuando realizamos fotografías sin los valores correctos de exposición. Concretamente, se trata del oscurecimiento de objetos que aparecen en primer plano cuando existe un fondo demasiado iluminado.

Observa la figura 16.9 antes y después de utilizar el comando Sombra/iluminaciones. Seguro que has recordado más de una fotografía que podrías arreglar con esta herramienta.

Figura 16.9. Resultado antes y después de utilizar el comando Sombra/iluminaciones.

Si con los dos primeros controles (Sombras e Iluminaciones) no obtienes los resultados deseados, activa la casilla de verificación Mostrar más opciones, para que el cuadro de diálogo Sombras/iluminaciones tome el aspecto que puedes ver en la figura 16.10. Utiliza el resto de las posibilidades y modifica la configuración de los diferentes reguladores hasta conseguir el resultado más adecuado.

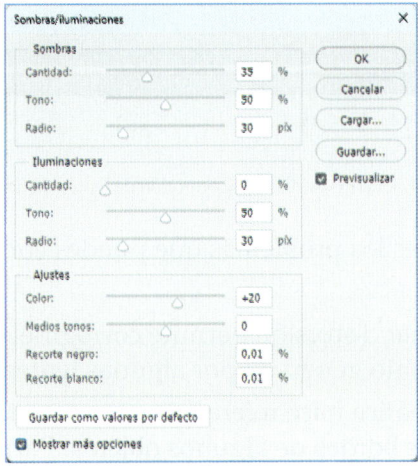

Figura 16.10. Opciones ampliadas del cuadro de diálogo Sombras/iluminaciones.

En algunos casos la falta de luz es tan pronunciada que solo podremos mejorar un poco el problema, pero no solucionarlo completamente.

Filtro Corrección de lente

Photoshop incluye un comando dentro del menú Filtro denominado Corrección de lente. Después de ejecutarlo tendrás acceso al impresionante cuadro de diálogo que muestra la figura 16.11. El propósito de este filtro es corregir defectos provocados por la lente de la cámara y que distorsionan la perspectiva de la imagen.

Figura 16.11. Cuadro de diálogo Corrección de lente y la ficha A medida.

Principalmente son tres los problemas que puedes corregir desde la pestaña A medida:

- El regulador Eliminar distorsión permite corregir el efecto de abombamiento o hundimiento generado por algunas lentes.

- La aberración cromática hace referencia a una serie de píxeles brillantes que aparecen en los bordes de algunos objetos. Para corregir este problema usa los reguladores de la sección Aberración cromática.

- En otros casos encontrarás cierto oscurecimiento en las esquinas de una imagen con respecto al centro. También puedes corregir este problema con las opciones de la sección Viñeta.

- La deformación vertical también puede ser un problema que necesites corregir en algunas de tus fotografías. Con las opciones de la sección Transformar podrías solucionar este defecto.

Corrección automática

Aunque muchos la persigan, la perfección en la fotografía no existe. La mayoría de los modelos de cámaras digitales tienen pequeños defectos en su fabricación o en el diseño de sus lentes, que repercuten directamente en las imágenes tomadas. Son problemas habitualmente imperceptibles para cualquiera de los mortales, pero que poco a poco iremos detectando a medida que profundicemos en nuestros conocimientos de fotografía.

Estos problemas se pueden corregir manualmente, como hemos comentado en el apartado anterior, desde las opciones del panel A medida del cuadro de diálogo Corrección de lente. Pero también de manera automática desde la pestaña Corrección automática. En este caso debes elegir en la sección Criterios de búsqueda la marca, el modelo y el tipo de lente de tu cámara. A continuación, marca las casillas de verificación Distorsión geométrica, Aberración cromática o Viñeta según el tipo de corrección que desees aplicar.

Exposición

En fotografía, el término exposición hace referencia al tiempo que permanece abierto el obturador de la cámara para dejar entrar la luz hasta el sensor. Esta sería, simplificando mucho, la definición del concepto de exposición, porque existen otros factores que influyen en su configuración.

El comando Exposición permite realizar correcciones de este valor sobre la imagen. Ejecuta el comando Imagen>Ajustes>Exposición o usa el panel Ajustes y tendrás acceso a diferentes opciones de configuración. Entre ellas, destacamos los tres reguladores de la figura 16.12.

- **Exposición:** Determina la cantidad de luz aplicada a la imagen, equivalente a controlar la apertura del obturador en la cámara.

- **Desplazamiento:** En este caso, trabajaremos con las sombras y medios tonos, para generar finalmente una variación sobre el contraste final de la imagen.

- **Corrección de gamma:** El valor de gamma determina la claridad u oscuridad con la que vemos una imagen. Habitualmente, los sistemas Windows utilizan un valor de 2,2, mientras que los equipos con Mac OS utilizan valores cercanos al 1,8. La consecuencia es que una misma imagen se aprecia más oscura en Windows que en un sistema Mac OS. Este regulador permite modificar la luminosidad de la imagen a través de la variación de su valor gamma.

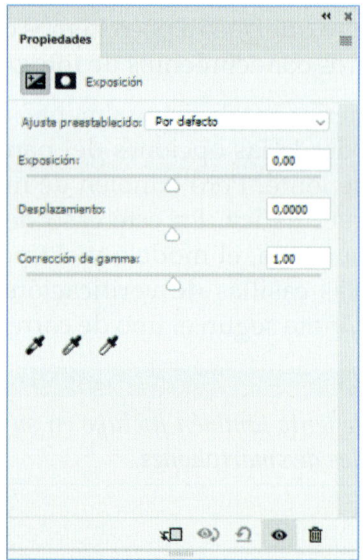

Figura 16.12. Panel Propiedades con las opciones de configuración del comando Exposición.

Además de los reguladores descritos, encontrarás tres pequeños iconos representados por un pequeño cuentagotas. El primero de ellos tomará el píxel sobre el que hagas clic y todos los que tengan el mismo color aplicándoles un desplazamiento cercano a cero. El resultado será una transformación a negro de todos los píxeles seleccionados. El segundo cuentagotas y el tercero establecen la exposición según el valor del píxel seleccionado, cambiando a gris y blanco respectivamente.

También es interesante la lista Ajuste preestablecido, donde encontrarás predefinidos los valores de corrección más habituales.

Movimiento con detección de contenido

La herramienta Movimiento con detección de contenido permite trasladar cualquier objeto o zona de la imagen, rellenando automáticamente el espacio que deja el elemento desplazado. Aunque las nuevas herramientas de inteligencia artificial, como el Relleno generativo, ofrecen resultados avanzados, esta herramienta sigue siendo útil en muchas situaciones. Aquí explico algunas de sus ventajas y cuándo es conveniente usarla:

- Funciona muy bien cuando el área de fondo es similar o regular, como cielos, paredes o superficies con textura repetitiva.
- Si necesitas mover un objeto de un lugar a otro sin que se note el hueco o para duplicar elementos manteniendo la coherencia visual.
- En situaciones donde es importante preservar el patrón o textura del fondo al mover un objeto, esta herramienta suele ofrece buenos resultados, extendiendo el patrón de forma creíble.
- No requiere indicaciones textuales ni conexión a Internet, a diferencia de las herramientas de inteligencia artificial.

La herramienta Movimiento con detección de contenido está incluida dentro del mismo grupo que el Parche o el Pincel corrector. En la figura 16.13 puedes comprobar cómo hemos modificado la posición original de la niña, colocándola a la izquierda. Observa los pequeños detalles, como el agua de la orilla, la arena o las ondulaciones del mar. La herramienta no es perfecta y siempre necesitarás corregir algunos detalles, pero el trabajo realizado por el programa es realmente impresionante.

La forma de utilizar la herramienta es realmente sencilla:

1. En primer lugar, te recomendamos duplicar la capa. Este paso no es indispensable, pero es importante si quieres preservar la imagen original.
2. Selecciona la herramienta (tecla J) y, en la barra de opciones, elige una de las dos opciones disponible en la lista Modo:

- **Modo Movimiento:** Sirve para mover un objeto de un lugar a otro dentro de la misma imagen. Photoshop rellena automáticamente el espacio dejado por el objeto movido.

- **Modo Extender:** En este modo, puedes ampliar objetos. Por ejemplo, podrías usarlo para alargar un edificio o un elemento vertical de la imagen. Photoshop generará contenido coherente para la extensión.

Figura 16.13. Imagen antes y después de utilizar la herramienta Movimiento con detección de contenido.

3. El parámetro Estructura determina la fidelidad con la que el algoritmo reproduce los patrones, líneas, formas y detalles de las áreas que rodean al objeto desplazado. Por ejemplo, valores altos (entre 5 y 7) conservarán los detalles complejos, mientras que valores bajos (entre 1 y 3) suavizarán los fondos, otorgándoles una apariencia más uniforme.

4. El parámetro Color determina la intensidad con la que se fusionan los colores del relleno (los utilizados para tapar el hueco) con los tonos existentes en la imagen. Un valor de 0 desactiva esta fusión, algo útil en imágenes monocromáticas o con color extremadamente uniforme; mientras que un valor de 10 aplica la máxima fusión y favorece una integración cromática natural en la mayoría de las situaciones.

5. Una vez configurados los parámetros Estructura y Color, haz una selección aproximada alrededor del objeto, que incluya parte del fondo.

6. Finalmente, arrastra el objeto a la nueva posición y ajusta el tamaño si es necesario. Puedes usar herramientas complementarias (Pincel corrector, Parche) para afinar el resultado.

La herramienta Movimiento con detección de contenido sigue siendo muy útil para ediciones rápidas y sencillas, sobre todo cuando se trata de mover objetos en fondos relativamente uniformes o mantener patrones existentes. En contraste, utiliza el relleno generativo para casos donde sea necesario crear elementos nuevos (texturas, objetos o fondos complejos) o transformaciones radicales donde la inteligencia artificial puede ofrecer resultados más creativos y elaborados.

El parámetro Estructura es fundamental para controlar la precisión a la hora de reproducir los detalles al mover objetos. Valores más altos (por ejemplo, entre 5 y 7) indican que el algoritmo debe priorizar la conservación de los detalles más finos y complejos. Esto significa que los bordes se mantendrán nítidos y las texturas se preservarán con mayor fidelidad, lo cual es ideal para trabajos donde la precisión es fundamental.

Ángulo de ancho adaptable

Es muy típico observar determinadas distorsiones en imágenes capturadas con objetivos tipo ojo de pez o gran angular. En muchas ocasiones, estas distorsiones son precisamente el efecto buscado, pero en otras, necesitarás corregir o atenuar dichos efectos. Con el filtro Ángulo de ancho adaptable Photoshop ofrece la oportunidad de mejorar estas instantáneas de una forma rápida y sencilla.

Al igual que ocurre con otras funcionalidades avanzadas de Photoshop, el filtro Ángulo de ancho adaptable, estará disponible siempre que nuestra tarjeta gráfica admita el estándar OpenGL. Para comprobarlo, selecciona el comando Edición>Preferencias y en la categoría Rendimiento comprueba que en la sección Ajustes del procesador gráfico, Photoshop ha detectado nuestra tarjeta gráfica y permite activar la casilla de verificación Usar procesador gráfico.

Haz clic en el menú Filtro y selecciona Ángulo de ancho adaptable para acceder a la interfaz del comando, tal como puedes ver en la figura 16.14.

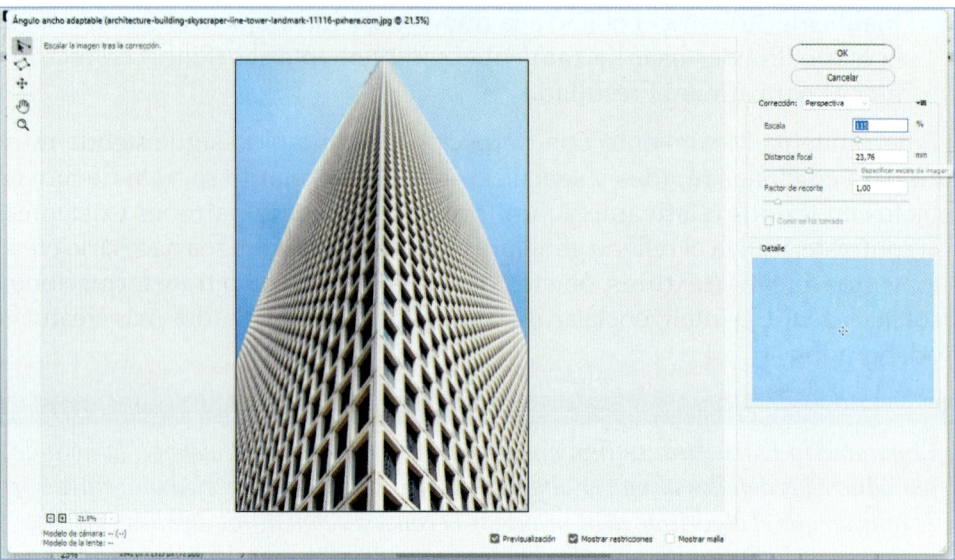

Figura 16.14. Interfaz del comando Ángulo de ancho adaptable.

Una vez dentro de la ventana de configuración los pasos que debes seguir son los siguientes:

1. En primer lugar, elige el tipo de corrección en función de la lente utilizada o la perspectiva de la imagen. Automático suele ser la opción más adecuada si no tienes claro el modelo de corrección, pero también es posible que Photoshop rechace esta opción si no logra encontrar el perfil de lente determinado entre los metadatos de la imagen.

2. Con los parámetros Escala, Distancia focal y Factor de recorte podrás establecer valores más concretos para cada tipo de corrección según tus necesidades.

3. Por último, usa las herramientas Restricción y Restricción de polígono para describir las líneas rectas de la imagen.

> **NOTA:**
>
> *Photoshop solo permite utilizar el modelo de corrección Esfera completa para imágenes con una proporción de aspecto de 1:2.*

La casilla de verificación Mostrar malla, situada en la parte inferior de la ventana, permite comprobar de forma visual el ángulo de deformación real de cualquier área de la imagen.

¿Qué es un histograma de imagen?

El histograma de una imagen representa la distribución de los píxeles iluminados, las sombras y los medios tonos. Con algo de experiencia, este esquema puede ayudar a conocer si una imagen está demasiado iluminada, muy oscura o con pocos matices. Aún mejor, podrías mejorar su aspecto modificando su histograma.

En capítulos anteriores comprobamos que el comando Curvas mostraba de fondo el histograma de la imagen y nos servía como referencia para trabajar con sus posibilidades. Para entender mejor este concepto, observa en la figura 16.15 el histograma de una misma imagen subexpuesta, sobreexpuesta y correctamente ajustada.

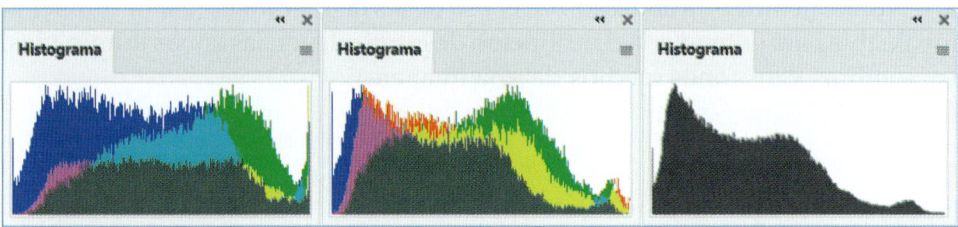

Figura 16.15. Histograma de una misma imagen en situación de subexposición, sobreexposición y normal.

El panel Histograma no tiene capacidades de edición y solo proporciona información actualizada sobre el histograma de la imagen seleccionada. Esto no lo hace menos interesante y para comprobarlo despliega el menú asociado al panel y selecciona el comando Vista expandida. Ahora además de ver el histograma de la imagen, también es posible conocer los valores de cada punto del gráfico con tan solo situar el cursor sobre él y observar la información representada justo debajo.

> **NOTA:**
>
> *Si observas que no aparece información bajo el gráfico del panel Histograma, comprueba en el menú asociado que se encuentra activa la opción denominada Mostrar estadística.*

Si quieres trabajar directamente sobre el histograma de una imagen deberás recurrir al comando Niveles. En su cuadro de diálogo podrás usar los reguladores disponibles para modificar el rango y la distribución de sombras, iluminaciones y medios tonos de la imagen.

Resumen

Después de leer este capítulo, corregir esos molestos ojos rojos, ajustar el brillo y contraste o modificar la luminosidad en fotos con poca iluminación no será un problema. Herramientas como Igualar color, Filtro de fotografía o Brillo/contraste se convertirán en aliados imprescindibles para lograr la mejor versión de tus imágenes.

Además, ya conoces las extraordinarias posibilidades que ofrecen el filtro de Corrección de lente y el comando Exposición. De igual forma, los sorprendentes resultados de la herramienta Movimiento con detección de contenido y la función Sustitución de cielo te permitirán transformar por completo tus composiciones.

Por último, hemos profundizado en el uso de los histogramas, una herramienta invaluable para entender la distribución de los píxeles en las zonas iluminadas, las sombras y los tonos medios de una imagen.

17

Filtros inteligentes y Neural Filters

Introducción

Los filtros de Photoshop son herramientas poderosas que permiten transformar y mejorar las imágenes aplicando efectos específicos o corrigiendo aspectos concretos. Ya sea para resolver problemas técnicos o para añadir toques artísticos, la amplia gama de filtros incluidos en el programa ofrece infinitas posibilidades.

Es importante recordar que, aunque algunos filtros pueden generar resultados impresionantes con solo un clic, no sustituyen la creatividad del diseñador. El verdadero valor de un diseño radica en la visión y habilidad del profesional que utiliza estas herramientas, más allá de las capacidades del software. Un buen diseñador combina técnica, intención y criterio estético para que cada ajuste sume al resultado final. La magia no está en el menú Filtros, sino en cómo eliges usarlo.

Filtros inteligentes

¿Quieres experimentar con filtros en Photoshop sin comprometer tu imagen original? ¡Aquí entran en juego los filtros inteligentes! Imagínalos como una capa protectora que permite aplicar efectos y transformaciones de forma no destructiva. Esto significa que puedes probar diferentes filtros, ajustar su intensidad o eliminarlos por completo sin alterar ni un solo píxel de tu imagen base. Funcionan del mismo modo que los efectos de capa o las capas de ajuste. Olvídate de duplicar capas o crear copias de la imagen: con los filtros inteligentes, la edición no destructiva es mucho más sencilla y eficiente.

> **ADVERTENCIA:**
> *Las características «inteligentes» están disponibles para la mayoría de los filtros, solo unos pocos casos no admiten esta posibilidad.*

Convertir en objeto inteligente

Antes de poder aplicar las características comentadas, es necesario convertir en «inteligentes» los elementos de la capa:

1. Haz clic en la capa sobre la que aplicarás los efectos o filtros.
2. Selecciona en el menú Filtro el comando con el nombre Convertir para filtros inteligentes.

Después de estos dos pasos, la miniatura que representa la capa tomará el aspecto que puedes ver en la figura 17.1. A partir de aquí ya podrás aplicar filtros de forma «no destructiva» a la imagen.

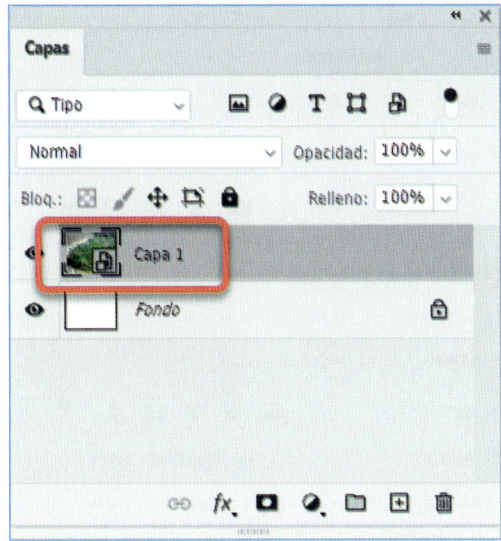

Figura 17.1. Capa preparada para utilizar filtros inteligentes.

Aplicar filtros inteligentes

Una vez lista la capa, el siguiente paso será abrir el menú Filtro y elegir alguna de las innumerables transformaciones disponibles. Por ejemplo, selecciona cualquier filtro de la categoría Distorsionar y aplícalo a la capa. Comprueba en la figura 17.2 como bajo el nombre de la capa aparece una nueva categoría denominada Filtros inteligentes y, a continuación, el nombre del efecto que acabamos de emplear.

Esta es la forma que tiene Photoshop de representar los filtros inteligentes asociados a una capa. Como ya hemos comentado, es el mismo sistema empleado para los efectos de capa, de hecho, si decidimos añadir también un efecto de capa a la imagen, aparecerá una nueva categoría denominada Efectos donde se englobarán estos elementos, como puedes ver en la figura 17.3.

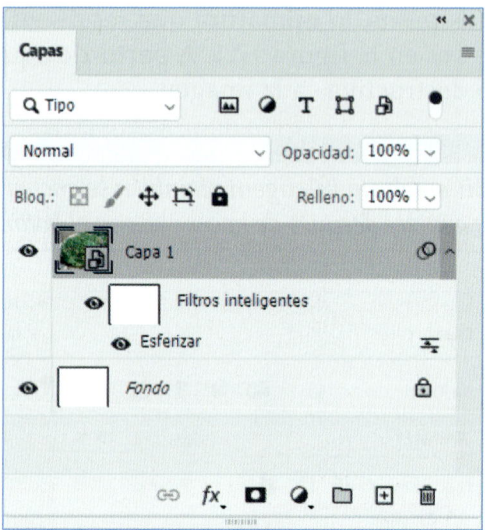

Figura 17.2. Nuevo filtro inteligente creado sobre una capa.

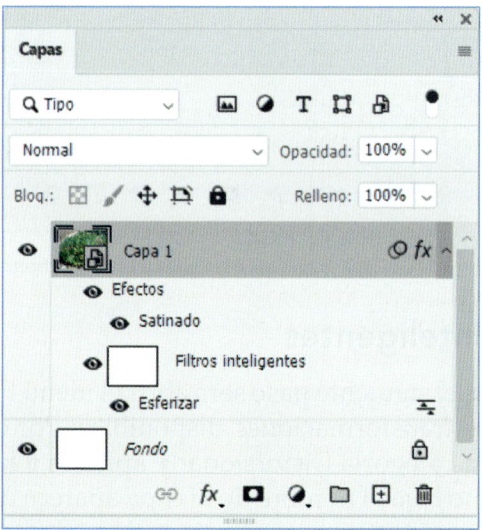

Figura 17.3. Filtros inteligentes y efectos de capa.

Dos pequeños círculos a la derecha del nombre de la capa indican que tiene aplicados filtros inteligentes. Además, el pequeño botón situado en el extremo derecho permite mostrar u ocultar la lista de efectos.

Tareas habituales con filtros inteligentes

Los filtros inteligentes abren un mundo de posibilidades creativas en Photoshop y ofrecen una forma mucho más flexible y segura de trabajar con efectos. Para aprovechar al máximo esta potente herramienta, es fundamental conocer algunas tareas básicas que permiten controlar los filtros de forma no destructiva.

Una de las acciones más comunes es eliminar un filtro inteligente. Si estás realizando pruebas y deseas volver al estado original de tu imagen, simplemente haz clic derecho directamente en el nombre del filtro inteligente (situado debajo del nombre de la capa en el panel Capas). En el menú contextual que aparece (ver figura 17.4), selecciona Eliminar filtro inteligente. ¡Así de fácil! El filtro desaparecerá, dejando tu imagen intacta.

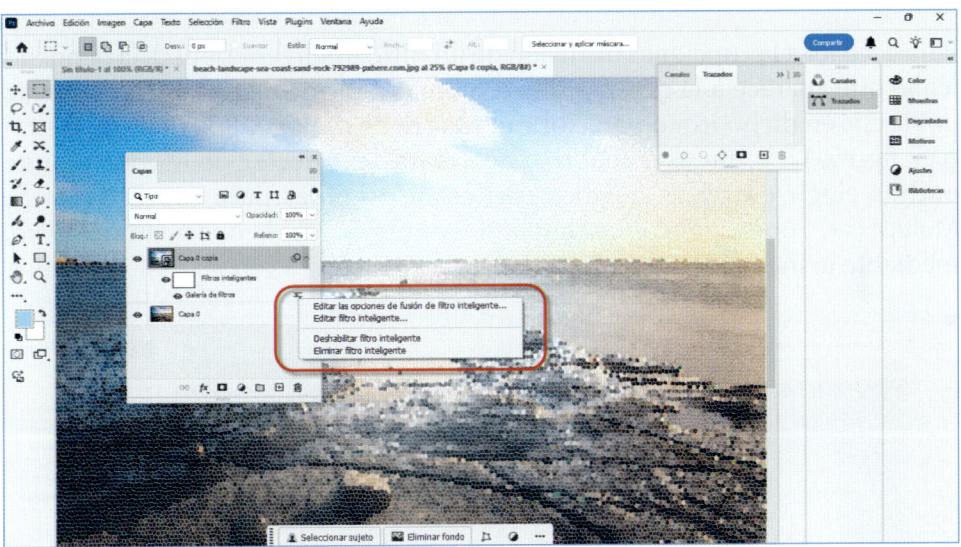

Figura 17.4. Menú emergente asociado a un filtro inteligente.

Otra tarea útil es desactivar temporalmente un filtro. Quizás quieras comparar el antes y el después de aplicar un filtro o simplemente ocultar sus efectos de forma momentánea. Para ello, tienes dos opciones:

- Desde el mismo menú contextual (clic derecho en el nombre del filtro inteligente), selecciona Deshabilitar filtro inteligente. El filtro se desactivará, pero seguirá presente en la lista de filtros inteligentes, listo para ser reactivado.

- Utiliza el icono del representado por un pequeño ojo que aparece a la izquierda del nombre de cada filtro en la lista. Haz clic en este icono para activar o desactivar el filtro al instante.

Igual que ocurre con las capas, el orden de apilado y, por lo tanto, de aplicación de los filtros inteligentes determina el resultado final. Si lo deseas puedes cambiar la posición de cualquier filtro, con tan solo hacer clic en él y arrastrarlo hasta su nueva posición. Una línea de color oscuro servirá de referencia para conocer la nueva situación del elemento que estás moviendo.

Modos de fusión

Al igual que ocurre con las capas, Photoshop permite aplicar modos de fusión directamente a los filtros inteligentes. Esto amplía significativamente las posibilidades creativas de cualquier filtro.

Para acceder a las opciones de fusión de un filtro inteligente, busca el pequeño icono que aparece a la derecha del nombre del filtro en el panel Capas. Haz doble clic en dicho icono para abrir el cuadro de diálogo Opciones de fusión (ver figura 17.5). En este cuadro, encontrarás el selector de Modos, donde podrás elegir entre los mismos modos disponibles para capas (Normal, Multiplicar, Superponer, etc.). También podrás ajustar la opacidad del filtro, mediante la intensidad del efecto.

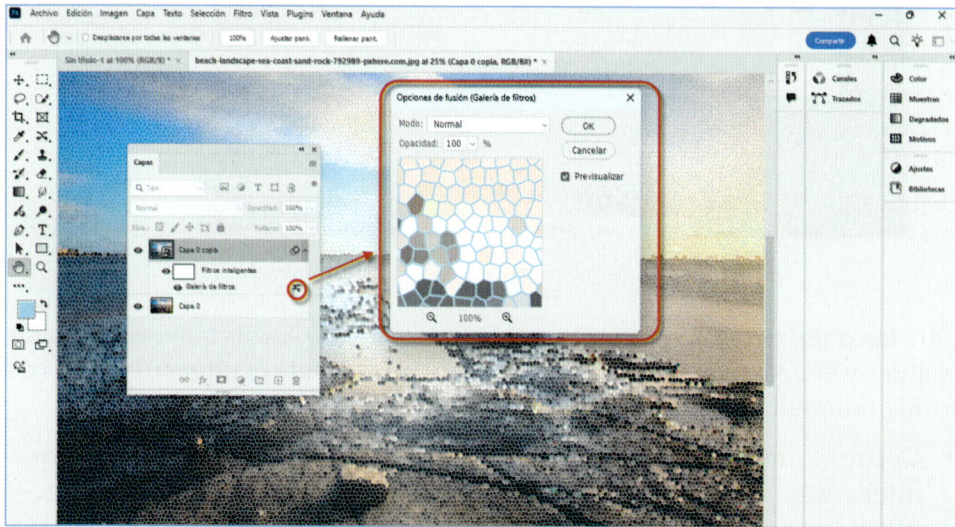

Figura 17.5. Cuadro de diálogo Opciones de fusión.

Lo mejor de todo es que verás los resultados en tiempo real directamente en tu imagen mientras pruebas diferentes modos y opacidades. ¡Experimenta y descubre cómo los modos de fusión pueden transformar por completo el aspecto de los filtros inteligentes y abrir un abanico de posibilidades creativas aún mayor!

Galería de filtros

Uno de los primeros comandos que encontramos en el menú Filtro es la Galería de filtros. La Galería de filtros recoge en un solo cuadro de diálogo un buen número de los filtros disponibles en Photoshop y aporta interesantes ventajas:

- Permite comprobar al instante el resultado de cualquier filtro, con tan solo hacer clic en su nombre y sin salir del mismo cuadro de diálogo.
- Puede modificar los parámetros de cada filtro y comprobar los resultados en tiempo real sobre la imagen.
- Ofrece la posibilidad de aplicar varios filtros al mismo tiempo sin abandonar el entorno de la galería. En este sentido, también podría utilizar más de una vez el mismo filtro y comprobar sus resultados en la vista preliminar.
- Permite organizar los filtros, cambiándolos de categoría.

Una vez abierta la Galería de filtros, usarla es de lo más sencillo, simplemente debes recorrer las distintas categorías y hacer clic en el filtro deseado. Tras unos instantes, según la complejidad de la transformación y el tamaño de la imagen, tendrás acceso a una vista preliminar del resultado en el marco izquierdo del cuadro de diálogo.

La figura 17.6 muestra la imagen original que usaremos como referencia para aplicar los filtros y transformaciones de este capítulo.

Figura 17.6. Imagen de referencia.

El área derecha de la Galería de filtros muestra las opciones de configuración de cada filtro. Todas las variaciones que hagamos sobre los controles de cada filtro aparecerán al instante en la vista preliminar.

> **TRUCO:**
>
> *Con el botón resaltado en la figura 17.7 podrás aumentar el espacio disponible de la vista preliminar. En este caso, puedes elegir cualquier otro efecto de la lista de filtros de la sección de configuración.*

Capas de efectos de la Galería de filtros

Entre las características de la galería se encuentra la posibilidad de aplicar más de un filtro sobre una misma imagen. El método que utiliza son las conocidas capas de efecto:

1. Abre la Galería de filtros, selecciona una categoría y después haz clic en alguno de los efectos disponibles.

2. En la esquina inferior derecha de la galería están las distintas capas de efecto. Haz clic en el icono Nueva capa de efecto resaltado en la figura 17.8 y comprueba cómo al instante se añade un nuevo elemento con el nombre del filtro seleccionado en ese momento.

3. Repite estos pasos tantas veces como filtros quieras aplicar a la imagen.

4. Cada una de las capas de efecto dispone de un pequeño icono que permite ocultarla o mostrarla. De este modo puedes configurar el resultado con todos o parte de los filtros utilizados.

5. Para finalizar, haz clic en OK. Se aplicarán únicamente los filtros de las capas visibles y el aspecto final será el que muestre la vista preliminar.

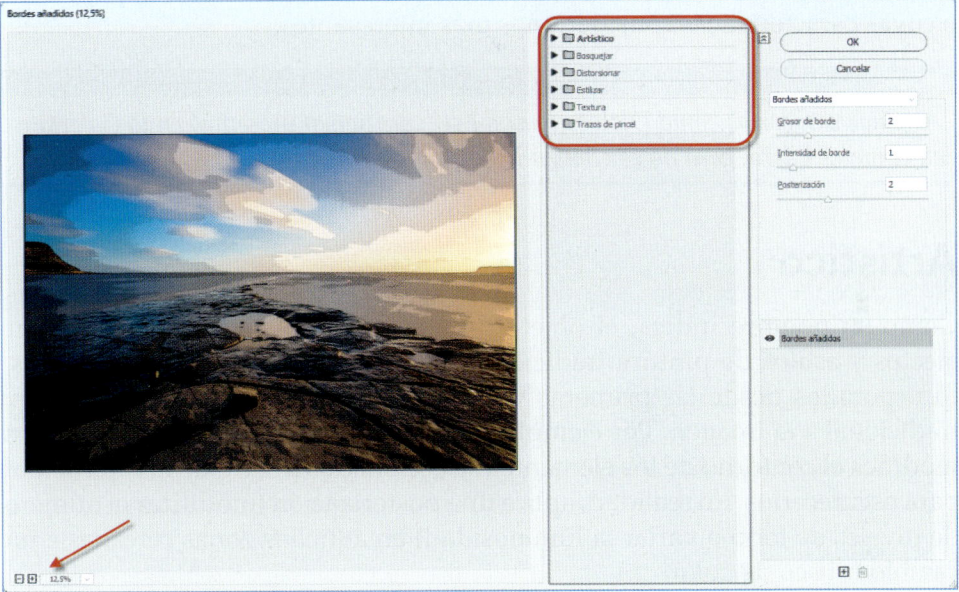

Figura 17.7. Botón para aumentar la vista preliminar y lista de filtros.

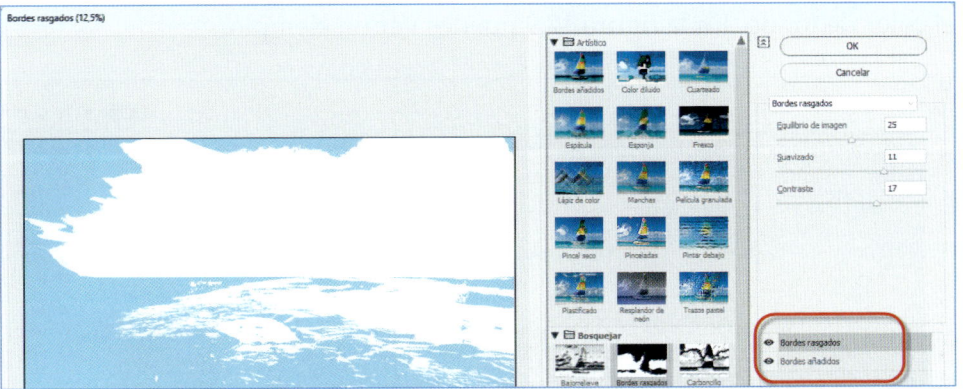

Figura 17.8. Capas de efecto en la Galería de filtros.

> **NOTA:**
>
> *Para eliminar cualquier capa de efecto de la galería, haz clic en ella para seleccionarla y a continuación en el icono representado por un pequeño cubo de basura.*

Photoshop nos ofrece más de cien filtros y transformaciones. En los siguientes apartados describiremos las categorías más importantes de la Galería de filtros y del propio menú Filtro, comentando con más detalle los filtros más populares o cuyas características consideramos más interesantes.

<table>
<tr><td>NOTA:</td></tr>
</table>

Algunas categorías como Distorsionar o Estilizar tienen presencia en la Galería y en el menú Filtro, pero no contienen los mismos elementos.

Artístico

Como su nombre indica, el objetivo de este grupo de filtros es simular efectos y estilos de pintura tradicionales. Los filtros con motivos artísticos, incorporados desde las primeras versiones, ofrecen un toque romántico y tradicional a la imagen. Por ejemplo, el filtro denominado Bordes añadidos modifica el contorno de los elementos seleccionados dentro de la capa actual para oscurecerlos. En realidad, aplica una posterización (modificar el número de niveles de tono o variar la luminosidad) en aquellas zonas cercanas a un cambio brusco de color.

Los mejores resultados se obtienen cuando aplicamos algunos de los filtros incluidos dentro de esta categoría, sobre elementos cuyo color contrasta con el color de fondo. En la figura 17.9 puedes ver un ejemplo.

Figura 17.9. Bordes añadidos.

Bosquejar

Los filtros incluidos dentro de esta categoría mantienen las características del bloque anterior y también simulan algunas técnicas de dibujo tradicional. Concretamente, ofrecen la posibilidad de imitar trazos realizados a mano, así como vistosos efectos de relieve y tridimensionales. Por ejemplo, Bajorrelieve esculpe la imagen en piedra, creando un efecto tridimensional muy atractivo, como podemos ver en la figura 17.10. Entre sus opciones se encuentra Detalle que permite controlar la nitidez del resultado, mientras menos detalle más difícil será reconocer la imagen original. La opción Suavizado reduce los cambios bruscos del efecto, y la dirección de la luz permite controlar las sombras y las luces.

Figura 17.10. Bajorrelieve.

Desenfocar

La mayoría de los filtros incluidos dentro de este conjunto, agrupados bajo el nombre Desenfocar, sirven principalmente para retocar imágenes, más que como opciones de transformación. El desenfoque de una imagen tiene como objetivo el suavizado de la misma realizando correlaciones entre el brillo, el color y el contraste.

Los primeros filtros de este grupo se diferencian tan solo en la intensidad del efecto de desenfoque, por ejemplo, Desenfocar más es aproximadamente cuatro veces el filtro Desenfocar.

Después de aplicar estos filtros a una imagen, conseguiremos una disminución en su nivel de ruido, es decir, un suavizado general atenuando las transiciones en los píxeles adyacentes. En la figura 17.11 hemos exagerado el efecto ruido sobre nuestra imagen de ejemplo.

Figura 17.11. Imagen con ruido exagerado.

Distorsionar

Todos los filtros de este grupo tienen como denominador común la deformación de la imagen original, a partir de una serie de modificadores geométricos.

Podemos encontrar desde transformaciones tridimensionales hasta sorprendentes efectos de distorsión. La mayoría de ellos deja entrever sus resultados con su nombre, pero también debemos saber que la cantidad de recursos que consumen es considerable.

La galería incluye tres filtros dentro de esta categoría, pero en el menú Filtro encontrarás más posibilidades para explorar.

Enfocar

Como podrás imaginar, las transformaciones generadas por este conjunto de filtros son justo lo contrario de lo visto con los filtros de desenfoque tratados antes. En realidad, lo que hacen estos filtros no es más que aumentar el contraste, teniendo en cuenta las características de cada píxel y los píxeles que le rodean.

Dentro de esta categoría, Photoshop incorpora dos filtros que merece la pena destacar: uno de ellos es la Máscara de enfoque y el otro se denomina Enfoque suavizado. Con este último, tendremos un control total sobre el proceso de enfoque, sobre todo si abrimos la sección Sombras/iluminaciones. En ese momento, el aspecto del cuadro de diálogo se transforma y aparecen nuevos controles donde podrás configurar hasta el más mínimo detalle.

> **NOTA:**
>
> *No tengas miedo de cambiar valores para conocer los límites de cada ajuste. Esta es una buena práctica para familiarizarse con las posibilidades de los filtros.*

En capítulos anteriores tratamos la herramienta Enfoque. El principio básico de muchos de los filtros de la categoría Enfocar es el mismo, salvo que en este caso los cambios se reflejan sobre toda la capa, en vez de hacerlo sobre la zona donde se aplica la herramienta.

Recuerda que puedes limitar los resultados de un filtro a una zona concreta, si defines previamente un área de selección. En la figura 17.12 puedes ver un ejemplo del filtro Estilográfica aplicado a una selección.

> **ADVERTENCIA:**
>
> *El valor de las variables Radio y Umbral, del filtro Máscara de enfoque debe ser proporcional a la resolución de la imagen. Es decir, a mayor resolución, más amplios deben ser los valores de Radio y Umbral.*

Figura 17.12. Filtro Estilográfica aplicado únicamente a la selección.

Estilizar

No existe un claro denominador común entre los filtros incluidos en este grupo. Algunos permiten aplicar sorprendentes transformaciones y otros no son tan espectaculares, pero sí bastante útiles.

En la galería solo encontrarás el filtro Bordes resplandecientes dentro de la categoría Estilizar, pero bajo el mismo nombre, el menú Filtro dispone de opciones muy interesantes. Por ejemplo, el filtro Azulejos, que divide la imagen en cuadrados a los cuales se les aplica un determinado desplazamiento aleatorio, creando un efecto de rompecabezas desordenado.

La opción Número de azulejos define el número de divisiones horizontales y, por lo tanto, el tamaño de los recortes. Además, con la opción Desplazamiento máximo podrás ajustar la separación máxima entre los recortes. Este porcentaje se calcula tomando como referencia el tamaño del azulejo.

Otro de los aspectos configurables sería el relleno de los espacios entre los azulejos. Existen cuatro posibilidades:

- Utilizar el color de fondo activo de la barra de herramientas.
- Usar el color frontal o de primer plano activo en el selector.
- La opción Imagen invertida muestra el negativo de la imagen original. En la figura 17.13 aparece un ejemplo.

- La opción Imagen sin alterar, en contra de lo que parece significar, genera un resultado algo extraño.

Figura 17.13. Azulejos con la opción Imagen invertida seleccionada.

Pintura al óleo

En un principio podríamos pensar que ya existen herramientas como los filtros artísticos para conseguir efectos que simulen la pintura al óleo. Es cierto, pero el comando Pintura al óleo va un poco más lejos y consigue transformaciones que nos dejarán boquiabiertos. Después de ejecutarlo desde el menú Filtro>Estilizar, Photoshop muestra un cuadro de diálogo donde podrás configurar cada uno de los parámetros disponibles y conseguir resultados sorprendentes.

NOTA:

Las imágenes de naturaleza o retratos suelen ser perfectas para conseguir resultados espectaculares con el comando Pintura al óleo.

Interpretar

Bajo este grupo se engloban varios filtros realmente espectaculares. Algunos de ellos utilizan los colores y motivos de la imagen original para crear texturas, formas aleatorias y efectos 3D. Otros, intentan imitar situaciones reales como luces, fuego, vegetación o grabados. Por ejemplo, el filtro Destello imita el resultado generado por una fuente de luz intensa sobre una imagen como, por ejemplo, un foco o un *flash*. En la figura 17.14 puedes ver un ejemplo donde hemos aplicado este filtro.

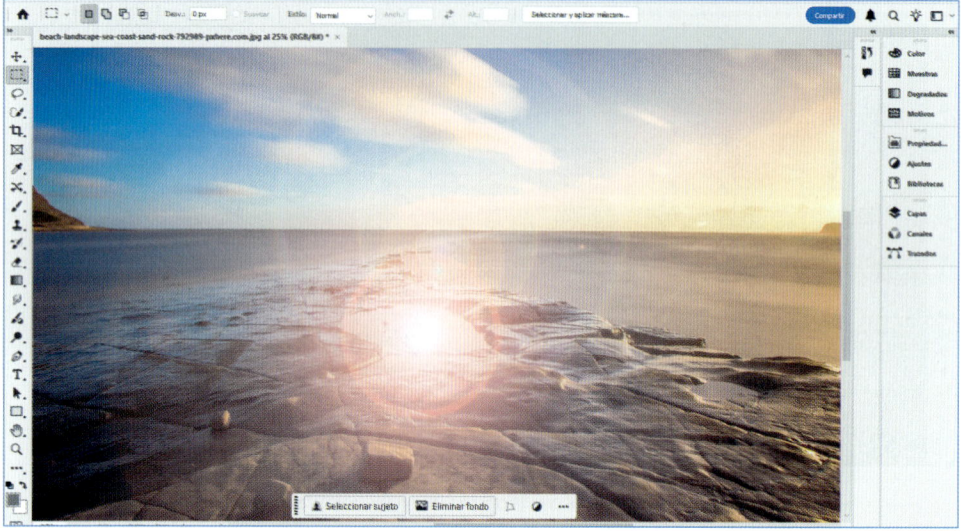

Figura 17.14. Destello.

Fibras es otro filtro interesante de este grupo, con el que podrás diseñar texturas imitando tejidos, hebras o filamentos.

> **NOTA:**
>
> *No olvides utilizar la tecla Alt si deseas restaurar los parámetros por defecto de cualquier cuadro de diálogo.*

Para utilizar el filtro Llama es necesario, en primer lugar, seleccionar algún trazado activo o crear uno, pero trataremos estos objetos vectoriales un poco más adelante. Ahora, simplemente observa en la figura 17.15 el resultado obtenido sobre la imagen después de utilizar este filtro.

Marco de fotografía

El filtro Marco de fotografía añadirá vistosos contornos a nuestras imágenes. Haz clic para seleccionarlo y utiliza la lista desplegable Marco de fotografía, para elegir entre un amplio abanico de posibilidades. Cada modelo dispone de multitud de ajustes con los que podrás configurar todos los detalles del efecto.

Figura 17.15. Filtro Llama.

Árbol

Sin lugar a duda, Árbol es otro curioso filtro con el que puedes añadir a tus diseños o fotografías diferentes variedades de árboles. Si lo seleccionas sin más, aparecerá el tipo de árbol elegido en el cuadro de diálogo, pero si defines en primer lugar un trazado o utilizas alguno ya incluido en la imagen, el efecto se adaptará a su forma. Puedes servirte de esto último, por ejemplo, para crear una vistosa enredadera, un frondoso bosque o un árbol con la forma y el aspecto que desees.

Para comprobar todas estas opciones y aunque aún no hemos tratado los trazados, selecciona la herramienta Pluma, dibuja varias líneas y haz clic para definir cada segmento del trazado. A continuación, selecciona el filtro Árbol y comprueba el resultado. En la figura 17.16 tienes un ejemplo.

Las posibilidades de configuración del filtro Árbol son más que suficientes para adaptar el diseño a cualquier necesidad: cantidad y tamaño de las hojas, altura de las ramas, tipo de hoja, etcétera.

Pixelizar

El modelo de trabajo seguido por los filtros de este conjunto se basa en la agrupación de píxeles con características similares. Así, es posible crear diferentes efectos tomando estos grupos de píxeles como referencia.

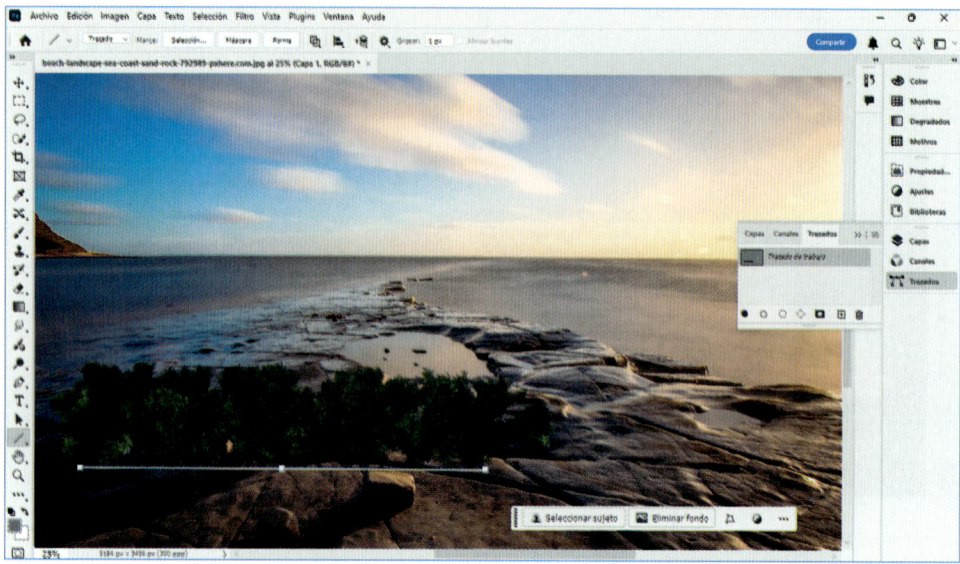

Figura 17.16. Filtro Árbol utilizando un trazado como base para añadir el efecto.

Ruido

Aplicar ruido a una imagen consiste básicamente en añadir de forma aleatoria píxeles de un color determinado, generalmente blanco. Esta serie de filtros utiliza el ruido para realizar curiosas transformaciones sobre la imagen original.

El filtro Añadir ruido añade una cierta cantidad de ruido a la imagen, en función de los parámetros seleccionados en su cuadro de diálogo. La primera de las opciones, Cantidad, determinará la intensidad de ruido aplicado. A continuación, podrás elegir entre dos modelos de distribución:

- **Uniforme:** El ruido se reparte de igual modo por toda la imagen.
- **Gaussiano:** En este caso, la distribución se realiza solo a partir de ciertos puntos localizados de la imagen. Al activar la casilla Monocromático los píxeles que se añaden a la imagen son solo blancos y negros.

Destramar

El filtro Destramar realiza justo el proceso contrario a los dos que hemos visto anteriormente, es decir, elimina el ruido. Para conseguirlo identifica aquellas zonas de la imagen en las que existe un mayor contraste de color y les aplica un cierto grado de suavizado.

Este filtro no admite configuración. Para intensificar sus resultados puedes aplicarlo repetidas veces con la combinación de teclas Ctrl-F.

Reducir ruido

Este filtro permite eliminar ruido, pero a diferencia de Destramar, Reducir ruido ofrece multitud de posibilidades de configuración para conseguir el mejor resultado posible en cualquier situación.

Reducir ruido muestra el cuadro de diálogo que podemos ver en la figura 17.17. Por defecto se encuentra activado el botón de opción Básico, lo que provoca que las opciones del cuadro de diálogo sean las indispensables para trabajar en la eliminación del ruido de una imagen. Pero si necesitas mucho más control sobre el resultado, haz clic en Avanzado. Al activar este modo, tendrás acceso también a la posibilidad de reducir el ruido de forma separada para cada uno de los canales que componen la imagen.

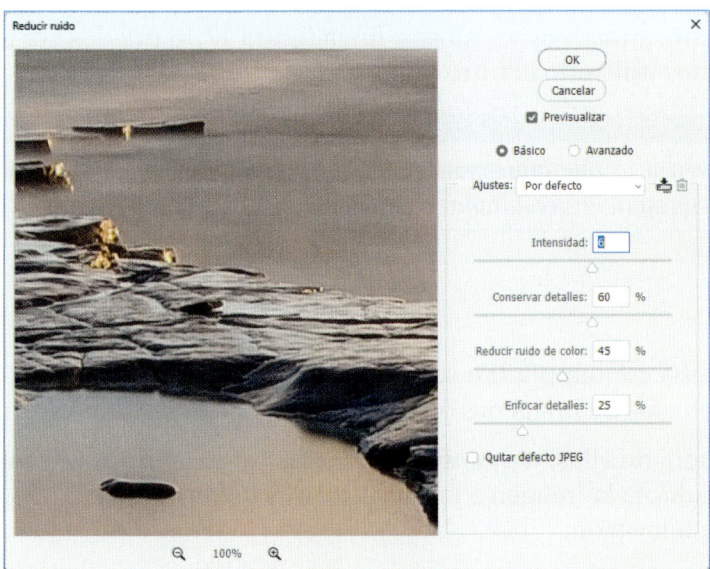

Figura 17.17. Cuadro de diálogo Reducir ruido.

Es habitual encontrar cierto porcentaje de ruido en los gráficos en formato JPEG. Este tipo de ruido es característico y al activar la casilla de verificación Quitar defecto JPEG, conseguirás mejorar el resultado de aplicar este filtro en imágenes con este formato.

Textura

Los filtros de esta serie, solo disponibles desde la galería, no aportan nada nuevo a todo lo que hemos visto, por lo que no vamos a detenernos demasiado. Además, puedes comprobar que los efectos que producen la mayoría de ellos son muy parecidos a los descritos en algunos de los filtros que ya conocemos.

Trazos de pincel

Dentro de esta categoría, disponible únicamente desde la galería, encontrarás filtros que utilizan los distintos modelos de pinceles incluidos en Photoshop, junto con efectos de tintas para recrear técnicas de pintura muy conocidas, como el sombreado o los trazos con spray.

Los resultados obtenidos a partir de la aplicación de los filtros de este conjunto son realmente atractivos y vistosos. En la figura 17.18 puedes ver un ejemplo donde hemos utilizado el filtro Sumi-e.

Si la imagen a la que aplicamos el filtro tiene un fondo negro o muy oscuro, conseguiremos buenos resultados con valores de brillo próximos a cero.

Vídeo

Esta categoría contempla tan solo dos opciones, dirigidas principalmente a corregir defectos de imágenes obtenidas a partir de capturas en movimiento:

- La primera de ellas, denominada Colores NTSC, reduce la gama de colores y adapta la imagen a las necesidades de reproducción de un medio como la televisión.
- Desentrelazar suaviza las imágenes con el objetivo principal de reducir el efecto de movimiento.

Figura 17.18. Sumi-e.

Otros

De todos los filtros incluidos dentro de esta categoría, quizás el más interesante sea A medida. Con él podremos crear nuestro propio filtro, introduciendo valores en el cuadro de diálogo que aparece al seleccionarlo. Este proceso tiene una base matemática que se aplica mediante el cálculo del brillo de cada píxel, tomando como referencia el valor de los píxeles que le rodean. El resto de los filtros incluidos en esta sección no aportan nada demasiado novedoso.

> **NOTA:**
>
> *Una última anotación: los filtros Mínimo y Máximo resultan muy útiles para realizar modificaciones sobre máscaras. Mínimo expande las zonas en negro y Máximo hace justo lo contrario, extiende las áreas en blanco.*

Neural Filters

¿Qué has salido muy serio en la foto, un poco pálido, no has mirado al frente?… No te preocupes, con Photoshop y la colección Neural Filters podrás solucionar estos problemas. Pero no solo eso, las transformaciones incluidas en sus diferentes categorías ofrecen innumerables posibilidades creativas para convertir cualquier imagen en una auténtica obra de arte.

Los Neural Filters de Photoshop son una de las herramientas más revolucionarias introducidas en los últimos años. Utilizan inteligencia artificial para simplificar tareas complejas de edición. Algunas de las funcionalidades más populares incluyen:

- **Rejuvenecimiento facial:** Reducir arrugas, mejorar la piel y rejuvenecer o envejecer rostros.
- **Estilo artístico:** Aplicar efectos de pintura o estilos muy conocidos como Van Gogh o Monet.
- **Cambio de expresiones faciales:** Modificar sonrisas, gestos o miradas.
- **Aumento de resolución:** Mejorar la calidad de imágenes pixeladas o en formatos con pérdidas como JPEG.
- **Coloreado automático:** Agregar color a imágenes en blanco y negro.
- **Restauración:** Recuperación de imágenes antiguas con problemas de luz, con marcas o deterioradas.

En el panel de Neural Filters (figura 17.19) encontrarás la lista de filtros disponibles organizados en categorías. Los filtros que ves en la lista no están disponibles por defecto. Observa el icono representado por una pequeña nube que aparece a la derecha de su nombre. Esto indica que para utilizar cualquiera de estos filtros por primera vez, es imprescindible hacer clic en este icono y descargarlo de los servidores de Adobe.

Figura 17.19. Neural Filters.

Algunos filtros muestran el término Beta haciendo referencia a las transformaciones que aún están en fase de desarrollo pero que Adobe nos permite probar.

Mantén el cursor unos segundos sobre alguno de los filtros y podrás ver una vista previa de sus características más importantes. A continuación, enumeramos las transformaciones que según nuestra experiencia consideramos más útiles:

- **Retrato inteligente:** Cambiar la expresión de una persona, su edad, su pelo… parece realmente algo de ciencia ficción, pero con este filtro es posible y los resultados son sorprendentes. Realmente, te animamos a comprobarlo por ti mismo, abre cualquier retrato o foto y selecciona este filtro. A continuación, utiliza los ajustes Felicidad, Edad facial, Dirección de los ojos… En la figura 17.20, hemos transformado la expresión de la chica con tan solo un par de clics de ratón.

Figura 17.20. Transformación realizada con el Retrato inteligente de Neural Filters.

- **Suavizar la piel:** Olvídate de las tediosas técnicas para mejorar el aspecto de la piel, este filtro permite con un simple deslizador, reducir imperfecciones como: manchas, lunares, ojeras, arrugas… y mejora la textura de la piel de forma natural.

- **Transferencia de maquillaje:** Recrea estilos de maquillaje de una imagen a otra, ¡como si copiaras el maquillaje de una foto de revista a tu propia imagen!

- **Colorear:** Personalmente es una de las opciones de Neural Filters que más me gusta. Colorear esas viejas fotos de mis padres o abuelos es un trabajo realmente gratificante y más cuando los resultados son tan espectaculares como los que ofrece este filtro. En la figura 17.21 tienes un ejemplo de lo que puedes hacer. Este filtro utiliza la inteligencia artificial para añadir color de forma sorprendentemente precisa.

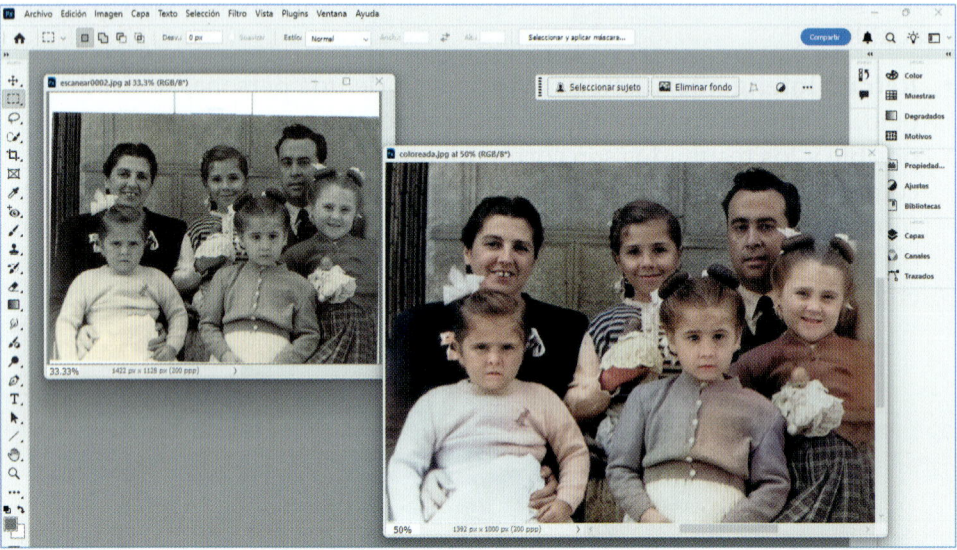

Figura 17.21. Imagen coloreada con Neural Filters.

- **Superzoom:** Necesitas utilizar solo una parte de la imagen y no quieres que el resultado pierda calidad, utiliza este filtro y problema resuelto.

- **Eliminación de artefactos:** Usar el formato JPEG implica asumir cierta pérdida de calidad si aumentas la compresión para reducir el tamaño del archivo. Con este filtro podrás solucionar en parte este problema.

- **Restauración de fotos:** Analiza la imagen y detecta automáticamente zonas deterioradas como arañazos, manchas, rasguños o decoloraciones. Una vez identificadas, la herramienta genera nuevos píxeles que se integran de forma coherente con el resto de la imagen, intentando restaurarla de modo que se recupere el aspecto original o, al menos, mejore

considerablemente. Está especialmente pensado para fotografías familiares o documentos antiguos que hayan sufrido el paso del tiempo.

Con Neural Filters y la inteligencia artificial, ahora es posible realizar transformaciones complejas en imágenes con solo unos pocos clics. No dudes en
explorar esta función; es una excelente manera de mejorar tus habilidades y
dar vida a tus ideas creativas. A continuación, tienes algunos consejos:

- **Empieza con ajustes sutiles:** No te excedas con los deslizadores. A me-
nudo, los mejores resultados se logran con ajustes moderados.

- **Experimenta con diferentes filtros:** No tengas miedo de probar todos
los filtros y ver qué hacen, es la mejor manera de aprender.

- **Comprende las limitaciones:** Aunque los Neural Filters son muy potentes, no son perfectos. En algunas imágenes, los resultados pueden no ser
los esperados y pueden requerir ajustes adicionales con herramientas
como el Pincel o el Parche. La calidad de la imagen original también
influye en el resultado.

- **Utiliza capas no destructivas:** Trabaja siempre con capas duplicadas y
objetos inteligentes cuando utilices los Neural Filters. Esto te permitirá
volver atrás, modificar los ajustes del filtro o eliminarlo por completo sin
dañar la imagen original.

- **Combina Neural Filters con otras herramientas:** Los Neural Filters son
una herramienta más en tu arsenal de Photoshop. No dudes en combi-
narlos con otras herramientas y las técnicas de edición descritas en los
capítulos anteriores.

Elegir la capa de salida

En la parte inferior del panel de Neural Filters se encuentra la opción Salida
(figura 17.22), donde puedes elegir cómo quieres que se aplique el filtro:

- **Capa actual:** El filtro se genera directamente en la capa que tienes
seleccionada. Se trata de una edición destructiva y por supuesto la
menos recomendable.

- **Capa duplicada:** Photoshop crea una copia de la capa original y aplica el filtro a la copia. Este sí es un modo de edición no destructivo y es el que deberías usar en la mayoría de las ocasiones.
- **Capa duplicada filtrada:** Crea una capa duplicada que contiene solo los efectos del filtro, separada de la imagen original.
- **Máscara inteligente:** Crea una máscara inteligente con el filtro aplicado, lo que permite editar y modificar la máscara posteriormente. Es el modo más avanzado, quizás al principio te resulte un poco más complicado, pero no lo pierdas de vista.
- **Objeto inteligente:** Convierte la capa en un objeto inteligente y aplica el filtro como un filtro de las mismas características. Es muy recomendable para edición no destructiva porque permite volver a editar el filtro en cualquier momento.

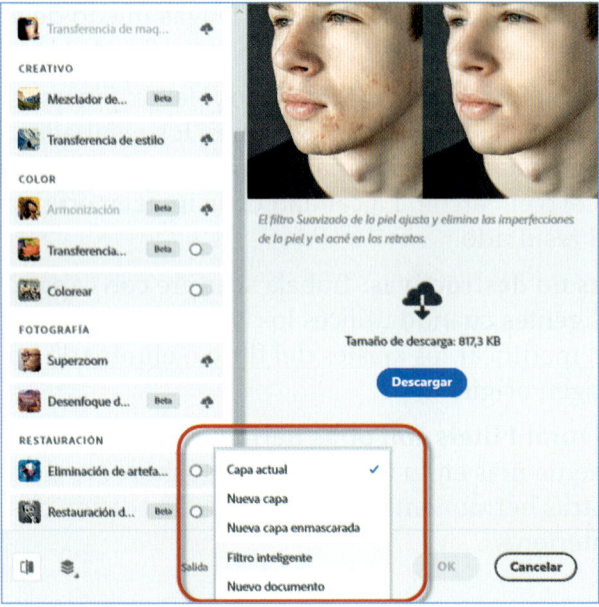

Figura 17.22. Opciones de salida de Neural Filters.

NOTA:

Si estás empezando te recomendamos usar como ajuste de salida las opciones Objeto inteligente o Capa duplicada filtrada para mantener la flexibilidad y no dañar la imagen original.

Resumen

Los filtros de Photoshop son algo así como los efectos especiales en las películas de acción y aventuras. Un diseño mediocre se puede convertir en todo un derroche de creatividad si se aplican varios filtros con cierto criterio y buen gusto.

Con la Galería de filtros no es necesario probar todos los filtros para saber cuál es el que realmente quieres utilizar, simplemente tienes que aplicarlos sobre la imagen y comprobar el resultado en la vista previa. También puedes aplicar varios filtros a la vez y previsualizar todos los cambios en tiempo real.

Los filtros inteligentes han supuesto un cambio fundamental en Photoshop, no olvides sus ventajas y aprovecha sus posibilidades siempre que sea posible.

Entre todos los filtros descritos en este capítulo, queremos destacar el grupo Interpretar y transformaciones como Árbol, Fuego o Marco de fotografía.

Por último, hemos descubierto la aplicación práctica de toda la inteligencia artificial integrada en Photoshop a través de la herramienta Neural Filters.

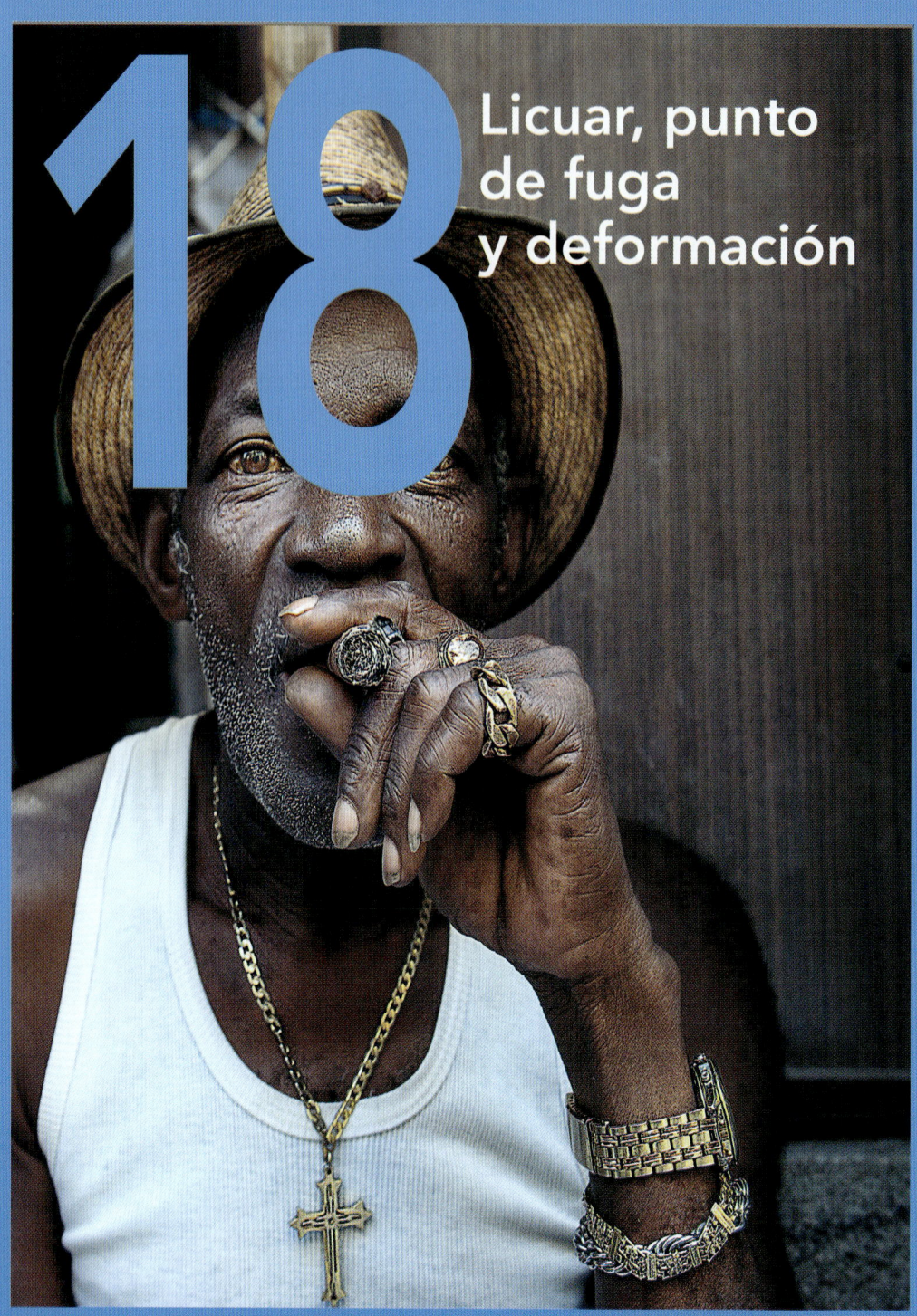

18

Licuar, punto
de fuga
y deformación

Introducción

Photoshop incluye varios comandos de transformación que ofrecen resultados realmente espectaculares. La mayoría de estos comandos están situados en la parte superior del menú Filtro. A continuación, describiremos cómo aprovechar sus posibilidades para solucionar problemas o mejorar nuestros diseños. Estas herramientas no solo te permitirán corregir errores en tus imágenes, sino que también te darán la libertad creativa necesaria para explorar nuevas ideas. Desde ajustes sutiles hasta transformaciones extremas. Con un poco de práctica, podrás dominar técnicas avanzadas que harán que tus proyectos destaquen por su originalidad.

Licuar

El comando Licuar dispone de su propia interfaz, como muestra la figura 18.1, donde encontrarás herramientas y diferentes elementos de configuración, que permitirán obtener transformaciones que, de cualquier otro modo, serían muy complicadas de realizar.

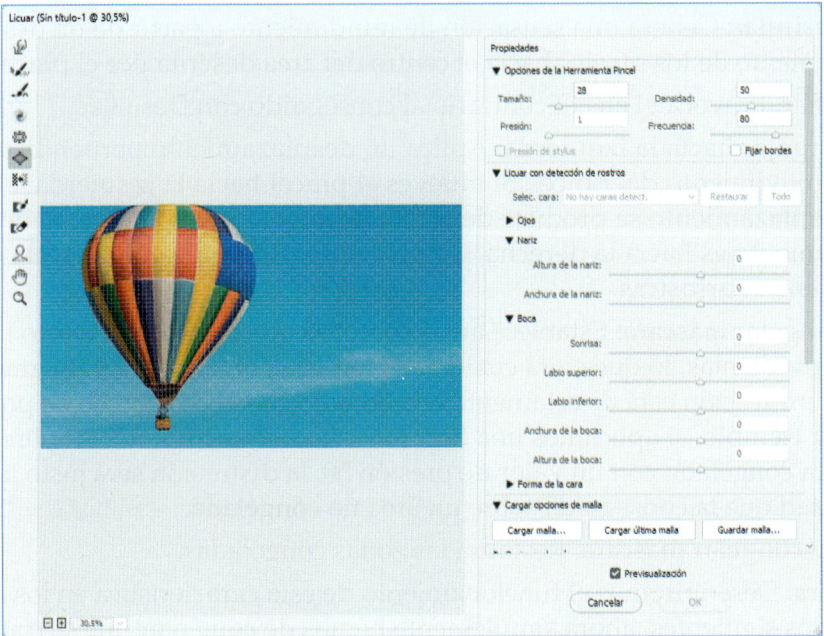

Figura 18.1. Interfaz del comando Licuar.

La imagen mostrada en la vista previa del comando Licuar corresponde al contenido de la capa activa. También es posible seleccionar previamente una zona de la imagen para mostrar solo esa parte.

Las funciones del comando Licuar se agrupan en las herramientas disponibles en su margen superior izquierdo:

- **Deformar hacia adelante:** Arrastra los píxeles en la misma dirección que muevas el pincel.
- **Reconstruir:** Devuelve el estado original de las zonas sobre las que apliques la herramienta anterior.
- **Suavizar:** Se utiliza principalmente para atenuar el efecto generado por las herramientas Deformar o Molinete.
- **Molinete a la derecha:** Mantén pulsado el botón izquierdo sobre la imagen y, al instante, se aplicará un efecto de giro a la izquierda sobre los píxeles situados dentro del área del pincel. El resultado será más acusado mientras más tiempo mantengas pulsado el botón izquierdo del ratón. Con la tecla Alt cambiarás el sentido del giro.
- **Desinflar:** Genera una sensación de hundimiento a partir de un desplazamiento de los píxeles hacia el centro del área descrita por el pincel.
- **Inflar:** Provoca el efecto contrario al conseguido con Desinflar.
- **Empujar hacia la izquierda:** Aplica un desplazamiento perpendicular al movimiento del pincel. Si mueves el pincel hacia la izquierda, el desplazamiento se produce de arriba abajo y al revés cuando el desplazamiento es hacia la derecha. Cambia el sentido pulsando la tecla Alt mientras arrastras.
- **Congelar máscara:** Establece áreas sobre las que no tendrán efecto las herramientas, lo que evita cualquier modificación accidental. El grado de protección está directamente relacionado con el porcentaje de presión; por ejemplo, si aplicamos una herramienta de transformación sobre un área congelada con un valor de presión 50, la distorsión será justo la mitad que la conseguida sobre un área no congelada.
- **Descongelar máscara:** Restaura las zonas congeladas.
- **Cara:** Describiremos el funcionamiento de esta característica en los apartados siguientes, ahora simplemente hemos de comentar que se trata de una potente tecnología de detección y modificación de rasgos faciales.

En la figura 18.2 puedes ver un ejemplo donde nuestro globo se está desinflando de manera preocupante. Pero antes de entrar en la descripción de sus posibilidades es necesario definir el concepto de «Malla». Actívala en la casilla de verificación Mostrar Malla situada en la sección Opciones de visualización y al instante aparecerá sobre la imagen una cuadrícula (ver figura 18.3).

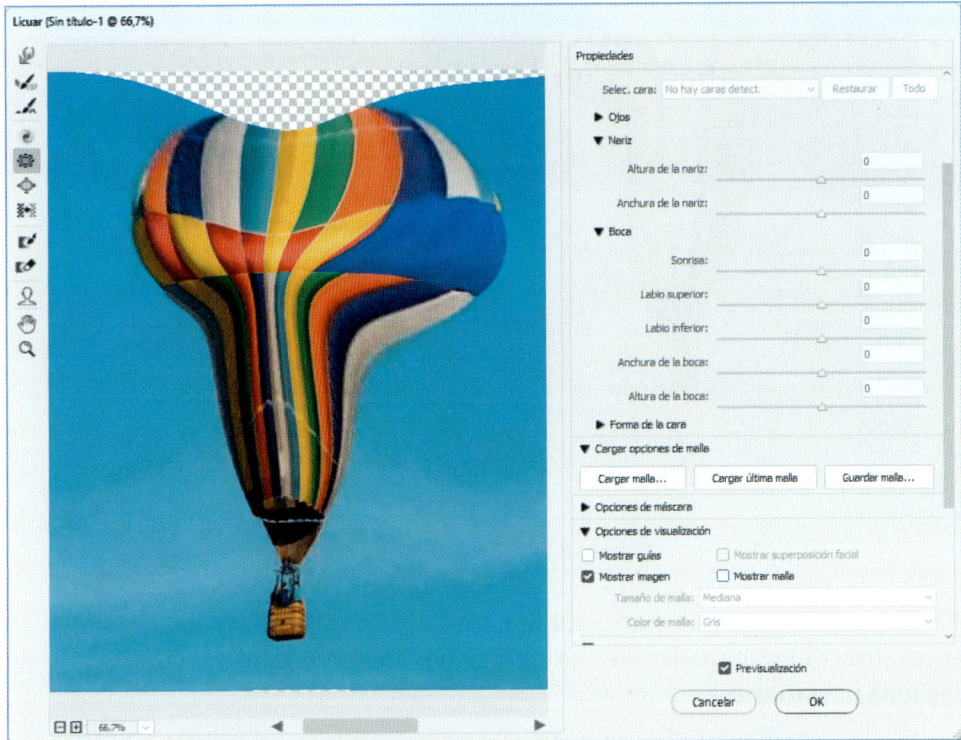

Figura 18.2. Resultado de una distorsión sencilla con el comando Licuar.

A partir de ese momento, la cuadrícula reflejará el sentido de cada efecto aplicado sobre la imagen y se verá de forma mucho más precisa el resultado de las distorsiones.

NOTA:

El botón Guardar malla, incluido en la sección Cargar opciones de malla, permite almacenarlas en un archivo independiente y, de este modo, utilizarlas en cualquier otro momento. Para recuperar una malla creada previamente, utiliza los botones Cargar malla o Cargar última malla.

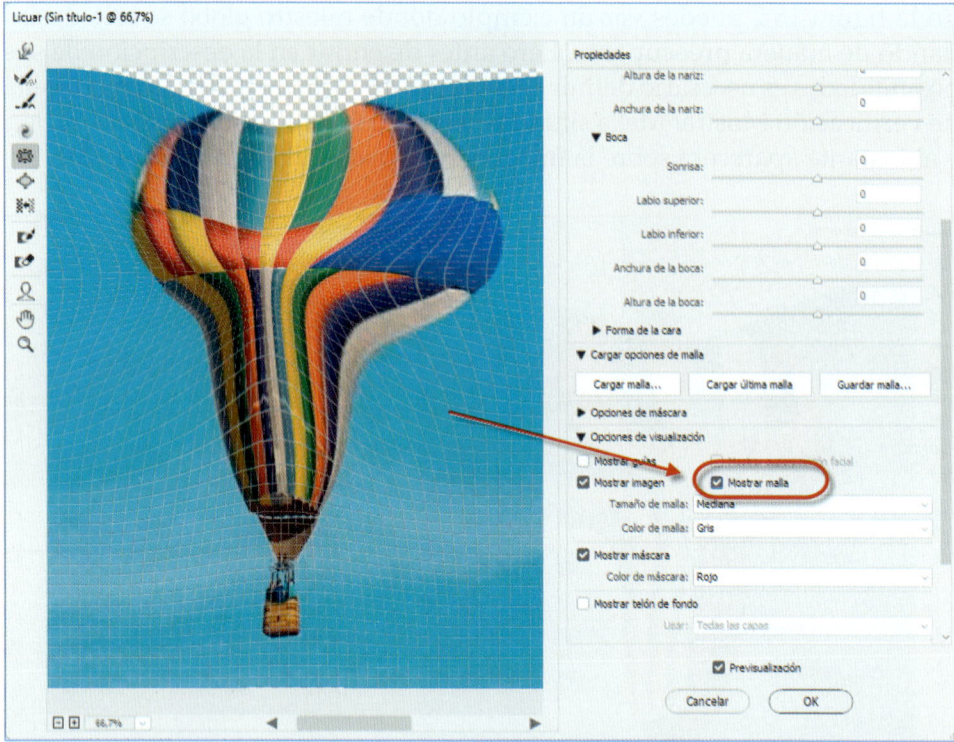

Figura 18.3. Malla de transformación.

Para que no tengas ningún problema a la hora de utilizar las opciones de configuración del cuadro de diálogo Licuar, describiremos el significado de las más importantes:

- **Tamaño:** Define el diámetro del pincel en píxeles y, por lo tanto, el área de aplicación de cualesquiera de las herramientas.

- **Densidad:** El efecto del pincel se distribuye desde el centro hacia los extremos. Este valor permite configurar el radio de acción de la transformación en relación con el tamaño del pincel.

- **Presión:** Controla la velocidad a la que se genera el efecto cuando arrastramos sobre la imagen. Se trata de un parámetro fundamental para detener la transformación justo en el momento que necesitemos.

- **Frecuencia:** Este valor también hace referencia a la velocidad que aplica el efecto a la imagen, pero en este caso, cuando mantenemos la herramienta estática en un punto concreto.

- **Presión de stylus:** Configura el comportamiento del lápiz óptico cuando usamos una tableta digitalizadora.

- **Opciones de máscara:** Esta sección incluye diferentes posibilidades para establecer el comportamiento y la transición entre zonas congeladas y no congeladas.

- **Restaurar todo:** Este botón sirve para recuperar por completo el aspecto original de la imagen. Recuerda que, para restaurar una zona concreta, también existe la herramienta Reconstruir.

- **Reconstruir:** Devuelve parcialmente las zonas tratadas a su estado original. Con el regulador que aparece en la parte superior de la ventana decides el porcentaje de reconstrucción que deseas aplicar.

- **Mostrar imagen:** Si tienes activa la malla de transformación, puedes activar o desactivar la previsualización de la imagen gracias a esta casilla de verificación.

- **Tamaño y color de malla:** Define la amplitud de las divisiones de la malla de transformación y el tono de sus líneas.

- **Color de malla:** Elige aquí un color para las líneas que forman la malla de transformación.

Una vez completadas todas las modificaciones, haz clic en el botón OK y Photoshop aplicará los cambios sobre la capa seleccionada.

Licuar con detección de rostros

La función Licuar con detección de rostros permite modificar los rasgos faciales en retratos, fotos de grupo o caricaturas. Por ejemplo, sería posible: separar ojos, ajustar la forma de la nariz, modificar el ancho de la cara…

Abre alguna imagen donde aparezcan una o varias personas y se distinga claramente el rostro de alguna de ellas. Ejecuta el comando Licuar y haz clic en la herramienta Cara. Al instante, Photoshop detectará automáticamente el rostro predominante en la imagen y añadirá una serie de puntos de ajuste, que aparecerán al situar el cursor sobre la nariz, la boca o los ojos, tal como puedes comprobar en la figura 18.4.

El siguiente paso será hacer clic y arrastrar los puntos de ajuste situados sobre la nariz, ojos, frente, etcétera, para modificar sus proporciones o utilizar los reguladores de la sección Licuar con detección de rostros, si prefieres realizar los cambios de manera más precisa.

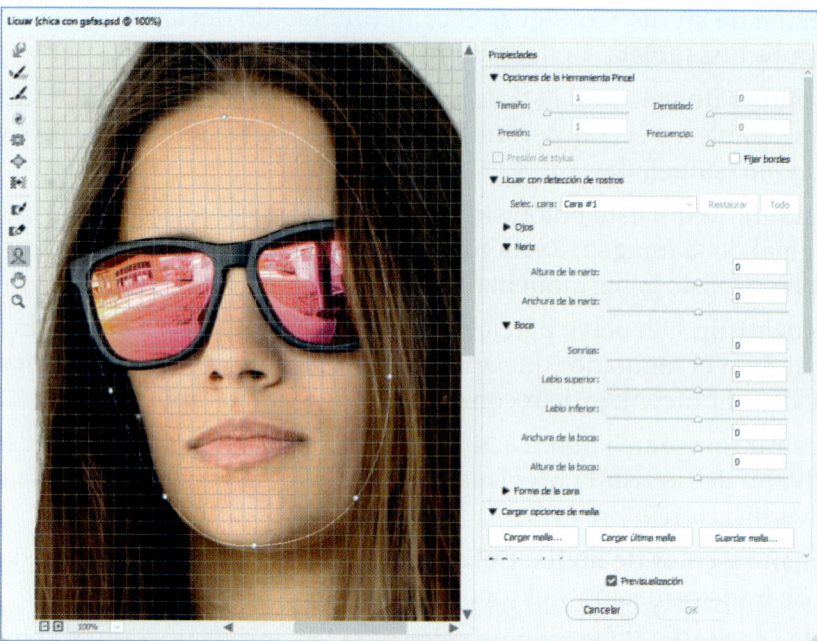

Figura 18.4. Puntos de ajuste añadidos por la herramienta Cara.

La función Licuar con detección de rostros ajusta automáticamente los puntos de deformación para preservar las proporciones naturales en las facciones. Esto es ideal para retoques suaves, pero ten cuidado: modificar demasiado puede generar resultados artificiales o poco realistas.

Punto de fuga

Has comprado una bonita casa en la montaña y quieres ver cómo quedan ciertos cambios. Usar las herramientas de pintura para colorear la fachada o el tejado puede ser complicado si no están determinados exactamente los límites de la zona con la que deseas trabajar. En este tipo de situaciones, la herramienta Punto de fuga proporciona una forma rápida y sencilla de describir perspectivas o planos dentro de una imagen.

Lo primero que debes hacer, después de seleccionar el comando Filtro>Punto de fuga es establecer los distintos planos sobre los que después usarás las herramientas de edición:

1. Selecciona la herramienta Crear plano, destacada en la figura 18.5 para que no tengas problemas a la hora de localizarla.

2. Haz clic en la primera esquina del plano, desplázate hasta la segunda y haz clic de nuevo.

3. Repite el paso anterior para determinar la posición de la tercera esquina. Photoshop cerrará el plano automáticamente para que sea mucho más sencillo establecer el último punto.

4. Una vez completados los pasos anteriores el resultado debería ser similar al que aparece en la figura 18.6.

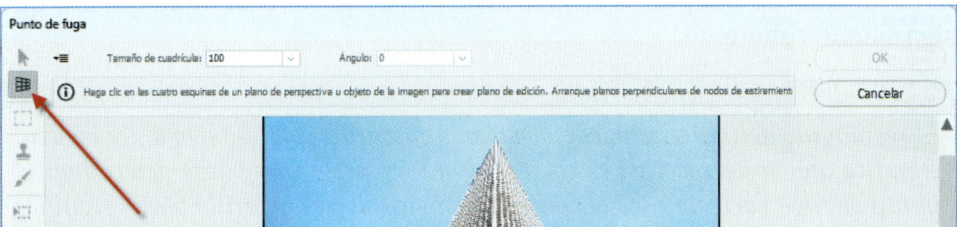

Figura 18.5. Herramienta Crear plano.

Figura 18.6. Plano terminado y aspecto de la malla.

Es posible definir tantos planos como necesites y la forma de hacerlo es la descrita en los pasos anteriores. Una vez creados, puedes modificarlos con la herramienta Editar plano, la primera de las que aparecen en el margen izquierdo del cuadro de diálogo. Haz clic en cualquiera de los puntos de control que rodean cada plano, para determinar exactamente sus proporciones. La ventaja de usar estos puntos de control es que el programa se encarga automáticamente de adaptar correctamente la perspectiva del plano, para que siga siendo coherente.

Hecho lo más difícil, solo nos queda la parte sencilla del trabajo, usar las herramientas Pincel, Tampón de clonar y Marco para editar la imagen a partir de los planos creados.

Deformación de posición libre

No sin algunas dudas hemos decidido colocar la descripción de esta característica dentro de los comandos de transformación, porque si bien es cierto que realiza cambios importantes en la imagen, también podría tratarse desde el punto de vista de las herramientas de selección.

Con el comando Deformación de posición libre podrás transformar la posición de cualquier elemento de una figura u objeto, si aplicas estos cambios de manera coherente con las zonas que le rodean. Veamos un ejemplo y entenderás mejor cómo funciona.

Observa el bonito perro de la figura 18.7. En esta imagen el animal muestra una esbelta figura con la cabeza levantada. Pues bien, queremos retocar la imagen para que aparezca en una actitud mucho más sumisa:

Figura 18.7. Imagen de ejemplo para el comando Deformación de posición libre.

1. En la imagen de ejemplo es imprescindible seleccionar en primer lugar el elemento que vamos a transformar. En nuestro caso, el perro. Usa para ello las herramientas Selección rápida o Lazo magnético, aunque podría ser cualquier otra como Selección de objetos o el Pincel de selección.

2. Una vez completada la selección, elige el comando Deformación de posición libre, situado en el menú Edición. Al instante Photoshop crea la malla de transformación sobre el objeto.

3. El siguiente paso será añadir posiciones de control sobre la malla de transformación. Cada uno de ellos permitirá convertir ese punto concreto en móvil o fijo, según necesites modificar la posición de esa zona o que permanezca invariable al cambiar otra. Observa en la figura 18.8 la localización de los puntos de control sobre la imagen de ejemplo. Nuestra intención es bajar la zona de la cabeza y suavizar la curvatura del tronco. Por lo tanto, colocamos puntos en las partes superior e inferior de sus patas para que no se desplacen cuando movamos el tronco y la cabeza.

4. A continuación, es necesario hacer clic en el punto de control de la cabeza y arrastrar hacia abajo hasta conseguir una posición natural. Es posible que también necesites modificar la posición del tronco para que la postura sea más correcta.

5. Una vez conseguida la transformación, haz clic en el botón de confirmación situado a la derecha de la barra de opciones. El resultado final lo puedes comprobar en la figura 18.9.

Figura 18.8. Puntos de control sobre la malla de transformación.

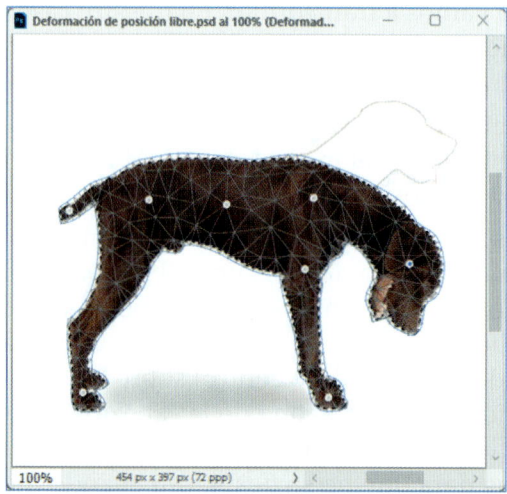

Figura 18.9. Resultado final de la transformación.

Si no estás del todo conforme con el resultado, puedes utilizar el primero de los tres botones que aparecen en el extremo derecho de la barra de opciones para eliminar todas las ubicaciones y recuperar el aspecto inicial de la malla de transformación.

Para evitar pequeños halos que pueden quedar en la posición inicial del objeto, amplía el radio de la selección o incrementa el valor de la propiedad Expandir. Otros parámetros interesantes son:

- **Modo:** Controla la flexibilidad de la malla. Según el tipo de trabajo será necesario un comportamiento más o menos flexible de la malla de transformación. Experimenta con los diferentes valores de esta lista hasta encontrar la combinación más adecuada.

- **Densidad:** Usa un número alto de puntos para manejar muchas ubicaciones con exactitud y los valores bajos para movimientos más simples.

- **Mostrar malla:** Oculta o muestra la malla de transformación. Lo habitual sería mantenerla siempre visible.

Deformación de perspectiva

Si tienes alguna imagen con problemas de perspectiva o simplemente deseas cambiar las proporciones de algún objeto o elemento manteniendo su geometría, puedes recurrir al comando Deformación de perspectiva. Habitualmente usado para corregir errores de perspectiva en imágenes de edificios o construcciones, también puede ser útil para modificar cualquier elemento compuesto por líneas rectas y planos.

El uso del comando Deformación de perspectiva se divide en dos partes. La primera sería delimitar los planos del objeto que deseas deformar. Comprueba que se encuentra seleccionado en la barra de opciones el botón Diseñar formas de cuadrante, haz clic y arrastra para acoplar la malla al plano del objeto. Desliza los puntos de control hasta conseguir el ajuste perfecto. Cuando aproximes dos mallas estas quedarán ligadas y los cambios se propagarán entre ellas. Repite estos mismos pasos hasta definir todos los planos necesarios.

Una vez establecidos los planos, haz clic en el botón Ajustar las posiciones para deformar la imagen de la barra de opciones y desplaza los puntos de control hasta conseguir la perspectiva correcta. La figura 18.10 muestra un ejemplo después de terminar esta primera parte y la situación de este botón.

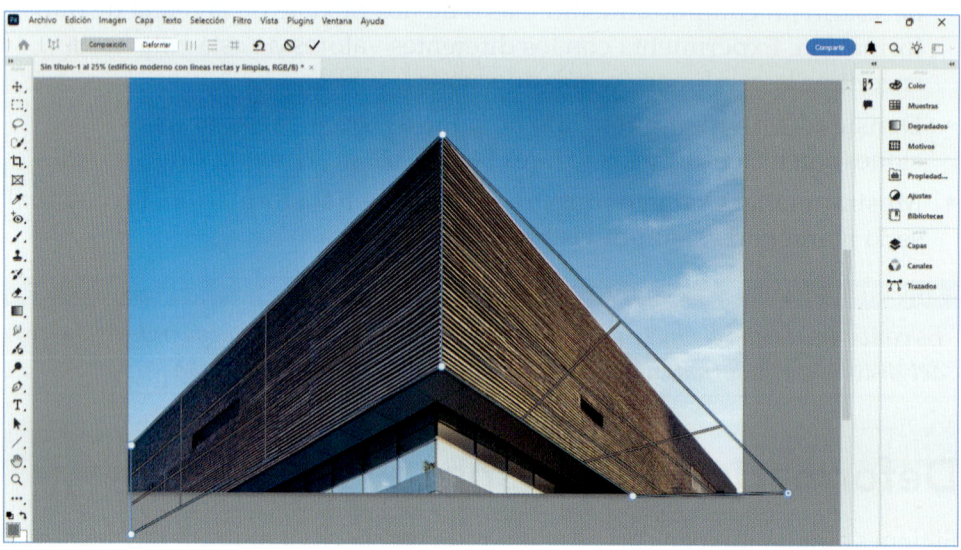

Figura 18.10. Planos definidos sobre la imagen como paso previo a la deformación.

Resumen

Hemos querido dedicar el capítulo a varios comandos muy interesantes: Licuar, Punto de fuga, Deformación de posición libre y Deformación de perspectiva. Licuar permite aplicar increíbles transformaciones sobre la imagen.

El comando Punto de fuga ofrece la posibilidad de trabajar con distintas perspectivas y planos de una imagen, para utilizar después herramientas de edición de una forma rápida y sencilla.

Por último, el comando Deformación de posición libre permite mover partes de un objeto de forma natural. La idea es aplicar un comportamiento elástico al objeto que transforme su posición inicial.

19

Trazados y formas

Qué son los trazados

La propiedad más importante que tienen los gráficos vectoriales es, sin lugar a duda, su escalabilidad, o lo que es lo mismo, la capacidad para modificar su tamaño sin perder la calidad. Los trazados y las formas son el método que pone Photoshop a nuestra disposición para aprovechar todas las ventajas de los gráficos vectoriales.

Es posible que llegues a preguntarte qué hacen las funcionalidades vectoriales en un programa de tratamiento de archivos en mapa de bits como Photoshop. La respuesta no es sencilla, pero con el fin de hacer cada vez más completa la herramienta, los ingenieros de Adobe incluyen estas posibilidades que, por otra parte, seguro echaríamos de menos si no existieran.

Un detalle más, Photoshop también aprovecha todas las ventajas de los gráficos vectoriales para el tratamiento de textos y es esto es una ventaja fundamental con respecto a otras aplicaciones de edición.

NOTA:

El rasterizado en Photoshop consiste en convertir elementos vectoriales, como texto o formas, en imágenes basadas en píxeles, para poder aplicarles efectos, filtros o cualquier técnica de edición.

Aunque los trazados en Photoshop pueden ser complicados para usuarios principiantes, aquí te presentamos lo más importante de forma sencilla. Nuestro objetivo es que, sin conocimientos previos, puedas entender lo esencial y sacarle provecho.

Cómo crear trazados y formas

Photoshop ofrece diversas herramientas para crear y modificar trazados, además de un panel específico para organizarlos. Antes de comenzar, es importante conocer brevemente el significado de los tres tipos de trazados disponibles. Estos aparecen en la barra de opciones al seleccionar cualquier herramienta vectorial, como puedes observar en la figura 19.1.

Forma

Las capas interactúan con prácticamente cualquier elemento de Photoshop. En este caso, una forma no es otra cosa que una capa de relleno a la que añadiremos un trazado de recorte. La capa de relleno define el color de fondo de la forma y el trazado de recorte determina su contorno.

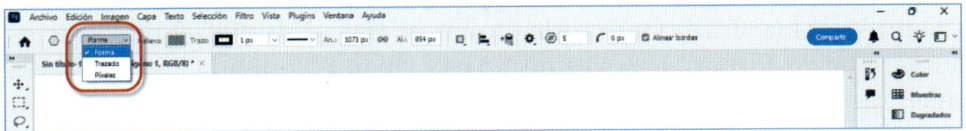

Figura 19.1. Tipos de trazado.

Selecciona la herramienta Pluma o cualquiera de las herramientas de forma (Rectángulo, Elipse, etc.) para definir el contorno del objeto. A continuación, en la barra de opciones, elige la opción Forma en la lista desplegable. Si estás trabajando con la herramienta Pluma, haz clic para dibujar el trazado punto a punto. En cambio, si utilizas herramientas como el Rectángulo, Elipse o Polígono, arrastra el cursor para establecer las proporciones deseadas del objeto. Una vez finalizado, Photoshop creará automáticamente una nueva capa con una máscara vectorial asociada (figura 19.2).

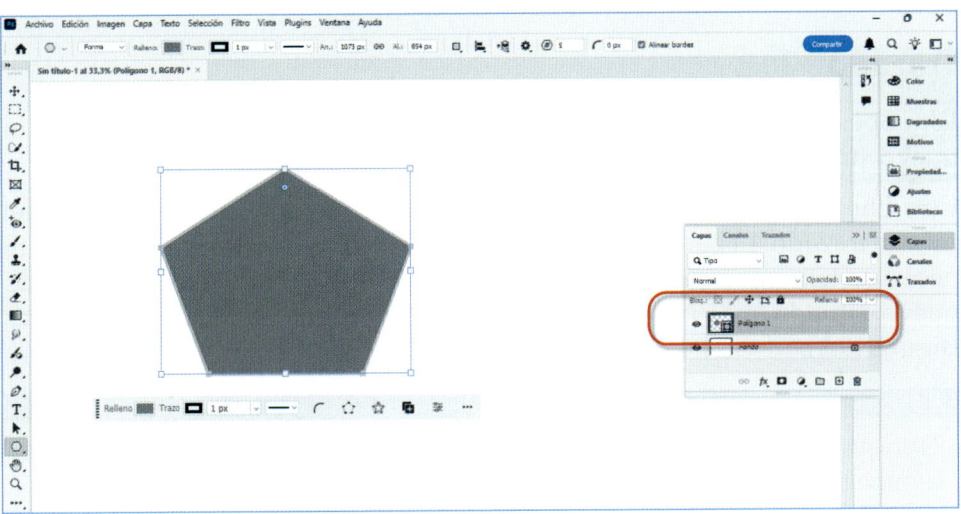

Figura 19.2. Panel Capas después de añadir una nueva forma.

NOTA:

Antes o después de dibujar la forma, puedes configurar su aspecto en la barra de opciones. En especial, resulta interesante la lista Relleno y Trazo, donde encontrarás un buen número de efectos predefinidos para aplicarlos directamente sobre la forma.

Por defecto, Photoshop crea una nueva capa cada vez que dibujas un trazado. Si deseas añadir más de una forma a la misma capa, incluso cambiando entre las distintas herramientas disponibles, debes ir al panel Trazados (menú Ventana>Trazados) y seleccionar el trazado sobre el que quieres sumar nuevas formas. Una vez hecho esto, mantén pulsada la tecla Mayús mientras dibujas. Del mismo modo, puedes utilizar la tecla Alt para restar un trazado a otro ya dibujado.

TRUCO:

Algunos formatos muy utilizados (como JPEG) no admiten transparencia. En estos casos, los trazados de recorte pueden ser útiles para definir manualmente las áreas visibles de la imagen.

ADVERTENCIA:

Los trazados realizados como capas de forma están asociados a la capa sobre la que se dibujaron. Por este motivo, para mostrarlos en el panel Trazados debes seleccionar en primer lugar la capa de origen.

Trazado

Esta opción será la que tendrás que seleccionar cuando quieras definir un nuevo «trazado al uso». Es decir, el contorno del objeto sin relleno.

Con Photoshop podrás añadir tantos elementos como desees dentro del mismo trazado. El panel Trazados los mostrará todos en el mismo trazado. Si necesitas tener más de un trazado de trabajo, utiliza el botón Crear trazado nuevo, situado en la parte inferior del panel, y dibuja los objetos que desees (figura 19.3).

NOTA:

Tanto para crear un trazado al uso como una nueva capa de forma, necesitarás las herramientas que describiremos en los próximos apartados.

Píxeles

Este último elemento no tiene demasiado que ver con los trazados y simplemente dibuja formas rasterizadas, es decir, un objeto relleno en formato de mapa de bits. El color que adoptará la forma será el que esté seleccionado como color de primer plano.

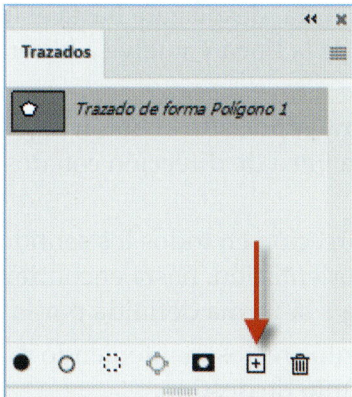

Figura 19.3. Botón Crear trazado nuevo del panel Trazados.

Cuando seleccionas la opción Píxeles en la barra de opciones, Photoshop dibujará directamente una forma rellena de color en la capa activa. Esta forma se rasterizará inmediatamente, lo que significa que se convertirá en píxeles y formará parte de la imagen.

A diferencia de Trazado o Forma, la opción Píxeles no crea una forma vectorial editable. Una vez que se dibuja la forma, se fusiona con la capa y se convierte en mapa de bits, lo que significa que no se puede escalar o modificar sin perder calidad de imagen.

La opción Píxeles es útil cuando deseas dibujar formas rápidamente y no necesitas la flexibilidad de editar trazados vectoriales. Es ideal para crear formas simples, rellenar áreas con color o pintar directamente sobre la imagen.

Herramienta Pluma

El primer consejo antes de mostrar el funcionamiento de la herramienta Pluma es armarnos de un poco de paciencia, sobre todo al principio. Para definir segmentos rectos con esta herramienta, no tendrás demasiados problemas, pero a la hora de trazar curvas resulta un poco más complicado hasta adquirir cierta destreza.

A continuación, mostramos los pasos que hay que seguir para utilizar la herramienta Pluma:

1. Selecciona la herramienta Pluma.
2. Haz clic para determinar el punto de inicio.

3. Para definir una línea recta, desplázate hasta el lugar exacto en el que quieres situar el final de la línea y vuelve a hacer clic. Un segmento unirá los dos puntos.

4. Para crear curvas, mantén pulsado el botón izquierdo del ratón mientras arrastras. Aparece una línea de dirección con dos puntos de control en sus extremos.

5. Arrastra la línea de dirección en todos los sentidos, ampliando o reduciendo su longitud y orientación, hasta encontrar la curvatura deseada. El segmento se adapta a la forma definida por la línea de dirección.

6. Añade nuevos segmentos rectos manteniendo pulsada la tecla Alt mientras haces clic en el punto de destino.

7. Termina el trazado haciendo clic en el punto de origen para cerrar el contorno, junto a la plumilla aparecerá un pequeño círculo y el trazado quedará cerrado. Si prefieres dejarlo abierto, pulsa la tecla ESC.

TRUCO:

Para mover un punto de ancla, puedes usar la herramienta de Selección directa o mantener presionada la tecla Ctrl mientras haces clic y arrastras el cursor.

Los pasos anteriores describen la forma más sencilla de utilizar la herramienta Pluma, pero existen muchas más posibilidades que estudiaremos después de tratar algunos aspectos que debes conocer para comprender mejor su funcionamiento.

Puntos de ancla

Definimos Punto de ancla como cada uno de los nodos que definen la forma de un trazado. Se encuentran en los extremos de los segmentos y controlan la dirección y curvatura de las líneas. Se pueden distinguir principalmente dos tipos mostrados en la figura 19.4:

• **Punto de ancla suave:** Se utiliza para crear curvas suaves y continuas. Las dos mitades de las líneas de dirección se encuentran sobre el mismo eje y aseguran una transición suave entre los segmentos conectados al punto de ancla.

• **Punto de ancla asimétrico:** Sirve para crear esquinas afiladas o curvas más pronunciadas. A diferencia de los puntos de ancla suaves, las dos mitades de las líneas de dirección no se encuentran en el mismo eje. Para crear este tipo de puntos pulsa la tecla Alt, mientras esté visible la línea de dirección. En ese instante podrás mover cada uno de los segmentos de la línea de forma independiente.

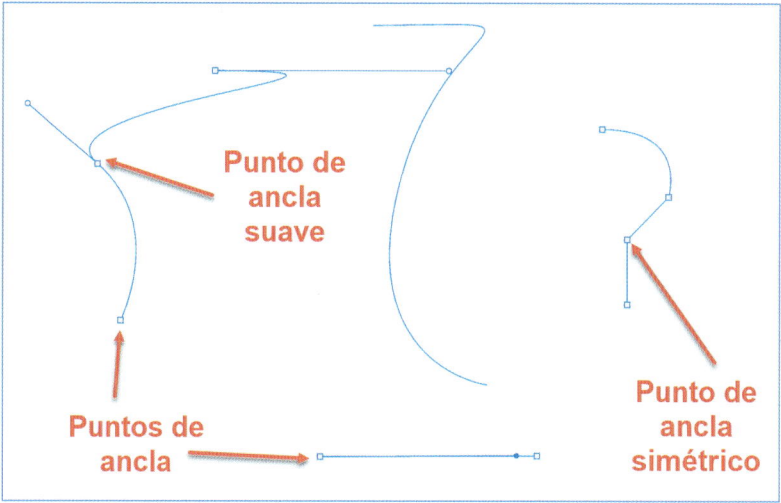

Figura 19.4. Elementos básicos de un trazado realizado con la herramienta Pluma.

NOTA:

Las curvas creadas con la herramienta Pluma en programas como Adobe Illustrator o Photoshop se denominan curvas Bézier. Estas curvas se definen mediante puntos de anclaje y manejadores (tiradores), que controlan la dirección y la curvatura de la línea. Las curvas Bézier son ampliamente utilizadas en diseño gráfico, animación y modelado digital por su flexibilidad y precisión para representar formas suaves y complejas.

Modificar características de visualizado del trazado

Al mismo tiempo que dibujas un trazado con alguna de las herramientas de pluma, podrás cambiar características como su color o el grosor de la línea y de este modo distinguirlo mejor del resto de elementos de la imagen. Haz clic el icono resaltado en la figura 19.5 y elige los valores que desees.

Añadir y eliminar puntos de ancla

El grupo de herramientas Pluma incluye otras posibilidades como Añadir punto de ancla o Eliminar punto de ancla. El significado de estas herramientas es, respectivamente, incluir nuevos puntos de ancla para modificar segmentos ya definidos del trazado o eliminarlos.

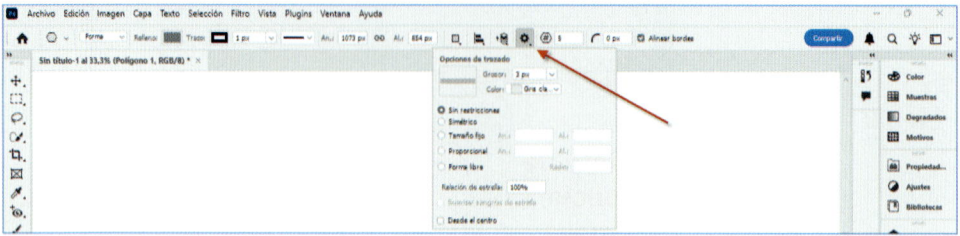

Figura 19.5. Modifica el color y el grosor de línea para el trazado activo.

Existe una forma más sencilla de eliminar y añadir nuevos puntos de ancla sin necesidad de cambiar de herramienta. Con la herramienta Pluma seleccionada, activa en la barra de opciones la casilla de verificación Añadir/Eliminar automáticamente. A partir de este instante, si colocas la herramienta Pluma sobre un punto de ancla existente, comprobarás que aparece un pequeño signo menos a su derecha; haz clic y el punto de ancla desaparecerá. Del mismo modo, si colocas la herramienta sobre el espacio libre de un segmento, aparecerá un signo más, indicativo de que puedes añadir un nuevo punto de ancla.

> **TRUCO:**
>
> *Con la herramienta Pluma seleccionada, mantén pulsada la tecla Ctrl para seleccionar cualquier elemento del trazado. A partir de ese momento podrás editarlo.*

Convertir puntos de ancla

La última posibilidad del conjunto de herramientas Pluma se denomina Convertir punto de ancla. Utilízala para transformar un punto de ancla suave en asimétrico y viceversa.

> **TRUCO:**
>
> *Si mantienes pulsada la tecla Alt mientras sitúas el puntero sobre un punto de ancla, activarás temporalmente la herramienta Convertir punto de ancla.*

Pluma de forma libre

Como su propio nombre indica, la herramienta Pluma de forma libre permite describir trazados de contornos sinuosos con la única limitación de nuestro propio pulso. Se trata de un excelente recurso para dibujar bordes de objetos complicados.

Para utilizar esta herramienta, haz clic en el punto en el que quieres comenzar el trazado y, sin soltar el botón izquierdo del ratón, arrastra el puntero para definir el contorno. A medida que arrastras, se crearán automáticamente puntos de ancla para definir la forma del trazado. Finalmente, no olvides unir los dos extremos para cerrar el trazado.

La herramienta Pluma de forma libre ofrece ajustes adicionales en la barra de opciones, como la posibilidad de modificar la suavidad del trazado o de añadir y eliminar puntos de ancla manualmente.

> **NOTA:**
>
> *Si planeas usar la herramienta Pluma de forma libre con frecuencia, una tableta gráfica te dará mayor precisión, permitiendo trazos más fluidos y curvas más suaves.*

Pluma de curvatura

Si el método descrito para trazar curvas con la herramienta Pluma te parece complicado, prueba con la Pluma de curvatura y probablemente conseguirás mejores resultados. Haz clic para definir el primer segmento del trazo y a partir de aquí, cada nuevo trazo adaptará su curvatura a las características del anterior. Con la tecla Alt podrás alternar segmentos rectos mientras dibujas.

Herramientas de forma

Las herramientas para dibujar formas son las siguientes: Rectángulo, Rectángulo redondeado, Elipse, Polígono, Línea y Forma personalizada. Todas ellas comparten la misma posición dentro de la caja de herramientas, como se puede apreciar en la figura 19.6 y el mismo atajo de teclado, la letra U.

Las herramientas de forma permiten describir cualquiera de los tres tipos de trazados disponibles, a partir de contornos geométricos como cuadrados, círculos o incluso figuras más complejas con la herramienta Forma personalizada, como puedes ver en el ejemplo de la figura 19.7.

No vamos a extendernos en la explicación de estas herramientas. En cualquier caso, haremos una excepción con la herramienta Línea, teniendo en cuenta que aporta algunas características bastante interesantes.

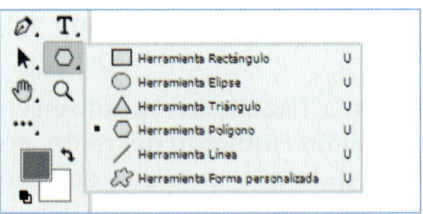

Figura 19.6. Herramientas de forma.

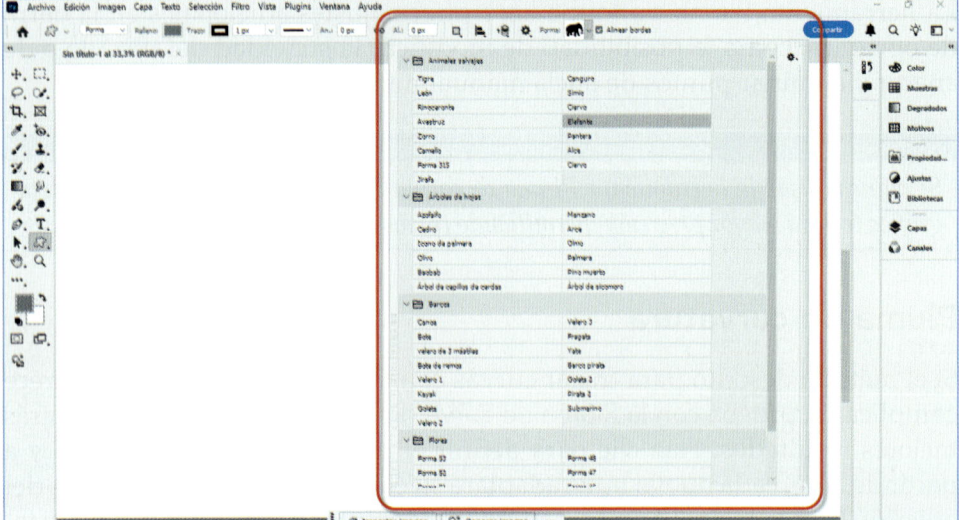

Figura 19.7. Formas personalizadas.

Línea

Como acabamos de comentar, la herramienta Línea presenta algunas funcionalidades que merece la pena destacar. La manera de trabajar con ella es sencilla, simplemente haz clic para definir el punto de origen de la línea, arrastra sin soltar el botón izquierdo del ratón y haz de nuevo clic cuando creas que tiene la longitud adecuada.

Todas las herramientas de forma tienen una serie de opciones adicionales, a las que se puede acceder haciendo clic en el icono resaltado en la figura 19.8. Las opciones de la herramienta Línea permiten añadir puntas de flecha en los extremos.

Las casillas de verificación Inicio y Fin sirven para activar o desactivar la punta de flecha en los extremos de la línea. Después, los valores de Anchura,

Longitud y Concavidad determinarán el aspecto de la flecha. Los porcentajes toman como referencia el tamaño y grosor de la línea.

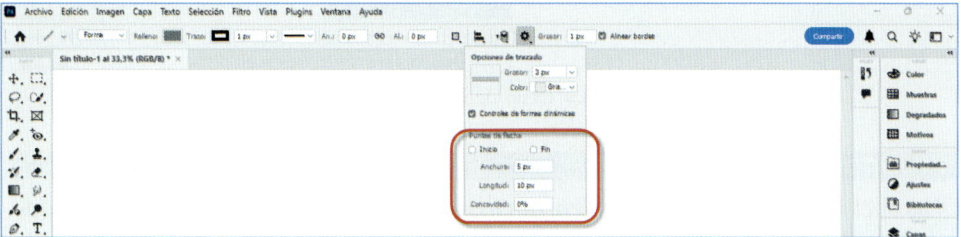

Figura 19.8. Icono y opciones adicionales de la herramienta Línea.

> **NOTA:**
>
> *La concavidad determina el ángulo del trazo imaginario que uniría el extremo más ancho de la flecha con la línea.*

Superposición de formas

Tras utilizar algunas de las herramientas de forma y mientras se encuentra activo el trazado en uso, puedes comprobar en la figura 19.9 cómo la barra de opciones muestra el icono Operaciones de trazado. Cada una de las opciones que ofrece hacen referencia a un método de interacción entre formas solapadas de un mismo trazado:

- **Nueva capa:** Esta opción solo está disponible cuando creamos capas de forma y si la activas, añadirá una nueva capa cada vez que dibujes un trazado. Para el resto de las opciones de superposición, las formas se irán sumando dentro de la misma capa.

- **Combinar formas:** Es la opción por defecto, simplemente suma las formas descritas en el trazado.

- **Restar forma frontal:** Al crear una nueva forma hace desaparecer las zonas solapadas de las formas ya creadas.

- **Formar intersección con áreas de forma:** Permanecen las zonas comunes entre las formas que componen el trazado.

- **Excluir formas superpuestas:** Descarta las áreas comunes en el caso de superposición de formas.

- **Fusionar componentes de forma:** Selecciona varios trazados y combínalos en uno solo con esta opción.

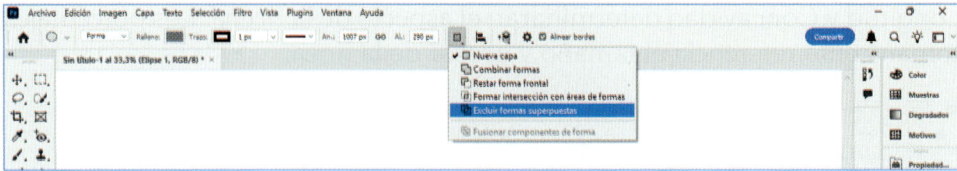

Figura 19.9. Icono Operaciones de trazados.

Panel Trazados

Con el panel Trazados es sencillo mantener perfectamente organizados y ordenados todos los trazados de una imagen. Para seleccionar un trazado, será suficiente con hacer clic en su nombre en el panel, pero no olvides que solo podrás activar un trazado al mismo tiempo.

A continuación, describimos una de las características más importantes del panel Trazados, se trata de cada uno de los botones situados en la parte inferior.

- **Rellenar trazado con el color frontal:** Aplica a la forma o el trazado seleccionado el color de primer plano, activo en el selector de color, para crear una forma sólida.

- **Contornear trazado con pincel:** Esta opción utiliza el pincel seleccionado (y sus ajustes de tamaño, dureza, etc.) para dibujar un trazo a lo largo del trazado.

- **Cargar trazado como selección:** Crea un borde de selección que convierte el trazado en una selección activa, lista para ser modificada o utilizada para editar la imagen.

- **Hacer trazado de trabajo desde selección:** Sin duda alguna, esta es una de las opciones más interesantes del panel, porque permite crear un trazado a partir de una selección. Por lo tanto, podrías utilizar todo lo aprendido sobre selecciones para crear nuevos trazados.

- **Añadir una máscara:** Sin lugar a duda otra opción para tener en cuenta, pues permite combinar toda la potencia de los trazados con las posibilidades de las máscaras, para crear diseños increíbles. Con esta opción podrás crea una máscara vectorial basada en el trazado seleccionado, lo que permite ocultar o mostrar partes de una capa de forma precisa y no destructiva.

- **Crear trazado nuevo:** Crea un nuevo trazado al uso asociado a todas las capas del documento, listo para ser dibujado y editado.
- **Eliminar trazado actual:** Borra el trazado seleccionado en ese instante en el panel de forma permanente.

Además de estas opciones, existen otras funcionalidades interesantes incluidas en el menú asociado al panel:

- Utiliza el comando Duplicar trazado para crear una segunda copia del trazado actual.
- Para eliminar un trazado, puedes seleccionarlo y hacer clic en el icono Eliminar trazado o usar el comando del mismo nombre incluido en este menú.
- El comando Rellenar trazado o subtrazado permite no solo aplicar un color al trazado, también puedes elegir un modo de fusión, un cierto valor de opacidad o incluso un porcentaje de calado.
- Hemos descrito cómo convertir el trazado actual en un borde de selección, pero si utilizas el comando Hacer selección tendrás algunas posibilidades adicionales.
- También desde el menú asociado al panel tienes acceso al comando Trazado de recorte.
- El comando Contornear trazado o subtrazado permite pintar los bordes del trazado a partir de la herramienta de pintura que selecciones. La ventaja con respecto al botón del mismo nombre es, que, en este caso, podrás elegir la herramienta con la que deseas crear el contorno.

Para acceder a muchas de las opciones descritas en los puntos anteriores solo tendrás que hacer clic con el botón derecho en el trazado.

Editar y alinear trazados

Para editar un trazado, utiliza las herramientas de selección de trazados resaltadas en la figura 19.10. Otro método sería pulsar la tecla Ctrl mientras se encuentran activas las herramientas de pluma o de forma. Una vez hecho esto, puedes arrastrar las esquinas para modificar las proporciones, sus puntos de ancla o modificar la posición del trazado. Si existe más de un trazado definido en el panel, deberás empezar por hacer clic en el que quieras editar.

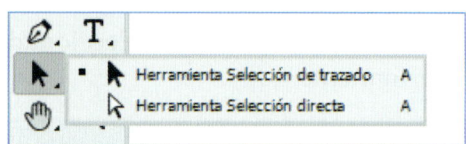

Figura 19.10. Herramienta Selección de trazado.

TRUCO:

El atajo de teclado para la herramienta Selección de trazado es la letra A.

Si necesitas realizar transformaciones más complejas, deberás recurrir a los comandos Transformación libre de trazado y Transformar trazado situados en el menú Edición, donde el significado de sus opciones es el mismo que ya tratamos en el capítulo dedicado a las selecciones.

NOTA:

Si necesitas seleccionar más de un trazado, mantén pulsadas al mismo tiempo las teclas Ctrl y Mayús. También es posible seleccionar varios trazados al mismo tiempo, mediante la herramienta Selección de trazado. En este caso, haz clic y arrastra para incluir en el rectángulo de selección tantos trazados como desees.

Alinear formas

Si tienes más de una forma y necesitas alinearlas, lo primero que debes hacer es seleccionarlas. Selecciona la herramienta Selección de trazado y describe un rectángulo que incluya los trazados que quieras alinear. Después de hacer esto, en la barra de opciones, utiliza el icono Alineación de trazado donde aparecen las distintas posibilidades disponibles, como puedes comprobar en figura 19.11.

Adaptar texto al contorno de un trazado

En Photoshop, los trazados no solo sirven para dibujar formas, también puedes utilizarlos para crear efectos visuales interesantes, como por ejemplo adaptar el texto a su contorno. Sigue estos pasos para combinar texto con trazados:

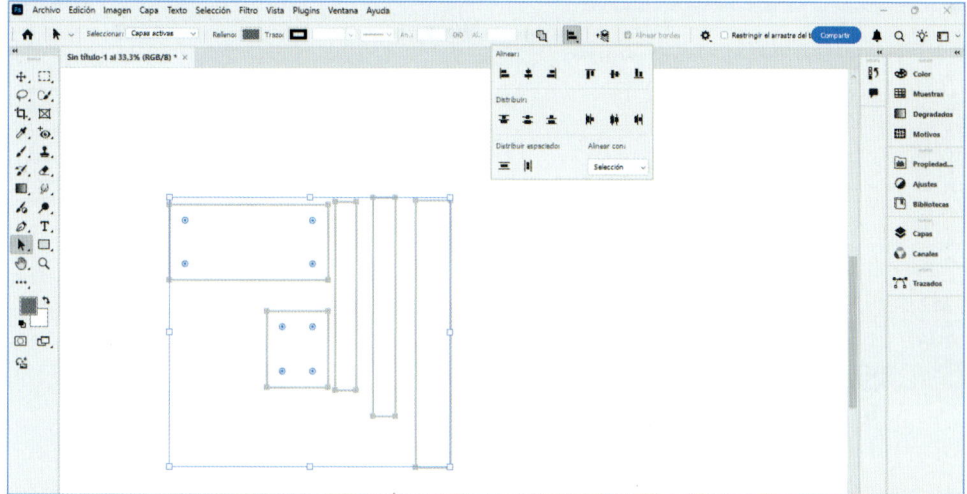

Figura 19.11. Posibilidades de alineación para trazados.

1. Usa la herramienta de trazado que prefieras (Pluma, Elipse, Rectángulo, etc.) para dibujar el contorno y, antes de continuar, asegúrate de que el trazado esté seleccionado en el panel Trazados.

2. Elige la herramienta Texto horizontal o Texto vertical, según la orientación que desees.

3. Acerca el cursor de la herramienta Texto al trazado. Observa cómo cambia el aspecto del cursor.

4. Haz clic y empieza a escribir las palabras o frases que quieres adaptar al contorno del trazado.

5. Con las opciones de la herramienta Texto define el tipo de fuente, su tamaño, el color...

6. Por último, con la herramienta Selección directa (flecha blanca) podrás ajustar la posición de los puntos de ancla del trazado y modificar la forma del texto a lo largo del contorno.

Con estos pasos, podrás combinar texto y trazados en Photoshop para crear diseños únicos y personalizados. En la figura 19.12 puedes ver un ejemplo.

TRUCO:

Si deseas tener un control aún mayor sobre la forma del texto, puedes convertirlo en trazado. Haz clic derecho en la capa de texto en el panel Capas y selecciona Crear trazado de trabajo. Esto te permitirá editar cada letra como un objeto vectorial.

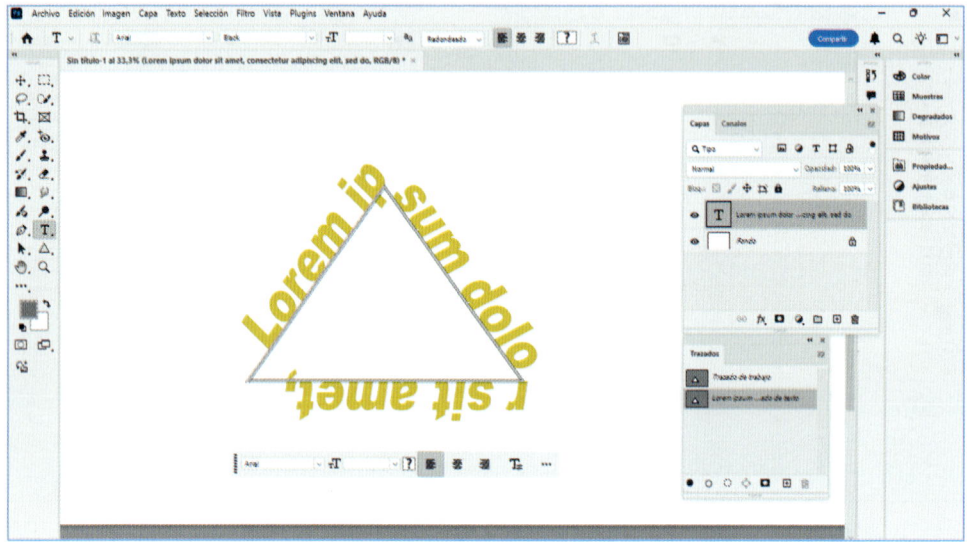

Figura 19.12. Texto adaptado al contorno de un trazado.

Máscaras vectoriales vs. máscaras de píxel

En Photoshop tenemos dos tipos de máscaras: las basadas en píxeles (o de capa) y las vectoriales. Mientras que las máscaras de píxeles se editan pintando en escala de grises (con negro, blanco y tonalidades intermedias) para definir zonas de opacidad y transparencia, las máscaras vectoriales se crean a partir de trazados y formas. Esto significa que los bordes de una máscara vectorial son nítidos y escalables sin pérdida de calidad, ideales para realizar recortes de líneas definidas o para trabajar con elementos gráficos que requieren mucha precisión en sus contornos.

Una vez definido el trazado con alguna herramienta de forma como Rectángulo, Elipse, Polígono, Línea o Pluma, el panel Propiedades muestra en la parte superior dos iconos. El primero, seleccionado por defecto, ofrece ajustes para modificar las proporciones del trazado, el color, el borde y el relleno, así como opciones de alineación del trazo y operaciones de trazado. El segundo icono determina el comportamiento de la máscara asociada, con dos posibilidades: editar la máscara de capa o la máscara vectorial, como se muestra en la figura 19.13. Los principales parámetros de configuración incluidos serían Densidad y Desvanecer. Juega con estos deslizadores para comprobar los resultados en la imagen. La máscara de capa se edita con herramientas de edición de píxeles, mientras que, para la vectorial, se debe editar el trazado.

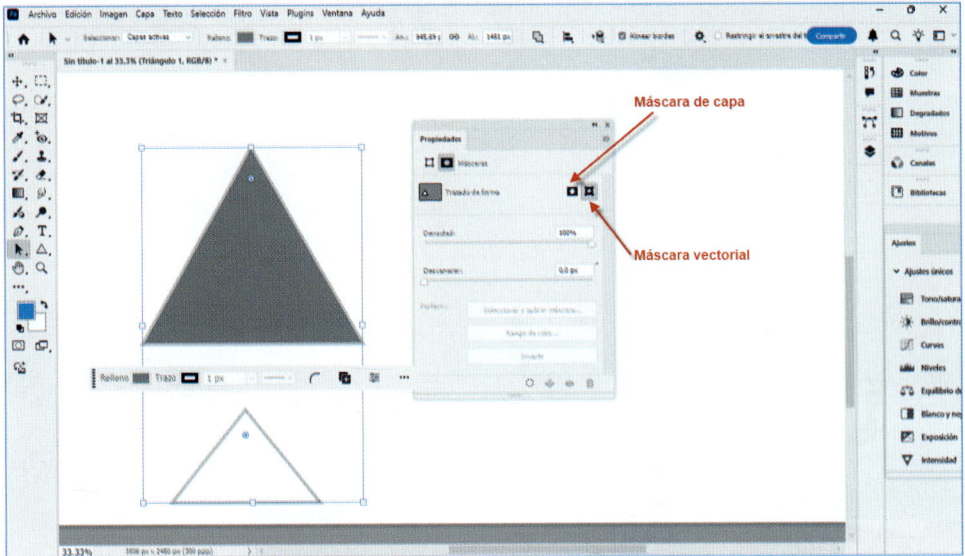

Figura 19.13. Sección Máscara del panel Propiedades.

Las máscaras vectoriales ofrecen la ventaja de trabajar con bordes precisos y escalables, lo que complementa perfectamente las máscaras basadas en píxeles cuando se requiere un recorte o edición con mayor exactitud.

> **TRUCO:**
>
> *Convierte cualquier máscara vectorial en una máscara de píxel para aumentar sus posibilidades de edición con el comando Capa>Rasterizar>Máscara vectorial.*

Resumen

Los trazados son objetos vectoriales diseñados para crear formas y contornos precisos. A diferencia de las imágenes rasterizadas, es posible escalar y editar trazados sin perder calidad. Los trazados son la mejor manera de crear formas complejas. Disponen de infinitas posibilidades, desde herramientas para crear círculos, rectángulos o polígonos hasta opciones para dibujar formas libres.

Además de servir para crear formas complejas, se pueden utilizar para otras tareas importantes, como crear selecciones precisas, máscaras vectoriales y adaptar texto a formas y contornos.

20

Camera RAW

Introducción

El formato RAW es conocido por fotógrafos de todos los niveles. Tradicionalmente, se ha asociado más a la fotografía profesional, pero hoy en día, es una opción común en la mayoría de las cámaras réflex digitales, cámaras sin espejo y muchas compactas de gama alta.

Un archivo en formato RAW contiene los datos de imagen tal como fueron capturados por el sensor de la cámara, sin ningún tipo de procesamiento o compresión. A diferencia de formatos como el JPEG, que aplican ajustes automáticos de nitidez, contraste, reducción de ruido y balance de blancos, el RAW preserva la información original completa. Por esta razón, se le conoce como «negativo digital». Esta característica ofrece un control total en la edición posterior y permite ajustar con precisión la exposición, el color, el contraste y muchos otros parámetros. Al igual que los negativos de película permitían un amplio margen de manipulación en el cuarto oscuro, los archivos RAW brindan una flexibilidad añadida para conseguir el resultado deseado.

> **NOTA:**
>
> *El sensor o CCD es el dispositivo electrónico utilizado por las cámaras digitales para captar la imagen. En las cámaras tradicionales esta misma función la realizaban las antiguas películas o carretes, mediante componentes químicos sensibles a la luz.*

Los ingenieros de Photoshop son conscientes de la importancia del formato RAW para los profesionales de la fotografía y en cada versión le añaden nuevas funcionalidades. Más concretamente, existe una herramienta en Photoshop denominada Camera RAW que permite trabajar con imágenes sin procesar; en la figura 20.1 puedes comprobar su aspecto.

Camera RAW permite trabajar con tus imágenes en formato RAW de forma no destructiva. Su interfaz, como puedes ver en la figura 20.1, ofrece innumerables ajustes: desde la corrección de la exposición y el balance de blancos, hasta el control del color, la nitidez y la reducción de ruido. En resumen, Camera RAW se ha consolidado como la puerta de entrada trabajar archivos RAW dentro del ecosistema Photoshop.

DNG vs XMP Sidecar

Para preservar la integridad del archivo RAW original, los ajustes que se realizan a las imágenes RAW se suelen guardar en un archivo independiente llamado XMP sidecar. Este método garantiza la edición no destructiva, manteniendo intactos los datos originales capturados por el sensor.

Figura 20.1. Interfaz de Camera Raw.

El formato DNG (negativo digital) es el utilizado preferentemente por Photoshop y ofrece entre sus ventajas, la capacidad de incrustar los ajustes directamente dentro del propio archivo DNG. Esto brinda una mayor comodidad al no depender de archivos externos.

A pesar de esta funcionalidad nativa del DNG, la opción de usar archivos XMP sidecar sigue estando disponible, proporcionando compatibilidad con otros flujos de trabajo o para aquellos usuarios que prefieran mantener los ajustes en archivos separados, incluso con DNG.

Camera Raw

Para editar archivos RAW en Photoshop no es necesario hacer nada especial, será el propio programa el que mostrará la herramienta Camera Raw cuando intentes abrir algún archivo con este formato. En cualquier caso, si necesitas usar este complemento con cualquier imagen puedes abrirla en el programa y, a continuación, seleccionar el comando Filtro de Camera Raw en el menú Filtro.

Una vez dentro de la interfaz de Camera Raw puedes distinguir cuatro zonas:

- Una barra de herramientas con iconos en su parte superior que permiten eliminar problemas de ojos rojos, quitar elementos, transformar perspectivas o mostrar su increíble lista de ajustes preestablecidos. En la parte inferior de esta misma barra, encontrarás herramientas para ampliar la imagen, tomar muestras de color, mostrar la cuadrícula o desplazarte por ella.
- En el área central está la vista preliminar de la imagen y en ella se reflejarán de forma instantánea todos los cambios realizados.
- En la esquina superior derecha encontramos un elemento importante, el histograma. Esta representación muestra la distribución de los píxeles de la imagen y, además, algunos datos interesantes, como la ISO con que fue tomada la imagen, la velocidad de obturación o el valor de apertura. Estos parámetros se encuentran resaltados en la figura 20.2.

Por último, bajo el histograma, se encuentran agrupadas por categorías, todas las posibilidades de ajuste, edición y corrección.

Figura 20.2. Información relacionada con la imagen en el histograma de Camera Raw.

Ajustes preestablecidos

El botón Ajustes preestablecidos en Camera Raw, ubicado en la barra de herramientas, está representado por dos pequeños círculos superpuestos. Se trata de una funcionalidad realmente útil que permite aplicar rápidamente configuraciones previamente guardadas o sugeridas por Adobe para mejorar imágenes. Incluye desde correcciones básicas de exposición y contraste hasta ajustes avanzados como el color, la nitidez y las distorsiones de lente.

Al hacer clic en este botón, se desplegará justo debajo del histograma una lista de ajustes preestablecidos organizados en diferentes categorías. En la figura 20.3, puedes ver tanto la ubicación del icono en la barra de herramientas como la lista de ajustes disponibles. Además, mantén el cursor unos segundos sobre el nombre de un ajuste y podrás previsualizar los cambios en la imagen sin necesidad de aplicarlos definitivamente.

Un detalle más, encima de la barra de ajustes, aparece un regulador que permite controlar la intensidad de los cambios. No obstante, esta opción no está disponible para todos los ajustes preestablecidos

Figura 20.3. El icono Ajustes preestablecidos en la barra de herramientas y la lista de opciones disponibles agrupadas por categorías.

TRUCO:

Desde la propia interfaz de Camera Raw podrás guardar tus propios ajustes preestablecidos. Después de realizar los cambios necesarios, haz clic en el icono Crear ajuste preestablecido situado encima de la lista de ajustes. Asígnale un nombre y decide qué cambios incluir (puedes elegir entre todos los parámetros o solo algunos).

Parámetros importantes

Todos los ajustes que ofrece la herramienta Camera Raw son importantes, pero quizás lo más comunes y que mejor encajan con los contenidos de este manual, se encuentran en las categorías Claro y Color (figura 20.4).

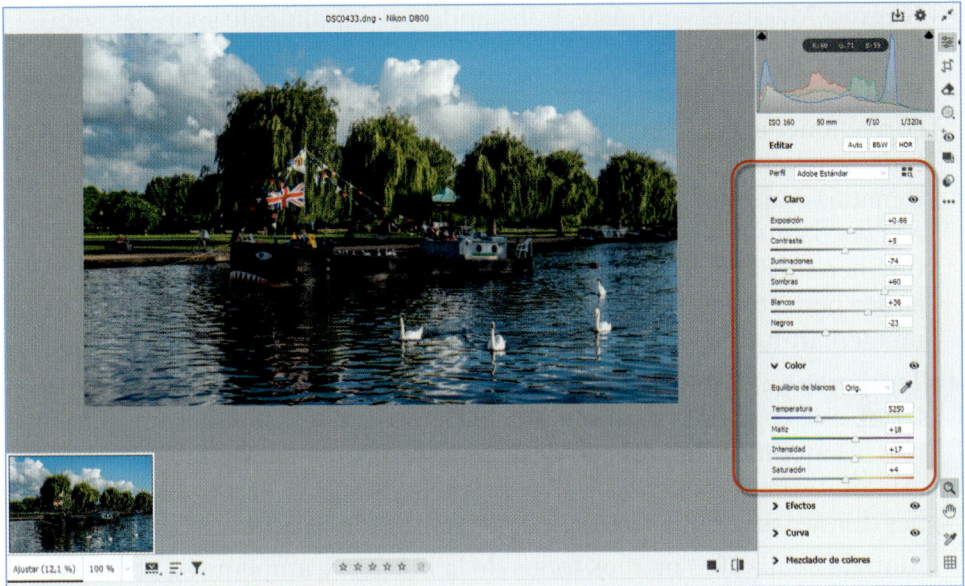

Figura 20.4. Ajustes incluidos en las categorías Claro y Color.

A continuación, describiremos el significado de los ajustes que consideramos más útiles:

- **Exposición:** Las fotografías tomadas con valores de exposición por debajo del correcto se caracterizan por un aspecto apagado y con un nivel muy bajo de contraste. Al contrario, las imágenes sobreexpuestas presentan un excesivo grado de luminosidad. Utiliza este regulador para mejorar este problema.

- **Contraste:** Permite modificar la gama completa de tonos de la imagen, aclarándola u oscureciéndola según desplaces el regulador hacia la izquierda o hacia la derecha. Por lo general, la mejora del contraste suele ser una cuestión esencial.

- **Iluminaciones:** Modifica la gama de tonos de la imagen, teniendo en cuenta que ajusta al mismo tiempo los valores de luces, sombras y medios tonos. Desplaza a discreción el control para comprobar el efecto sobre la imagen.

- **Sombras:** Soluciona el oscurecimiento de objetos situados en primer plano cuando existe un fondo demasiado iluminado.

- **Blancos:** Mejora el contraste, trabajando principalmente sobre las zonas más iluminadas de la imagen.

- **Negros:** Mejora el contraste, trabajando principalmente sobre las sombras de la imagen.

- **Equilibrio de blancos:** Como tratamos en capítulos anteriores, establecer correctamente el balance de blancos es indispensable para obtener unos buenos resultados. Este problema se identifica con claridad en fotos tomadas a última hora de la tarde o con tonalidades de la piel de personas poco naturales. La lista desplegable Equilibrio de blancos dispone de un buen número de valores preestablecidos que permitirán encontrar el ajuste perfecto en pocos segundos. Para recuperar el aspecto inicial de la imagen, utiliza la entrada denominada Orig.

- **Temperatura y Matiz:** Si no fuera suficiente con los valores del punto anterior, estas opciones permiten establecer manualmente estos dos parámetros. Al modificar la posición de estos reguladores conseguirás tonos más cálidos o fríos y mejorarás el aspecto de la fotografía en aquellas situaciones donde las condiciones de luz no hayan sido las más adecuadas.

- **Matiz:** Localiza los medios tonos de la imagen y aumenta su contraste con el propósito de conseguir mayor profundidad. Este efecto no es significativo en imágenes muy homogéneas desde el punto de vista tonal, pero en aquellas con muchas variaciones y bordes el resultado es mucho más apreciable.

- **Intensidad y Saturación:** Aumenta o disminuye la calidad y el énfasis de los tonos predominantes de la imagen.

En la parte superior, justo a la derecha de la etiqueta Editar, se encuentra la opción Auto. Haz clic en ella y será Camera Raw quien calcule los mejores ajustes para la imagen. Esta característica, no es perfecta y es posible que tengamos que reajustar nosotros mismos algunos valores.

Más ajustes

Es evidente que aquí no terminan las posibilidades de edición de archivos RAW o negativos digitales en Photoshop. El resto de las categorías disponibles en Camera Raw ofrecen muchas más posibilidades. Veamos algunas de las más importantes:

- **Curva:** La curva de tonos muestra la distribución exacta de los píxeles de la imagen en función de sus valores principales: Iluminaciones, Claros, Oscuros y Sombras. Los reguladores incluidos en esta ficha permiten controlar de forma individual cada uno de ellos.

- **Detalle:** En esta categoría puedes configurar dos aspectos muy importantes a la hora de corregir una imagen: el enfoque y el ruido. Los resultados son realmente increíbles cuando las imágenes están mal enfocadas o tienen un exceso de ruido provocado por las malas condiciones de luz.

- **Gradación de color:** Modifica los valores globales de tono y saturación sobre los píxeles más iluminados y sobre las sombras (más oscuros).

- **Óptica:** Corrige las desviaciones toleradas y las aberraciones cromáticas generadas sobre la imagen por la lente de nuestra cámara. El filtro Corrección de lente realiza una función similar a esta característica de Camera Raw. Dentro de esta categoría, destacamos los ajustes de la opción Manual. Gracias a ellos, podrás corregir con un solo clic imágenes distorsionadas verticalmente, horizontalmente o ambas.

- **Efectos:** En este bloque destacamos la sección denominada Viñetas. Utiliza el regulador de cantidad para añadir un elegante efecto de fundido en el borde de la imagen.

La herramienta Camera Raw pone a nuestra disposición un mundo lleno de posibilidades para trabajar un sinfín de ajustes y configuraciones para las imágenes en formato RAW.

TRUCO:

El botón B&N situado en la parte superior, transforma todo el espectro cromático de la imagen en valores intermedios entre el blanco y el negro. El resultado suele ser una elegante versión de la imagen original.

Eliminar distracciones

Como no podía ser de otra forma, la inteligencia artificial también forma parte de las funciones incluidas en Camera RAW y, más concretamente, en una de sus herramientas: Quitar. Basta con rodear el área problemática y el software rellenará ese espacio, facilitando la corrección de imperfecciones sin recurrir a complejos métodos manuales. Estos son los pasos que debemos seguir:

1. Una vez seleccionada la herramienta, asegúrate de marcar las casillas Usar IA Generativa y Detectar objetos. En la figura 20.5 puedes comprobar su situación exacta en la interfaz de Camera Raw y el lugar que ocupa la herramienta Quitar.

2. A continuación, ajusta el tamaño del pincel con el regulador Tamaño y pinta sobre los elementos de la imagen que deseas eliminar. Si se trata de

objetos o personas, es importante incluir también las sombras o reflejos para obtener el mejor resultado.

3. Para finalizar, haz clic en el botón Quitar. En la figura 20.6 se han eliminado los cisnes que nadaban junto al barco y, como puedes comprobar, el resultado es increíble. Pero siendo completamente sinceros, hemos necesitado usar la herramienta una segunda vez sobre algunas partes que no quedaron del todo bien en el primer ajuste.

Figura 20.5. Herramienta Quitar y sus principales opciones de configuración.

Figura 20.6. Ejemplo donde se han utilizado las capacidades de inteligencia artificial generativa incluidas en Camera Raw.

Guardar la imagen

Una vez finalizados los ajustes necesarios en la herramienta Camera Raw existen varias posibilidades. El botón Convertir y guardar imagen abre el cuadro de diálogo de la figura 20.6, donde podrás establecer la configuración del nuevo archivo como la ubicación, la extensión, el nombre, etcétera.

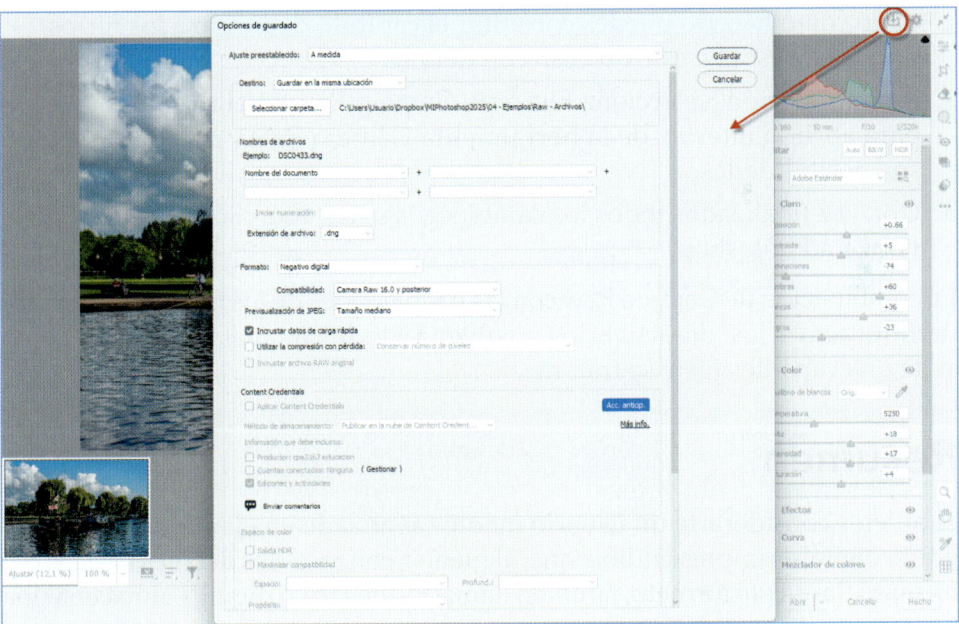

Figura 20.7. Cuadro de diálogo Opciones de guardado.

Por otra parte, si decides seguir trabajando con el archivo, pero ya desde la interfaz de Photoshop, será necesario usar el botón Abrir situado en la parte inferior.

Finalmente, el botón Hecho, guarda todos los cambios y cierra Camera Raw.

Filtro de Camera Raw

Photoshop también permite aprovechar las ventajas de la herramienta Camera Raw como un filtro más y aplicarlo a cualquier imagen, esté o no en formato RAW. En el menú Filtro se encuentra el Filtro de Camera Raw. Selecciónalo y podrás aplicar los cientos de ajustes disponibles de forma no destructiva sobre la imagen actual. La forma de hacerlo es muy simple:

1. En primer lugar, usa el comando Convertir para filtros inteligentes en la capa que quieres tratar. Recuerda que está en el menú Filtro. Si has olvidado cómo hacerlo puedes consultar el capítulo dedicado a los filtros, donde se describe este proceso con detalle.

2. A continuación, selecciona Filtro de Camera Raw en el mismo menú para abrir la interfaz de la herramienta Camera Raw y acceder a todas sus posibilidades.

3. Una vez finalizados todos los cambios y ajustes, haz clic en Aceptar para volver a Photoshop.

La combinación de Camera Raw con las propiedades de los filtros inteligentes permite activarlos, desactivarlos y volver a modificar cualquier valor, como si de una capa de ajuste se tratara.

Resumen

Si quieres considerarte un usuario medio/avanzado en el mundo de la fotografía digital es imprescindible que, al menos, conozcas los detalles básicos del formato Raw. Este formato, también llamado «negativo digital» almacena una versión «en bruto» de la imagen, con toda la información sin tratar captada por el CCD de la cámara.

La herramienta Camera Raw ofrece infinidad de posibilidades para trabajar archivos Raw desde el mismo entorno de Photoshop y el Filtro de Camera Raw, permite utilizar todo este potencial con cualquier archivo, esté o no en formato RAW.

21

Impresión en Photoshop

Introducción

Este capítulo no pretende ser una guía básica de impresión, pero sí queremos describir algunas opciones interesantes que ofrece la aplicación en este ámbito. En Photoshop, cualquier comando, por simple que parezca, está siempre lleno de sorpresas. Como ejemplo, observa en la figura 21.1 el aspecto del cuadro de diálogo Imprimir.

Figura 21.1. Cuadro de diálogo Ajustes de impresión de Photoshop.

El comando Imprimir se encuentra entre las opciones del menú Archivo. El atajo de teclado Ctrl-P sería otra posibilidad para acceder a él.

Photoshop también dispone del comando Imprimir una copia. Su propósito es obtener una copia impresa de forma rápida y sencilla, a partir de los ajustes por defecto.

Ajustes básicos

A la hora de imprimir, existen determinadas tareas que siempre debes realizar, sea cual sea la aplicación en la que te encuentres. Por ejemplo, elegir la impresora o dispositivo para enviar el documento. En el caso del cuadro de diálogo Imprimir de Photoshop, esta elección debes hacerla en la lista desplegable Impresora, donde aparecerán todas las posibilidades disponibles en tu sistema.

La orientación (horizontal o vertical) es un ajuste común en los cuadros de diálogo de impresión. En Photoshop, esta opción se encuentra en el apartado Composición (figura 21.2).

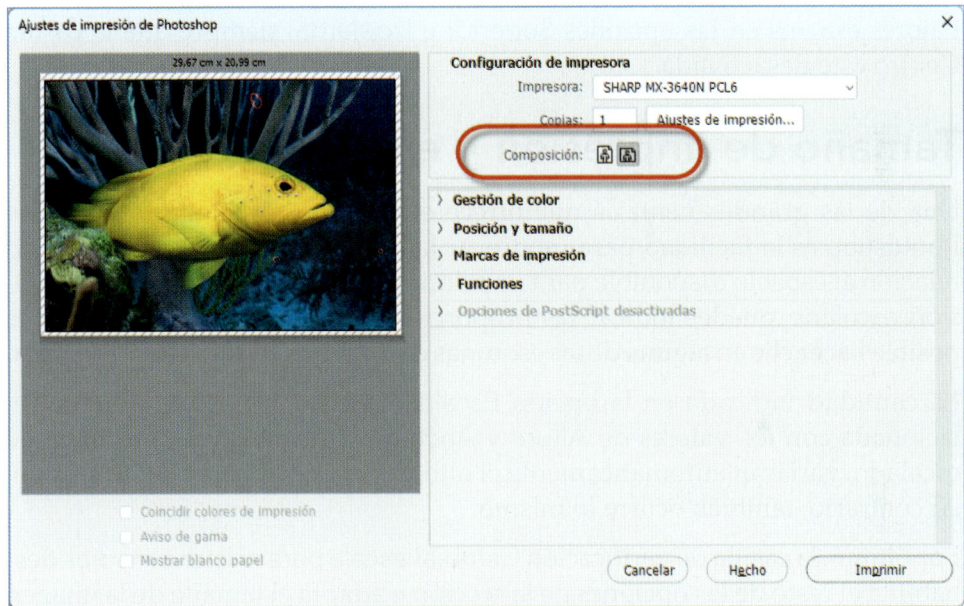

Figura 21.2. Fijar la orientación.

Antes de continuar con la descripción de las opciones de impresión de Photoshop, queremos que prestes atención a los botones de la parte inferior derecha. Después de hacerlo es posible que te hayas preguntado cuál es la función del botón Hecho. Pues bien, este botón permite guardar todos los ajustes y cambios realizados en el cuadro de diálogo Imprimir, para que la próxima vez que decidas utilizarlo no sea necesario repetirlos. También, serán los ajustes del comando Imprimir una copia.

> **NOTA:**
>
> *El botón Ajustes de impresión muestra el cuadro de diálogo asociado a la impresora seleccionada, donde podrás establecer, entre otros parámetros, las dimensiones exactas del papel.*

Posición y tamaño

En la sección Posición, activa la casilla de verificación Centro y la imagen quedará centrada en la página impresa.

Sin embargo, en cualquier momento puedes modificar la posición de la imagen sobre la página en la vista previa situada a la izquierda. Basta con hacer clic dentro del cuadro delimitador y arrastrar o, si lo prefieres, puedes indicar valores exactos en las opciones Superior e Izquierda, siempre que la casilla Centro esté desactivada.

Tamaño de impresión y escalado

Una de las grandes ventajas que ofrece el cuadro de diálogo Imprimir de Photoshop es la facilidad para modificar las proporciones de la imagen con relación al espacio disponible para imprimir. En la sección Tamaño de impresión escalado puedes indicar las proporciones exactas, aunque también es posible hacer clic en alguna de las esquinas del cuadro delimitador y arrastrar.

La cantidad indicada en la opción Escala se encuentra estrechamente relacionada con los valores de Altura y Anchura. Si cambias el porcentaje de escalado, variarán automáticamente el alto y el ancho del área de impresión. Al contrario, también ocurre lo mismo.

Por último, la casilla de verificación Cambiar escala para ajustar a medios deshabilita el resto de las opciones de la sección y adapta el tamaño de la imagen tanto a las proporciones disponibles como al formato de página elegido.

> **NOTA:**
>
> *Puedes trabajar con la unidad de medida que te resulte más cómoda en la lista desplegable de la parte inferior denominada Unidades.*

Gestión del color

En muchas ocasiones los problemas derivados del tratamiento del color no son propios del programa, sino de los distintos dispositivos que se utilizan en el proceso. Tanto el monitor como la tarjeta gráfica presentarán características específicas, tales como la resolución o la gama de colores que pueden mostrar. La impresora también tendrá su propia gama de tonalidades y sus valores de resolución.

Los perfiles de color sirven para homogeneizar la representación del color entre dispositivos. El objetivo es simple, conseguir que el mismo color que vemos en pantalla sea el que aparezca al imprimir. Ya desde ahora, te adelantamos que no conseguirás casi nunca el color exacto, pero podrás trabajar con aproximaciones perfectamente válidas.

Para elegir el perfil de color más adecuado a tu trabajo debes recurrir a la interfaz de Photoshop y, más concretamente, al comando Vista>Ajuste de prueba donde se encuentran diferentes espacios de trabajo predefinidos (ver figura 21.3). Si piensas que ninguno de ellos se adapta completamente a tus necesidades, utiliza la opción A medida y crea tu propio perfil.

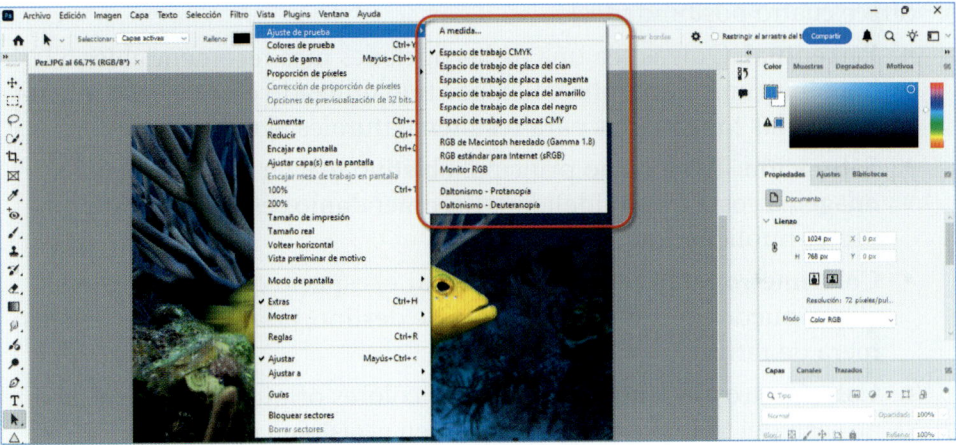

Figura 21.3. Perfiles de color predefinidos en Photoshop.

El sistema de gestión de color se encarga de conseguir gamas de colores compatibles que no afecten al resultado final de la impresión. Dicho de otro modo, que los colores mostrados en el monitor sean lo más parecidos posible a los que obtendrás en el momento de imprimir el documento.

Como elemento principal del apartado Gestión de color, se encuentra la lista desplegable Administración de color con las siguientes opciones:

- **La impresora gestiona los colores:** En este caso, todo el trabajo de tratamiento de tonalidades sobre papel queda a cargo del controlador de impresión y de las posibilidades del dispositivo. Evidentemente se trata de una opción cómoda y en muchos casos efectiva, pero de la que apenas podemos manipular el resultado. Como mucho, podrás hacer alguna modificación desde las opciones que ofrece el botón Ajustes de impresión.

- **Photoshop gestiona los colores:** Aquí ya empezamos a tener mucho más control, de hecho, puedes comprobar que se activan las listas Perfil de impresora e Interpretación. Observa en la figura 21.4 como al desplegar la primera de ellas, aparecen diferentes modelos de color predefinidos que servirán para ajustar el resultado a espacios determinados como sistemas Apple, cuatricromía CMYK o escalas de grises. Por otra parte, la lista Interpretación busca acercar lo más posible, el conjunto de colores elegido a los valores reales que tendrá el dispositivo de salida, mientras ofrece cuatro posibilidades:

  - **Perceptual:** Quizás sea una de las opciones más recomendables a la hora imprimir fotografías. El algoritmo utilizado en este caso intenta acercar las tonalidades para resulten naturales al ojo humano.

  - **Saturación:** Tiene como principal objetivo realzar los colores de la imagen a costa de su fidelidad. Recomendamos este perfil para proyectos publicitarios.

  - **Colorímetro relativo:** Intenta adecuar el espacio cromático original al que puede representar el medio de destino, adaptando los colores fuera de rango.

  - **Colorímetro absoluto:** Mantiene los colores originales, a pesar de que no sean del todo bien reproducidos en el sistema de salida.

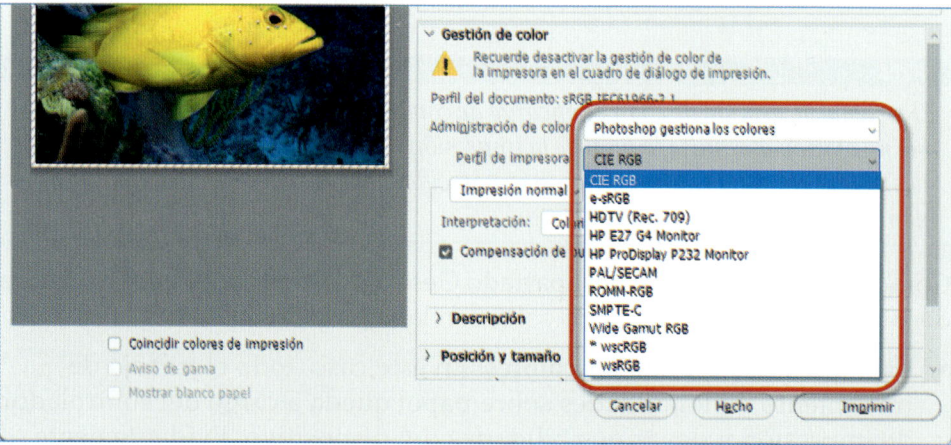

Figura 21.4. Lista desplegable Perfil de impresora.

Además de las opciones descritas hasta ahora, existen otros elementos importantes relacionados con la gestión del color que deberías conocer:

- **Compensación de punto negro:** Cuando el negro de nuestra impresora es ligeramente distinto al negro predominante en nuestro archivo, el resultado puede quedar algo deslucido. Marca esta opción para que Photoshop intente compensar este problema.

- **Simular color de papel:** Para mostrar esta opción y la siguiente debes seleccionar la opción Pruebas impresas, en la lista que hemos resaltado en la figura 21.5. Una vez seleccionada, debes saber que el color del papel puede influir en el resultado de impresión, por este motivo Photoshop permite controlar este aspecto para conseguir siempre los mejores resultados. Un ejemplo típico puede ser cuando intentas imprimir para un periódico, en este caso los tonos se oscurecerán para adaptarse mejor al medio.

- **Simular tinta negra:** Tanto esta característica, como las dos anteriores, estarán disponibles solo si activas la opción Pruebas impresas en la parte superior. Activa Simular tinta negra si el archivo que deseas imprimir tiene una predominancia clara de tonos oscuros o negros.

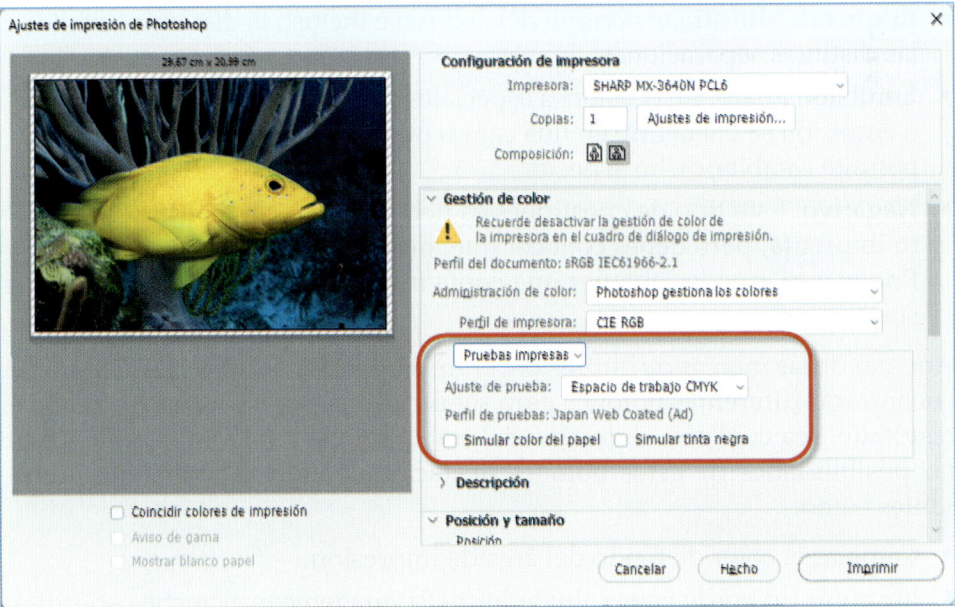

Figura 21.5. Elegir tipo de impresión.

Recuerda desactivar la gestión de color en la impresora si decides que sea Photoshop quien haga este trabajo.

Marcas de impresión y funciones

Haz clic en las secciones Marca de impresión y Funciones para tener acceso a sus posibilidades de configuración. Se trata de ajustes que permiten añadir todos aquellos elementos usados habitualmente cuando necesitas enviar trabajos a una imprenta:

- **Marcas de registro:** Aparecen en la esquina del cuadro delimitador y permiten ajustar las diferentes planchas generadas en el proceso de separación de colores.

- **Marcas de esquina y Marcas centradas:** Muestra marcas de recorte en las esquinas y en el centro de la página para que resulte mucho más sencillo seccionar la hoja.

- **Descripción:** Haz clic en el botón situado a la derecha de la opción para introducir el texto que quieras que aparezca asociado al documento.

- **Etiquetas:** Muestra el nombre del archivo e incluso la denominación de las distintas separaciones.

- **Emulsión abajo:** En ocasiones especiales puede que la capa fotosensible o emulsión se encuentre en una cara u otra de la película. Esta opción permite cambiar dicho aspecto.

- **Negativo:** Este tipo de cuestiones es necesario que las consultes con tu imprenta, pero debes conocer que, desde las opciones de salida de Photoshop, puedes obtener una copia invertida de la imagen con todos sus elementos.

Además de las marcas de impresión, entre los ajustes de la sección Funciones encontrarás diferentes botones para seguir completando y configurando el resultado, sea cual sea, el destino del trabajo. Observa la figura 21.6. Entre las posibilidades de estos botones destacamos algunas realmente interesantes como:

- Cambiar el color de fondo del área de impresión.

- Imprimir un borde negro alrededor de la imagen con el ancho especificado en el cuadro de texto.

- Determinar un cierto valor de sangrado. Esta técnica consiste en añadir varios milímetros al borde de impresión, para que al cortar el documento no queden filos blancos y la impresión llegue hasta el mismo borde.

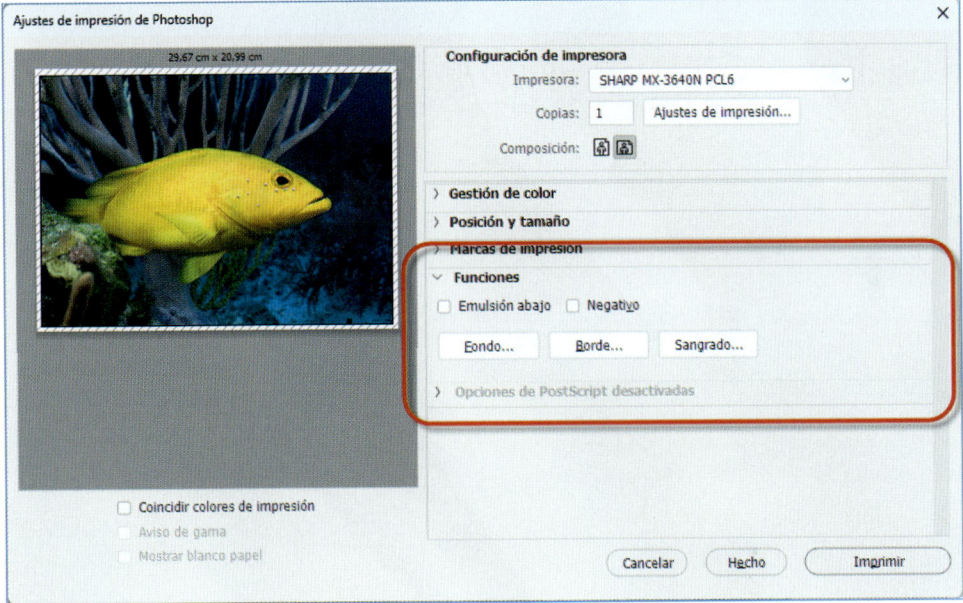

Figura 21.6. Botones de configuración de las opciones de salida.

Resumen

Aunque parece sencillo, en el momento de imprimir nuestros documentos existe un buen número de ajustes que debes conocer y tener en cuenta. En este capítulo hemos detallado las posibilidades más importantes que ofrece Photoshop para resolver prácticamente cualquier situación.

22 Complementos

Introducción

No todo en Photoshop son filtros, pinceles o capas… también existe una serie de herramientas que pueden hacernos la vida mucho más fácil. En este capítulo trataremos varios complementos que consideramos fundamentales y que deberías conocer.

Procesador de imágenes

El propósito del Procesador de imágenes es automatizar tareas de modificación de formato y otras características de un conjunto de imágenes al mismo tiempo. Supón que dispones de una carpeta con varias fotografías digitalizadas en formato TIFF y quieres usarlas en un proyecto para Internet. Esto implica necesariamente transformar esas imágenes a formato JPEG. Puedes abrirlas una a una o, mucho mejor, utilizar el Procesador de imágenes y realizar todo el trabajo de una sola vez.

Selecciona Archivo>Secuencias de comandos>Procesador de imágenes para acceder al cuadro de diálogo que muestra la figura 22.1, donde destacan cuatro secciones numeradas:

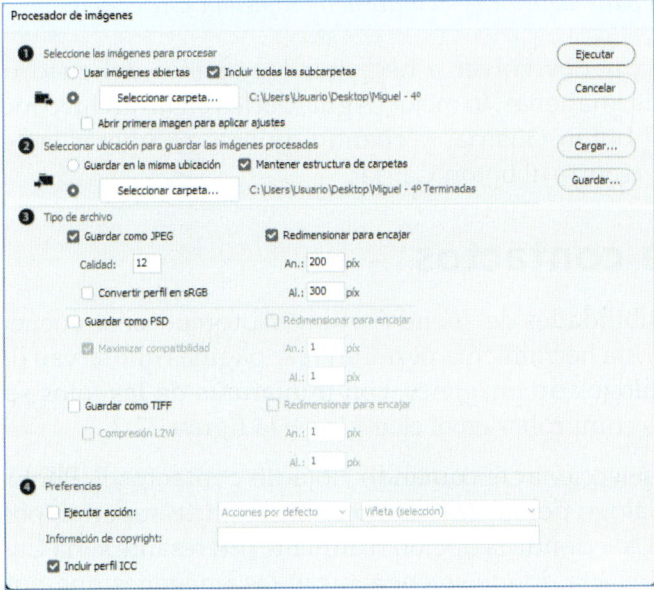

Figura 22.1. Procesador de imágenes.

- Trabaja con las imágenes abiertas en ese momento o haz clic en el botón Seleccionar carpeta, para elegir un directorio y procesar todos los archivos incluidos en él. Esta segunda opción es sin lugar a duda la más conveniente y cómoda en la mayoría de las situaciones, sobre todo se quieres tratar muchos elementos.

- El segundo de los puntos permite guardar las imágenes una vez procesadas en la ubicación original o seleccionar una distinta mediante el botón Seleccionar carpeta.

- La tercera de las secciones dispone de tres posibilidades para elegir el formato de destino. Además, para cada una de ellas puedes elegir el tamaño resultante, la calidad, la compatibilidad y la compresión, según la opción elegida en cada caso.

- Por último, y casi lo más importante, existe la posibilidad de aplicar cualquier ajuste al archivo mediante las acciones de Photoshop. Las acciones equivalen a las macros de programas tan conocidos como Word o Excel y permiten agrupar varias tareas de optimización en una misma secuencia de comandos.

NOTA:

El cuadro de texto Información de copyright permite incluir información adicional en la imagen para identificar su autoría o propiedad intelectual.

Si crees que puedes volver a necesitar los ajustes del cuadro de diálogo Procesador de imágenes, lo mejor es guardarlos en un archivo independiente. Selecciona el botón Guardar y cuando quieras recuperar la configuración almacenada, recurre al botón Cargar.

Hoja de contactos

Entre las posibilidades del menú Archivo>Automatizar se encuentra Hoja de contactos II. Esta herramienta permite crear páginas que sirvan de índice para nuestros catálogos de imágenes, con miniaturas de las fotos seleccionadas, como puedes comprobar en el ejemplo de la figura 22.2.

Después de seleccionar el comando Hoja de contactos II, Photoshop abre el cuadro de diálogo del mismo nombre. En la parte superior, observa la lista desplegable Usar donde la opción realmente interesante sería Carpeta. Indica la ubicación exacta donde se encuentran las imágenes que quieres utilizar para crear la hoja de contactos, y si, además, activas la casilla de verificación

Incluir subcarpetas, estarás añadiendo a la hoja de contactos el contenido de todos los subdirectorios.

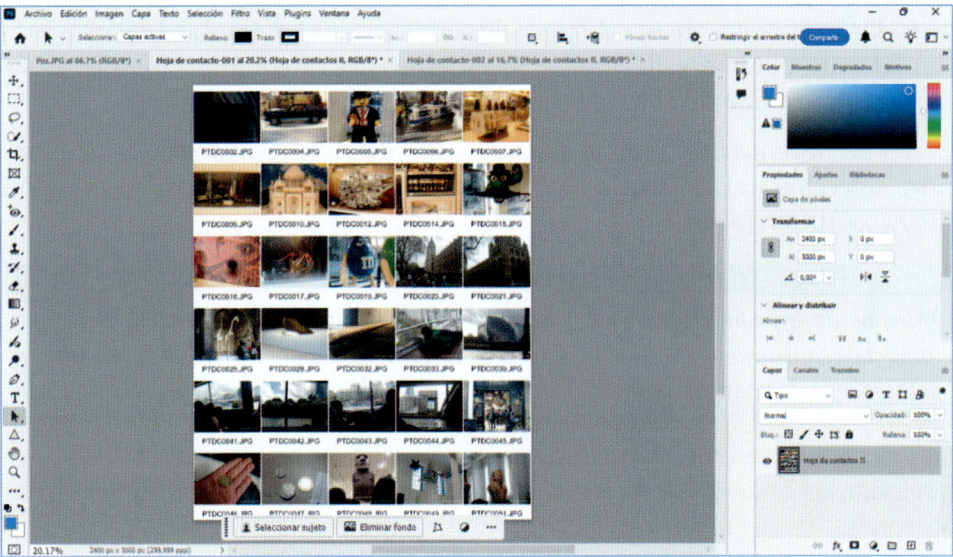

Figura 22.2. Hoja de contactos diseñada con Photoshop.

La sección Documento del cuadro de diálogo Hoja de contactos contiene todas las opciones necesarias para ajustar las dimensiones de la página con las miniaturas de las imágenes seleccionadas. En este apartado es importante elegir la resolución adecuada para conseguir una buena calidad de impresión o visualización.

El siguiente paso será determinar el número de miniaturas por página que deseas mostrar. Este aspecto vendrá determinado por el número de filas y columnas que establezcas en esta sección. En cuanto al espaciado entre imágenes, lo normal será utilizar el espaciado automático, pero si quieres personalizar estos valores desactiva la casilla de verificación.

Para terminar y generar los documentos que contendrán las miniaturas de las imágenes seleccionadas, haz clic en OK. El tiempo necesario para completar el proceso irá en función del número de imágenes.

NOTA:

Si deseas detener el proceso de conversión de imágenes será suficiente con pulsar la tecla Esc.

Combinar para HDR

Las imágenes de alto rango dinámico o HDR ofrecen una mejor interpretación de todos los niveles de luz disponibles en la escena original. La técnica más común para obtener este tipo de instantáneas es la combinación de varias capturas, cada una de ellas con un rango de luminancia distinto.

Una vez obtenidas las imágenes con los diferentes valores de exposición, selecciona el comando Combinar para HDR Pro situado en el menú Archivo>Automatizar.

NOTA:

Muchos de los smartphones actuales permiten obtener copias en HDR de las imágenes capturadas. Pero si de verdad tienes interés en aprender los entresijos de la fotografía, la creación manual de imágenes en HDR puede ser un buen comienzo.

La primera tarea en el cuadro de diálogo Combinar para HDR Pro será seleccionar las imágenes con las que deseas trabajar y para ello existen varias opciones:

- En la lista desplegable Usar, selecciona la opción Archivos y a continuación, haz clic en el botón Explorar para elegir las imágenes.

- Otra posibilidad es seleccionar Carpeta en la lista Usar. De este modo, con el botón Explorar, podrás elegir una ubicación determinada y Photoshop agregará automáticamente todas las imágenes que contenga.

- Por último, el botón Añadir archivos abiertos permite utilizar las imágenes con las que estés trabajando en ese momento.

ADVERTENCIA:

Para utilizar las imágenes abiertas como archivos para la composición HDR, debes guardarlas previamente.

TRUCO:

Si no has utilizado un trípode y confiaste en tu buen pulso, nuestra recomendación es que actives la casilla de verificación Intentar alinear automáticamente las imágenes de origen, para que Photoshop establezca un punto de referencia y coloque las imágenes correctamente.

En este punto, queremos insistir de nuevo en la recomendación de utilizar un número razonable de imágenes con variaciones suficientes en su exposición.

Esto proporcionará a Photoshop más información y tendrá más alternativas a la hora de combinarlas, para crear una buena imagen de alto rango dinámico.

Una vez seleccionadas las imágenes que deseas utilizar, haz clic en OK. A partir de aquí, Photoshop realizará cientos de comprobaciones, pero si no pudiera determinar los valores de exposición automáticamente, mostraría un cuadro de diálogo, para que seamos nosotros mismos quienes hagamos este trabajo manualmente con cada una de las imágenes. Finalizado el proceso anterior, tendremos acceso al cuadro de diálogo que puedes ver en la figura 22.3, donde se distinguen tres zonas:

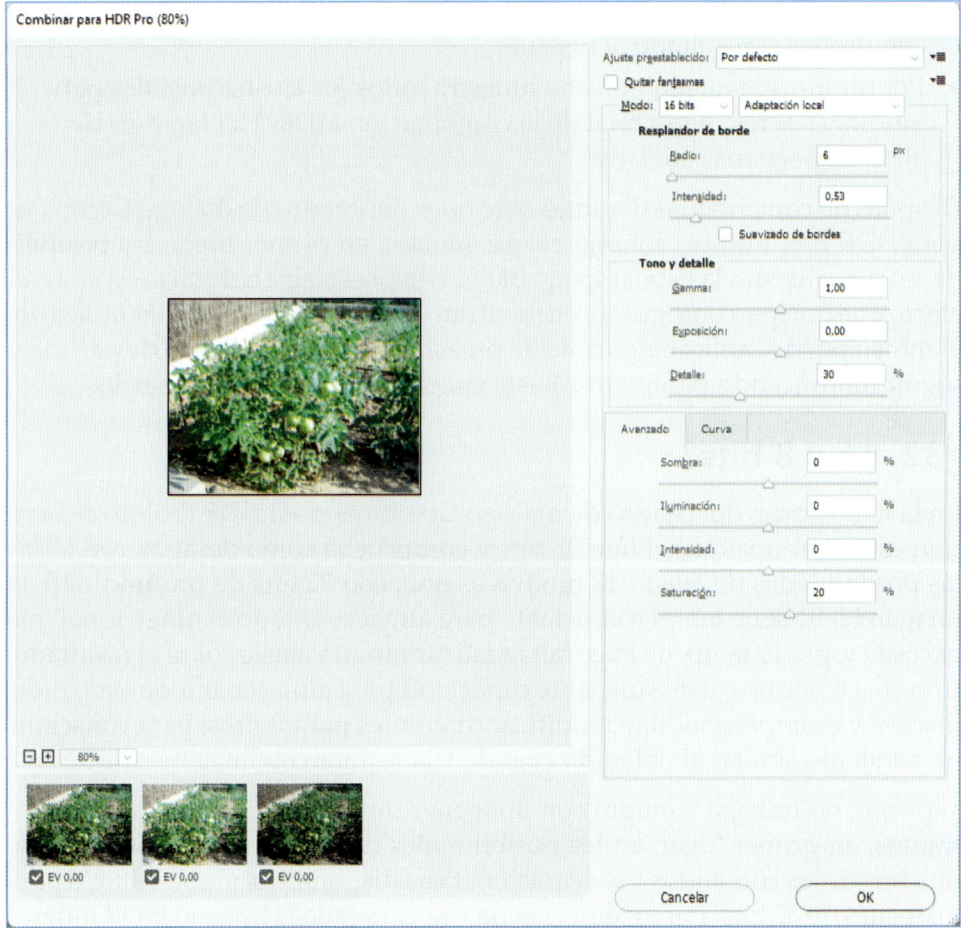

Figura 22.3. Cuadro de diálogo Combinar para HDR Pro.

- En primer lugar, se encuentra la vista previa de la imagen HDR. Esta sería la versión presentada por Photoshop, pero como veremos a continuación, todavía se pueden aplicar bastantes ajustes para conseguir mejorar el resultado final.

- Bajo la vista previa se encuentran todas las imágenes utilizadas en el proceso de composición. Como puedes comprobar, cada una de ellas muestra una casilla de verificación y su correspondiente valor EV. Photoshop permite añadir o eliminar cualquiera de las imágenes previas del resultado final, para lo cual basta activar o desactivar la casilla de verificación asociada a cada una de ellas. Esta opción es muy importante y nos permite utilizar solo las instantáneas que nos interesen además de comprobar el resultado al instante.

- Por último, el margen derecho muestra todos los ajustes posibles para modificar el resultado final de la combinación HDR. Hablaremos de ellos un poco más adelante.

Después de comentar las distintas secciones del cuadro de diálogo Combinar para HDR Pro, nuestro consejo es que revises, en primer lugar, las posibilidades que muestra la lista desplegable Ajuste preestablecido. Si la escena o el efecto que quieres conseguir se encuentran en esta lista no dudes en utilizarlo. También puedes aplicar algún ajuste preestablecido como punto de partida y seguir modificando parámetros hasta encontrar el resultado deseado.

¿32, 16 u 8 bits?

En la lista Modo, del cuadro de diálogo Combinar para HDR Pro, se encuentran estas tres opciones. Elige 32 bits y comprueba cómo desaparecen todas las posibilidades de ajuste. El motivo es que, con 32 bits de profundidad, la imagen HDR tiene margen suficiente para almacenar todo el rango tonal que necesita y, por lo tanto, no hace falta realizar ningún ajuste sobre el resultado. Con 16 u 8 bits no existe suficiente capacidad para almacenar toda esta información y es imprescindible modificar diferentes parámetros, para conseguir un resultado similar al obtenido cuando trabajamos con imágenes de 32 bits.

¿Por qué no trabajar siempre con imágenes de 32 bits? El motivo lo encontramos, en primer lugar, en las posibilidades del propio Photoshop, donde muchos de los comandos y las características disponibles no son válidos para imágenes de 32 bits. Por lo tanto, si una vez generada la imagen HDR quieres utilizarla como base para algún trabajo creativo con Photoshop es posible que no se puedan realizar ciertas tareas.

Ajustes para imágenes HDR de 16 u 8 bits

Si finalmente no tienes más remedio que convertir la imagen a 16 u 8 bits, o simplemente quieres trabajar con este formato, deberás recurrir a los ajustes del cuadro de diálogo Combinar para HDR Pro, para compensar la pérdida de información tonal y conseguir aproximar todo lo posible el resultado al que obtendríamos con una profundidad de 32 bits.

Selecciona 16 bits u 8 bits en la opción Modo y Adaptación local, en la lista situada a su derecha. Los ajustes se dividen en cuatro secciones:

- **Resplandor de borde:** Los controles asociados a esta opción podríamos decir que son los más importantes del conjunto de ajustes y determinan en gran medida el aspecto final de la imagen. Prueba con distintos valores hasta encontrar la combinación perfecta, pero no reduzcas demasiado el radio o el resultado será poco natural.

- **Tono y detalle:** Dentro de esta sección encontrarás la opción Gamma como elemento destacado. Controla sus valores, pero siempre manteniendo cantidades cercanas a la unidad para no desvirtuar en exceso el resultado. El resto de los controles son viejos conocidos de otros comandos de ajustes disponibles en Photoshop y tienen aquí la misma función.

- **Avanzado:** En la parte inferior dispones de dos paneles. El primero de ellos, denominado Avanzado, muestra varios controles, de los que destacamos Intensidad y Saturación. Variando los valores de intensidad darás un poco más de significado a las tonalidades que dispongan de poca presencia en la imagen, pero sin afectar demasiado al resto. Con el control de saturación todos los colores de la imagen se verán afectados.

- **Curva:** Por último, puedes cambiar la curva de la imagen para variar su contraste con un nivel de precisión equivalente al que ofrece Photoshop con el comando del mismo nombre. Haz clic en la curva para crear nuevos puntos de control y arrastra hasta conseguir el aspecto deseado.

Una vez finalizados los ajustes, haz clic en OK para abrir la imagen generada en el entorno de Photoshop y trabajar con ella.

Una vez conseguida la imagen HDR es muy posible que necesites mejorar o corregir determinadas zonas. Para estos ajustes locales utiliza alguna de las herramientas de selección y haz uso de las capas de ajuste. Exposición, Brillo/Contraste o Curvas suelen ser las opciones más adecuadas para conseguir buenos resultados.

Composiciones de capas a archivos

Las secuencias de comandos, que comentamos a continuación, tienen como elementos de referencia las composiciones de capas que tratamos en capítulos anteriores. Haciendo un poco de memoria, recordemos que permitían guardar distintos estados o versiones de una imagen. Aquí vamos a utilizar las composiciones de capas para generar a partir de ellas archivos independientes.

El comando Composiciones de capas a archivos, situado en el menú Archivo>Exportar, permite crear un documento distinto para cada una de las composiciones de capas de la imagen actual. En la figura 22.4 puedes ver el cuadro de diálogo que aparece después de seleccionar este comando. Es imprescindible elegir la ubicación, el tipo de archivo y la parte fija del nombre, para que Photoshop añada un número y el nombre de la composición.

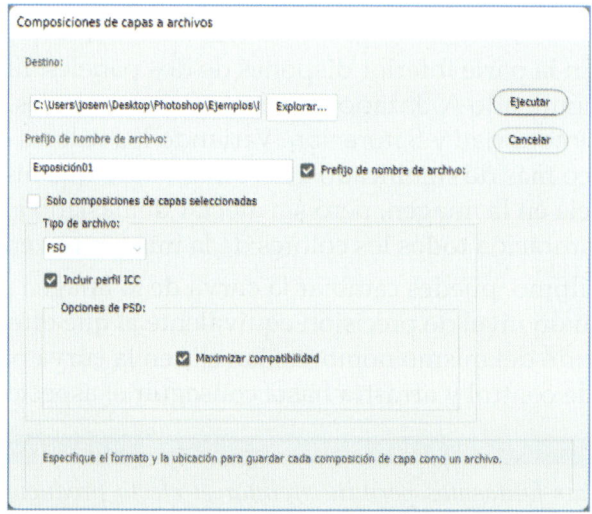

Figura 22.4. Cuadro de diálogo Composiciones de capas a archivos.

Exportar capas a archivos

En el menú Archivo>Exportar encontrarás el comando Capas a archivos, con el que es posible crear un archivo distinto por cada una de las capas que componen la imagen. Si lo prefieres, activa la casilla de verificación Solo capas visibles en el cuadro de diálogo de la figura 22.5 para generar archivos únicamente de las capas visibles.

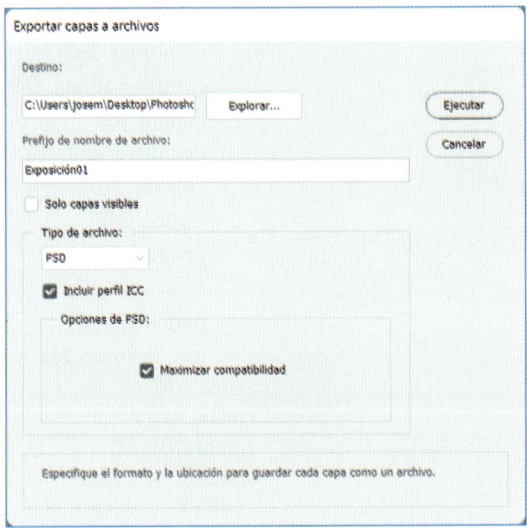

Figura 22.5. Cuadro de diálogo Exportar capas a archivos.

Resumen

Tratar imágenes en bloque en lugar de una a una, diseñar páginas de índice para nuestras imágenes, crear fotografías en HDR o exportar capas y composiciones a archivos… todas estas posibilidades quizás no sean demasiado conocidas entre los usuarios de Photoshop, pero seguro que pueden ser útiles en más de una ocasión.

índice alfabético